:: INTELLEKTUELLES PRAG IM 19. UND 20. JAHRHUNDERT

Herausgegeben von
Steffen Höhne (Weimar-Jena), Alice Stašková (Jena),
Václav Petrbok (Prag) und Štěpán Zbytovský (Prag)

Band 23

Miroslav Hroch

LEBEN, LEHREN UND FORSCHEN IN ZEITEN DES UMBRUCHS

Erinnerungen eines Prager Historikers

BÖHLAU VERLAG WIEN KÖLN

Die Drucklegung wurde gefördert vom Deutschen Historischen Institut Warschau.

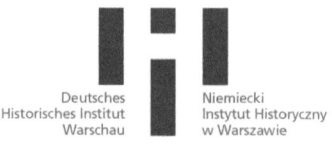

Deutsches
Historisches Institut
Warschau

Niemiecki
Instytut Historyczny
w Warszawie

Bibliografische Information der Deutschen Nationalbibliothek:
Die Deutsche Nationalbibliothek verzeichnet diese Publikation in der
Deutschen Nationalbibliografie; detaillierte bibliografische Daten
sind im Internet über https://dnb.de abrufbar.

© 2024 Böhlau, Lindenstraße 14, D-50674 Köln, ein Imprint der Brill-Gruppe
(Koninklijke Brill BV, Leiden, Niederlande; Brill USA Inc., Boston MA, USA;
Brill Asia Pte Ltd, Singapore; Brill Deutschland GmbH, Paderborn, Deutschland;
Brill Österreich GmbH, Wien, Österreich)
Koninklijke Brill BV umfasst die Imprints Brill, Brill Nijhoff, Brill Schöningh, Brill Fink,
Brill mentis, Brill Wageningen Academic, Vandenhoeck & Ruprecht, Böhlau und
V&R unipress.

Umschlagabbildung: Die Philosophische Fakultät der Karlsuniversität Prag 2019.
© Martin Hundak.

Umschlaggestaltung: Michael Haderer, Wien
Korrektorat: Christoph Landgraf, St. Leon-Rot
Satz: le-tex publishing services, Leipzig
Druck und Bindung: ⊕ Hubert & Co, Ergolding
Printed in the EU

Vandenhoeck & Ruprecht Verlage | www.vandenhoeck-ruprecht-verlage.com

ISBN 978-3-412-53149-2

Inhalt

Vorwort

Es ist mehr als zehn Jahre her, dass mir mein ehemaliger Student und späterer Kollege die Frage stellte, ob ich meine Memoiren schreiben würde. Er meinte, ich sollte es tun. Ich fand seine Idee gar nicht schlecht, ich erinnerte mich ja immer wieder gerne an die Zeiten meiner Jugend. Aber all das zu Papier zu bringen? Allein die Tatsache, das Ganze schriftlich niederzulegen, suggeriert die Vorstellung, dass ich etwas schreibe, was bisher unbekannte, relevante Mitteilungen über die Vergangenheit vermitteln würde. Das heißt, dass ich über bemerkenswerte Ereignisse berichten werde, an denen ich selbst teilgenommen hatte bzw. deren Zeuge ich war und die wesentliche Auswirkungen auf die Geschichte hatten. Das ist bei mir jedoch nicht der Fall, da ich nichts dergleichen erlebte. Wenn ich bedeutende Ereignisse miterlebt habe, dann als Beobachter aus ganz großer Entfernung. Deswegen vermutete ich, dass meine Erinnerungen einen begrenzten – und sicherlich nur bescheidenen – Wert haben, wenn ich versuche, ein möglichst unabhängiges Zeugnis davon zu geben, wie ich auf meine Lebenszeit sowie auf die historischen Ereignisse blicke, welche ich miterlebte. Solche Ereignisse „an sich" kann letztlich jeder beschreiben, der mit dabei war. Aber nur ich kann meine persönliche, subjektive Wahrnehmung vermitteln. Ich ging davon aus, dass dieses Zeugnis in diesem Sinn „unabhängig" bleiben sollte, möglichst wenig davon geprägt, was später über jene Zeit gesagt oder geschrieben wurde. Eigentlich versuchte ich schon seit den Neunzigern ganz spontan, meine Lebenserfahrungen möglichst authentisch zu bewahren, das heißt unabhängig von späteren Schilderungen. Ich beabsichtigte ja nie, Zeitgeschichte zu schreiben.

Ich hatte also eine gewisse Vorstellung davon, was meinen Erinnerungen Sinn geben könnte. Allerdings kam ich mir damals, als Siebzigjähriger, noch zu jung dafür vor, eine derartige Aufgabe in Angriff zu nehmen. Ich hatte zu dieser Zeit immer noch viel zu tun und dachte, dass für ein solches Unternehmen ein voller Einsatz erforderlich wäre – meine alten Papiere zu sortieren sowie die ziemlich umfangreiche Korrespondenz durchzusehen. Zudem hatte ich nicht das Gefühl, am Ende des Weges zu stehen und bloß auf das Vergangene zurückzublicken. Ich gebe zu, dass ich mich mehrmals an die Arbeit setzte und die eine oder andere Episode skizzierte, aber schließlich war ich damit doch nicht zufrieden und legte eine Pause ein.

Heute ist es anders, heute befinde ich mich tatsächlich am Ende des Wegs, ich habe meine sämtlichen Forschungstätigkeiten abgeschlossen – ob vollendet oder nicht – und beabsichtige nicht, weitere in Angriff zu nehmen. Ich blieb meiner ursprünglichen Vorstellung treu und versuche nicht, anspruchsvoll in den Quellen oder der Fachliteratur zu recherchieren, um das, was heutzutage bei uns über die zweite Hälfte des zwanzigsten Jahrhunderts geschrieben wurde, irgendwie zu verbessern, zu ergänzen oder kritisch zu überprüfen. Meine Memoiren stehen also keinesfalls für ein neues „Projekt". Es ist schon ausführlich genug über das Geschehene geschrieben worden und ich denke nicht, dass ich diese Informationen sinnvoll erweitern könnte, zumal ich in meinem langen Leben keine wichtigeren öffentlichen, institutionellen Funktionen im politischen, gesellschaftlichen oder wissenschaftlichen Bereich wahrgenommen habe. Darüber hinaus, und möglicherweise infolgedessen, stand ich nie in engem Kontakt zu führenden Persönlichkeiten des öffentlichen oder wissenschaftlichen Lebens – wohl bis auf eine einzige Ausnahme – und ich kann deshalb nichts Unbekanntes hinzufügen. Mein erstrangiges Ziel besteht also darin, das Zeugnis eines Wissenschaftlers und Universitätslehrers zu liefern, der nie die kleine Welt, die „Blase" seines Fachgebiets und seiner Fakultät verlassen hat und nur aus einiger Entfernung die große Welt voller wichtiger politischer und wirtschaftlicher Ereignisse, Transformationen und Umbrüche beobachtete, von denen es im Laufe der Jahre nicht gerade wenig gab.

Jeder Historiker weiß oder sollte wissen, wie stark die Erinnerungen eines Zeitzeugen durch nachträgliche Informationen deformiert werden, die er auch mehrere Jahrzehnte später erhält. Ich vermute, dass meine Erinnerungen nur dann etwas Neues bringen und dementsprechend sinnvoll sein können, wenn ich authentisches Zeugnis darüber ablege, wie ich damals, als Zeitgenosse, das jeweilige Geschehen wahrnahm. Das korrespondiert recht genau mit meiner früheren Entscheidung, meine Erinnerungen möglichst resistent zu machen gegen spätere Informationen, insbesondere gegen die neuen Stereotypen und (Vor-)Urteile über die Zeiten, die ich miterlebte. Ich war mir nämlich bewusst, dass ich sie sowohl (auch unbewusst) übernehmen als auch mehr oder weniger offen gegen sie polemisieren könnte. In meinen Arbeiten über das historische Bewusstsein und die Erinnerungskultur weise ich an mehreren Stellen auf die Gefahr der Manipulation hin, die die Konstruktion der „nationalen Erinnerung" durch eine bewusst einseitige Datenauswahl mit sich bringt.

Andererseits bin ich mir der Tatsache bewusst, dass die Tendenz, die späteren Erkenntnisse über die Vergangenheit, in der ich lebte, zu ignorieren, das Risiko erhöht, falsche oder verzerrte Informationen vorzulegen. Solche Fehler wird es in meinem Text mit Sicherheit eine Menge geben. Es ist jedoch nicht mein Ziel, eine umfassende Darstellung der Vergangenheit anzubieten, indem ich den Verlauf allgemein bekannter Ereignisse detailliert nachzeichne.

Im Laufe der letzten zwanzig Jahre erschienen zahlreiche Texte, mithilfe derer die Zeitangaben, die Namen von Institutionen sowie quantitative Angaben überprüft oder konkretisiert werden können. Ich denke jedoch, dass gerade ein Zeugnis darüber nützlich ist, welche Nachrichten und Gerüchte zur damaligen Zeit die Runde machten, welche Informationen damals zugänglich waren und akzeptiert wurden, obgleich sie die Realität mehr oder weniger verzerrt wiedergaben. Indirekt wird es sich daraus ableiten lassen, was wir damals über eben unsere eigene Zeit nicht wussten. Die Geschichtswissenschaft ist sich bereits seit dem Ende des letzten Jahrtausends darüber im Klaren, sei es unter dem Einfluss der Theorie oder auch eher der Methode der Diskursanalyse, dass unsere Erforschung der „realen" Kausalitäten dadurch ergänzt werden muss, dass wir herausfinden, wie die Zeitgenossen ihre Zeit betrachteten, egal ob sie Akteure oder nur bloße Zeitzeugen waren. Mit dem Begriff Zeitzeuge meine ich hier jedoch nicht nur diejenigen, die lediglich teilnahmslos zusahen. Als „Zeuge" gilt meiner Interpretation nach auch jemand, der zwar die „großen" Ereignisse weder auslöste noch umsetzte, diese jedoch dann, wenn er sie hinnehmen und sich ihnen anpassen musste, in ihren Auswirkungen auf sein eigenes kleines, ansonsten wehrloses Milieu beeinflussen oder modifizieren konnte.

Bei all der Bemühung um Distanz bleibt die Erinnerung des Einzelnen selbstverständlich subjektiv geprägt und ist untrennbar verbunden mit der Erinnerung an persönliche Schicksale sowie an die Haltungen, die man zu den jeweiligen Ereignissen, Problemen und umlaufenden Gerüchten einnahm. In diesem Fall kann das Gedächtnis sehr täuschen. Dieser Tatsache bewusst, bemühe ich mich darum, jene Details zu privilegieren, welche sich mir fest ins Gedächtnis eingeprägt haben, anstatt von Dingen zu berichten, an die ich mich nur noch nebulös erinnere. An einigen Stellen konnte ich auf meine „Quellen" zurückgreifen, das heißt sowohl auf Notizen und Texte, die ich vor allem in meinen jungen Jahren verfasst habe, als auch auf meine Korrespondenz, da ich meine ausgehenden Briefe gewöhnlich kopiert habe. Allerdings konnte ich hier und da der Versuchung nicht widerstehen, meine Erlebnisse und Stellungnahmen zu kommentieren.

Es ging mir aber nicht nur darum, meine persönlichen Wahrnehmungen und Einstellungen zu den damaligen Situationen, Konflikten und Dilemmata in ihrer Vielfalt zu schildern. Mein Leben war ein Leben mit und für die Wissenschaft und gleichzeitig ein Leben mit und für Studenten, wobei gerade die wissenschaftliche und didaktische, eventuell auch die popularisierende Tätigkeit wichtige Elemente bildeten. Deswegen vermute ich, dass ich in den Erinnerungen an meine Arbeit eben diese Aspekte nicht ganz übergehen kann, welche meinem Leben Sinn gegeben haben. Deswegen werden auch die Erinnerungen an meine Forschungsarbeit und deren Motivationen mit einbezogen, ebenso wie die an die Wirkungsgeschichte und die Resonanz auf das Geschriebene. Dazu gehört auch der Versuch, mein Gedächtnis in Bezug darauf aufzufrischen, was hinter meinen Entscheidungen für die Erforschung dieses und jenes Problems stand. Es wird auch von Interesse sein, über die Anerkennung der Resultate meiner Arbeit zu berichten, und zwar nicht nur bei uns, sondern auch in der Wahrnehmung der internationalen *scientific community*. Aufgrund dieses internationalen Anklangs baten mich vor knapp zehn Jahren einige westeuropäische Kollegen darum, meine „intellektuelle Autobiographie" zu verfassen, in der ich das wichtigste Feld meiner wissenschaftlichen Arbeit – die Forschung über die Bildung europäischer Nationen – erläutern und kommentieren sollte, einschließlich der davon ausgehenden Impulse sowie der Resonanz darauf. Das Ergebnis wurde im Jahre 2018 in Antwerpen als ein schmaler Band zusammen mit der Bibliographie meiner Arbeiten unter dem Titel *Studying nationalism under changing conditions and regimes* publiziert. Dort können eventuell Interessierte eine ausführliche Darlegung jener Themen finden, welche ich hier nur sehr knapp anspreche.

Allerdings musste ich zumindest erwähnen, wie ich mich mit der Methodologie meines Fachgebiets auseinandergesetzt habe, wie ich den Lauf der Geschichte betrachte, welche Methoden und Forschungsansätze ich bevorzugt habe. Ich habe mich jedoch darum bemüht, dass dieser Teil nicht das Wesentliche überschattet, was mir am Herzen liegt – ein Zeugnis über die Zeit zu liefern. Aus diesem Grund leisten die vorliegenden Kapitel nur in geringerem Maße auch einen kleinen Beitrag zur Geschichte meines Fachs – das heißt der europäischen Geschichte (offiziell gewöhnlich als Allgemeine Geschichte bezeichnet) und ihrer Stellung in unserem akademischen Milieu sowie in der nationalen Bildung. Ich habe mir aber auch hier Mühe gegeben, spezifisch meine damaligen Ansichten und Vorstellungen zu rekonstruieren und gleichzeitig auf rückblickende kritische Kommentare zu verzichten, nicht nur in Bezug auf meine eigene Arbeit, sondern auch auf die Verhältnisse in diesem Fach, das heutzutage leider nur wenig geachtet am Rande überlebt. Ich hoffe darauf, dass ich noch Gelegenheit haben werde, an anderer Stelle und in einer anderen Form meine auf die Gegenwart bezogenen Urteile und Ansichten darzulegen und zu dokumentieren, und zwar nicht nur über den Lauf der Geschichte, sondern auch über die Wege und den Zustand der tschechischen Wissenschaft und Bildung, und ihre Rolle im eigenen Land sowie in der Welt.

Auch wenn ich auf jegliches wertendes Urteilen über die Vergangenheit verzichte, finde ich in meinem Leben (einige wenige) Situationen, in denen ich – verständlicherweise nur innerhalb des Mikrokosmos meiner Fakultät und meines Fachs – nach der Durchsetzung von Veränderungen gestrebt habe, welche ich für nützlich und notwendig hielt, oder auch im Gegenteil danach, Schlimmeres zu verhindern. Deshalb konnte ich in meinen Erinnerungen die Perspektive des Menschen, der heute auch die Ergebnisse der großen Entwicklungen kennt, nicht ganz ausschließen. Und dass es anders ausging, als er und seine Zeitgenossen erwarteten. Wie belanglos scheinen aus heutiger Sicht etliche der damaligen Kämpfe, wenn man aus der Distanz mehrerer Jahrzehnte darauf zurückblickt! Wie unbegründet waren einige unserer damaligen Befürchtungen; wie sehr hat sich dagegen die Unterschätzung bestimmter Umstände, Institutionen oder auch Personen gerächt. Wie beliebig und somit nichtig kommen den jüngeren Generationen einige der Werte vor, nach deren Bewahrung wir gestrebt haben! Und viele davon werden gar nicht mehr als Werte wahrgenommen.

Das Leben von jedem von uns besteht nicht nur aus Erfolgen, sondern auch aus erlittenem Unrecht, aus Niederlagen und Momenten der Schwäche. Auch darin spiegelt sich das Verhältnis zwischen Gesellschaft und Individuum. Auch solche Erfahrungen haben meine Wahrnehmung der Verhältnisse sowie meine jeweiligen Haltungen geprägt. Obgleich man nur ungern daran erinnert wird, sind sie Teil des Lebens und müssen in Betracht gezogen werden. Es geht hier besonders um die Erfahrungen, die sich aus meiner Tätigkeit an der Prager Philosophischen Fakultät ergaben, und um die Bilanz meiner wissenschaftlichen Arbeit, konkret deren Ergebnisse und deren Qualität. Es gibt auch Momente, bei denen ich es für notwendig hielt, die Episoden, welche zum Vorwand für falsche Beschuldigungen wurden, ins rechte Licht zu rücken und zu erklären. Auf der anderen Seite sollen die Konflikte und Probleme im Privaten und in der Familie barmherzig mit dem Schleier des Vergessens bedeckt bleiben.

Auch wenn es banal klingen mag, finde ich es wichtig zu bemerken, dass sich die Erinnerung per Definition mit der vergangenen Zeit beschäftigt, die von der Gegenwart durch große Meilensteine des Umbruchs abgegrenzt wird. Für so einen Meilenstein halte ich das Jahr 1989. Hier endet deshalb mein Text. Eher zufällig könnte mein Leben daher in drei gleich lange, je zwanzig Jahre umfassende Etappen aufgeteilt werden, was sich in der Gliederung meines Textes widerspiegelt. Der erste Teil beschäftigt sich mit meiner Jugend bis zum Abitur im Jahr 1951. Mein Leben als Erwachsener ist, ähnlich wie das Leben meiner Altersgenossen, durch den Meilenstein der Jahre 1968/69 geteilt. Der Unterschied zwischen der zweiten und dritten Lebensetappe lag darin, dass die veränderten politischen Verhältnisse nicht nur Einfluss auf meine Forschung und meine Lehre an der Prager Fakultät hatten, sondern mir auch andere Verantwortlichkeiten aufbürdeten. Aus diesem Grund ist sowohl die Gliederung als auch die Art der Erzählung im dritten Teil teilweise anders als in den beiden vorhergehenden Abschnitten.

Prag, im Herbst 2020

Bemerkung zur deutschen Übersetzung

Abschließend möchte ich dem Direktor des Deutschen Historischen Instituts in Warschau, Professor Miloš Řezník für die Ermunterung danken, eine deutsche Übersetzung meines tschechischen Manuskripts vorzubereiten. Den tschechischen Text habe ich dafür an jenen Stellen korrigiert oder ergänzt, wo ich vermutete, dass er dem deutschen Leser ansonsten kaum verständlich wäre. Manche Details und viele Namen der tschechischen, in Deutschland unbekannten Akteure habe ich andererseits weggelassen. Ich danke auch Professor Pavel Kolář (Universität Konstanz) für eine sorgfältige Lektüre meines Textes, wobei er nicht nur einige sachliche Fehler korrigierte, sondern auch etliche inspirierende Ratschläge gab. Herrn Dr. Peter Schuster danke ich für die erste Kontrolle der deutschen Übersetzung. Ein ganz besonderer Dank gilt jedoch meinem Kollegen und Freund Michael G. Müller, der sich bereitwillig der zeitraubenden Mühe unterzogen hat, der Übersetzung meines Textes mehr stilistische Qualität zu geben.

Prag, im Herbst 2022

1. Die ersten zwanzig Jahre

Am Anfang der Versuche, eine Autobiographie zu verfassen, steht gewöhnlich die Erzählung über die Wurzeln der Familie oder des Geschlechts, über Vorfahren oder Ahnen. Das kann einem konventionell vorkommen – für wen sind diese Vorfahren relevant? Genauso kann es einem als Gattungsbruch erscheinen: Wozu die Erinnerung an Menschen, welche ich nicht kenne?

Gegen eine solche Überlegung kann man methodologisch argumentieren. Eine der Erkenntnisse, zu denen ich als Historiker gelangt bin, als ich das Handeln von Menschen in gesellschaftlichen Prozessen untersuchte, war, dass dieses Handeln verstanden und (einfacher) erläutert werden kann, wenn man es im gesellschaftlichen Kontext betrachtet. Anders gesagt, wenn wir die Akteure des gesellschaftlichen Wandels nach Berufs- und Sozialkriterien sortieren.

1.1 Die Vorfahren

Mit einer gewissen Verallgemeinerung lässt sich voraussetzen, dass meine Vorfahren zu zwei völlig unterschiedlichen berufskulturellen Milieus gehörten, weshalb ihre Lebensweise und wohl auch ihre genetische Ausstattung unterschiedlich geprägt waren. Mein Vater stammte aus einem Bauerngeschlecht, dessen Existenz seit dem 16. und möglicherweise sogar seit dem 15. Jahrhundert auf einem Bauernhof in einer malerischen, aber armen Gegend am südlichen Rand Mittelböhmens durchgängig in den Quellen belegt ist. Den Personenstandsregistern ist zu entnehmen, dass die Ehefrauen dieser Bauern seit dem 18. Jahrhundert aus den umliegenden Dörfern stammten, wobei das am weitesten entfernte Dorf nicht einmal 30 km entfernt lag. In den Zeiten, wo die adeligen Herrschaften die grundlegende Verwaltungseinheit bildeten, befand sich die Zentrale dieser Verwaltung an dem 15 km entfernten Schloss Orlík. Nach der Einführung der staatlichen Kreisverwaltung, das heißt nach den Reformen, die nach der Revolution 1848 eingeführt waren, wurde das Dorf administrativ der gleich weit entfernten neuen Kreisstadt Milevsko unterstellt.

Meine Mutter stammte aus einer der Familien der ständig wandernden Glasmeister, welche einer mündlich weitergegebenen Familientradition zufolge wohl im 18. Jahrhundert aus dem Böhmerwald gekommen waren, wo tatsächlich eine Glasmeisterfamilie Haslinger lebte – übrigens von dem Schriftsteller Karel Klostermann in einem seiner Romane erwähnt. Meine Vorfahren, über welche Angaben seit dem Ende des 18. Jahrhunderts zur Verfügung stehen, stellten Glas nur noch im sprachlich tschechischen Inland her. Dort heirateten sie Töchter von Einheimischen, meistens ebenfalls aus Glasmacherfamilien. Mein Großvater arbeitete zuerst im Böhmisch-Mährischen Hochland, zog dann aber mit seiner mehrköpfigen Familie Anfang des 20. Jahrhunderts an das entgegengesetzte Ende Böhmens. Dort bekam er eine gut bezahlte Stelle in einer Glashütte unter den steilen Hängen des Erzgebirges unweit der Stadt Teplice (Teplitz).

Mein bäuerlicher Großvater, angeblich ein guter Wirtschafter, führte bereits vor dem Ersten Weltkrieg technische Neuerungen ein, wie etwa eine Dreschmaschine oder eine Sämaschine, und er wurde als ländlicher Laientierarzt geschätzt. Allerdings wilderte er auch mit Leidenschaft auf dem Gebiet der Grundherrschaft und züchtete reinrassige Jagdhunde und Pferde. In meiner Erinnerung existiert er nur noch als stattlicher, kahlköpfiger Altenteiler, der bis ins Alter von achtzig Jahren während der Ernte genauso wie alle anderen im Einsatz war.

Mein Vater war der jüngste seiner vier Söhne. Als Kind war er angeblich oft krank, lernte aber gut und seine Eltern wollten ihn auf Anraten des Dorflehrers „zum Studium" schicken, also wohl aufs Gymnasium. Er wollte aber sein Zuhause nicht verlassen und ging nach Abschluss der Dorfschule in die Kreisstadt, wo er die Maschinenschlosserei erlernte. Auf der Suche nach Arbeit gelangte er zunächst in eine Fabrik in Teplitz und, nach dem Militärdienst, schließlich nach Prag. Bis zu seinem Tod fühlte er sich aber auf dem Familienbauernhof am wohlsten, wo er stets seinen Urlaub verbrachte, natürlich zur Erntezeit.

Mein Glasmacher-Großvater gehörte in seinem Beruf zur Elite, was sich in seinem Ruf, seinem Selbstbewusstsein und wahrscheinlich auch seinem Einkommen entsprechend niederschlug. Dank Letzterem konnte er seine vielköpfige Familie gut ernähren. Noch in den dreißiger Jahren des vorigen Jahrhunderts wurde unter den Glasmachern eine tragikomische Geschichte über den bekannten Glasmeister Haslinger erzählt. Er wollte seine Handwerkskunst an einen Sohn weitergeben, hatte aber lauter Töchter und erst sein zehntes Kind war der ersehnte Sohn, welcher allerdings seine Geschicklichkeit nicht erbte und auch keine Beziehung zur Glasbläserflöte entwickelte. Als der Großvater mit der ganzen Familie nach Nordböhmen zog, schloss er sich dort der zahlenstarken tschechischen Minderheit an und beteiligte sich bald auch an der Minderheitsbewegung. Als Sozialist gehörte er zu Antiklerikalen, als Patriot positionierte er sich gegen die internationalistischen Sozialdemokraten und engagierte sich in der von diesen abgespaltenen National-Sozialen Partei. Er schickte seine Töchter in die tschechische Volksschule, zum örtlichen Sokol (dem 1862 gegründeten tschechischen Pendant zur deutschen Turnerbewegung) und in die geselligen Jugendveranstaltungen seiner Partei.

Meine Mutter war die jüngste seiner Töchter. Ihre älteren Schwestern heirateten nach und nach, der Familientradition entsprechend meistens Glasmacher oder Glasschleifer, hatten also keine Existenzsorgen und verließen eine nach der anderen das Familiennest. Meine Mutter blieb zu Hause und wurde von ihren Eltern als einzige Tochter zu einer Lehre als Schneiderin in einen Modesalon in Teplitz geschickt, wo sie später fest angestellt wurde. Sie kümmerte sich dann um meine Großmutter, bis zu deren Tod Mitte der zwanziger Jahre. Danach suchte sie ihr Glück in Prag und da sie geschickt war, ging es ihr recht gut.

1.2 Vorgeschichte

Meine Eltern lernten sich zwei Jahre nach dem Krieg bei einer Veranstaltung der sozialistischen Jugend in Teplitz kennen. Mein Vater musste dann zum Militärdienst einrücken und die beiden verloren den Kontakt. Er kam jedoch sieben Jahre später nach Prag, wo inzwischen auch meine Mutter lebte und wo sie sich durch Zufall wieder trafen. Diesmal verloren sie sich nicht mehr aus den Augen und heirateten. Zuerst konnten sie nirgendwo unterkommen, aber sie hatten Glück. Dank der Cousine meines Vaters wurden sie in eine Wohnungsgenossenschaft aufgenommen, welche ein großes Mietshaus mit 100 Wohnungen an der Grenze der Prager Stadtviertel Žižkov und Vinohrady errichtet hatte. Die beiden mussten allerdings ihre sämtlichen Ersparnisse aufwenden, um eine kleine Wohnung mit Fenstern nach Norden und zum Innenhof zu erlangen. Erst nach dem Zweiten Weltkrieg gelang es meinen Eltern, diese Wohnung gegen eine andere zu tauschen, im selben Haus, allerdings etwas größer und mit Fenstern nach Süden.

Ich kam im Zeichen des Sokol auf die Welt. Im Jahr 1932 fand nicht nur das große Sokol-Fest statt, sondern es wurden auch der siebzigste Jahrestag der Vereinsgründung und der hundertste Geburtstag von Miroslav Tyrš, des Sokol-Gründers, gefeiert. An dem vorherigen Sokol-Fest im Jahr 1926 hatte meine Mutter noch als Turnerin aktiv teilgenommen, jetzt natürlich nicht mehr. So schien es fast vom Schicksal vorbestimmt, dass das Kind, das seine Sokol-Mutter in jenem Jahr auf die Welt brachte, keinen anderen Namen als Miroslav bekommen konnte.

Abgesehen von den Feierlichkeiten rund um Sokol wurde ich aber in keiner glücklichen Zeit geboren. Mein Vater verlor kurz danach seine Stelle in einer Fabrik im Prager Stadtteil Vysočany. Danach war er etwa zwei Jahre lang allenfalls kurzfristig beschäftigt oder arbeitslos. Meine Mutter konnte jedoch weiterhin als Schneiderin etwas hinzuverdienen, also hungerten wir sicherlich nicht. Es wurde aber nicht viel zur Seite gelegt. Mir wurde erzählt, dass ich einen meiner ersten Sätze sprach, als meine Mutter nach Hause kam und ihre Einkäufe auf den Tisch legte. Ich war noch zu klein, um an die Tischplatte zu reichen, und soll deshalb gefragt haben: „Was hast du gekauft? Was hat das gekostet?". Unsere Lage besserte sich umgehend, als mein Vater eine Stelle in der Fabrik Letov in Letňany bei Prag fand, die Flugzeuge – vor allem für das Militär, wie ich denke – herstellte. Mit Sicherheit hatte das mit der anlaufenden Aufrüstung infolge der deutschen Bedrohung zu tun. In dieser Fabrik arbeitete er dann bis zur Rente. Damals ahnte ich natürlich gar nicht, wie hart sein Lebensalltag war. Mit der Straßenbahn war er eine Stunde bis zur Fabrik unterwegs und die Schicht begann um sechs Uhr, weshalb er morgens gegen halb fünf Uhr aufstehen musste. Ich erinnere mich nur daran, wie er nachmittags heimkam, etwas aß und sich dann auf das Sofa in der Küche legte. Das Familienleben fand erst beim gemeinsamen Abendessen statt und selbstverständlich am Sonntag. Dann musste ich ihn vormittags zur Messe in die gerade fertiggestellte Kirche am Georg-von-Podiebrad-Platz begleiten. Ich ahnte damals nicht, dass es sich um ein Werk des damals avantgardistischen slowenischen Architekten Josip Plečnik handelte, der heute sehr geschätzt wird. Nach dem Sonntagsgottesdienst wurde feierlich zu Mittag gegessen und nachmittags machten wir einen Spaziergang in einem der umliegenden Parks. Dieses Sonntagsritual blieb auch nach 1941, als mein jüngerer Bruder Pavel zur Welt kam, unverändert.

Ich kann mich nicht erinnern, als Junge im Alltag besonders viel Spaß gehabt zu haben. Zum einen lag das wohl daran, dass meine Mutter, weil sie sich um mich sorgte, streng vorschrieb, in welchen Straßen in der Umgebung unserer Wohnung ich mich bewegen durfte. Da konnte nur Murmeln oder Fangen gespielt werden. Zum anderen lag es wohl auch daran, dass in unserem Haus nicht genug Gleichaltrige wohnten. Es gab entweder ältere Jungen, die mich nicht in ihren Kreis aufnahmen, oder viel jüngere.

Das gesellschaftliche Leben der Familie war nicht besonders reich. Meine Eltern pflegten nur mit den Verwandten Kontakt, von denen es allerdings nicht wenige gab, weshalb diese Beziehungen viel Zeit in Anspruch nahmen. Meinem Eindruck nach war fast immer jemand bei uns zu Besuch – eine der vielen Tanten oder Cousins und Cousinen. Die Besucher ließen sich dabei oft etwas nähen oder ändern. Meine Mutter erwiderte diese Besuche und war also oft bei der Verwandtschaft unterwegs. Mich nahm sie verständlicherweise mit, mal fürs Wochenende, mal für eine Woche oder sogar länger. Das war noch vor dem Krieg und ich ging noch nicht zur Schule.

In meiner Kindheit hinterließ die große Politik nur selten Spuren, wie zum Beispiel im Jahr 1938, als wieder ein Sokol-Fest stattfand, bei dem nicht mehr die Generation meiner Eltern, sondern die meiner Cousinen mitturnte. Das war ein ganz großes Thema, aber eher zu Hause; zum Strahov-Stadion, wo das große Turnfest stattfand, nahmen mich meine Eltern nicht mit. Dafür durfte ich im Jahr davor an einem großen Umzug teilnehmen, der sich in langsamem Tempo fortbewegte. Ich war enttäuscht darüber, wie kurz und wie wenig genau ich dabei den verstorbenen Herrn Präsidenten Masaryk sehen konnte. Natürlich war Politik zu Hause ein Thema, aber das Gerede ging meistens an mir vorbei. Was mir im Gedächtnis blieb, war das Schimpfen über die tschechische faschistische Bewegung „Vlajka" (die Flagge), und über die (sudeten)deutschen „Turner", wie sie für Unsicherheit unserer Verwandten im Grenzland sorgten. Es wurde auch über Spanien und den drohenden Krieg gesprochen. Die Furcht vor einem Krieg war in unserer Familie anscheinend schon lange vor dem Münchner Abkommen zu spüren. Als ich vor kurzem die Briefe einsehen konnte, die mein Großvater vom Lande an seinen Sohn in die USA schrieb, fand ich solche Befürchtungen bereits im Jahr 1936. Vielleicht war das eine Ausnahme, vielleicht war es etwas Verbreitetes. So oder so, der Krieg ließ nicht lange auf sich warten.

1.3 Schüler in den Zeiten der Unfreiheit

Nur wenige finden besonderes Gefallen an den Erinnerungen an unangenehme oder quälende Zeiten ihres Lebens. Die meisten Menschen verdrängen sie mehr oder weniger unterbewusst aus ihrem Gedächtnis. Andererseits sagt man, dass sich bestimmte Episoden gerade aus solchen Lebensetappen derart tief einprägen können, dass sie nicht mehr auszulöschen sind. Das ist bei meinen Erlebnissen aus der Zeit des Protektorats nicht der Fall. Selbstverständlich verfüge ich über umfangreiche Kenntnisse über diese Periode; die meisten erwarb ich aber erst später – aus der Belletristik, aus Filmen sowie durch das Studium. Wenn ich davon absehe, was ich später über die Zeit des Protektorats erfuhr, suche ich mühsam nach authentischen Erlebnissen, welche durch die später erworbenen Informationen nicht modifiziert oder überblendet wurden. So bleiben nur Erinnerungen an ein paar große Schocks oder an Schlüsselveränderungen – und dann nur noch eine Menge alltäglicher Kleinigkeiten. Nur einige davon sind für den breiteren Kontext aussagekräftig und können deswegen von Interesse sein, gerade wegen ihrer Alltäglichkeit.

Die Lage der Genossenschaftswohnung, in die meine Eltern einzogen, an der Grenze zwischen den Prager Vierteln Žižkov und Vinohrady, brachte einige Nachteile mit sich. Der eine war eher für meine Eltern als für mich ärgerlich. Als sie mich in die erste Klasse der Volksschule einschreiben wollten, mussten sie die Vorschrift beachten, dass es bei der Schulwahl auf den Wohnort ankam. Ich konnte daher nicht die schöne, repräsentative Schule auf dem Georg-von-Podiebrad-Platz besuchen, die für mich am nächsten lag, weil sie administrativ zum Bezirk Vinohrady gehörte. Meine Adresse war das Proletarierviertel Žižkov. Meine Schulzeit fing also in der weiter entfernten alten Schule an, die neben dem Žižkover Rathaus stand und immer noch steht. Ein düsteres Gebäude mit schmalen Gängen, was wahrscheinlich bis heute unverändert ist; nur die primitiven Toiletten wurden bestimmt umgebaut. Durch die winzigen Fenster drang nur wenig Licht in die Klassenzimmer, die Wände waren dunkel, die Schulbänke zerschrammt. All das konnte auch einem Erstklässler nicht entgehen, auch wenn er keineswegs verwöhnt war. Diese Unwirtlichkeit wurde kompensiert durch die Persönlichkeit unseres netten Lehrers, Herrn Macek, den ich gerne mochte, und ich denke, dass auch er positiv zu mir eingestellt war. In der dritten Klasse kam eine Nachfolgerin, die verknöcherte, unwirsche Lehrerin Sýkorová, die ich nicht ausstehen konnte – vielleicht einfach deswegen, weil sie sich von unserem alten Lehrer dermaßen unterschied. Die Abneigung war gegenseitig, mit dem Effekt, dass sie meinen Eltern am Ende der vierten Klasse mitteilte, ich werde von ihr keine Empfehlung zur Aufnahmeprüfung ans Gymnasium bekommen, wohin mich meine Eltern schicken wollten. Dabei schlug ich mich in der Schule gar nicht schlecht; in mein Zeugnis schlichen sich jedoch neben den vielen Einsen auch zwei Zweien ein – im Schreiben und im Zeichnen. Meine nächste Station war dann also die Stadtschule in Žižkov, die für die vier weiteren Schuljahre zuständig war. An meine ersten Schuljahre habe ich keine berichtenswerten Erinnerungen. Das lag wohl daran, dass diese Jahre wirklich nicht zu denjenigen zählten, an welche ich mich gerne erinnern sollte. An die meisten meiner Mitschüler in der Volksschule kann ich mich nur nebulös erinnern, es blieben mir nur wenige Namen im Gedächtnis und noch weniger Gesichter. Zu den meisten von ihnen verlor ich den Kontakt, sobald ich an die Stadtschule wechselte, und mit den übrigen war es bei meinem Eintritt ins Gymnasium genauso. Klar, wir spielten zusammen, aber nicht einmal an diese gemeinsamen Spiele kann ich mich in konkreten Details erinnern.

Vielleicht lag es daran, dass die Straßen des dicht bebauten Viertels Žižkov nicht viel Platz für gemeinsame Aktivitäten boten, vielleicht war die Stimmung der Besatzungszeit auch für Kinderspiele einfach ungünstig. Und einen Mitschüler zu sich nach Hause einladen? Das kam den meisten von uns, welche keine reichen Eltern hatten, nicht in den Sinn. In den Wohnungen in meiner Umgebung gab es selten so etwas wie Wohnzimmer. Und wenn doch, so wurden gewöhnlich die Ärmeren aus Žižkov nicht dorthin eingeladen. Übrigens kann ich mich ohnehin nicht erinnern, dass wir jemals andere Besucher als die Verwandten hatten. In der Zeit des Protektorats mochte aber auch ein generelles Misstrauen unter Leuten, die sich nicht gut kannten, eine Rolle gespielt haben. Die Nachbarinnen plauderten im Gang oder vor dem Haus, die Väter trafen sich im Wirtshaus, falls sie – im Gegensatz zu meinem Vater – das Herumsitzen in den Kneipen nicht für etwas Unangemessenes und Verschwenderisches hielten. Geld war bei uns in der Tat knapp. Nur drei, vier der zahlreichen Hausbewohner kamen hier und da abends zum Gespräch am Küchentisch vorbei.

Was den Abschluss der Volksschule angeht, sind ein paar bereits vergessene Tatsachen zu erwähnen. Nach dem während der Besatzung eingeführten Schulsystem hatten die Schüler in der vierten Klasse drei Möglichkeiten. Die am wenigsten begabten sollten die Schule innerhalb der folgenden vier (oder nur drei?) Jahre beenden und dann eine Arbeit aufnehmen, was jegliche weitere Qualifikationsmöglichkeit ausschloss. Bei uns zu Hause hieß es, dass diesen nur blieb, die Schaufel in die Hand zu nehmen. Die Begabteren sollten ohne Prüfung, nur aufgrund des Zeugnisses und der Empfehlung ihres Lehrers, an die Stadtschule (damals sagte man „Hauptschule") wechseln und dann eine Fachschule besuchen oder eine Lehre antreten. Die Besten bekamen eine Empfehlung fürs Gymnasium, wo allerdings noch eine Aufnahmeprüfung zu bestehen war. Angesichts der Tatsache, dass die Nazi-Okkupation die Germanisierung der tschechischen Bevölkerung und der national gesinnten tschechischen Intelligenz vorsah, sollte die Anzahl der Schüler an den tschechischen Gymnasien minimiert werden.

Junge Studenten und Doktoranden, beinahe im Alter meiner Enkelkinder, fragen mich öfters danach, wie das Leben unter der deutschen Besatzung eigentlich aussah. Jede pauschale Charakteristik würde an dieser Stelle nach einer lehrbuchartigen Verallgemeinerung oder nachträglichem Fabulieren klingen. Aus diesem Grund bleibe ich bei den Kleinigkeiten, die mir in einem ganzen Mosaik von Erinnerungen im Gedächtnis geblieben sind und die meiner Meinung nach die Erzählungen über die Zeit damals bezeichnend ergänzen. Es wird nicht systematisch sein, dafür authentisch.

Mein frühestes Erlebnis ist eigentlich mit dem Faschismus verbunden und es wäre eher humoristisch – wenn das Thema nicht so ernst wäre. Ich erinnere mich nämlich daran, wie ich noch als Vorschulkind zum ersten Mal den Namen Franco zur Kenntnis nahm. Ich hörte ihn im Rundfunk, wo in Bezug auf den Spanischen Bürgerkrieg wiederholt über Niederlagen von Francos Truppen berichtet wurde (auch solche Episoden gab es im Bürgerkrieg offenbar). Herr Franco tat mir leid, weil er immer verlor, und ich sagte das meiner Mutter. Sie antwortete mit einem deutlich abwertenden Kommentar über Franco und betonte, dass er ein böser Mensch und nicht zu bedauern sei.

Das Münchner Abkommen und die Okkupation

Das Münchner Abkommen wurde zu einem großen Ereignis meiner Kindheit. Mit Sicherheit ist dabei die Erinnerung an die Aufregung meiner Eltern sowie der Menschen auf den Straßen prägend. Genauso erinnere ich mich aber an den lustigen Anblick, als einer der Onkel während der Mobilmachung in einer Uniform bei uns erschien, die witzigerweise zu eng für seinen dicken Bauch war.

In der Familie meiner Mutter hatte das Münchner Abkommen fast für jeden unmittelbare Konsequenzen. Drei ihrer Schwestern lebten damals nämlich im Grenzgebiet, in der Nähe von Duchcov (Dux) und Teplitz. Eine andere Schwester war in Libkovice (Liquitz) mit einem Deutschen verheiratet. Ihr wurden mehrmals von deutschen Bengeln die Fenster eingeworfen, aber sie durfte bleiben und weiterhin ihren Milchladen betreiben. Die anderen drei Tanten mussten allerdings mit ihren Familien rasch wegziehen. Zwei von ihnen fanden dann Zuflucht in unserer winzigen Wohnung. Für meine Eltern wie für die Tanten war das sicher ein erschütterndes Erlebnis, aber ich muss zugeben, dass mir das einige aufregende Tage oder Wochen einbrachte. Die Erwachsenen schliefen auf dem Boden, ich schlief mit meiner Mutter im Bett und es war ganz laut und lebendig in der Wohnung. Vor allem aber kamen auch meine zwei Cousinen, zwar etwas älter als ich, aber für mich als Einzelkind war das eine fröhliche Abwechslung. Es ärgerte mich natürlich, dass sich die Cousinen mit dem Sechsjährigen nicht abgeben wollten, sie entwickelten sogar ihre eigene Mädchensprache, die ich nicht verstand.

Eine der beiden Tanten fand bald mit ihrer Familie eine dauerhafte Bleibe bei den Verwandten auf dem Lande, südöstlich von Prag. Die zweite Familie konnte für mehrere Jahre, fast bis zum Kriegsende, den Kellerraum in unserem Haus bewohnen. Sie kamen öfters abends zum Kartenspiel oder einfach zum Quatschen vorbei. Es klingt paradox, aber meinem Eindruck nach war es bei uns später nie mehr so lebhaft und lustig wie in jenen ersten zwei, drei Jahren der Besatzung. Wenn ich mich nicht täusche, war in den Augen unserer vertriebenen Verwandten nicht der Nazismus an ihrem Schicksal schuld, sondern die Deutschen. Ab und zu wurde der Name eines deutschen Nachbarn erwähnt, der sich an ihrer Vertreibung gerne aktiv beteiligt hatte. Sie erinnerten sich jedoch auch an andere Deutsche, zu denen sie gute Beziehungen unterhalten hatten und für deren Schicksal sie sich anscheinend auch während der Besatzung interessierten, obwohl die Nachrichten eher sporadisch kamen.

Der nächste Kontakt mit dem Nazismus, oder besser gesagt mit der Okkupation, war für mich bereits ein direkter. Mein Weg zur Schule führte über eine der beiden Hauptstraßen in Žižkov, wo die Straßenbahnen in Richtung Zentrum fuhren. Als ich sie als Erstklässler an einem regnerischen Tag im März überqueren wollte, war das unmöglich, weil dort eine endlose Kolonne von Soldaten mit Motorrädern und Autos durchzog – deutsche Soldaten. Erstaunlicherweise fühlte ich vor allem die Befürchtung, zu spät zur Schule zu kommen. Und möglicherweise auch Ärger über die Soldaten als Verursacher des Problems. Diese Angst kann ich mir bis heute sehr gut ins Gedächtnis rufen, wohl deshalb, weil ich mich daran später immer wieder aufs Neue erinnerte. Andererseits habe ich vergessen, ob ich tatsächlich zu spät in die Schule kam.

Meine späteren Erinnerungen an die folgenden Jahre der Besatzung beziehen sich eher auf Erlebnisse im Alltag. Eingeprägt hat sich mir jedoch ein gewisses Grundgefühl, das mit drei Worten zu beschreiben ist: Angst, Misstrauen und wütender Trotz. Die Angst verband sich für mich insbesondere mit den Durchsagen über die Verhaftung von Tschechen. Die Listen der Hingerichteten wurden nämlich per Lautsprecher auf den Straßen bekanntgemacht. Viel später sah ich das in einem tschechischen Film über die Besatzungszeit und ich erinnerte mich sofort an meine Kindheit. Genauso grauenhaft hörte sich das damals auf den Straßen an.

Allerdings kann ich mich an diese Angst auch aus der Zeit davor erinnern. Es ging schon nach dem 17. November los; zwei meiner Cousins, beide Mediziner, zählten zu denjenigen Studenten, welche von den Nazis in den Studentenwohnheimen selektiert und deportiert wurden. Lange blieb ihr Schicksal unbekannt. Ähnlich erinnere ich mich an den nackten Schrecken, als eines Tages die Familie eines Nachbarn direkt in unserem Haus „abgeholt" wurde. Nach dem Krieg sagte man, dass sich bei ihnen angeblich einer der Fallschirmspringer einige Zeit verborgen hatte.

Am Misstrauen unter den Menschen waren vor allem die umlaufenden Gerüchte über Provokateure schuld, die vorbeikamen und sich als Widerstandskämpfer ausgaben, um die vertrauensvollen und hilfsbereiten Patrioten in Schwierigkeiten zu bringen. Erst viel später, nach dem Krieg, erfuhr ich, dass diese Gerüchte von den Okkupanten selbst verbreitet wurden: Das war Teil des psychologischen Nazi-Kriegs gegen den Widerstand. Und Ärger regte sich dann allmählich auf abstrakter Ebene gegen alles Deutsche und auf konkreter Ebene gegen all die gut gekleideten und arrogant achtlosen Deutschen und ihre genauso eingebildeten und gut gekleideten Kinder. Die ließen sich insbesondere in den modernen Wohnungen nieder (die früher Eigentum von Juden gewesen waren, wie bei uns zu Hause gesagt wurde), im Viertel Vinohrady, zu dem bereits die gegenüberliegende Seite unserer Straße gehörte. Es war allgemein bekannt, dass sie viel größere Zuteilungen von raren Lebensmitteln erhielten als wir.

Daheim herrschte jedoch bei allem Patriotismus kein pauschaler Hass auf die Deutschen. Die Hälfte meiner Verwandtschaft – von der Seite meiner Mutter – war ja von deutscher Bevölkerung umgeben, im Grenzgebiet aufgewachsen. Sie hatten dort viele Bekannte und Freunde und wussten, dass die Grenze zwischen Tschechentum und Deutschtum – heute würde ich sagen zwischen tschechischer und deutscher Identität – nicht besonders eindeutig war. Und vor allem gab es keine Hassgrenze. Daheim wurde sowohl über die „anständigen Deutschen" gesprochen als auch über die tschechischen Nachbarn, die im Grenzgebiet blieben und „zu den Deutschen überliefen". Das wurde nicht wirklich gutgeheißen, manchmal sogar verurteilt. Im Ganzen wurde aber darüber mit einem gewissen herablassenden Verständnis gesprochen, manchmal auch mit Bedauern.

Neben jenen drei Grundgefühlen assoziiere ich die Okkupation jedoch mit einer Menge kleiner Episoden. Die meisten davon sind nicht bemerkenswert, einige können aber zum Gesamtbild der damaligen Zeit ein bisschen beitragen. Es gab noch ein Dauererlebnis, an das ich mich eigentlich erst jetzt erinnere. Das war die Dunkelheit. Den ganzen Krieg über mussten die Fenster verdunkelt werden, die Straßenbeleuchtung war radikal eingeschränkt und für die Autoscheinwerfer gab es spezielle Blendschutzvorrichtungen. Wir benutzten Taschenlampen und es waren sogar Batterien erhältlich. Es herrschte eigentlich keine komplette Dunkelheit, sondern eher ein finsteres Dämmerlicht, das aber vielleicht noch beklemmender war. Zudem kann ich mich nicht daran erinnern, dass ich im Dunkeln rausgehen durfte, was in den Wintermonaten bedeutete, dass sich mein Aufenthalt draußen auf den Weg zur Schule und zurück nach Hause beschränkte.

Wenn ich nun all die Mosaiksteinchen in eine chronologische Reihenfolge bringen sollte, dann würden am Anfang die Vorratskäufe stehen, die wohl unmittelbar mit der beginnenden Besatzung, oder eher nach Kriegsausbruch begannen. Meine

Mutter schleppte mich von Laden zu Laden, nicht unbedingt für Lebensmittel-
käufe, sondern vor allem für die Suche nach Textilien. Als Schneiderin sah sie
die Notwendigkeit, möglichst viele qualitätvolle Stoffe zu horten. Sie kannte sich
da recht gut aus und griff dementsprechend nicht einfach nach allem, sondern
wog ihre Wahl sorgfältig ab. Die Stoffvorräte kamen uns dann in den Kriegsjahren
(und wahrscheinlich auch nach dem Krieg) zugute; ich kann mich deutlich daran
erinnern, dass daraus allmählich Bekleidung für die ganze Verwandtschaft wurde.
Der „Vorkriegsstoff" – das war ein Qualitätszeichen.

Am 28. Oktober 1939, am ehemaligen Nationalfeiertag der Gründung der Tschechoslowakei entschlossen sich meine Eltern, ihr Tschechentum dadurch zu demonstrieren, dass sie ihr Revers mit der Trikolore schmückten, mir eine „Masaryk-Mütze"
aufsetzten (die Lieblingsmütze des Präsidenten) und zum Stadtzentrum aufbrachen.
Damals schien das nicht weit weg zu sein; es war ganz üblich, zu Fuß „runter nach
Prag" zu gehen. Unterwegs begegneten wir irgendwo auf der Hauptstraße, die nach
dem Ersten Weltkrieg den Namen des französischen Marschalls Foch trug und
während der Besatzung nach dem Marschall Schwerin benannt wurde, Gruppen
von Menschen, die vom Wenzelsplatz zurückkamen und etwas über deutsche Soldaten und Schießereien erzählten. Als dann jemand laut zu meinen Eltern sagte:
„bringt den Jungen nicht dahin", sahen sie ein, dass der Wenzelsplatz tatsächlich
nicht kindertauglich war, und machten sich auf den Heimweg. Keine Ahnung, wo
meine Mütze abgeblieben ist.

In einem der folgenden Jahre hatte ich ein erwähnenswertes Erlebnis, das bezeichnend für mein Bild des Deutschen war. Als ich einmal mit meiner Mutter
zum Einkaufen ging, wurde sie auf dem Georg-von-Podiebrad-Platz von einem
deutschen Soldaten angesprochen. Sie grüßten sich, er reichte ihr die Hand (die
zweite Hand fehlte, oder sie ruhte in einer Armbinde unter seinem Mantel) und sie
kamen ins Gespräch. Auf Tschechisch. Mir war die Situation extrem unangenehm,
peinlich, ich schämte mich und ging zur Seite und stellte mich so, als ob ich sie gar
nicht kennen würde. Und so bekam ich nur ganz wenig von ihrem Gespräch mit,
sie unterhielten sich vor allem über gemeinsame Bekannte. Nur eines blieb mir im
Gedächtnis haften, und zwar seine Worte darüber, wie schrecklich das Leben an
der Front sei und dass die Russen ohne Furcht, „wie Tiere" kämpften. Natürlich
fragte ich dann meine Mutter darüber aus, was dieses Treffen zu bedeuten gehabt
hätte. Ich erfuhr, dass der Soldat der Sohn von guten Bekannten ihrer Familie war.
Es waren Tschechen und wahrscheinlich sogar Nachbarn aus Košťany (Kosten) im
Grenzgebiet. Sie hatten sich entschlossen, „für die Deutschen zu optieren", um das
Grenzgebiet nicht verlassen zu müssen. Ihr Sohn wurde dann infolge der Entscheidung seiner Eltern – wie bereits jeder Deutscher – zur Wehrmacht eingezogen und
landete an der Ostfront.

An der Volksschule

Ich habe nur wenige Erinnerungen daran, wie sich die Besatzung und der Krieg in das Leben der Schüler an der Volksschule einschlichen. Es gab einen Mitschüler, der sich als Deutscher bekannte; er war gut bekleidet, trug im Sommer Lederhosen, sprach einwandfrei Tschechisch, aber rollte das R, ignorierte uns (und wir ihn) und man sagte, dass er auf das deutsche Gymnasium gehen werde. Völlig anders war ein anderer deutscher Mitschüler, mit dem ich einen gemeinsamen Heimweg hatte, da er im Nebenblock wohnte, und wir waren ziemlich gut befreundet. Er hieß Hahn, war, genauso wie ich, schäbig gekleidet und bekannte sich nicht als Deutscher. Einmal sagte er mir im Vertrauen, dass die Deutschen (aber möglicherweise sagte er nur „sie") seinem Vater nichts Böses antun könnten, weil er ein Freiherr „von Hahn" sei, also ein Adliger. Als ich zu Hause davon erzählte, kam das bei meinen Eltern nicht gut an, da sie in Hahn eben doch einen Deutschen sahen und das spöttisch kommentierten. Seinen Vater trafen sie nämlich oft beim Spazierengehen und der Kleidung nach sah er nicht besonders adelig aus. Als ich an die Stadtschule wechselte, verlor ich Hahn aus den Augen. Ich weiß nicht, wann er aus unserer Straße verschwand, vielleicht war es noch vor dem Jahr 1945.

Völlig anders war meine Beziehung zu dem Mitschüler Koubecký, dessen Eltern „Vlajka-Anhänger", also Faschisten, noch aus der Vorkriegszeit waren, wie meine Eltern daheim sagten, weshalb ich gewarnt wurde, vor ihm „auf der Hut" zu sein. Allerdings teilte ich mit ihm in der vierten Klasse dieselbe Bank und konnte deswegen nicht vermeiden mit ihm zu sprechen. Das war in der Zeit der Nazi-Expansion und des Angriffs auf die Sowjetunion. So bekam ich manches davon mit, was bei ihnen zu Hause geredet wurde, aber erinnere mich wohl nur an seine Freude über die deutschen Kriegserfolge. Er sagte auch, dass die Deutschen Europa beherrschen und vereinen und die Russen hinter den Ural zurückdrängen würden und dieses Gebiet ihnen komplett überlassen wollten. Bei diesen Kindergesprächen war bereits eine gewisse Wachsamkeit erforderlich. Möglicherweise lernte ich schon damals, fanatischem Geschwätz und Schändlichkeiten zuzuhören, ohne dagegen zu polemisieren, da mir das Risiko dabei bewusst war. Bestimmt wurde ich zu Hause dazu ermahnt, in der Schule darauf zu achten, was ich sagte, und keine antideutschen Aussagen zu machen. Auch nichts darüber zu erzählen, was bei uns daheim gesprochen wurde. Aber das denke ich mir im Nachhinein und ich habe keine konkrete Erinnerung daran.

Mein Verhältnis zum Sportunterricht und vor allem zur Gymnastik war nie besonders gut. Trotzdem fing ich an, regelmäßig die Turnhalle zu besuchen, ich glaube seit dem Jahr 1940. Ich tat das auf Wunsch oder eher auf Anweisung meiner Eltern und es steckten patriotische Gründe dahinter. Eines Tages kam einer der Nachbarn, ein ehemaliger Funktionär des Vereins Sokol, bei uns vorbei und teilte meinen Eltern halb flüsternd mit, dass die Offiziere der ehemaligen tschechoslowakischen Armee einen Turnverein gegründet hätten und unterstützt werden sollten. Damals verstand ich das nicht, aber heute ist klar, dass ihnen damit ein gewisser Lebensunterhalt gesichert werden sollte. Augenscheinlich haben die Eltern für meine Teilnahme etwas bezahlt. Dieses Gespräch bekam ich mit, weshalb ich in diesem Sportunterricht etwas wie eine Unterstützung der Widerstandsbewegung sah. Ich fand mich deswegen zumindest für einige Zeit mit dem verhassten Reck und dem Bock ab.

Angst und Mangel

Als Reinhard Heydrich sein Amt als Reichsprotektor antrat, konnte sich meine Familie über ein schönes Ereignis freuen: mein jüngerer Bruder Pavel kam zur Welt. Als sein viel älterer Bruder wurde ich eher zu jemanden, der sich neben meiner Mutter um ihn kümmern sollte. Ich wurde mit dem Kinderwagen rausgeschickt, lernte elementare Kindergerichte wie etwa Grießbrei zu kochen und Kindersäfte zuzubereiten. Ich fand wahrscheinlich keinen besonderen Gefallen daran. Heute sehe ich aber, wie wichtig das für mein künftiges Leben war: In der Küche zu helfen, stellte für mich schon immer einen untrennbaren Teil des Familienlebens dar.

Es war bereits die Rede von der Angst, die während der „Heydrichiade" allgegenwärtig herrschte. Neben den Listen von Hingerichteten, die überall auf den Straßen ausgehängt waren, beteiligte sich auch der Rundfunk ganz intensiv an der Angstverbreitung. Das vermute ich zumindest, weil meine Eltern in jener Zeit das Radio fast nie einschalteten und wenn doch, regte sich mein Vater dermaßen auf, dass er den Rundfunkempfänger sofort wieder ausmachte. Wohl deswegen suche ich in meinen Erinnerungen vergeblich nach der Nachricht über das Massaker von Lidice (20 km westlich von Prag), einem Dorf, das dem Erdboden gleichgemacht wurde und dessen Männer von den Nazis ermordet wurden. Meine Eltern wussten mit Sicherheit davon, aber sie sprachen das möglicherweise in meiner Anwesenheit nicht an. Ich erfuhr also erst später darüber – über eine der Tragödien der damaligen Zeit. Dafür schaute das ganze Haus dem letzten Akt einer anderen Tragödie fast unmittelbar zu – dem letzten Kampf der Fallschirmspringer, die das Attentat auf Heydrich verübt hatten. Es war bekannt, dass die ganze Umgebung des Karlsplatzes in der Prager Neustadt von den Deutschen abgesperrt worden war, schließlich war das unweit von unserem Haus. Es kamen Nachbarn oder deren Bekannte vorbei, die Schüsse gehört hatten, eine Nachbarin brachte die Nachricht, dass die Deutschen die Feuerwehr einsetzten. Vielleicht erinnere ich mich deswegen daran, weil mir damals unklar war, wozu die Deutschen eigentlich die Feuerwehr benötigten.

Nach der „Heydrichiade" verbrachte ich zweimal die Schulferien bei meinem Onkel und meiner Tante, die nach ihrer Vertreibung aus dem Grenzgebiet Zuflucht bei der Familie des Onkels auf dem Land in Südostböhmen gefunden hatten. Sie wurden in einem Altenteilhäuschen untergebracht und mein Onkel, Glasschleifer, bekam eine hochqualifizierte Stelle in der Glashütte. Ich ging ganz gerne dorthin und beobachtete mit Bewunderung die geschickten Menschen bei ihrer präzisen Arbeit. An die Beschwerlichkeiten, die verschmutzte Luft und vor allem den fürchterlichen Lärm waren sie anscheinend von Jugend an gewöhnt. Neben dem üblichen Geschehen, wie Schweineschlachten, Schlittenfahrten zum Marktplatz oder Schneeräumen ist eine Geschichte wahrscheinlich aus dem letzten Kriegswinter erwähnenswert. In der Umgebung des Dorfs verbargen sich Partisanen und die Dorfbewohner halfen ihnen. Einige kannten sie, einige nicht, aber sie vertrauten auch denjenigen, welche sich auf ihre Bekannten beriefen. Angeblich suchte ein unbekannter Mann bei einer Familie Zuflucht. Er stellte sich ihnen als Partisan und gleichzeitig als Freund ihrer Bekannten vor. Sie nahmen sich seiner an und wurden am nächsten Tag von der Gestapo verhaftet. Der angebliche Partisan war ein Provokateur. Daraufhin diskutierten die Erwachsenen über das moralische Dilemma: Ist es richtig, jemandem die Hilfe zu verweigern, nur weil wir ihn nicht kennen? Und wie erkennt man einen richtigen Partisanen?

Auch der Alltag bei uns zu Hause blieb von der bedrückenden Stimmung voller Angst und Misstrauen nicht verschont. Nachbarinnen, die sich jahrelang kannten, unterhielten sich nun flüsternd im Gang, und zwar insbesondere seit der „Heydrichiade". Meistens aber gingen die Menschen in dem großen Mietshaus, in dem es hundert Wohnungen gab, nur mit einem Gruß aneinander vorbei. Die Beziehungen unter den Hausbewohnern wurden vielleicht in den letzten zwei Kriegsjahren lockerer, als die Fliegeralarme begannen. Dann mussten wir uns alle „in den Bunker" begeben, der aber in unserem Haus nur aus dem Korridor im Kellergeschoss bestand. Das stundenlange Herumsitzen in gemeinsamer Angst, für die es aber am Anfang wenig Grund gab, brachte die Nachbarn einander näher, auch wenn sie sich nur vom Sehen kannten.

Für jeden meiner Altersgenossen verbindet sich die Zeit der Besatzung mit dem Rationierungssystem, den Lebensmittelmarken und der Unterversorgung, vor allem an Lebensmitteln. Gewiss, mit Essen wurde sparsam umgegangen und unsere Kost war weit entfernt von den heutigen Vorstellungen von gesunder Ernährung. Allerdings scheint das keine dauerhaften Auswirkungen auf unsere Gesundheit gehabt zu haben. Darüber hinaus konnte meine Mutter Leckereien auch aus dem Wenigen zaubern, was die Lebensmittelmarken erlaubten. Außerdem wurde noch ein extra Speiseplan für meinen kleinen Bruder aufgestellt; ich glaube aber nicht, dass man es damals mit der Kinderernährung so ernst nahm wie heute. Eine große Hilfe für uns waren die Lieferungen von meinem Onkel, dem Bauern auf dem Lande – ein Topf Schmalz, eine fette Gans zu Weihnachten und gewöhnlich auch einige Produkte des geheimen Schweineschlachtens. Von Zeit zu Zeit fuhr ich zum Bahnhof, um ein Kaninchen zu holen, das uns der Bruder meines Vaters schickte – er war Fahrdienstleiter in Branice in Südböhmen. Es wurde geheim, ohne Papiere, verschickt, ging aber nie verloren, obwohl Kaninchenfleisch damals als Mangelware galt. Und beim Abholen musste ich immer meinen Namen sagen. Die Ehrlichkeit und Solidarität der alten Eisenbahner …

Der Kontakt zum Dorf war für mich jedoch aus einem anderen Grund von größerer Bedeutung: Ich konnte einmal im Jahr in eine völlig andere Welt treten, die sich vollständig von dem traurigen, unter der Besatzung leidenden Prag unterschied. Das war in den Sommerferien, wenn wir auf dem Bauernhof in Předbořice in Südböhmen, woher mein Vater stammte, bei der Ernte halfen. Es war eigentlich für die beiden Seiten vorteilhaft. Auf dem Bauernhof war bei dem damaligen Mangel an Arbeitskräften jeder willkommen: Mein Vater auf dem Feld, meine Mutter in der Küche; sogar ich wurde Jahr für Jahr mit immer anspruchsvolleren Aufgaben beauftragt – vom Gänse und Kühe hüten bis zu Hilfsarbeiten bei der Ernte. Wir Prager begrüßten wiederum den Proviant als willkommene Ergänzung zu unseren Lebensmittelmarken. Das Land zu erleben, das voller Licht und Grün und Kinderspielen mit meinem gleichaltrigen Cousin war, mit dem ich mich gut verstand und ein unzertrennliches Paar bildete, das stellte wohl mein freudigstes Erlebnis während der Besatzungszeit dar. Ich kann mich deutlich daran erinnern, wie ich immer dem Weinen nahe war, wenn wir am Ende der Ferien zurückkehrten, und ich schaute von der Straßenbahnhaltestelle auf die trostlose Menge der grauen Mietshäuser und dachte mir: Da muss ich jetzt wieder das ganze Jahr lang leben.

In den letzten Kriegsjahren bot aber selbst das besetzte Prag einige unvergessliche Erlebnisse und Spannungsmomente. Dazu gehörte zum Beispiel, die Bomber der Alliierten zu beobachten. Wir wussten, dass sie die deutschen Städte bombardieren – und denen gönnten wir das, spontan, irrational und grausam. Daher sahen wir in den dröhnenden Flugzeugen (und oft war nur dieser Lärm zu hören) einen Gruß aus dem Land der Freiheit, ein Phänomen, gegen welches die Deutschen nicht ankamen. Auch die Zwangsaufenthalte im Kellergeschoss bedeuteten für uns Jungs eigentlich Spaß. Dazu kam noch der „materialisierte" Gruß in Form der glänzenden Aluminiumstreifen, welche die alliierten Flieger abwarfen, um die Luftabwehr zu verwirren, und die wir mit großer Begeisterung beobachteten. Der Spaß war jedoch im Februar 1945 vorbei, als tatsächlich Bomben auf die Neustadt und Vinohrady fielen; die letzte landete etwa 200 Meter von unserem Haus entfernt. Ich schaute mir den Unglücksort an und ich habe bis heute das Bild des Bettes vor Augen, das auf dem Rest des Bodens irgendwo im dritten Stock des vollkommen zerstörten Hauses hängen geblieben war. Es wurde dann lange bei uns im Haus darüber diskutiert, warum wohl die alliierten Piloten zivile Ziele in der Stadt, die nicht mal deutsch war, bombardierten. Am häufigsten wurde gesagt, dass es sich sicherlich um einen Irrtum handelte, dass die Flieger etwas verwechselt hatten. Schon weniger nachvollziehbar war allerdings das rabiate Verhalten der amerikanischen Flieger in den letzten Kriegsjahren, die alles angriffen, was sich auf den Straßen und Schienen bewegte und dabei keinerlei Unterschied zwischen Deutschen und

Tschechen oder zwischen Soldaten und unbewaffneten Zivilisten machten. Das stieß bei den Verwandten auf dem Lande auf scharfe Verurteilung.

Auf das Gymnasium

Die Tatsache, dass ich die Stadtschule besuchte, hielten meine Eltern nur für eine vorläufige Lösung. Ich sollte auf jeden Fall im ersten Jahr auf der Stadtschule zur Aufnahmeprüfung ans Gymnasium zugelassen werden. Das war kein einfaches Ziel und es brachte meinen Eltern, insbesondere meiner Mutter, eine Menge Sorgen und möglicherweise auch Erniedrigungen ein. Obgleich ich dank meiner hervorragenden Leistung eine Empfehlung zur Aufnahmeprüfung ans Gymnasium bekam, wurde meine Anmeldung noch vor der Prüfung abgelehnt.

Es ging um ein klassisches Gymnasium in der Kubelíkova-Straße in Žižkov, mit achtjährigem Lateinunterricht, wozu später auch Altgriechisch kam. Bei dieser Entscheidung ging es bestimmt nicht um eine Vorliebe meiner Eltern für die antike Kultur. Vielmehr steckten prosaische Gründe dahinter: Das Gymnasium lag unweit von unserem Haus, noch näher als vorher die Volksschule sowie die Stadtschule, und auch mein Cousin Jiří Vočka, der in unserem Haus wohnte, ging schon seit fünf Jahren dorthin.

Damit Bewerber zur Aufnahmeprüfung zugelassen werden konnten, waren anscheinend nicht nur die Empfehlung der Schule und hervorragende Noten erforderlich. Als das Gymnasium (oder vielleicht eher das Ministerium) meine Anmeldung ablehnte, beschloss die Tante Vočková, sich einzuschalten und, als Mutter eines ausgezeichneten Schülers, ihre guten Kontakte zu den dortigen Lehrern zu nutzen. Sie wandte sich an einen Bekannten, er hieß Ferdinand Smrčka, und bat ihn um Hilfe. Auch wenn die Gespräche über diese Aktivitäten logischerweise an mir vorbeigingen, bekam ich aus ihrer Erzählung mit, dass sie unter anderem auch damit argumentierte, dass meine Eltern „gute Tschechen" seien. Vielleicht war es eine der unzähligen Episoden, die für das tschechische zwanzigste Jahrhundert so bezeichnend sind: Ein Jahr nach der „Heydrichiade" legt die Mutter eines Schülers Fürsprache für die Aufnahme eines anderen Schülers am Gymnasium ein, das eigentlich als Instrument der Germanisierung fungieren sollte, und sie verwendet dabei das Argument, dass seine Eltern „gute Tschechen" seien. Letztendlich wurde der Geschichtslehrer Smrčka nach der Befreiung zum Direktor unseres Gymnasiums und einer meiner Lieblingslehrer.

Ich weiß nicht, und werde es nie erfahren, ob es an seiner Fürbitte oder der Unterstützung von jemand anderem lag, dass ich eines Tages im Juli doch zur Aufnahmeprüfung kommen durfte. Diese Ausnahmesituation kam auch formell zum Ausdruck: Jeder der fünfunddreißig Bewerber trug an einer Schnur um den Hals ein Kärtchen mit seiner Nummer, welche seiner Position im Alphabet entsprach. Aber ich, als letzter zur Prüfung Zugelassener, bekam die letzte Nummer 35.

Bis zu diesem Zeitpunkt stellte für mich der eventuelle Weg ans Gymnasium nur einen Wunsch meiner Eltern dar, den ich als anständiger Sohn erfüllen würde. Als mir dann aber klar wurde, dass ich eigentlich gar nicht zugelassen werden sollte und an der Aufnahmeprüfung nur aufgrund eines gewissen Gnadenakts, darüber hinaus als allerletzter, teilnehmen würde, war ich plötzlich hochmotiviert. Ich kann mich genau daran erinnern, wie kämpferisch entschlossen ich war, allen zu beweisen, dass sie mir zu Unrecht keine Chance geben wollten und dass ich kein Protektionskind war. Die Prüfung dauerte vom Morgen bis zum Abend, ich verfasste etwas Schriftliches, schrieb Diktate, wurde mündlich geprüft und antwortete mit Schwung; zudem zeigten wir auf dem Hof hinter dem Schulgebäude unsere athletische Leistung. Die ganze Zeit über trugen wir unsere Nummern und blieben alle zusammen. Konkreter kann ich mich eigentlich nur an einen Teil der Prüfung erinnern – als wir einer nach dem anderen in einen Raum gerufen wurden, wo ein junger Herr, unter Aufsicht eines anderen, grauhaarigen, unsere Schädel maß und unser Profil beurteilte. Anscheinend schlug ich mich bei diesem Rassetest gut und ich machte wohl auch nur wenige Fehler bei der Prüfung, und wurde deswegen angenommen, sogar auf Platz fünf. Der fünftbeste von fünfunddreißig im Voraus ausgewählten zu sein – da stieg mein Selbstbewusstsein ordentlich. Bis dahin hatte ich mich selbst nicht als ausgezeichneten Schüler betrachtet und eigentlich auch kein Interesse daran gehabt.

Die meisten Bewerber bestanden die Aufnahmeprüfung, weshalb mir schon damals durch den Kopf ging, wozu eigentlich ein so langes Prüfungsverfahren dienen sollte, wenn sowieso die meisten bereits vorher aussortiert wurden, indem sie gar keine Zulassung zur Prüfung erhielten. Und da wusste ich noch gar nicht, dass der vorhergehende Jahrgang einer noch gründlicheren Auswahl unterzogen worden war; die Bewerber wurden ganze zwei Tage lang in einem Internat geprüft. Erst später und allmählich wurden mir die Gründe klar. Meine Eltern hatten mich, ohne das zu ahnen, für ein Gymnasium angemeldet, das entsprechend den Nazi-Plänen zum Modell eines Protektoratsgymnasiums werden und die tschechische Intelligenz germanisieren sollte. Uns nichts ahnenden frischen Gymnasiasten wurde dann die Botschaft verkündet, dass unser Gymnasium nun den hochtrabenden Titel „Musteranstalt" tragen dürfe. Das sollten wir schätzen und fleißig lernen.

1.4 Frisch am Gymnasium

„Wie bist du eigentlich ans Gymnasium gekommen? Das war doch 1943, in der Zeit des Protektorats." Mit dieser Frage wandten sich irgendwann im Sommer 1959 zwei Kollegen an mich, ebenfalls Assistenten am Lehrstuhl für Allgemeine Geschichte, im Gegensatz zu mir aber zugleich politisch sehr überzeugte Mitglieder der Parteiorganisation. Da erstarrte ich. Das war nämlich zu dem Zeitpunkt, als die

Parteiorganisation an der Fakultät – genauer gesagt der neu errichtete Lehrstuhl für die Geschichte der Kommunistischen Partei der Tschechoslowakei (KPTsch) – meine eventuelle Verbundenheit mit der bürgerlichen Ideologie überprüfte, weshalb mir die Frage nicht ganz unverdächtig vorkam. Ich kann mich nicht mehr daran erinnern, was ich in meiner Verlegenheit erwiderte. Und ich weiß eigentlich auch nicht, ob das irgendeine Auswirkung auf mein „Kaderprofil" hatte. Möglicherweise überzeugte ich durch den Verweis auf meine proletarische Herkunft.

Heute rufe ich mir dieses Gespräch ins Gedächtnis, wenn ich nach einer Erklärung dafür suche, was mir damals, vor beinahe achtzig Jahren, selbstverständlich schien: Warum es für meine Eltern, beide ohne höhere Bildung, dermaßen wichtig war, dass ich aufs Gymnasium kam. Schließlich mussten sie damit rechnen, dass es nicht gerade geringe Entbehrung mit sich bringen würde, ihren Sohn von einem Lohn bei seiner Ausbildung zu unterstützen. Mit Sicherheit spielte da die Vorstellung eine Rolle, dass höhere Bildung etwas Ehrwürdiges ist und dass das Abitur ein besseres Leben gewährleiste – wie ich heute weiß, eines der tschechischen Stereotype. Vermittels Bildung sollte die Nation überleben und dem Deutschtum nicht unterliegen. Der begabte Sohn sollte den Okkupanten zu Trotz eine gute Ausbildung bekommen – so wurde darüber zumindest daheim gesprochen: „Wir lassen uns doch nicht zu Schaufelarbeitern machen" (wir – unsere Nation).

Das Gymnasium in der Kubelíkova-Straße wurde 1903 gegründet, an der Grenze zwischen zwei damals noch autonomen Stadtgemeinden am Rande von Prag – dem proletarischen Žižkov und dem bürgerlichen Královské Vinohrady (Königliche Weinberge). Es handelte sich um ein sogenanntes klassisches Gymnasium, wo acht Jahre lang Latein und in den vier Jahren vor dem Abitur auch Altgriechisch unterrichtet wurde. Moderne Sprachen konnte man nur fakultativ wählen. Das Gebäude, 1903 gebaut, an sich demonstrierte hochmütig das Selbstbewusstsein des tschechischen Bürgertums. Helle, breite Gänge, ein repräsentatives, mit „Marmor" verkleidetes Treppenhaus, große, helle Klassenräume, wo wir uns nicht mehr wie an der Hauptschule drängen mussten. All das betrachtete ich bereits bei der Aufnahmeprüfung, nach meiner Erfahrung mit den alten Schulen in Žižkov, wohl wie ein Dörfler, der zum allerersten Mal eine Barockkirche in einer großen Stadt besichtigt. In diesem neuen Milieu schienen auch die Lehrer vornehme Lebewesen zu sein. Sie waren gut gekleidet und siezten uns. Einerseits fühlten wir uns dadurch erhaben und wohl auch zu anständigem Verhalten verpflichtet, andererseits wurde uns ein Gefühl von gehörigem Abstand vermittelt. Die Schule bezeichneten sie als „Anstalt" und sie kommunizierten miteinander ohne jegliches Scherzen, vielmehr sehr ernst und würdig. Vielleicht lag das aber auch an der Stimmung unter der Besatzung. In so einem Milieu kam uns, den frischen Gymnasiasten, die Disziplinlosigkeit als etwas Unangebrachtes vor, das ein Sakrum verletzte. Es ist allerdings zu ergänzen, dass dieser heilige Respekt, oder vielleicht Entsetzen, nicht länger als zwei, drei Jahre anhielt.

Ein Gymnasium zur Germanisierung oder zur Erhaltung der Nation?

Auch nach dem Krieg wusste ich lange Zeit nicht, warum gerade dieses Gymnasium unter den Nazis weiter existieren durfte und sogar als „Musteranstalt" bezeichnet wurde. Letztendlich interessierte es mich damals nicht im Geringsten. Erst viele Jahrzehnte später erfuhr ich dank eines fundierten Konferenzbeitrags von Detlef Brandes, dass die Protektoratsbehörden – und K. H. Frank persönlich – tschechische Gymnasien nur unter der Voraussetzung zuließen, dass dort „germanisierbare" Schüler aus der Mittelschicht ihren Platz fanden. Diese sollten nach dem Sieg des Reichs den Kern der loyalen tschechischen Elite auf dem Weg zur allmählichen „natürlichen" Germanisierung des tschechischen Volks bilden. In anderem Zusammenhang erfuhr ich wiederum, dass der Betrieb dieser neu konzipierten Schule von Minister Moravec selbst (Mitglied der Regierung) veranlasst worden war – freilich schon ein oder zwei Jahre, bevor ich ans Gymnasium kam. In dieser Hinsicht hatte jenes kurze „Verhör", dem ich von der Parteiorganisation 1959 unterzogen wurde, durchaus seinen Grund, obwohl den Fragestellern selbst wohl nichts über die „Musteranstalt" bekannt war. Der Besuch eines solchen „germanisierenden" Gymnasiums konnte tatsächlich einige Jahrzehnte später als Grund oder Vorwand dazu dienen, jemandem mangelnden Patriotismus zu unterstellen.

Es bleibt aber fraglich, inwieweit der Unterrichtsinhalt an sich den Germanisierungszwecken entsprach – falls das Bild des Unterrichtsinhalts sowie des Unterrichtsstils, so wie ich und meine Mitschüler aus jener Zeit es in Erinnerung hatten, überhaupt angemessen ist. Ausdruck der Germanisierungsabsichten war natürlich die starke Gewichtung des Deutschunterrichts, auch die Vernachlässigung des Geschichtsunterrichts. Es wäre jedoch falsch, darin oberflächlich eine reine Politisierung zu sehen und die tschechischen Okkupationsgymnasien lediglich als Agenturen der edukativen Gleichschaltung auf niedrigem fachlichen Niveau, aber mit Nazi-Orientierung zu betrachten. Die Absolventen dieser Gymnasien sollten gewissermaßen Halbdeutsche und somit Teil der deutschen Volksgemeinschaft werden. Gerade deshalb sollten sie über eine vergleichbare fachliche Ausbildung verfügen wie die Absolventen deutscher Gymnasien. Die Ideologie schlich sich also nur in wenige Fächer ein: Neben Deutsch war das wohl nur die Erdkunde. In Latein, Tschechisch sowie den naturwissenschaftlichen Fächern stand die Ausbildung dem Niveau und den Ansprüchen der Vorkriegsgymnasien wahrscheinlich in nichts nach. Allerdings ist diese These von heute aus schwer nachzuprüfen.

Von entscheidender Bedeutung für den Charakter und das Niveau des Unterrichts waren – damals wie heute – die Lehrenden. An unserem Gymnasium gab es, bis auf ein paar Ausnahmen, ein elitäres Lehrerkollegium; einige entstammten der aufgelösten Universität. Darüber hinaus ist es bezeichnend, dass nach dem Krieg, insbesondere später nach der Abschaffung der Gymnasien, viele, wenn nicht sogar die meisten unserer Lehrer allmählich ihren Platz an den Hochschulen oder

Forschungsinstituten fanden. Auch die meisten anderen Gymnasiallehrer waren – wenn auch nicht wissenschaftlich tätig – wunderbare Persönlichkeiten. Ich kann mich nicht daran erinnern, bis auf eine Ausnahme, dass sie in uns nahegebracht hätten, den Nazismus oder Deutschland zu lieben.

Die Gestalt der Schule nach außen war natürlich durch Protektoratsvorschriften festgelegt: tägliche Deutschstunden, aber kein Geschichtsunterricht, beide deutschen Hymnen sowie der Lebenslauf des Führers wurden auswendig gelernt. Ich gebe zu, dass, wenn ich heute die deutsche Nationalhymne höre, mir immer noch die Wörter jener (heutzutage getilgten) ersten Strophe ins Gedächtnis kommt – „Deutschland, Deutschland über alles, von der Maas bis an die Memel, von der Etsch bis an den Belt". Als ich nach dem Krieg zum ersten Mal die Melodie der Nationalhymne der Bundesrepublik (mit dem veränderten Wortlaut) hörte, überlief mich eine Gänsehaut. Nach dieser Melodie erwartete ich irgendwie automatisch die Melodie des Kampflieds der SA, die als zweiter Teil der Hymne immer folgte, das „Horst-Wessel-Lied". Beim Lernen dieses den Nazi-Kampf glorifizierenden Texts fragte einer der Mitschüler, was eigentlich die Passage bedeute: „Kam'raden, die Rotfront und Reaktion erschossen, marschier'n …!" Die arme Lehrerin murmelte etwas Unverständliches, komplett in Verlegenheit gebracht.

Ausdruck der Nazifizierung war auch, dass wir am Anfang sowie am Ende jeder Stunde aufstehen und mit dem zum Hitlergruß ausgestreckten rechten Arm grüßen mussten. Das war allerdings in den höheren Stufen aller Schulen der Fall. Übrigens stellten wir aufgrund der Art und Weise, wie der Gruß praktiziert wurde, Mutmaßungen über die Haltung des Lehrers an. Die meisten gaben uns, den zum Gruß erhobenen Arm mehr oder weniger elegant bewegend, auch die Anweisung, uns zu setzen. Besonders gefiel mir der Gruß unseres Naturkundelehrers, der dabei seine Schlüssel in der Hand behielt und deswegen nur den Zeigefinger ausstreckte.

Falls wir ideologisch indoktriniert wurden – was mit Sicherheit geschah –, bekamen wir von dieser Indoktrination doch viel weniger mit als nach 1948, als uns die kommunistische Ideologie sehr nachdrücklich vermittelt wurde. Schließlich war unsere Urteilsfähigkeit noch nicht besonders entwickelt. Nur ein einziger Lehrer – zumindest von denjenigen, die in unserer Klasse unterrichteten – erzählte uns mit Begeisterung über das vom Führer entwickelte Konzept eines Neuen Europa, über die deutschen Siege und unsere glückliche Zukunft unter dem Schutz des Reichs. Er schaute auch ganz genau hin, ob wir beim Hitlergruß unsere Arme richtig hochhielten und in einer Linie standen. Letztendlich wurde er bereits Anfang Mai durch seine Kollegen vom Gymnasium verwiesen. Auch Direktor Poucha, ein Orientalist, musste die Schule wegen Kollaboration mit den Deutschen verlassen, konnte dann aber weiter als wissenschaftlicher Mitarbeiter an der Tschechoslowakischen Akademie der Wissenschaften tätig sein.

Im Zusammenhang mit Kollaboration ist auch Josef Klik zu erwähnen, unser Erdkundelehrer. Damals wusste ich nicht, dass er ein hoffnungsvoller Historiker und gleichzeitig geschätzter Schüler von Professor Josef Pekař war, einem der führenden Vorkriegshistoriker (welchen ich übrigens gar nicht kannte). Ebenso ahnte ich nicht, dass er schon vor dem Krieg die später am häufigsten genutzte Bibliographie der tschechischen Geschichte publizierte , ebenso wie ein wunderbares Geschichtslehrbuch für die unteren Klassen des Gymnasiums. Wir mochten ihn als einen etwas zerstreuten, netten Lehrer. Nach 1945 verließ er, sei es gezwungenermaßen, sei es freiwillig, unser Gymnasium. Ich traf ihn zehn Jahre später wieder, als ich als Lehramtsstudent im Fach Geschichte meine ersten pädagogischen Schritte an einem Prager Gymnasium machte. Natürlich konnte er sich gar nicht an mich erinnern. Zwar hatten wir ein nettes Gespräch, aber über das Gymnasium in Žižkov wollte er eigentlich nicht reden. Und viele Jahre später verstand ich warum: Einer der ehemaligen Gymnasiallehrer erzählte uns irgendwann, wie unglücklich Josef Klik war, als ihm die Nazi-Auszeichnung des „Wenzelsadlers" verliehen wurde, mit der kollaborierende tschechische Gebildete ausgezeichnet wurden. Die Nazis wollten damit wahrscheinlich indirekt Kliks Lehrer, den konservativen Professor Pekař würdigen, der schon vor der deutschen Okkupation verstorben war. Angeblich tröstete das ganze Lehrerkollegium Klik, dass ihm niemand das übelnehme und jeder wisse, dass er kein Kollaborateur sei. Auch solche Geschichten spielten sich damals hinter den Kulissen der „Musteranstalt" ab. Wir, die frischen Gymnasiasten, hatten jedoch keine Ahnung davon.

Für ein hohes Unterrichtsniveau war also insbesondere dank unserer Lehrer gesorgt, deren Ziel es war, uns möglichst viel zu vermitteln – und zwar nicht im Dienst des Nazismus, sondern den Nazis zum Trotz. Später, lange nach dem Abitur erzählte uns Ferdinand Smrčka, der 1945 Direktor wurde, dass unsere Vorbereitung auf die Zeit der befreiten Republik für sie eine selbstverständliche Mission gewesen sei. Auch wenn diese Freiheit wahrscheinlich nicht ihren Vorstellungen entsprach, legten unsere Lehrer die Latte hoch (oder bewahrten beharrlich jene aus der Vorkriegszeit) und verteidigten sie auch gegen spätere Erschütterungen, bis zur Auflösung der Anstalt (und aller Gymnasien) zu Anfang der fünfziger Jahre. Ans Gymnasium kam ich also als strebsamer, heute würde man sagen „motivierter" Schüler. Im Unterricht meldete ich mich, stellte manchmal wissbegierige Fragen, bekam Einsen und Zweien. Allerdings hielt ich das nur bis zum Anfang der sechsten Klasse durch. Dann war es mit meiner Motivation wahrscheinlich vorbei.

Wir lebten ja nicht in einem Vakuum. Der Winter 1944/45 war von Versorgungsengpässen geprägt, welche uns, zu unserer großen Freude, gelegentliche „Kohleferien" bescherten. Das war bereits in der sechsten Klasse so, als auch der Zwölfjährige den unabwendbaren Zusammenbruch des Reichs erahnen konnte. Heutzutage fällt es mir schwer zu sagen, ob das der einzige oder nur einer von mehreren Gründen für die Änderung meiner Schulmoral war; am Lernen hatte ich jedenfalls immer weniger Spaß und auf meinem Halbjahreszeugnis stand sogar eine Vier in Latein.

Ich kann mich nicht daran erinnern, dass mir meine Eltern deswegen böse gewesen wären. Sie kamen zum Schluss, dass sie mir bei Latein gar nicht helfen könnten und suchten Unterstützung anderswo. Schließlich bekam ich durch die Hilfe der Verwandtschaft Nachhilfe in Latein. Das war aber etwas ganz anderes als die bezahlte Nachhilfe, wie wir sie heute kennen. Erstens waren diese Stunden kostenlos, zweitens entwickelte sich daraus ein langjähriger freundschaftlicher Kontakt, der sich bei Weitem nicht auf Latein und die Antike beschränkte.

Das Vermächtnis humanistischer Bildung

Irgendwann im Herbst 1945 begannen meine Nachhilfestunden bei den Schwestern Kühn. Es waren drei Schwestern, zwei unverheiratet und eine verwitwet, die zusammen eine große Wohnung im ersten Stock eines Hauses unweit von unserer Wohnung bewohnten. Das Haus war von ihrem Vater erbaut worden, einem ehemaligen deutschen Gutsbesitzer aus Nordböhmen. Obwohl er selbst angeblich nur wenig Tschechisch konnte, besuchten seine drei Töchter tschechische Schulen; zwei machten später einen Abschluss in Medizin, die älteste in Latein. Sie war bereits in Rente und kümmerte sich um den Haushalt, während ihre Schwestern arbeiteten. Sie wurde als Professorin (d. h. Gymnasiallehrerin) angesprochen. Alle drei Schwestern waren tschechische Patriotinnen und gehörten angeblich zur Gründergeneration der Tschechoslowakischen Kirche, welche sich kurz nach 1918 von der katholischen Kirche abspaltete und sich zum Hussitentum meldete, und waren dort aktiv. Sie waren stolz auf ihre große Privatbibliothek und empfahlen mir nach unserer zweiten oder dritten „Stunde" immer ein Buch zum Lesen, das ich mit nach Hause nehmen durfte. Es handelte sich meistens um tschechische Klassiker, aber auch um andere Autoren. Nach einiger Zeit machten sich mich auch mit den Ideen und dem Werk Albert Schweitzers bekannt, den sie bewunderten. Sie waren beeindruckt davon, dass jemand auf eine vielversprechende Karriere zu Hause verzichtete und sich stattdessen nach Lambarene in Gabun begab, um dort den Bedürftigsten zu helfen. Stolz zeigten sie mir mehrere Briefe, die sie von ihm erhalten hatten.

Auch nachdem ich meine Leistungen in Latein verbessert hatte und eigentlich keine Nachhilfe mehr benötigte, gingen die Besuche weiter. Ich konnte mir Bücher ausleihen, berichtete über meine schulischen Fortschritte und hörte die Erinnerungen der alternden Damen sowie ihre Meinungen zu dem Geschehen um uns herum an. Schon lange erinnere ich mich an fast nichts mehr, worüber gesprochen wurde. Mein damaliger Gesamteindruck verblasste jedoch nicht: Bei den Besuchen trat ich in eine andere Welt ein, in eine irgendwie seltsame Enklave, in der andere Werte galten als in der Welt meines damaligen Alltags. Eine Enklave, welche über die alten Zeiten hinausging, wo weder Geld noch Wohlstand wichtig waren, wo das gepflegte Äußere lässig, aber konsequent abgelehnt wurde („wichtig ist, was du im Kopf hast, nicht das, was du anhast") und wo später, nach dem Februarumsturz, auch die politische Unterdrückung ohne theatrale Geste, sondern mit Distanz und einer gewissen Verachtung ertragen wurde. Denn „omnia mea …", wie sie sagten: Deine Gedanken kann dir keiner nehmen.

Mit meinem sich erweiternden Bildungshorizont erkannte ich am Ende des Gymnasiums und später an der Universität, dass die Welt der alten Damen auf die Zeit ihrer Jugend schrumpfte, dass ihre Büchersammlung nicht so reich war, wie ich als Junge gedacht hatte, dass dies ein isoliertes, doch immer noch imponierendes geistiges Relikt der alten Zeit war. Weiterhin besuchte ich die Schwestern ab und zu, bis zum Ende ihres Lebens in den sechziger Jahren. Ich vermute – und bedaure noch heute, dass mit ihrem Tod die lebendige Kontinuität unserer klassischen Kultur und Bildung, welche einen Wert an sich darstellte, zu Ende ging, dass zusammen mit ihnen eine besondere, hoch kultivierte Spezies des „homo sapiens" ausstarb. Sie vermachten mir einen Teil ihrer Büchersammlung und es blieb mir auch die „Kralitzer Bibel", die sie mir zum Abitur geschenkt hatten, mit der Widmung „Per ardua ad astra". Die Kralitzer Bibel ist eine Bibelübersetzung ins Tschechische, die die Gelehrten der Böhmischen Brüderunität am Ende des 16. Jahrhunderts herausgegeben haben und die dann während der Gegenreformation verboten war. Sie diente dann allerdings an der Schwelle der Nationalbewegung als Grundlage für die modernisierte tschechische Hochsprache und war bis in das 20. Jahrhundert bei den meisten tschechischen nicht katholischen Kirchen gebraucht. Außerdem vermachten sie mir einen Brief mit ihren Glückwünschen zu meinem Studienabschluss: viel Erfolg „bei der Arbeit für die tschechische Nation". Das nahm ich mir wahrscheinlich zu Herzen. Komisch, dass neben den Vereinen für die Erhaltung der selenen Tierarten niemand die Idee hatte, Organisationen zu gründen, welche sich um die Erhaltung oder zumindest die Dokumentation jener „nutzlosen" und deshalb überholten Entwicklungsphase der Kultur des homo sapiens kümmern könnten.

Das Kriegsende und der Prager Aufstand im Mai

Im zweiten Jahr des Gymnasiumbesuches waren meine Noten nicht nur in Latein eher schlecht. Ich kann mich bis heute daran erinnern, wie nutzlos ich es fand zu lernen, während gleichzeitig der gewaltige Krieg zu Ende ging. Zwar waren wir in Prag davon unmittelbar erst bei den Bombenangriffen im Februar 1945 betroffen, für mich wurde das aber allmählich zu einem großen historischen Theater. Ich weiß nicht, ob ich dafür Geld von meinen Eltern bekam; Taschengeld bekam ich nämlich keines, aber an einem Wintertag besorgte ich eine detaillierte Karte des Reichs, die eigentlich eine Landkarte Mitteleuropas war, und trug da die Verschiebungen der beiden Fronten ein – der östlichen sowie der westlichen. Als Informationsquelle gab es nur die offiziellen Nachrichten und ich entdeckte (heutzutage würde

man wohl sagen „dekonstruierte") mit Begeisterung die propagandistischen Formulierungen, durch welche die Tatsachen im Zusammenhang mit dem beinahe
permanenten Rückzug der deutschen Armee verschleiert wurden. Abgesehen von
der emotionalen Aufregung und dem politischen Lernprozess stellte das für einen
dreizehnjährigen Jungen eine wunderbare Übung für die Interpretation von Texten
sowie für das kritische Arbeiten mit Landkarten dar. Was waren im Vergleich dazu
lateinische und deutsche Vokabeln oder Naturkunde! Gerade da hatte vielleicht meine spätere Vorliebe für Landkarten und Reisen ihre Wurzeln, in dieser fröhlichen
Beobachtung der Militäroperationen, genauer gesagt der deutschen Niederlagen.

Unsere Gymnasiallehrer konnten unsere Stimmung teilen oder nachvollziehen
und es ist kein Wunder, dass sie bei den Noten am Ende des Schuljahres 1944/45
mehr als tolerant waren. Allerdings interessierte das Zeugnis bei all dem Aufsehen
kaum jemanden. Alles wurde durch jene riesige Freude überschattet, welche mit
der Befreiung sowie mit der Erwartung an das Kommende eintrat.

Der Prager Aufstand im Mai zählt zu den Ereignissen, die nicht vergessen werden
können. Freude, Begeisterung, Glück – all das sind zu abgegriffene Bezeichnungen
dafür, wie ich mich fühlte, als ich in der Menschenkette stehen durfte, wo wir uns
von Hand zu Hand Pflastersteine für den Bau einer Barrikade weiterreichten. Oder
als ich alle deutschen Lehrbücher, Hefte und Bücher in die Mülltonne schmiss (das
bereute ich jedoch schon nach einigen Jahren sehr). Oder als ich am 9. Mai dabei
half, die Haustüre zur Begrüßung der Roten Armee zu schmücken. Darüber hinaus
war ich stolz darauf, dass sich mein Vater, als einziger in unserem Haus, gleich am
Anfang des Aufstands beim improvisierten Militärkommando zur Verteidigung
Prags meldete und der sog. Revolutionsgarde zugeordnet wurde. Ich war dann ein
wenig enttäuscht, als ich erfuhr, dass er nicht auf die Barrikaden geschickt, sondern
mit dem Schutz und der Verwaltung des Waffen- und Materiallagers beauftragt
wurde. Sein Status – ein älterer Mann und Vater von zwei Kindern – wurde dabei
berücksichtigt. Wenige Tage nach der Befreiung war er schon zu Hause.

Der neue Geist der freien Schule

Die Befreiung brachte für die Schule viel Neues mit sich. Als Schüler in der sechsten
und später in der siebten Klasse des Gymnasiums registrierten wir allerdings nur
die Änderungen, die uns unmittelbar beim Unterricht betrafen. Es war vor allem
die Tatsache, dass das gehasste obligatorische Deutsch durch das geliebte obligatorische Russisch ersetzt wurde. Es musste schwierig gewesen sein, gleich nach der
Befreiung so viele neue Russischlehrer zu finden. Unser erster Russischlehrer war
ein älterer, schäbig gekleideter russischer Emigrant, er hieß Božkov. Seine einzige
Qualifikation bestand darin, dass er gebürtiger Russe war. Politisch profilierte er
sich durch seine Mütze mit rotem Stern, Hammer und Sichel. Einige sagten, dass
er daheim, irgendwo im Kaukasus, als Eisverkäufer gearbeitet hatte; andere ver-

muteten, dass er Ingenieur sei. Ohne unsere Anstrengung – Russisch war ja die Sprache der Befreier! – hätte er uns wahrscheinlich nicht viel beigebracht. Nach einem Jahr trat ein Rentner an seine Stelle, im Ersten Weltkrieg angeblich Mitglied der tschechoslowakischen Legionen in Russland, eine starke Persönlichkeit und ein erfahrener, strenger Lehrer. Keine Ahnung, ob er tatsächlich dank seines Einsatzes in den Legionen Russisch konnte oder uns immer nur eine Lektion voraus war. Auf jeden Fall war er in der Lage, uns auf Trab zu halten. Seine hohen Ansprüche sorgten dafür, dass mir das Gymnasium gute Grundlagen im Russischen vermittelte.

Zu weiteren wesentlichen Veränderungen in unserem Stundenplan kam es in der siebten und achten Klasse. Der bisher verbotene Geschichtsunterricht wurde wieder eingeführt, mit Fokus vor allem auf tschechische Geschichte. Mit Begeisterung erstellte ich eine Übersicht, in der alle Herrscher der Přemysliden-Dynastie aufgelistet waren. Ich nutzte dazu irgendein popularisierendes Geschichtsbuch, das mir von den Schwestern Kühn geliehen wurde. Sie lieferten mir ebenfalls die Unterlagen für mein erstes Referat in Geschichte, das vom Prager Aufstand im Juni 1848 handelte. Ich weiß nicht, ob mir dieses Thema von unserem Lehrer zugeteilt wurde oder ob es meine Wahl war. So oder so lockte mich dieses nationalrevolutionäre Thema irgendwie schicksalhaft immer wieder.

Noch wesentlicher war für uns die Einführung eines ganz neuen Fachs – der Sozialkunde. Mit dem Unterricht wurde eine junge, nette Französisch- und Tschechischlehrerin beauftragt. Unter uns nannten wir sie „Maruschka" und fanden sie von Anfang an sympathisch. Und unser Respekt stieg, als wir mitbekamen, dass ihr aufgrund von Beschwerden der älteren Kolleginnen vom Direktor verboten worden war, den Klassenraum in Hosen zu betreten. Die Tradition konnte manchmal auch eine Belastung darstellen. Sie gab sich Mühe, unser Interesse an Politik zu wecken und Diskussionen über öffentliche Angelegenheiten anzuregen. Und das machte sie gut, wir diskutierten – zumindest einige von uns – mit Lust und Interesse. Einmal wurde sogar dermaßen leidenschaftlich und stürmisch diskutiert, dass „Maruschka" unseren Streit nicht mehr schlichten konnte und weinend den Klassenraum verließ. Wir merkten sofort, dass das kein richtiger Weg war und entschuldigten uns bei ihr. Traurigerweise erinnere ich mich nicht mehr, worüber wir so wild stritten. Wild, aber ohne Hass. Es steckte ein Spiel der Suche nach Argumenten dahinter und möglicherweise auch eine Übung in Toleranz gegenüber der Meinung des anderen. Auch das brachte sie uns bei und ich denke, mit Erfolg.

Die äußere Welt war aber nach der Befreiung voller Politik. Bezaubert durch die plötzliche Meinungsfreiheit verfolgte ich, obwohl nicht regelmäßig, gleich drei Zeitungen. Zu Hause gab es die sozialistische Presse, deren Informationen ich dann direkt auf der Straße nachvollziehen konnte, wo an einem der Nachbarhäusern die Ausdrucke der *Lidová Demokracie* (Volksdemokratie, die Zeitung der Tschechoslowakischen Volkspartei) geklebt wurden, während ein anderes Haus Platz für das kommunistische *Rudé Právo* (Rotes Recht) bot. Von Interesse war für mich

etwa die Tatsache, dass sich die Sozialisten zum „unmarxistischen Sozialismus"
bekannten. Meine Marx-Kenntnisse waren damals gleich null, weshalb ich mit dem
Sozialismus ohne Marx keine Probleme hatte. Es reichte mir, dass damit Abstand
vom Kommunismus genommen wurde. Zu meinem Erstaunen präsentierte sich die
Volkspartei vor den Wahlen von 1946 als die einzige nicht-sozialistische Formation.
In dem tschechischen Teil der erneuerten Tschechoslowakei waren nur vier Partei-
en zugelassen – die Kommunistische, Sozialdemokratische, National-sozialistische
und die (katholisch gesinnte) Volkspartei In der Slowakei waren es vorerst nur
zwei – die Kommunistische und die Demokratische. Nach damaligen Verhältnissen
indoktriniert wunderte ich mich, wie jemand kein Sozialist sein und sich noch
dazu stolz bekennen kann?

Als nach 1990 kritisch über die Abschiebung der Deutschen geschrieben wurde, erinnerte ich mich deutlich an zahlreiche Polemiken in der damaligen Presse.
Alle drei Tageszeitungen waren sich bei der Befürwortung der Abschiebung einig.
Junge Kritiker, welche diese Zeit gar nicht miterlebt haben, waren nicht in der
Lage, sich in die Stimmung hineinzuversetzen, in der sich einfach keiner getraut
hätte, eine Gegenmeinung zu vertreten. Ganz im Gegenteil, es war Teil der Wahl-
kampfstrategie, dass sich die beiden stärksten Parteien, die Kommunisten und
die Sozialisten, gegenseitig Vorwürfe machten, wenn sich eins ihrer Mitglieder
hinter einen Deutschen stellte und ihn vor der Abschiebung „rettete". Nur die
Volksparteiler positionierten sich bei der Jagd auf die Deutschen nicht so eifrig, was
mich damals, zugegebenermaßen, stutzig machte. Möglicherweise ging es vielen
Mitbürgern ähnlich, was sich in der geringen Unterstützung der Volkspartei bei
den Wahlen widerspiegelte. Auch unser Schülerleben außerhalb des Unterrichts
wurde politisiert. Inspiriert durch das öffentliche Geschehen begannen wir 1947,
politische Parteien und Wahlen nachzustellen. Ich war stolz darauf, dass wir keine
der bestehenden Parteien nachahmten, sondern „unabhängig" Parteien bildeten,
welche ihr eigenes Programm sowie ihre eigene Bezeichnung hatten.

In den Jahren vor dem Februarumsturz konnte ich einerseits den politischen
Spielen zusehen, andererseits war das für mich auch eine Zeit des ständigen Su-
chens und Herumtastens. Ich weiß nicht mehr, wie ich an die Schriften über den
Existenzialismus herankam, die ich nicht besonders gut verstand. Ich hatte zwar
etwas über Simone de Beauvoir gelesen, was mich aber weder beeindruckte noch
beeinflusste. Dem Alter entsprechend formulierten wir naiv unsere Meinungen
zum Leben, zur Moral, zu Gott, versuchten aber ebenfalls, uns Bereiche zu erschließen, die uns bis dahin unbekannt waren. Ich wurde Mitglied des Klubs der
Freunde antiker Kultur und besuchte einige Klubvorträge. Später kam noch der
Kreis der Freunde der tschechischen Sprache dazu. Einige Zeit besuchte ich, durch
meinen Mitschüler und Freund mitgebracht, auch den katholischen Gottesdienst
und las agitatorische Religionsbroschüren. Besonders gut gefielen sie mir nicht und
weckten bei mir eher eine Abneigung gegen den Katholizismus. Außerdem nahmen

wir an fakultativen Italienisch- und Französischkursen teil. Bis heute halte ich das für eine sinnvoll investierte Zeit, obwohl es uns nur allgemeine Kenntnisse über die Aussprache, den Geist der Sprachen und über ihre Nähe zum Lateinischen, das wir bereits gut beherrschten, vermittelte. Mit all diesen Aktivitäten war es nach dem Februarumsturz natürlich vorbei – mit den religiösen sofort, mit den linguistischen vielleicht ein oder zwei Jahre später. Aber den „Februar" konnten wir bereits als Schüler in der neunten Klasse miterleben – und da waren wir lange keine frischen Gymnasiasten mehr.

Der Abstecher nach Norwegen

Bald nach dem Krieg beschloss das norwegische Rote Kreuz, den vom Krieg betroffenen Kindern Hilfe anzubieten. Deswegen wurden die tschechoslowakischen Behörden (und sicherlich nicht nur sie) mit dem Vorschlag angesprochen, Kriegswaisen und eventuell auch kranke sowie unterernährte Kinder zu einem Ferienaufenthalt nach Norwegen zu schicken. Anfang 1946 wurden also die Direktoren der Prager Gymnasien von der Gesundheitsabteilung des Prager Magistrats dazu aufgefordert, einen oder zwei Schüler aus den niedrigeren Klassen für einen solchen Aufenthalt zu empfehlen. Unsere Klassenlehrerin nannte gleich zwei Namen aus unserer Klasse und der Direktor entschied, dass ich der am ehesten Unterernährte sei.

Und so begleiteten mich meine Eltern gleich nach dem Schuljahresende zum Bahnhof, wo uns Plätze in einem Wagon dritter Klasse zugeteilt wurden. Komfortabel war das nicht, in jedem Abteil saßen mindestens sechs Kinder. Tagsüber gab es auf den Holzbänken ausreichend Platz, nachts wurde auf den Bänken, auf der oberen Gepäckablage und auf den Koffern geschlafen, mit denen wir den Raum zwischen den beiden Bänken ausfüllten. Ich erinnere mich nicht, dass es unterwegs eine Gelegenheit zum Waschen gegeben hätte: Wahrscheinlich vermissten wir das nicht wirklich.

Der Weg nach Norwegen führte damals nicht nach Norden, sondern zuerst nach Westen: Über Eger und Nürnberg; erst dann ging es wieder in nördliche Richtung. Wir ahnten selbstverständlich nicht, dass auf diese Weise die sowjetische Besatzungszone umfahren wurde. Am Bahnhof in Eger fuhren wir für einen Moment langsam an einem Zug vorbei, mit dem in offenen Güterwagen die abgeschobenen Deutschen transportiert wurden, meistens Frauen und Kinder. Bis heute kann ich mir das Mitleid ins Gedächtnis rufen, das ich beim Blick auf all die Hoffnungslosigkeit und Apathie empfand. Genauso erinnere ich mich lebhaft an den hasserfüllten Gesichtsausdruck eines Mannes, welcher plötzlich aufsprang, wild gestikulierte, mit der Faust drohte und uns zuschrie: „Wir kommen wieder."

Von unserer Durchreise durch Deutschland sind mir nur ein paar Bilder in Erinnerung geblieben: Vor allem die grauenhaften Ruinen und Steinhaufen anstelle der ehemaligen Bahnhöfe und Städte, eine Menge Menschen, die auf ihren Rucksäcken in Bahnhöfen herumsaßen, aber auch ein Hamburger Fahrdienstleiter, der sich demütig für eine Zigarette bedankte, die ihm jemand von unseren Begleitern vor die Füße warf.

Völlig anders blieb mir hingegen die Reise durch Dänemark in Erinnerung. Keine Ruinen, saftig fruchtbares Land, die grünen Kupferdächer des alten Kopenhagen und eine sehr beeindruckende Tafel, die von den Dänen (wahrscheinlich wieder vom Roten Kreuz) für uns angerichtet worden war. Gewöhnt an die Protektoratsernährung geriet ich in Erstaunen darüber, dass die dänische Milch derart fett war, dass die Reste in den Flaschen sich nicht ausspülen ließen. Wir konnten uns sogar auf der der schwedischen Küste gegenüberliegenden Seite des Sunds am Strand sonnen und den Schmutz der Reise im Meer abwaschen. Die Unmenge ausländischer Kinder sorgte natürlich bei den Einheimischen für Aufmerksamkeit. Sie versuchten, mit uns ins Gespräch zu kommen. Ich erinnere mich insbesondere an eine elegant bekleidete Dame, die uns auf Deutsch erklärte, dass „wir Schweden" gar nicht stolz auf die eigene Rolle im Krieg sein könnten. Ich ahnte damals, dass das in einem gewissen Zusammenhang mit der Neutralität Schwedens stand, die ich eigentlich unproblematisch fand. Erst später, als ich bereits in der Lage war, mit meiner norwegischen Gastfamilie zu kommunizieren, wurde mir die Komplexität des Problems klar. Keiner der Norweger mochte die Schweden. Meinem Eindruck nach gab es sogar solche, die sie hassten, obwohl wahrscheinlich eher Verachtung dahintersteckte.

Unsere tschechoslowakischen Wagons mit den Holzbänken blieben in Kopenhagen stehen und wir konnten nach der Überfahrt in einen schwedischen oder norwegischen Zug mit sauberen Fenstern einsteigen, uns auf weichen, mit Stoff bezogenen Sitzen niederlassen und zu den Wasser-Karaffen im Gang greifen. Und die wilden Felsenklippen beobachten, welche die Strecke stellenweise durchkreuzten. Wir näherten uns dem ersten Halt, der für uns Prager gleichzeitig die Endstation war. In der norwegischen Stadt Fredrikstadt, ein paar Dutzend Kilometer hinter der schwedischen Grenze, wurden unsere zwei Wagons abgekoppelt und in irgendeine große Halle hineinrangiert. Wir standen inmitten von norwegischen Damen, nur einige hatten auch ihre Männer dabei. Sie schauten uns an und suchten sich eigentlich nur aufgrund unseres Aussehens „ihre Kinder" aus. So wurde ich von einer Dame namens Martinsen mit an den Stadtrand genommen. Ihr Mann, ein Facharbeiter, war vor dem Krieg als Maschinenmeister an Bord eines Handelsschiffs unterwegs gewesen, hatte aber nach dem Krieg eine Stelle in einer naheliegenden Fabrik gefunden. Zur Arbeit fuhr er mit dem Rad. Sie konnte nur Norwegisch, was in den ersten Stunden und Tagen ein Problem darstellte, bald konnten wir uns aber verständigen. Herr Martinsen sprach zum Glück auch ein bisschen Deutsch. Später zeigte sich das als großer Vorteil, als ich mir die Grundkenntnisse des Norwegischen aneignen musste. In einer fremden Umgebung lernen Kinder die neue

Sprache schnell. Mit Martinsens kam ich gut aus, die Sympathien waren gegenseitig und als der geplante Monatsaufenthalt vorbei war, entschieden sie sich, genauso wie ein paar andere Familien in Fredrikstadt und Umgebung, mich für das nächste Jahr wieder einzuladen.

Tatsächlich wurde ein Jahr später vom Prager Magistrat kein Zug, aber immerhin ein Wagon für diejenigen bereitgestellt, die wieder eine Einladung nach Norwegen erhalten hatten. Ich weiß nicht, von wem die zweite Reise finanziert wurde, von den Eltern jedenfalls nicht, soweit ich mich erinnere. Wieder waren wir auf den harten Holzbänken dritter Klasse unterwegs und hatten Proviant für zwei Tage dabei, und wieder sahen wir die zerstörten deutschen Städte und das blühende Dänemark. Diesmal konnte ich mich schon auf Norwegisch verständigen und hatte auch etwas mehr Klarsicht erlangt, weshalb ich die norwegische Gesellschaft und teilweise auch die Politik genauer wahrnehmen konnte. So fand ich auch Zugang zur Verwandtschaft der Familie Martinsen und nahm an dem reichen (zumindest aus der damaligen tschechischen Sicht gesehen) gesellschaftlichen Leben teil. Dabei bemerkte ich, dass die einfachen Norweger relativ viel über die Tschechoslowakei wussten, jedenfalls mehr, als die Tschechen über Norwegen. Mehrmals fielen bewundernde oder zumindest anerkennende Worte über den Präsidenten Beneš, oft war die Rede davon, wie über den Status unserer Republik in Europa entschieden wurde, insbesondere im Licht der damals aktuellen Debatte, ob auch die Tschechoslowakei in den Marshall-Plan einbezogen werden sollte. Auch den einfachen Norwegern – keiner der Verwandten hatte eine höhere Bildung – war die Bedeutung dieses Schritts besser als mir klar und sie wunderten sich, warum die Hälfte des Parlaments die Hilfe ablehnen wollte (so wurde die Sache in der norwegischen Presse präsentiert). Der Monat ging zu Ende und ich nahm mit einem ganz selbstverständlichen „bis zum nächsten Jahr" Abschied. Keiner von uns ahnte, dass es nach dem Februar 1948 zu keiner solchen Begegnung in Norwegen mehr kommen würde. Stattdessen blieben wir in den folgenden dreißig Jahren lange nur noch schriftlich im Kontakt.

Auch wenn keine Reisen nach Norwegen mehr erlaubt waren, bildete sich ganz natürlich eine Art Gruppe derjenigen, die an jenen Ferienaufenthalten teilgenommen hatten. Es war eine ganz informelle Gemeinschaft von „Norwegen-Freunden"; es wurden mehrere Treffen organisiert, aber für mich war von größter Bedeutung, dass ich mit einigen von ihnen noch als Gymnasialschüler Norwegisch-Kurse besuchte. Erst da lernte ich die Grammatik und eigentlich auch die Rechtschreibung. Mein Norwegisch ebnete in der Folge den Weg zum Dänischen sowie zum Schwedischen (Schwedisch-Kurse besuchte ich dann während meines Studiums an der Philosophischen Fakultät), weshalb ich später an der Universität die Möglichkeit hatte, Fachliteratur in skandinavischen Sprachen zu lesen und mich mit den Kollegen aus diesen Ländern zu verständigen. Allerdings vermischte sich mein Norwegisch mit Schwedisch und später auch Dänisch, weshalb mir die schwedischen Kollegen einmal im Scherz sagten, dass ich „Allgemeinskandinavisch" spreche.

Die Norweger, zumindest diejenigen, die ich kennenlernte, führten ein einfaches Leben und freuten sich über einfache, nicht besonders aufwendige Dinge, waren aber gleichzeitig stolz auf ihr Volk sowie ihre Geschichte. Genauso stolz waren sie auf ihre Wikinger, die in unseren Geschichtslehrbüchern als Räuber dargestellt wurden. Als ich ihnen das sagte, fühlten sie sich ehrlich beleidigt. Diesen National-stolz konnte ich übrigens auch noch fünfzig Jahre später bei meinen Aufenthalten in Norwegen spüren. Das stand in deutlichem Kontrast zu den Verhältnissen bei uns, wo in den Neunzigern erste Pamphlete tschechischer Publizisten und Wissen-schaftler erschienen, welche die tschechische Nationalgeschichte „dekonstruierten" oder eher herabwürdigten.

1.5 Heranreifen am Gymnasium

Im Laufe der zwei Jahre nach der Befreiung änderte sich manches nicht nur im Leben unserer Schule, sondern auch in deren Wahrnehmung von außen – genauer gesagt bei denjenigen, die jetzt herrschten und den Ton angaben. Der Sinn der traditionellen Schulbildung an sich wurde in Frage gestellt, also die Existenz klassi-scher Gymnasien, des letzten Relikts des humanistischen Bildungsideals aus dem 19. Jahrhundert. Es erschien jetzt als eine absolut lebensferne Bildungseinrichtung, an der gleich zwei tote Sprachen unterrichtet wurden, die niemand mehr brauchen würde! So wurde entschieden, dass immerhin wir das Gymnasium noch „im alten Modus" abschließen durften, aber die Mehrheit der Eltern zog es letztlich vor, ihre Söhne nach der Unterstufe des Gymnasiums an eine Mittelschule mit praktischer Ausrichtung zu schicken. Und so kam es dazu, dass nur sechzehn von uns in der neunten Klasse weitermachten; ein Jahr später kamen noch weitere vier hinzu. Die Schülerzahl wurde anscheinend noch nicht strikt kontrolliert, weshalb unsere Klasse zwei Jahre lang auch mit reduzierter Schülerzahl fortbestehen durfte. Aus der Sicht der Schüler in der neunten oder der sechsten Klasse war das nicht besonders angenehm: Es bedeutete, öfter aufgerufen zu werden, und es war schwierig, bei den Klassenarbeiten voneinander abzuschreiben, da jeder gut zu sehen war. Wir wurden einfach auf Trab gehalten. Andererseits: Objektiv gesehen mussten wir aufgrund der geringen Schülerzahl ständig lernen und erwarben auch tatsächlich auch entsprechende Kenntnisse – und zwar nicht nur durch schlichtes Büffeln. Das führte bei uns zu einem bestimmten Überlegenheitsgefühl, das sich ab Herbst 1948 noch verstärkte, als wir in die zehnte Klasse kamen. Da begannen wir, jugendlich selbstbewusst, uns über unsere neu hinzukommenden Mitschüler zu erheben. Tat-sächlich kamen sie durchaus gegen ihren Willen von anderen, aufgelösten Schulen an unser Gymnasium. Unser Selbstbewusstsein fanden sie wahrscheinlich nicht besonders sympathisch. Es kamen aber nicht nur Mitschüler, sondern auch Mitschülerinnen, sogar ganze Mädchenklassen: Erst zu diesem Zeitpunkt verlor unsere Schule ihren ausschließlich männlichen Charakter.

Das Schulwesen wird reformiert

Der Hauptgrund für die großen Veränderungen bestand in der Einführung des dreistufigen Bildungssystems. Gleich nach dem „Februarsieg" von 1948 begann die kommunistische Regierung die Schulreform von Zdeněk Nejedlý, dem damaligen Minister für Schulwesen, umzusetzen, der vor dem Krieg als renommierter Professor und Kulturhistoriker gegolten hatte, dann aber ergebenst in den Dienst des neuen Regimes trat. Die Gymnasien sollten nicht mehr achtjährig sein; vielmehr sollte die gymnasiale Unterstufe Teil der sog. zweiten Stufe werden, die Oberstufe dagegen zu einem eigenständigen vierjährigen Gymnasium. Kaum jemand billigte diesen drastischen Eingriff in die Schultradition und ebenso unbeliebt war auch der „Rote Opa" selbst, also der Minister, der die Zügel fest in der Hand hielt. Bei uns wiederum, der allerletzten Generation der richtig ausgebildeten Gymnasiasten, verstärkte sich jenes Gefühl der Überlegenheit.

In Folge des hastigen Übergangs zum dreistufigen Schulsystem blieben also die ehemaligen Gymnasien nur noch als „dritte Stufe" erhalten, was zu deutlich geringeren Klassenzahlen und entsprechend einem geringeren Bedarf an Gebäudekapazitäten für Gymnasien führte – etwa die Hälfte der Gebäude blieb leer. So wurden manche Gymnasien in Schulen der zweiten Stufe umgewandelt. Abgesehen vom politischen Kontext stellte die Reform an sich aber keine Katastrophe dar. Ich erfuhr übrigens auch erst später, dass die dreistufige Ausbildung in vielen europäischen Ländern eingeführt worden war. Bei uns wäre die Reform wahrscheinlich mit Vorbehalten, aber dennoch ohne große Emotionen akzeptiert worden, wenn sie denn von jemandem anderen, unter anderen Bedingungen und mit anderen Methoden umgesetzt worden wäre.

Wirklich katastrophale Folgen hatte hingegen wenige Jahre später die Einführung des gesetzlich verankerten elfjährigen Systems. Dahinter stand jetzt nicht mehr Zdeněk Nejedlý, der von den Kommunisten abberufen worden war und stattdessen die formelle Funktion des Präsidenten der neu errichteten Akademie der Wissenschaften übertragen bekam. Seine Ansichten im Bereich des Schulwesens waren den Kommunisten zu traditionell erschienen, weshalb seine Reform nur wenige Jahre später durch das System der elfjährigen Schulen nach sowjetischem Muster ersetzt wurde. Das hielt ich für eine wirkliche Katastrophe und ich bedauerte damals sogar, dass Nejedlýs Reform kassiert wurde. Allerdings muss man hinzufügen, dass auch die elfjährige Schule nach wenigen Jahren für ungeeignet erklärt wurde und das Schulsystem wieder zur dreistufigen Struktur zurückkehrte. Und später wurde sogar der Begriff „Gymnasium" für einen bestimmten Typ von Schulen der dritten Stufe wieder zugelassen. Bleiben wir aber beim Anfang der fünfziger Jahre.

Über das Schicksal der Gymnasien – welche aufgelöst werden und welche in jener beschnittenen vierjährigen Form überleben sollten – wurde damals irgendwo „oben" entschieden. Es war allgemein bekannt, dass das sog. politische Interesse des Parteiapparats die Hauptrolle spielte. Von entscheidender Bedeutung waren die politischen Verbindungen der Schuldirektoren sowie ihre Fähigkeit, die Existenz ihrer Institution zu verteidigen. Sie argumentierten natürlich vor allem politisch. Aus fachlicher Sicht sprach für unsere Anstalt die Tatsache, dass sie immer noch den Charakter eines klassischen Gymnasiums hatte, von denen es nicht mehr viele gab. Und politisch gesehen konnte auch die geographische Lage der Schule von Vorteil sein – im Milieu des proletarischen Žižkov. Letztlich half aber weder das eine noch das andere. Aber was kann man heute über die damaligen Entscheidungsprozesse herausfinden? Später erfuhr ich, dass in den ersten Jahren nach dem Februarumsturz unser Direktor, der Historiker Ferdinand Smrčka zumindest zeitweise vieles retten konnte. Er war eine markante Persönlichkeit, er war in der Lage, überzeugend zu argumentieren und die Anerkennung seiner Vorgesetzten zu gewinnen – die Parteifunktionäre nicht ausgenommen. Unter diesen legten noch immer viele Wert auf Bildung. Wohl auch deswegen waren Smrčkas Bemühungen um die Erhaltung des Gymnasiums in Žižkov in der ersten Runde, also 1948, erfolgreich. Ob ihn die neuen Machthaber damals auch aufgrund seiner Mitgliedschaft in der KPČ ernstnahmen – und manche vielleicht besonders aus diesem Grund? Ob infolge seiner Durchsetzung andere Gymnasien aufgelöst werden mussten? So betrachteten wir das damals nicht und ich glaube, dass wir ihm dankbar waren und auch später seine Parteimitgliedschaft nicht übelnahmen.

Als einige Jahre später der nächste Kampf um die Erhaltung der Gymnasien (in ihrer damals bereits reduzierten vierjährigen Form) im Widerstand gegen die Einführung des sowjetischen Modells der elfjährigen Schule ausbrach, ging das schon über seine Kräfte und er musste schließlich, genauso wie viele andere, das Schulwesen verlassen. Danach arbeitete er als Chefredakteur einer Rundfunksendung für Jugendliche. Es hieß, dass er da erfolgreich war; die Schule vermisste er allerdings bis zum Ende seines Lebens. Das klassische Gymnasium in Žižkov wurde letztlich also in eine elfjährige Schule umgewandelt. Zu dem Zeitpunkt hatten wir aber das Abitur schon hinter uns, und wenn wir ab und zu „bei der Schule vorbeischauten", nervten uns die lauten Kinder, die sich da eingenistet hatten. Zu diesen zählte eigentlich auch mein neun Jahre jüngerer Bruder, der an der elfjährigen Schule schließlich auch das Abitur machte.

Der „siegreiche Februar" bei uns zu Hause

Die Ereignisse im Februar 1948 hatten neben den Änderungen im Schulwesen natürlich auch wesentlich fundamentalere Folgen. Uns Schülern in der neunten, dann zehnten Klasse war bereits bewusst, dass es sich um „historische", für unsere Gesellschaft umwälzende Ereignisse handelte. Im Rückblick auf „den Februar", also das, was sich in jenen Tagen abspielte und was unmittelbar darauf folgte, sollte ich zwischen drei Perspektiven unterscheiden: meiner persönlichen Wahrnehmung der „großen Politik", den Wahrnehmungen und Empfindungen meiner Eltern und den Auswirkungen auf die Schule.

Vielleicht am interessantesten wäre hier die Frage, wie ich selbst damals, mit knapp sechzehn Jahren, die Veränderungen in der „großen Politik" im gesamtgesellschaftlichen Kontext wahrnahm. Allerdings befürchte ich, dass mir dafür nur einige wenige Erinnerungsbruchstücke zur Verfügung stehen. Von all den verschiedenen Eindrücken verdrängte ich viel Unangenehmes und erinnere mich deswegen vor allem an besonders markante Ereignisse, die mir später immer wieder ins Gedächtnis kamen. Vage kann ich meine damaligen Wahrnehmungen zusammenfassen. Wie schon erwähnt, zählte unsere ganze weitere Verwandtschaft bis auf eine einzige Ausnahme zu den ergebenen Anhängern der Sozialisten. Im Jahr 1947 kamen meine Tanten, die Schwestern meiner Mutter, nach Prag, um an jener grandiosen Demonstration teilzunehmen, welche die Partei dort anlässlich ihres Parteitags inszenierte. Die herrschende Stimmung nahm mich gefangen und formte eindeutig meine spontanen Ansichten. Begeistert genoss ich zusammen mit der ganzen Familie jene Atmosphäre der Freude und des Optimismus auf den Straßen, das Schwenken der Fähnchen und die skandierten Parolen. Bis heute habe ich es im Ohr: „Noch ein Parteitag, dann ist es mit den Sternen vorbei" (Stern als Symbol der Kommunisten). Danach wurde von der kommunistischen Zeitung Rudé Právo (Rotes Recht) berichtet, dass die Sozialisten auch gerufen hätten: „Noch zwei Parteitage, dann stehen die Sterne an der Wand!" Die sozialistische Presse wies das freilich vehement zurück. Ich hörte diese Parole auf den Straßen nicht, glaubte aber schon, dass sie irgendwo skandiert worden sein könnte. Jedenfalls hätte das der damaligen aufgeregten Stimmung entsprochen.

Ein halbes Jahr später schockierten uns die Februarereignisse: Wie war ein solcher Umsturz überhaupt möglich? Völlig andere Menschen waren jetzt auf der Straße und es herrschte auch ein anderer Geist. Ich weiß eigentlich nur indirekt, aus den Erzählungen meines Vaters, wie viel Fanatismus und Hass in der sich auf den Wenzelsplatz drängenden Masse demonstrierender Arbeiter brannte. Und wie viel Angst sie verbreiteten. Über diese Menschen blieben mir ein paar eigene Überlegungen im Gedächtnis, an die ich mich auch später erinnerte und die mich möglicherweise dauerhaft prägten. Ich fragte mich, wo die Hunderttausenden von begeisterten Sozialisten aus dem letzten Sommer geblieben waren. Wo waren all die nichtkommunistischen Wähler, die doch die Mehrheit bildeten? Warum überließen sie den Kommunisten die Straße, anstatt selbst hinzugehen? Hinter diesen Fragen steckte nicht nur Trauer, sondern auch der Zorn eines Teenagers über die Erwachsenen. Ich ging damals regelmäßig mit meinem Vater zum Sonntagsgottesdienst in der heute berühmten Herz-Jesu-Kirche auf dem Georg-von-Podiebrad-Platz. An jenem Sonntag, mitten in den Februarereignissen, war die weitläufige Hallenkirche voll von elegant gekleideten Herren und Damen in Pelzmänteln, wie es sich im Winter in dem mittelständischen Stadtviertel Vinohrady gehörte. Ich führte damals kein Tagebuch, notierte mir aber ab und zu etwas. An jenem Revolutionstag im Februar fiel mir während des Gottesdienstes folgendes Bonmot ein: „Sie sind bereit dafür zu beten, dass Gott ihre Pelzmäntel schützt, aber sie sind nicht bereit, ihre Pelzmäntel zu opfern, um beten zu können." Möglicherweise fing ich eben damals an, mit Verachtung auf die tschechischen Vor-Februar-Politiker und den kleinbürgerlichen „Mittelstand" hinabzublicken. An meine Erbitterung im Februar 1948 erinnerte ich mich auch, als ich mehr als fünfzig Jahre später eine kleine Ausstellung über Edvard Beneš besuchte, welche in den Neunzigern in dessen ehemaliger Villa in Südböhmen eröffnet wurde. Ich las das Faksimile eines Briefes, den Beneš nach seiner Amtsniederlegung, kurz vor seinem Tod schrieb. Darin beklagte er bitter, dass er nicht nur von den Politikern, sondern auch vom Volk, den Bürgern, im Februar im Stich gelassen worden war. Ungefähr genauso sah ich das damals und ich war mit Sicherheit nicht der Einzige. Seine Enttäuschung formulierte er überzeugend und beeindruckend. Er konnte es sich nicht erklären, wie es dazu gekommen war. Ich weiß nicht, ob sich die allwissenden Zeithistoriker diese Frage gestellt haben und ob sie heute eine Antwort darauf kennen.

Ungern erinnere ich mich daran, wie die Februartage bei uns zu Hause erlebt wurden, und ich weiß auch nicht, ob ich darüber erzählen soll, da meine Erinnerungen vage sind und in mancher Hinsicht von dem heute dominanten Narrativ abzuweichen scheinen. Mein Vater war schon vor dem Krieg der Sozialistischen Partei beigetreten und wurde auch nach dem Krieg wieder Mitglied. Im Lauf des Jahres 1947 kam er jedoch immer wieder mürrisch nach Hause und beschwerte sich über die Parteifunktionäre in der Fabrik in Letňany. Es war in der Familie nicht üblich, dass er mit dem kleinen Sohn über seine Sorgen sprach, also weiß ich nicht genau, worüber er sich aufregte. Ich kann mich nur an eine Aussage erinnern: „Sie sind genauso wie die Kommunisten, nur machen sie die Schurkerei mit Samthandschuhen." Der Kern des Streits ist mir unbekannt, das Ergebnis aber nicht: Mein Vater trat aus der Sozialistischen Partei aus. Ich weiß natürlich nicht, wann genau, aber sicherlich noch vor dem Februar. Als im Februar die Minister zurücktraten, bedeutete das für ihn die Bestätigung seiner kritischen Meinung über die Führung der Sozialistischen Partei. Seiner Überzeugung nach hätten sie doch an der Macht durchhalten sollen, bis zu den Wahlen, die die Kommunisten sicherlich verloren hätten. Er fühlte sich von seiner eigenen Partei verraten und auf

Gnade und Ungnade den kommunistischen Fanatikern ausgeliefert, von denen es in seiner Fabrik mehr als genug gab. Er schilderte, wie diese mit verschiedensten Drohungen, einschließlich der Entlassung aus dem Betrieb, die nichtkommunistischen Arbeiter, zu denen auch er zählte, zur Teilnahme an dem Demonstrationszug getrieben hatten. Und wie wachsam sie darauf achteten, dass niemand versuchte, sich aus dem Staub zu machen.

Zu den Familienerinnerungen gehört auch die abrupte Veränderung in den Nachbarschaftsbeziehungen in unserem Haus. Plötzlich begannen meine Eltern, sich zu einigen von ihnen – den Kommunisten – anders zu verhalten, die jetzt selbstbewusst äußerten, dass ihnen die „Entwicklung" Recht gegeben habe. Mit einigen ließen sie sich nur mehr vorsichtig in Gespräche ein, politische Themen vermeidend, bei anderen mieden sie den Kontakt einfach ganz. Die Eindrücke von den Begegnungen wurden dann zu Hause besprochen, nur halblaut, als ob sie Angst gehabt hätten, jemand könne zuhören. In Wahrheit ging es ihnen wohl eher darum, dass ich ihre Urteile über die Nachbarn nicht mitbekam. Nur mit einer einzigen kommunistischen Familie wurden auch weiterhin übliche Nachbarschaftsbeziehungen und -rituale gepflegt, wie etwa gegenseitiges Kinderhüten, Einkaufen oder andere kleine Hilfeleistungen. Da sie in den Augen meiner Eltern „zwar Kommunisten, aber gute Leute" waren. Im Vergleich mit der Zeit des Protektorats war die Stimmung im Februar aber anders. Ich erinnere mich nicht daran, dass die Angst der Besatzungszeit zurückgekommen wäre. Es herrschte eher eine stille, wohl dosierte Vorsicht.

Wie sich die Schule veränderte

Was das Geschehen im Februar an unserem Gymnasium angeht, gab es besonders eine bezeichnende Episode. Es kam eine Durchsage im Schulrundfunk, dass ein Aktionsausschuss – wie an allen Institutionen in der Republik – gebildet werden würde und wer dessen Mitglieder sein sollten. Als Vertreter unserer Klasse wurde ein Mitschüler benannt, der bei uns nicht besonders beliebt war. Als Klassensprecher sprach ich zusammen mit einem anderen Mitglied der Klassenvertretung den Tschechischlehrer Vladimír Kovářík an, Funktionär oder sogar Vorsitzender des Aktionsausschusses. Wir teilten ihm mit, dass die Klassenvertretung nicht mit der Benennung dieses Mitschülers für den Ausschuss einverstanden war. Da schaute er mich mit eiskalter Siegermiene an und erwiderte: „da hat die Selbstverwaltung nichts zu sagen" und ging weiter. Es gibt Aussagen, die man nicht vergisst, da sie einem ständig durch den Kopf gehen. Ich erinnerte mich immer wieder an diesen Ausspruch, weil ich auf diese Weise im gegebenen Kontext am eigenen Leib das Grundprinzip der siegreichen Revolution erfahren hatte. Zur Strafe wurden wir unserer Funktionen enthoben. Ich erinnere mich nicht an Details, aber ich fand in meinen Papieren ein Blatt, das damals, im März 1948, an unserer

Pinnwand aushing. Damit wurde bekanntgemacht, dass der Ausschuss der neuen Klassenselbstverwaltung zusammen mit dem Vertreter des Aktionsausschusses den „beiden Mitgliedern" der früheren Schülervertretung einen Verweis wegen „undemokratischen Handelns" erteilte. Einer der beiden war ich, aber ich erinnere mich nicht daran, dass damit für mich irgendwelche Strafen verbunden gewesen wären. Zumindest nicht unmittelbar.

Wir waren zu jung, um zu durchschauen, wer von unseren Lehrern während der großen Reorganisation, die mit der Reform von Nejedlý und der Vereinigung der Gymnasien eintrat, aus politischen Gründen gehen musste oder einfach deswegen, weil er plötzlich überflüssig geworden war. Wahrscheinlich kam es zu keinen dramatischen Szenen und der Unterricht schien uns weiterhin unverändert. Allerdings bemerkten wir zwei Neuerungen. Die Sozialkundestunden waren über Nacht kein Diskussionsforum mehr, was wir sofort begriffen. Das Fach wurde allerdings nicht sofort komplett der Ideologie angepasst, ich hatte eher den Eindruck, dass eine Zeit der Vorsicht begann. Im Lehrplan blieben zum Beispiel weiterhin die Grundlagen der Psychologie sowie die Geschichte der Philosophie verankert. Durch Zufall habe ich noch immer mein Heft mit ausführlichen Notizen aus dem Jahr 1949/50, also aus der siebten Gymnasialklasse. Lehrbücher gab es keine, weswegen wir alles aufschreiben mussten, was bei der Prüfung abgefragt werden würde. Das hieß auch, aus den Heften lernen. In meinem Heft stehen solide, wertneutrale Übersichten über die philosophischen Grundströmungen, also die Geschichte der Philosophie, und über die Grundlagen der Psychologie, und erst danach, im letzten Quartal, folgte ein systematischer Überblick über den Marxismus-Leninismus. Vielleicht lag das an unserer Lehrerin. Das war Frau Herdegenová, eine ältliche, kleine und unscheinbare, dafür aber gebildete und belesene Person. Damals wussten wir nicht wirklich zu schätzen, was sie uns mit ihrer unmelodischen Stimme alles mitteilte. Außer an einige wenige psychologische Axiome erinnere ich mich an ihren Appell, Fremdsprachen zu lernen. Davon wollte sie uns durch ihre suggestive Darstellung überzeugen, wie angenehm es sei, den Rundfunkempfänger anzumachen, an dem Suchknopf zu drehen und Sendungen aus verschiedenen Ländern zu hören und sie zu verstehen. Ich hielt es damals für eine ansprechende Empfehlung für den Bildungsweg und zum Kennenlernen fremder Länder, aber bald verstand ich, dass darin eine tiefere Botschaft steckte: Lassen sie sich nicht in der Welt der auf Tschechisch vermittelten Informationen einfangen, sondern befreien sie sich, indem sie sich dank ihrer Fremdsprachenkenntnisse einen freieren Zugang zu Informationen sichern. Diese Empfehlung nahm ich mir zu Herzen und entschied mich fakultativ für Deutsch. All das nur wenige Jahre, nachdem ich als Kind fröhlich berauscht meine deutschen Bücher und Hefte in die Mülltonne geworfen hatte!

Zweitens veränderte sich der Russischunterricht – er wurde zur Demonstration der Liebe zur UdSSR und zum Genossen Stalin. Oder wenigstens auf den ersten Blick. Unsere Russischlehrerin Barányiová, mit dem Auftreten einer Aristokratin (die sie vielleicht auch war, angeblich stammte sie aus der Karpato-Ukraine), gab sich im Unterricht eher unauffällig, konnte aber wunderbar verschleiern. Wir mussten auf die Vorderseite unserer Hefte einen roten Stern malen und auf die Rückseite einen lobpreisenden Satz über die UdSSR und Stalin schreiben (ich weiß nicht mehr genau, was für einen). Vielleicht ging es da auch um die Hymne der UdSSR, die wir auswendig lernen mussten. Und mit Rot wurde nicht gespart. Bis heute sehe ich lebhaft ihr ironisches, verschmitztes Lächeln, wenn sie uns dumme Floskeln diktierte, die wir uns aufschreiben sollten, obwohl sie uns im Unterricht etwas Anderes vermittelte. Schade, dass ich keines der Hefte behalten habe.

Die Stimmung in unserer Klasse blieb auch unter den neuen politischen Verhältnissen relativ unverändert. Keiner freute sich über den „Februarsieg" und keiner scheute sich, seine Meinung zu äußern. Erst ein Jahr später wurden wir mit den politischen Konsequenzen der Februarrevolution unmittelbar konfrontiert – mit dem Beginn der Agitation für die Mitgliedschaft im Tschechoslowakischen Jugendverband, der auch an unserer Schule eine Niederlassung erhielt. Übrigens war unser Gymnasium in dieser Zeit nur noch vierjährig, dafür ergänzt um neue Parallelklassen aus zwei aufgelösten Gymnasien in Vinohrady. Selbstverständlich wurde die Mitgliedschaft im Jugendverband von den meisten in der Klasse spontan abgelehnt. Wir könnten doch keiner Organisation beitreten, deren Ideologie wir nicht teilten! Geschweige denn unsere Zustimmung zu einem derartigen Programm schriftlich bekunden.

Aber dann kamen Argumente, die mit Ideologie kaum mehr etwas zu tun hatten. Unser sehr alter Latein- und Altgriechischlehrer Jeřábek (so unser Eindruck, obgleich er nur etwas über sechzig war) erklärte uns langatmig, aber gründlich, dass in diesen unsicheren Zeiten eines sicher sei: Lehnten wir den Beitritt ab, würde das Gymnasium als „reaktionäre Institution" aufgelöst und wir in andere Schulen in ganz Prag verteilt werden. „... und Kinder, das wollen wir doch nicht." Und wir waren schon hinreichend klarsichtig, um zu verstehen, dass wir mit unserer Ablehnung der Mitgliedschaft auch unsere Lehrer in existentielle Gefahr brachten. Zugleich herrschte ein stilles Einverständnis, dass, wenn wir beitraten, dann die ganze Klasse gemeinsam. Ich weiß nicht, welche Klasse den ersten Schritt tat, aber es ist sicher, dass die meisten von uns nachgaben. Wir traten also am Anfang der siebten Klasse einer Organisation bei, die an unserer Schule von ein paar ihrer begeisterten Gründer repräsentiert wurde. Davon gab es ungefähr zehn, keiner aber kam aus unseren altsprachlichen Klassen. Wir verachteten sie zuerst ein bisschen, schon deswegen, weil sie von außen zu uns gekommen waren. Im Laufe der Zeit lernten wir sie aber auch fürchten, als uns klar wurde, dass unser künftiges Schicksal relativ weitgehend in ihren Händen lag.

Wenn wir schon Mitglieder des Jugendverbands sein mussten, so verständigten wir uns in unserer Klasse, dann sollten wir uns auch bemühen, die Entscheidungsträger in der Schulorganisation mit auszuwählen. So entstand ein naives „Komplott".

Als der neue Ausschuss der bereits mitgliederstarken Organisation gewählt werden sollte, bereiteten die ursprünglichen Verbandsgründer eine Kandidatenliste vor, auf der sie selbst und ihre Freunde standen. Vor der konstituierenden Sitzung taten wir uns mit noch anderen Klassen zusammen und beschlossen, für die Ausschusswahl Gegenkandidaten aus unseren Reihen vorzuschlagen. Das verlief unerwartet glatt. Der bisherige Ausschuss trug den Namen seines Kandidaten vor, und aus dem Plenum wurde ein anderer Kandidat benannt, der dann bei der Abstimmung die Mehrheit erhielt. Nur gegen den Vorsitzenden stellten wir keinen Gegenkandidaten auf. Der so zusammengesetzte Verbandsausschuss genoss zwar das Vertrauen der Mitglieder, konnte aber dem Druck der „Instruktoren" aus dem Bezirk und anderer Instanzen nicht lange standhalten. Es bestand die Gefahr, dass man hier eine staatsfeindliche Aktion unterstellte, was unweigerlich zu Repressionen führen musste. Nach einiger Zeit ließen wir uns „überzeugen" und traten zurück, ich weiß aber nicht mehr, mit welcher Begründung. Mir ist nicht bekannt, ob dieses politische Intermezzo irgendwelche direkten „Kaderkonsequenzen" nach sich zog. Die Klassenvertretung wurde in Verbandsselbstverwaltung umbenannt und wir wurden zur loyalen Mitgliedergefolgschaft. Zwei Jahre vor dem Abitur, zeigte sich also, dass die ursprünglichen Verbandsgründer an unserer Schule diesen „Putschversuch" auch nach zwei Jahren nicht vergessen hatten. Wir blieben für sie verdächtig und uns wurde nicht vertraut.

Hauptsache Lernen

Auch der Unterrichtsbetrieb lief nach dem Februar vordergründig unverändert. Die Lehrer blieben unbeugsam, es gab weder politische Begünstigung noch politische Benachteiligung; jedenfalls wurde für uns nichts dergleichen erkennbar. Schon die Teilnahme am Unterricht an sich war für uns anstrengend, weil es nun in den meisten Fächern – vielleicht bis auf Latein, Griechisch und Naturkunde – keine Lehrbücher gab; so mussten wir alles Wichtige in unseren Heften aufschreiben, bis uns die Finger schmerzten. Aus unseren Notizen lernten wir dann für die Prüfungen. Allerdings konnte jeder, wenn er denn wollte, auch von solchem Unterricht ohne Lehrbücher viel profitieren. Es kam auf das individuelle Interesse an – für den einen war es Anatomie, für den anderen Erdkunde, für mich vor allem Tschechisch und Geschichte. Das hatte etwas Merkwürdiges zur Folge: Ich eignete mir eigentlich nie die Fähigkeit an, aus Büchern zu lernen. Nicht einmal später an der Universität.

Sollte jemand bezweifeln, dass unsere Lehrer die hohen Standards im Unterricht aufrechterhielten, könnte man auf unsere Noten verweisen, die – aus heutiger Sicht – wahrlich nicht besonders gut ausfielen. Die Tatsache, dass Schüler mit mehreren Dreien im Zeugnis noch immer als ausgezeichnet angesehen wurden, würde man heutzutage kaum als Beleg für gute pädagogische Arbeit ansehen. Ebenso wenig die Tatsache, dass immerhin drei Schüler unserer Klasse aufgrund ihrer schlechten Noten gar nicht zum Abitur zugelassen wurden. Die heutige Sicht liefert aber ein schiefes Bild von der damaligen Benotungspraxis. Eine Eins stellte zu unseren Gymnasialzeiten eine herausragende Note dar, eine Drei war üblich und galt als völlig akzeptabel. In meinen Unterlagen stieß ich auf einen Notenspiegel unserer Klasse, den ich in der zehnten Klasse als Referent der Klassenvertretung erstellt hatte. Nur einer von uns erreichte einen besseren Durchschnitt als 1,5, während die Durchschnittsnote der gesamten Klasse bei etwa 2,2 lag. Dabei sollte man in Betracht ziehen, dass wir uns schon damals eher jenen Fächern widmeten, welche uns Spaß machten; in den anderen Fächern hielten wir Dreien für zureichend. Wenn ich meinen Eltern mit einem guten Zeugnis eine Freude bereiten wollte, musste ich dann aber zu Hause doch auch ernsthaft Griechisch sowie Physik und Chemie lernen – Fächer, in denen ich üblicherweise Dreien bekam. Dennoch wage ich die Behauptung, dass die Kenntnisse meiner Altersgenossen mit durchschnittlichen Noten – selbstverständlich mit der Ausnahme des Fachs Informatik – im Vergleich mit zu denen heutiger Schüler mit guten Noten keineswegs schlechter waren. Eher im Gegenteil. Und ich erinnere mich nicht daran, dass meine Mitschüler oder ich selbst uns überfordert fühlten. Der eine schaffte einfach mehr, der andere weniger, man lernte vornehmlich das, was einen interessierte oder was man für wichtig hielt.

Unser junger Tschechischlehrer, Eduard Beneš, war nicht nur ein sehr intelligenter und belesener Intellektueller, sondern auch ein begeisterter Pädagoge, der uns möglichst gründliche Literaturkenntnisse vermitteln wollte. „Uns" – also denjenigen, die Interesse an Literatur hatten. Für die Schüler, die sich nicht für Literatur interessierten – von denen es in unserer Klasse allerdings nur wenige gab – bedeuteten seine Stunden eher mühsames Mitschreiben. Es war notwendig, sich alles für die Prüfungen Relevante zu notieren. Bei passender Gelegenheit zögerte er aber auch nicht, mit einigen von uns stundenlang über Fragen der Literatur zu diskutieren. Solche Gelegenheiten boten sich während unserer Ferienarbeitseinsätze oder bei den Winterübungen, bei denen er als „pädagogische Aufsicht" dabei war. Bei einem Arbeitseinsatz im September, am Anfang der zwölften Klasse, diskutierte er mit mir bis tief in die Nacht, oder genauer gesagt: Er erzählte mir über meinen Lieblingsautor F. X. Šalda (den er als Student in der Zwischenkriegszeit persönlich kennengelernt hatte), über Behaviorismus, Čapeks Pragmatismus und anderes, woran ich mich nicht mehr erinnere. Und er schien davon, denke ich, ebenso zu profitieren wie ich, wohl deswegen, weil sich jemand für sein Wissen und seine Ansichten interessierte. Nachdem das Gymnasium 1953 aufgelöst worden war, fand er eine Stelle als Sprachdozent in der Akademie der Wissenschaften. Erst nachträglich, als ich selbst lehrte, habe ich die Art zu schätzen gelernt, wie er in brillant formulierten Sätzen eine Grundcharakteristik einzelner Schriftsteller und ihrer Werke geben konnte. Warum tat er das damals? Er hätte sich doch mit übernommenen Formulierungen aus alten Lehrbüchern oder auch mit Zeitungsphrasen begnügen können. Eindeutig – und so sah ich das schon in der zwölften Klasse – war er für mich ein Vorbild, da er sich ernsthaft bemühte, uns möglichst viel zu vermitteln. Ihm war wichtig, dass wir aus der Schule ein Stück kulturelles Erbe mitnahmen, dass wir uns das Vermächtnis der tschechischen Kulturtradition aneignen und es erhalten sollten. In der Zeit, in der die Säuberungen in den Institutionen sowie Bibliotheken in vollem Gange waren, in der politische Prozesse und hysterische Hetzjagden in der Presse stattfanden, in der wir befürchteten, dass die beständige „revolutionäre" Vernichtung traditioneller Werte im Namen der „gesellschaftlichen Notwendigkeit" und des proletarischen Internationalismus zur Deformation und Deklassierung der Bildungskultur führen würde, stellten viele Menschen solche Überlegungen an.

Er war denn auch nicht der einzige unter unseren Lehrern, die damals mit uns debattierten. Unser Mathematiklehrer Otakar Glos, von seiner Ausbildung und seinem Charakter nach Philosoph, war vor dem Krieg an der Philosophischen Fakultät tätig gewesen und hatte sich dort habilitiert. Als geheimer Anhänger der Anthroposophie machte er seinen engen Kreis von Interessierten begeistert mit Rudolf Steiner vertraut. Ich schätzte ihn, verstand aber erst nachträglich, dass ich vor allem von ihm lernte, systematisch und logisch zu denken. Und dass ich mir in seinen Mathematikstunden mindestens eine Grundregel einprägte: Man muss immer definieren, worüber man spricht, und diese Definition muss die kritische Analyse bestehen. Nach der Auflösung des Gymnasiums bekam Otakar Glos eine Dozentenstelle an der Tschechischen Technischen Universität Prag, wo sich manche noch bis vor kurzem mit Respekt an ihn erinnerten.

Ohne nachhaltige Wirkung auf mich blieb eine andere Initiative zur intellektuellen Sensibilisierung an unserer Schule: die Förderung von guten Zeichnern (zu denen ich nicht zählte) und Kunstinteressierten durch Lehrer Kohout. Er leitete eine bildkünstlerische Gruppe, die sich aber nicht nur auf Malen und Zeichnen beschränkte. Er führte seine Schüler durch Galerien und Ausstellungen und sie erinnern sich bis heute dankbar an die Diskussionen mit ihm. Da ging es nicht nur um die bildende Kunst an sich, sondern auch um deren gesellschaftlichen Sinn. Diese Diskussionen waren in der Hochphase des Stalinismus und der Verherrlichung des sozialistischen Realismus gewissermaßen ein anderer Planet.

Wenn ich über die hohen Ansprüche des Unterrichts und über das Ansehen spreche, das manche Lehrer genossen, könnte der Eindruck entstehen, dass unser Alltag am Gymnasium nur durch die Konkurrenz um Wissenserwerb bestimmt war, geprägt durch ebenso langweiliges wie mühseliges Diktateschreiben. Das war aber nicht der Fall. In der elften und zwölften Klasse bewegten uns auch die ersten Liebschaften, die natürlich geheim bleiben sollten, doch jedem bekannt waren; wir schickten uns kleine Zettel mit Liebeserklärungen und Scherzen. Auf kindische Art und Weise störten wir auch den Unterricht, um damit unsere Lehrer zu ärgern – was aber durchaus kein Ausdruck von Abneigung bedeuten musste. Worüber konnten wir denn dermaßen in den Pausen lachen?

Als mehrere Dutzend Mädchen von den aufgelösten Gymnasien zu uns kamen, mussten sie auf die fast ausschließlich aus Jungen bestehenden Klassen verteilt werden. Seit dieser Zeit galt bereits die strikte Vorschrift, dass jede Klasse mindestens 30 Schüler haben sollte. Somit fanden wir, die „Elite" oder eher der Restbestand des klassischen Gymnasiums, uns zum ersten Mal in einer Klasse wieder, die zur Hälfte aus Mädchen bestand. Das tat uns auf jeden Fall gut, denn es entstand ein gemischter neuer „Kern", der die Stimmung in der Klasse bestimmte. Die Freundschaften, die wir damals knüpften, überdauerten auch die Zeit des Studiums und hielten, wie man sagt, bis dass der Tod oder schwere Krankheit uns schieden.

Der Weg zur Literatur

Aus all dem, was ich bisher geschrieben, wird wohl deutlich, dass wir, oder eher manche von uns, mit dem Gefühl lebten, zur letzten Generation zu gehören, die noch die Chance hatte, wirkliche Kenntnisse über die tschechische Kultur und Literatur und die tschechische Vergangenheit unabhängig zu erwerben und dieses Wissen für unser Leben mitzunehmen. Etwas naiv vermuteten wir, dass wir die Verantwortung dafür trugen, diese Kenntnisse zu bewahren und weiterzugeben. Wir waren davon überzeugt, dass der Schulunterricht allein dafür nicht ausreichte und wir uns auch auf anderen Wegen weiterentwickeln mussten. Deswegen besuchten wir fakultative Französisch- und Italienischkurse. Außerdem waren Pepík, einer meiner Freunde, und ich entschlossen, alle wichtigen Titel aus der tschechischen Literatur sowie der Weltliteratur zu lesen, soweit sie noch in den Bibliotheken ausgeliehen werden konnten.

Um unsere Literaturkenntnisse zu vertiefen, traten wir der Literaturgruppe bei, die an unserer Schule von Lehrer Kovářík geleitet wurde. Heute würde man dazu Seminar oder Leistungskurs sagen, es war ein benotetes Wahlfach. Ich bin mir aber nicht sicher, ob das Engagement und das Niveau heutzutage so hoch wären wie damals. Als die Einzigen aus der elften Klasse – alle anderen waren ein Jahr älter – waren wir eher als verunsicherte Beobachter dabei. Hier erlebte ich zum ersten Mal Diskussionen über literarische Werke, über einzelne Charaktere und deren Eigenschaften, und darüber, was wohl wichtiger sei – was der Autor beabsichtigte oder wie sein Werk objektiv wirkte. Möglicherweise idealisiere ich meine Gymnasialjahre. Ich kann aber ganz sicher behaupten, dass drei Jahre später, als ich im ersten Jahr an der Philosophischen Fakultät Seminare zur Literaturwissenschaft besuchte, jenes Gefühl der Leichtigkeit und der freien Diskussion, welches wir damals in der Literaturgruppe am Prager Gymnasium gespürt hatten, nicht mehr zurückkehrte.

Wir waren natürlich nicht die einzigen Literaturbegeisterten. Das Lesen war für uns alle, denke ich, ganz selbstverständlich, unsere Lektürepräferenzen unterschieden sich aber. Manche bewunderten die zeitgenössische europäische Literatur, ich zählte zu denen, die lieber zu den tschechischen Klassikern griffen, obgleich ich auch begierig Stendhal und Balzac las, ich verschlang „Die Elenden" von Victor Hugo, und Flauberts „Salambo" faszinierte mich. Dickens stellte für mich ein aufschlussreiches historisches Zeugnis dar, während Dostojevskij und in gewisser Hinsicht auch Tolstoj mich zum Nachdenken über das Leben und die Welt brachten, heute würde man wohl von existenziellen Problemen sprechen. In der letzten Gymnasialklasse entdeckte ich Romain Rolland, vor allem das Werk „Die verzauberte Seele", später dann auch seine Revolutionsdramen. Ich ließ mich auch von der nordischen Literatur mitreißen. Mein Lieblingslehrer Beneš wiederum brachte mir ein kleines Bändchen der späten Gedichte von Heinrich Heine nahe, von denen ich viele bis heute auswendig kann. Diese Bücher gestalteten unauffällig unsere Weltanschauung, den Glauben an menschliche Werte sowie unsere Überlegungen dazu, warum wir eigentlich auf der Welt sind. Erst später lernte ich das wirklich zu schätzen.

Als Teil des kulturellen Lebens gab es wahrscheinlich an jedem Gymnasium eine Dichtergruppe. Damals war das nichts Außergewöhnliches. Die Dichtung hatte im Schul- und Kulturalltag einen selbstverständlichen Platz, obwohl sie natürlich nur für wenige ein Thema war. Gedichte auswendig zu lernen und selbst zu verfassen stand im Tschechischunterricht in den obersten Klassen des Gymnasiums nicht mehr verpflichtend auf dem Plan, sondern war nur eine Sache der Poesiebegeisterten. Unser Engagement konnten wir dann aber auch außerhalb der Schule zur Geltung bringen, es gab öffentliche Auftritte zu den verschiedensten Gelegenheiten. Heute wird bei Festakten oder Ausstellungseröffnungen meistens Musik dargeboten, damals waren es Gedichtrezitationen.

Als mögliche Ergänzung zur Arbeit in der Gruppe gab es auch einen Dichterwettbewerb, der, soweit ich mich erinnere, während meiner Zeit mindestens dreimal stattfand. Die von mir, aber auch einige der von anderen vorgelegten Gedichte habe ich immer noch. Keiner der Teilnehmer wählte politisch opportune, zeitgenössisch als „fortschrittlich" angesehene Verse und keiner der Lehrer versuchte uns zu überzeugen, dass es sich um „engagierte" Texte handeln solle. Obwohl wir an dem Dichterwettbewerb teilnahmen, betrachteten wir diesen als eine offizielle, von der Schule ausgerichtete Veranstaltung. Schließlich wollten wir doch in unserem „frühen Schaffen" unabhängig bleiben.

Auf der Suche nach dem Sinn des Lebens und seinen Normen ...

In der elften, also vorletzten Gymnasialklasse schlug mein Freund Pepík vor, unsere eigene „Zeitschrift" mit Gedichten herauszugeben. Er nannte sie „GRAL" und vorbereitete für die Titelseite, die aus handgeschöpftem Papier war, auch einen schönen Holzdruckstock mit dem geprägten Zeitschriftentitel. Ich schreibe hier „Zeitschrift", obwohl nie ein Periodikum daraus wurde – denn nach dem fünften Heft ging uns die Puste aus. Ohnehin hing die Auflage davon ab, wie viele Kopien mit der Schreibmaschine von Pepíks Eltern hergestellt werden konnten. Mehr als sechs waren es nicht. Hinter den lyrischen Versuchen steckte mal ein hochmütig Unzufriedener mit Neigung zum politischen Protest, mal ein Gottsucher und Spiritualist, mal ein sehnsüchtiger Liebhaber des Lyrischen. Und wir alle verstanden uns gut. Keinem kam in den Sinn, seine Verse wirklich zu veröffentlichen. Uns war sehr wohl bewusst, dass weder wir noch unsere poetischen Schöpfungen über den entsprechenden politischen Rückhalt verfügten. Es lohnt auch nicht, über den dichterischen Wert unserer Verse nachzudenken, heute sagen sie aber sicher manches über die Stimmung der Zeit und die Ansichten eines bestimmten, wenn auch kleinen Teils der damaligen Gymnasialjugend aus. Vielleicht schaut sich irgendwann einmal jemand diese Texte näher an, die zu jener Zeit des politischen Terrors an den damals schon zum Aussterben verurteilten Gymnasien entstanden sind. Das könnte eine interessante, aussagekräftige Sonde in die Sozialpsychologie einer Periode darstellen, als es im Schatten des späten, bei uns freilich erst zum Höhepunkt kommenden Stalinismus noch letzte Triebe der Ideentraditionen und der kulturellen Präferenzen der Ersten Republik gab.

Es blieb aber nicht nur bei der Poesie. Wir wollten über die Probleme diskutieren, die uns bewegten, heute wäre wohl die Rede von der intellektuellen Suche. Deshalb gründeten wir am Ende der elften Klasse eine „Zeitschrift", die eine ähnlich beschränkte Auflage und ein ähnlich kurzes Leben hatte wie GRAL. Es ist wahrscheinlich nur ein Exemplar der Texte erhalten, und zwar in meinen Papieren aus der Gymnasialzeit, auch nicht mit allen Ausgaben. Es war ein buntes Allerlei. So fühlten wir etwa die dringende Notwendigkeit, darüber zu diskutieren, ob Tolstoj mit seinen moralisierenden Überlegungen in dem heute wahrscheinlich in Vergessenheit geratenen Roman „Kreutzersonate" richtiglag. Davon ausgehend dachten wir über das Verhältnis zwischen Vernunft und Gefühl nach und darüber, wie die Beziehung zwischen Mann und Frau aussehen sollte. Damals steuerte ich auch einen Aufsatz über Nietzsche bei, dessen „Zarathustra" mich in den Ferien vor der letzten Gymnasialklasse fasziniert hatte, aber zugleich meine Verachtung für den Spießer bestärkte, den ich mit Nietzsches „letztem Menschen" gleichsetzte. Wir bemühten uns, ein Lebensprogramm zu finden oder zu gestalten, einer von uns formulierte das als „Zehn Gebote". Die gegenwärtigen Elft- und Zwölftklässler würden über unsere Gedanken über Liebe und Sex wohl nachsichtig lächeln, vielleicht aber nicht mal einmal das, weil es für sie keinen Reiz hätte, sie zu lesen.

Ich erinnere mich bis heute lebhaft an unsere damaligen Debatten darüber, was wir im Leben bewirken wollten, welchen Weg wir nach dem Abitur einschlagen sollten. Wir diskutierten darüber, ob die Geisteswissenschaften für die Gesellschaft überhaupt irgendeinen Nutzen haben und für die Menschen bedeutsam sind, oder ob diese besonders die Naturwissenschaften, etwa Medizin, bräuchten. Es wurde manchmal sehr leidenschaftlich und exaltiert gestritten – und doch hatte jedes Argument in bestimmter Hinsicht seine Berechtigung. In unserer Klasse speziell wurden diese Diskussionen durch einen besonderen Umstand geprägt. Zwei unserer neu hinzugekommenen Mitschülerinnen besuchten Diskussionskreise, die von der akademischen Abteilung des YMCA organisiert wurden. Die YMCA hatte aufgrund irgendwelcher Zufälle die Restriktionen seit dem Februar zunächst überdauert und wurde erst nach 1951 verboten. Als eine charismatische Persönlichkeit leitete diese Begegnungen Ladislav Hejdánek, später ein berühmter Philosoph, Dissident und Unterzeichner der Charta 77. Unsere Mitschülerinnen (eine von ihnen heiratete ihn schließlich) bereicherten dann unsere Klassengespräche durch etliche christlich fundierte Vorstellungen vom Sinn des Lebens.

In einem waren wir uns alle einig: Wir wollten nützlich sein und deshalb einen Beruf wählen, in dem wir der Humanität, der Gesellschaft, der Nation und den Menschen dienen könnten. Niemand dachte im Zusammenhang mit seinen beruflichen Plänen an das zu erwartende Einkommen. Und falls einer meiner Mitschüler in dieser Richtung dachte, traute er sich nicht, das laut zu sagen, denn sonst hätten die anderen ihn mit Verachtung gestraft. Hingegen galt es in der Debatte als durchaus legitim, danach zu fragen, welcher Beruf wohl mehr und welcher weniger gesellschaftliches Prestige genieße. Natürlich kann man einwenden, dass hier bloß ein alter Mann nostalgisch und idealisierend zurückblickt, als „laudator temporis acti". Letztlich waren es nicht nur unsere Zukunftspläne, die unseren Lebensweg bestimmten. Ein Drittel meiner Mitschüler wollte gar nicht studieren. Und von denjenigen, die sich um Studienplätze bewarben, wurden etliche bei den Zulassungsgesprächen als „kadermäßig inakzeptabel" abgelehnt. Einige versuchten deswegen ihr Glück gleich in technischen Studiengängen, wo es weniger auf die Kaderprofile ankam. Andere waren erst beim zweiten oder dritten Versuch bei der Aufnahmeprüfung erfolgreich. Letztlich erwarb die Hälfte von uns einen Hochschulabschluss.

In den Ferien zum Arbeitseinsatz

Noch eine andere Erfahrung der Gymnasialjahre, die heute kaum noch nachvollziehbar erscheint, ist zu erwähnen: die obligatorischen Arbeitseinsätze in den Ferien. Aus heutiger Perspektive werden sie als bloße Schikane und Quälerei dargestellt, der wir uns unterziehen mussten. Diese Vorstellung ist aber falsch und beruht auf zwei Missverständnissen. Zum einen waren die meisten von uns, im Gegensatz zu jungen Menschen heute, nicht der Ansicht, dass niemand das Recht hätte, über unsere Freizeit zu verfügen und zu bestimmen, dass wir etwas Gemeinnütziges leisten sollten. Zum andern verachtete fast niemand von uns körperliche Arbeit, was wohl im Gegensatz zu der heute üblichen Wahrnehmung steht. Schaufeln, rechen, Nägel einschlagen, schwere Lasten hin und her tragen – all das sind anstrengende und unqualifizierte Tätigkeiten, die heute als minderwertig gelten – und wenn jemand so etwas macht, dann allenfalls als Strafe oder aufgrund von Unfähigkeit. Oder allenfalls unter der Voraussetzung, dass die unqualifizierte Arbeit gutes Geld bringt. Von Fitnesscentern ahnte in unserer Jugend freilich niemand etwas.

Selbstverständlich gab es auch viele körperlich schwächere oder kranke Mitschüler, für die so ein Arbeitseinsatz gar nicht in Frage kam. Meistens blieb er ihnen dank eines ärztlichen Gutachtens auch erspart. Für die meisten von uns, die in der Großstadt aufgewachsenen Teenager, waren die Heu- oder Ernteeinsätze aber eine willkommene Gelegenheit, ins Grüne zu flüchten. Ein Gemeinschaftserlebnis, ohne elterliche Aufsicht, mit der Perspektive, etwas Neues zu erleben. Wie sonst hätte ein Junge aus der Großstadt etwa ein Pferdefuhrwerk kutschiert? Oder wäre mit dem Traktor gefahren? Das war allerdings nur die eine Seite. Die andere Seite war die Beantwortung der Frage nach dem Warum. Wir bekannten uns – aufrichtig, wie ich denke – dazu, dass es Teil einer gewissen nationalen Pflicht war, wenigstens durch einfache Hilfsarbeiten zur Instandhaltung des Landes, der Felder und der Wiesen in den Grenzgebieten beizutragen, die nach der Vertreibung der Deutschen allmählich verkamen. Das hielten die meisten von uns für plausibel und überzeugend. Deswegen sah ich einen wesentlichen Unterschied zwischen dem Heu- oder Ernteeinsatz im Grenzgebiet auf der einen Seite und der Aushilfe bei der Hopfenernte auf der anderen Seite. Im Fall des Hopfeneinsatzes hatte ich nämlich den Eindruck, dass wir als billige Arbeitskraft missbraucht wurden – auch wenn die Bezahlung nicht ganz schlecht war. Außerdem fand ich die eintönige Arbeit beim Hopfenpflücken abschreckend. Tatsächlich gelang es mir, mich den Hopfeneinsätzen regelmäßig zu entziehen.

Ich hatte in dieser Hinsicht Glück. Jedes Jahr nämlich konnte ich eine authentische Bestätigung des Örtlichen Nationalausschusses in Předbořice vorlegen, dass ich in den Ferien bei der Ernte auf dem Bauernhof meines Onkels geholfen hatte. Er galt zwar als „Kulak", aber die Hilfe bei den Erntearbeiten wurde damals noch als gesellschaftlich nützlich eingestuft und war somit vergleichbar mit der Hopfenernte. Diese Bestätigung stand aber nicht bloß auf dem Papier; dahinter standen drei oder vier Wochen Schinderei auf dem Feld und in den Scheunen. Da es noch keine Mähdrescher gab und nur Pferde als Zugtiere zur Verfügung standen, beanspruchte die Ernte viel mehr Zeit als heute. Und seitdem es auch keine Knechte mehr gab, war auf dem Bauernhof jede Hand willkommen. Nach und nach erlernte ich die meisten Tätigkeiten, die bei der Ernte auszuführen waren. Und darauf war ich stolz. Die Erntearbeit in den Ferien bedeutete für mich eine unvergessliche Lebenserfahrung, und zwar aus zwei Gründen. Erstens lernte ich alle diejenigen zu würdigen, die ihren Lebensunterhalt mit ihrer eigener Hände Arbeit verdienten, da ich am eigenen Leib erfuhr, wie mühsam das ist. Zweitens erlebte ich die Befriedigung, die gut verrichtete Arbeit mit sich bringt – das gemähte Getreide, die Scheune voller Gerste- und Roggengarben, die gefüllten Kornsäcke.

Allerdings wurde ich unerwartet auch zum Zeugen der beginnenden Kollektivierung der Landwirtschaft in der Gegend, die mir auch dank meiner Wurzeln am Herzen lag. Ich konnte selbst sehen, wie die Bauern durch extrem überhöhte Abgabequoten gezwungen wurden, vom frühen Morgen bis zum späten Abend zu schuften, meistens nur mit der Unterstützung ihrer Familienmitglieder. Ich wurde Zeuge, wie Milch heimlich geschleudert und nachts verbuttert wurde, wie man heimlich schlachtete. Die Schufterei und die Spannung waren möglicherweise noch schlimmer als die politische „Überzeugungsarbeit" selbst, die bei den auf solche Weise demoralisierten Bauern relativ unproblematisch und ohne direkte Repressalien, das heißt ohne Gewaltanwendung, zum gewünschten Erfolg führte.

Ich war mit meinen nächsten Verwandten Teil des Geschehens. Im August 1950 starb mein Onkel plötzlich an Herzversagen – mitten während der Ernte, er hatte sich buchstäblich zu Tode geschuftet. Mein Cousin und ich brachten gemeinsam die Ernte bis zum Ende ein; im folgenden Jahr lag schon alles auf seinen Schultern und dementsprechend auch auf meinen, was mich mit Stolz erfüllte. Im Jahr 1952 wurde mein Cousin jedoch zum Militär eingezogen und da es keine anderen Geschwister gab, blieb nichts anderes übrig, als in die „Aufnahme" des Bauernhofs in die gerade entstehende landwirtschaftliche Genossenschaft einzuwilligen.

Allerdings darf man die Kollektivierung nicht schwarzweiß sehen. Als „von oben" entschieden wurde, dass der größte Bauer als „Kulak" das Dorf verlassen sollte, stellten sich die dortigen Genossenschaftler hinter ihn und setzten durch, dass er bleiben durfte und sogar die Stelle des Saatzüchters in der Genossenschaft erhielt. Die Begründung: Er hatte seine Leute immer gut behandelt und vor allem „verstand er die Sache", wusste also gut zu wirtschaften. Dieser Bauer war ein Cousin meines Vaters und lebte auf dem Bauernhof, von dem mein Großvater und somit unser ganzes Geschlecht stammte. Als Saatzüchter arbeitete er gerne und mit Sicherheit auch gut. War das Kollaboration? Er selbst meinte: „Es kommt auf die Menschen an, nicht auf die Politik."

Das Regime zieht die Schrauben an

Gehen wir aber zurück nach Prag, zu meinen letzten Monaten am Gymnasium. Irgendwann in der Mitte der zwölften Klasse beschlossen wir, unsere „Zeitschriften" aufzugeben. Wir mussten das nahe Abitur im Auge haben, aber es gab noch einen anderen Grund. Die politischen Prozesse und die Nachrichten über weitere Verhaftungen sorgten für eine tiefe Einschüchterung. Einer unserer Lehrer, dem wir unsere Texte zum Lesen gegeben hatten, nahm mich beiseite und legte mir mit leiser Stimme ans Herz, wir sollten vor dem Abitur nichts riskieren.

Auch die Stimmung bei uns zu Hause wurde von „der großen Politik" beeinflusst. Meine Eltern litten darunter, die Prozesse gegen kirchliche Würdenträger und vor allem gegen die Funktionäre „ihrer" Sozialistischen Partei verfolgen zu müssen. Die Prozesse wurden im Rundfunk auszugsweise oder vielleicht sogar vollständig direkt übertragen. Am schmerzhaftesten war für meine Eltern das Schicksal von Fráňa

Zeminová, einer der Angeklagten, die zu 15 Jahren Gefängnis verurteilt wurde. Sie mochten sie gern, meine Mutter kannte sie aus Jugendzeiten sogar persönlich. Milada Horáková, die zum Tode verurteilt wurde, kannten sie nicht. Auch denke ich, dass diese ihnen nicht volksnah genug und zu intellektuell vorkam. Infolge dieser Prozesse wurden meine Eltern jedenfalls zu entschiedenen Antikommunisten, die sich an ihre Erwartungen und Vermutungen klammerten, wann und wie das ganze System zusammenbrechen würde. Darüber wurde auch bei den Verwandtenbesuchen endlos diskutiert.

Solches Gerede hielt ich für naiv. Nach den Prozessen gelangte ich hingegen zu der Überzeugung, dass man auf direktem Weg, durch wie auch immer gearteten „Widerstand" gegen das Regime, nichts bewirken konnte. Außer wenn es Krieg gäbe. Und darauf war wirklich keiner von uns Jungen scharf. Deswegen fand ich den BBC-Kommentator von Bruce Lockhart mit seiner Aufforderung zu „fester Hoffnung" und zum Kampf gegen das Regime außerordentlich provozierend. Aus meiner damaligen Sicht war es unverantwortlich, im sicheren London zu sitzen und die Bürger eines anderen Landes in einen Kampf zu treiben, bei dem sie nicht einmal die Chance auf einen Erfolg hatten. Ganz im Gegenteil: So würden sie mit Sicherheit in kommunistischen Straflagern landen. Die Absicht „der Partei und der Regierung", ihre eigenen Bürger durch die politischen Prozesse einzuschüchtern, erwies sich also in meinem Fall als wirksam. Davon abgesehen konnte ich dank der Berichterstattung über die Prozesse paradoxerweise auch meinen Horizont erweitern. Unter den Angeklagten war auch Záviš Kalandra, ein Historiker und unorthodoxer Marxist, der als „Trotzkist" beschuldigt und zum Tode verurteilt wurde, und auf diese Weise erfuhr ich von der Existenz des Trotzkismus, freilich aus sehr parteilicher Quelle. Bis zu diesem Zeitpunkt war Trotzki für mich nur ein Name, mit dem ich nichts verband. Nun aber weckte Leo Trotzki für einige Zeit, irgendwie spontan und unterbewusst, meine Sympathie: Einerseits hatte ich große Lust, mehr zu erfahren, andererseits fürchtete ich mich, seinen Namen auch nur auszusprechen, da man als Trotzki-Anhänger so drastisch bestraft werden konnte. Als ich in den sechziger Jahren in der Bundesrepublik war, beschaffte ich mir seine Schriften und Literatur über ihn.

Bei der Rückbesinnung darauf, was konkret meine damaligen Angstgefühle ausgelöst hatte, denke ich aber weder an die politischen Prozesse noch an die Befürchtung, denunziert zu werden. Es war eher die bedrängende, allgegenwärtige Angst vor dem Krieg, mit Sicherheit in Reaktion vor allem auf den Koreakrieg. Korea lag zwar weit entfernt, doch auch Mitteleuropa stand in der Zeit der Berlin-Blockade am Rande des Krieges. Wie schon erwähnt, gab ich mich nicht der Illusion hin, dass eines Tages die Amerikaner kommen würden, um uns mit irgendeiner Wunderwaffe von der sowjetischen Herrschaft zu befreien. Den Koreakrieg verstand ich als Beispiel dafür, worauf ein derartiges Befreiungsszenario bei uns hinauslaufen könnte. Wer hätte wohl gerne sein Leben für den Genossen Stalin geopfert? Weder ich noch meine Mitschüler. Naiv darüber spekulierend, was wäre, wenn wir im Ernstfall mit scharf geladenen Waffen ausgerüstet würden, erwogen wir, dass es wohl besser wäre, auf demonstrative Weise kollektiven Selbstmord zu begehen, anstatt an der Front zu sterben. Es ist seltsam, dass diese depressive Stimmung sofort nach dem Ende des Koreakriegs und mit dem Tod Stalins verging.

Weder meine damaligen Mitschüler noch ich erinnern uns daran, dass einer unserer Lehrer jene politischen Prozesse gutgeheißen oder überhaupt kommentiert hätte, geschweige denn, dass wir gezwungen worden wären, dazu Stellung zu nehmen, was damals anderswo durchaus vorkam. Zwar konnten die Lehrer verständlicherweise viele verordnete Aktivitäten nicht verhindern: Wir mussten Papier sammeln, einen Aufsatz zum Thema „Der erste Mai" oder die „Proletarische Poesie" schreiben, in Sozialkunde obligatorisch über die Inhalte der Tagespresse berichten, die vom Koreakrieg klar dominiert wurde. Wir wurden aber nicht unter den Druck gesetzt, offizielle Deklarationen herzusagen – nicht einmal als Verbandsmitglieder, genauer gesagt als Klassenselbstverwaltung, zu deren Vorsitzendem ich in der zwölften Klasse gewählt wurde. Vielleicht kümmerten sich die Eifrigen im Schulausschuss des Jugendverbands darum.

Wir durften sogar unseren Abiturball ausrichten, und zwar nicht im Blauhemd des Jugendverbandes, sondern im Anzug. Das war damals keineswegs selbstverständlich. Die Direktorin eines Nachbargymnasiums in Žižkov untersagte den Abiturball mit der Begründung, dass es sich dabei um ein bürgerliches Relikt handele. Schließlich ließ das Regime aber auch uns spüren, dass das im Entstehen begriffene System der Unterdrückung und der Kaderauslese nicht zu unterlaufen war. Das wurde bei der Erstellung der Verbandsgutachten klar, die uns ins Leben beziehungsweise an die Universität begleiten sollten. In unseren idealistischen Diskussionen über die Berufswahl ließen wir, wie erwähnt, die Grundsatzfrage außer Acht, ob jeder tatsächlich die Chance bekommen würde, seinen eigenen Weg zu gehen. Das blieb irgendwie am Rande. Doch holte uns die Realität ein: Für die Zulassung zum Studium waren nicht nur gute Noten, sondern auch ein positives Verbandsgutachten erforderlich. Die Klassenselbstverwaltung erarbeitete Entwürfe für diese Gutachten, der Jugendverbandausschuss hatte dann das letzte Wort.

Für uns, die Mitglieder der Klassenselbstverwaltung, waren die Gutachten an sich bloß eine Sache der Stilistik. In jedem stand eine mehr oder weniger positive Bewertung des Einsatzes und der Leistung des Schülers, ergänzt um die obligate Aussage über seine politisch konforme Einstellung. Damals mussten wir noch nichts zur „Klassenherkunft" aussagen (diese wurde wahrscheinlich auf anderem Weg ermittelt, etwa aus den Gutachten der Wohnortskomitees). Letztlich hatte auch jeder Einsicht in sein Gutachten und konnte sich dazu äußern. Die Tücke bestand aber darin, dass die Gutachten im Schulausschuss besprochen wurden, in dem wir nicht vertreten waren. Erst da wurden die Gutachten abgesegnet, eventuell auch überarbeitet; wir wurden dann aber nicht mehr informiert, welche ergänzenden

Kommentare der Ausschuss hinzugefügt hatte. Und diese Ausschussmitglieder erinnerten sich sehr wohl daran, dass wir in der elften Klasse bei der Ausschusswahl unsere eigenen Kandidaten aufgestellt und gewählt hatten. Dafür rächten sie sich zwar nicht persönlich, misstrauten jedoch unseren allzu positiven Gutachten und bearbeiteten sie hinter unserem Rücken. Niemand aus unserer Klasse war im Ausschuss dabei. Einige Jahre später erfuhr ich, dass einer meiner Mitschüler tatsächlich wegen seines Gutachtens keinen Studienplatz bekommen hatte, weil der Ausschuss einen Kommentar über seine politische (Un-)Zuverlässigkeit hinzugefügt hatte. Es ist nun freilich schwierig, glaubhaft zu belegen, dass wir als Klassenselbstverwaltung daran keine Schuld trugen. Vielleicht gab es mehrere solcher Fälle; davon ahnten wir aber nichts. Für immer und ewig blieb mir dieses System der gegenseitigen Kader-Beurteilung, zu der wir gezwungen wurden, verhasst. Ich weiß nicht, ob wir uns damals der Tatsache bewusst waren, dass das Teil des politischen Systems war und auch dauerhaft bleiben sollte.

Die Gymnasialzeit geht zu Ende

Ungeachtet verschiedener Streitereien blieb unsere Klasse einig, als es zur Vorbereitung auf das Abitur kam. Wir erhielten die Abiturfragen für die humanistischen Fächer im Voraus, verteilten sie unter uns und erarbeiteten Musterantworten – jeder in dem Bereich, in dem er sich am besten auskannte. Die besseren Schüler verfassten, die schwächeren schrieben ab und sorgten für die Weitergabe. Das funktioniert in Tschechisch und Russisch, allerdings nicht in Mathematik, einem weiteren obligatorischen Abiturfach. Am Tag der Prüfung wurden per Rundfunk die drei Aufsatzthemen für Tschechisch bekanntgegeben und wohl niemand wäre auf die Idee gekommen, sich die Themenstellungen vorab illegal zu beschaffen. Ich entschied mich für Überlegungen zu einem Vers von Jiří Wolker, einem Dichter vom Anfang der zwanziger Jahre: „den Schmerz zu überwinden ist mehr, als zu leiden". Das zweite Thema hatte etwas mit dem Aufbau der sozialistischen Industrie zu tun. Auch der Koreakrieg war ein Thema, aber das wählte nur einer von uns, ein sehr „fortschrittlicher", strebsamer Mitschüler, der allerdings wegen der vielen Rechtschreibfehler letztlich nur eine 5 bekam, was uns unverhohlene Schadenfreude entlockte. Er brachte es schließlich dank seines politischen Engagements zum Fernsehredakteur, was keinen von uns überraschte. Solche Karrieren schienen bereits ein natürliches Element des Systems zu sein …

Als die mündlichen Prüfungen näher rückten, mussten wir uns entscheiden, ob wir, wie vorgeschrieben, in den blauen Verbandshemden auftreten sollten oder nicht. Wir argumentierten, dass wir, wenn wir die Hemden trügen, die wenigen Klassenkameraden, die keine Verbandsmitglieder waren, in eine schwierige Lage bringen würden. Schließlich wurde dieses Argument aber durch ein anderes entkräftet: Da inzwischen die Existenz unseres Gymnasiums auf dem Spiel stehe, würden dessen Feinde nur auf einen passenden Vorwand zum Angriff warten. Und so fanden wir uns auch mit den Blauhemden ab. Direktor Smrčka nutzte damals seine Kontakte zum Rundfunk und brachte dort einen Feuilletonbeitrag über die Fortschrittlichkeit der heutigen Gymnasialjugend unter. Und wir wurden als eines der Beispiele dafür genannt: Zum Abschied ließen wir den Säbeltanz des sowjetischen Komponisten Chatschaturjan ertönen (allerdings nicht aus politischen Gründen, es gefiel uns einfach) und gingen in den Verbandshemden zur Prüfung.

Dieses Theater verstanden wir schon damals sehr gut und hießen es gut. Für mich bedeutete Smrčkas Auftritt – und bedeutet auch heute – den verzweifelten Versuch eines Mannes, der sich seiner Verantwortung für die Institution sowie für die Erhaltung der Kontinuität nationaler Bildung bewusst war, und alles gab, um möglichst viel davon zu retten. Mit dieser Einstellung war er nicht alleine. Allerdings bekommen seine Bemühungen aus heutiger Sicht einen fast tragischen Beigeschmack. Zum Zeitpunkt unseres Abiturs war ja bereits alles entschieden. Die Gymnasien, oder eigentlich ihre Relikte, sollten abgeschafft werden, was zwei Jahre nach unserem Abitur auch der Fall war.

Klassische Gymnasien wurden nie wieder ins Leben gerufen und heutzutage weiß kaum jemand mehr, was das eigentlich für Schulen waren. Auch wenn jetzt ein Sponsor auf die Idee käme, ein einziges Gymnasium dieser Art wiederzubeleben, fände er wahrscheinlich keine geeigneten Lehrkräfte. Darüber hinaus würde er garantiert mit dem über Jahrzehnte aufgebauten Stereotyp konfrontiert, dass nur eine Schule eine Existenzberechtigung hat, die der „Vorbereitung auf das Leben" dient, also Kenntnisse und „Kompetenzen" vermittelt, während die humanistische Bildung als unbrauchbarer Ballast allenfalls in der Sphäre der Freizeitkultur ihren Ort hätte. In dieser Hinsicht sind sich paradoxerweise der liberale Kapitalismus und der nichtliberale Kommunismus einig. Das zeigten die Veränderungen, welchen der Fall des Regimes den Weg bahnte. Die Restitution materieller Güter sowie der Eigentumsverhältnisse war nach 1989 möglich, auch wenn dieser Prozess nicht idealisiert werden darf. Die Belebung des alten Bildungssystems hingegen war – und blieb – unvereinbar mit den Vorstellungen und den Möglichkeiten unserer Zeit. Die Generation der Lehrer, die die Restitution auf dem Gebiet der Bildung hätte umsetzen können, war beinahe ausgestorben. Dennoch, oder gerade deswegen, hielt ich es für sinnvoll, dem humanistischen Gymnasium wenigstens diese kurze nostalgische Erinnerung zu widmen. Seine Abschaffung markierte schon vor siebzig Jahren ein wirkliches und unumkehrbares Ende der alten Zeiten.

2. Der Weg vom Studenten zum Dozenten

Das Leben meiner Generation lässt sich, glaube ich, sehr leicht periodisieren. Die offensichtlichen Meilensteine, nämlich die Jahreszahlen mit einer Acht am Ende, sind unstrittig und es macht auch nichts, dass beim dritten Datum die Zahl Neun vorkommt. Bei den Menschen, die zu Anfang der dreißiger Jahre geboren wurden, ist dieser durch die Zahl Acht bestimmte Rhythmus ganz regelmäßig; sie teilt unser Leben in vier 20-Jahre-Etappen, die nicht nur im Leben der Nation, sondern auch im Leben der Einzelnen eine spezifische Einheit bilden. Erst die letzten 20 Jahre meines Lebens ziehen sich irgendwie in die Länge ...

2.1 Student in den fünfziger Jahren

Bereits in der letzten Klasse des Gymnasiums war ich fest entschlossen, Gymnasiallehrer für Tschechisch zu werden. Mir schwebte deswegen auch nichts anderes vor, als ein Lehramtsstudium in diesem Fach Tschechisch an der philosophischen Fakultät zu absolvieren. Nach 1948 war das Studium dort detailliert geregelt. Bei den nichtpädagogischen Studiengängen, wie z. B. Archäologie oder Literaturwissenschaft, kam ein Ein-Fach- oder ein Zwei-Fach-Studium in Frage. Pädagogik war hingegen grundsätzlich ein Zwei-Fach-Studiengang und es gab nur eine begrenzte Zahl von möglichen Kombinationen, wobei alle diese Kombinationen „pädagogisch" waren. So sollten künftige Lehrer auf den Unterricht in den höheren Gymnasialklassen vorbereitet werden, bzw. in der „dritten Stufe", wie die spätere Terminologie (nach Abschaffung der Gymnasien 1953) lautete. Für jede Kombination gab es eine Höchstzahl an Studienplätzen, also einen „Numerus clausus". Das Fach Tschechisch, das ich studieren wollte, wurde vor allem in Kombination mit Fremdsprachen angeboten, was für mich aber nicht in Frage kam, weil am klassischen Gymnasium neben Russisch keine modernen Sprachen unterrichtet wurden. Und die Kombination mit Russisch kam mir damals gar nicht in den Sinn. Das einzige nichtphilologische Fach, das mit Tschechisch kombinierbar war, blieb Geschichte. Die Wahl Tschechisch-Geschichte traf ich daher eigentlich notgedrungen und mit Bedauern.

Als ich bei dem Vorstellungsgespräch eintraf, bezauberten mich die hellen Flure und das geräumige, repräsentative Treppenhaus des Fakultätsgebäudes aus den späten zwanziger Jahren. Es erinnerte mich an das Gebäude unseres Gymnasiums, das übrigens nur zwei Jahrzehnte älter war, aber erhabener wirkte. Zu dieser Noblesse gehörte und gehört bis heute, dass es in den Fluren mehr Licht gibt als in den Büros und dass die Bürotüren scheinen, als ob sie mit Marmor eingelegt wären. In einem dieser lichtvollen Gänge standen wir, die Bewerber, aber ich finde nicht, dass wir besonders nervös waren. Mehrmals kam ein großer junger Mann an uns vorbei, ungesund gebeugt, mit ein paar Büchern unter dem Arm und einem abwesenden, mir schien: dümmlichen Lächeln. Verschiedentlich erinnerte ich mich später daran, dass ich mir damals mit Bewunderung sowie auch mit Überdruss sagte: Das ist also ein Gelehrter, Universitätswissenschaftler, so zu enden habe ich aber nicht vor.

Während des Gesprächs selbst lächelten alle Kommissionsmitglieder, wirkten freundlich und falls ich davor ein bisschen nervös gewesen war, so war dies bald vorbei. In der Kommission saßen zwei Mädchen in blauen Jugendverbandshemden, ein Junge in Zivil und ein älterer sympathischer Mann mit Schnurrbart, der Vorsitzende. Ich wusste natürlich nicht, dass das der nach dem Februarumsturz frisch ernannte „politische" Professor Oldřich Říha war, damals erst vierzig Jahre alt. Er fragte nach meinen Faktenkenntnissen – da schlug ich mich gut – und dann wollte er wissen, ob ich je ein wissenschaftliches Buch zur Geschichte gelesen hätte. Ganz spontan rief ich mir eine Monographie von Josef Pekař ins Gedächtnis, eines Klassikers der tschechischen Historiografie. Vor dem Krieg war er wahrscheinlich der bedeutendste tschechische Historiker und ich erwähnte sein Buch über Jan Žižka. Es handelte sich um ein dickes Buch und ich hatte nicht besonders viel Vergnügen an der Lektüre gehabt. Kaum hatte ich Pekařs Name ausgesprochen, wurde mir klar, dass es nicht das Vorteilhafteste war, da der konservative Josef Pekař damals schon ganz eindeutig als Reaktionär und Vertreter der „bürgerlichen" Wissenschaft bezeichnet wurde, dessen Einfluss möglichst schnell ausgemerzt werden sollte. Ich machte mich darauf gefasst, jetzt politisch getadelt zu werden, aber stattdessen lächelte der Vorsitzende nachsichtig und kommentierte, dass das für einen Anfänger eine recht anspruchsvolle wissenschaftliche Lektüre sei. Eine Frau, augenscheinlich Vertreterin des Jugendverbands, fragte mich nach meiner Tätigkeit in der Schülerselbstverwaltung und dann weiter, was ich von der sowjetischen Literatur gelesen hätte. Wieder gab ich spontan und ehrlich zu, dass ich noch nicht bis zum „Stillen Don" von Scholochow gekommen sei und mich deswegen vor allem mit der Pflichtlektüre auskenne. Ich erwartete, nach meinen politischen Ansichten gefragt zu werden, das war aber nicht der Fall. Die Verabschiedung verlief herzlich, allerdings wurde ich von dem Vorsitzenden deutlich darauf hingewiesen, dass bei den zwei Studienfächern, für die ich mich interessierte, nicht Tschechisch, sondern Geschichte an erster Stelle stehe. Er hatte nämlich bemerkt, dass in meiner Bewerbung überall Tschechisch als Hauptfach stand. Ich wagte nicht zu protestieren, nahm das aber nicht wirklich ernst. Ich sagte mir, na ja, rede du nur, das wird man noch sehen.

Auf die Ergebnisse mussten wir, glaube ich, zwei Wochen warten. Ich erinnere mich nicht daran, dass ich besonders nervös gewesen wäre, und ich brach sogar gleich nach dem Abitur mit ein paar Mitschülern für eine Woche nach Südböhmen auf. Für uns wäre damals ein eventueller Misserfolg nichts Tragisches gewesen, und zwar nicht nur deshalb, weil wir jung waren und die Aufnahmeprüfung eher als ein Glücksspiel ansahen, sondern auch, weil uns durchaus schon bewusst war, dass wir als Abiturienten in jedem Fall eine Arbeitsstelle finden würden. Als dann doch der Bescheid der Fakultät kam, dass ich einen Studienplatz bekommen hatte, war das eine Erleichterung für mich wie auch für meine Eltern. Drei der mir am nächsten stehenden Mitschüler hatten nicht so viel Glück und wir ahnten, dass das an ihrer sozialen Herkunft lag. Einem, der einen Studienplatz in Romanistik anstrebte, wurde sogar gleich gesagt, dass unsere Gesellschaft kein Interesse daran habe, dass an einer politisch derart wichtigen Fakultät Söhne von Ärzten studierten. Einer Mitschülerin blieb das Medizinstudium verwehrt, weil ihr Stiefvater einen politischen Makel hatte; eine andere durfte nicht an der philosophischen Fakultät studieren, weil sie nicht Mitglied des Tschechoslowakischen Jugendverbands war. In diesem Fall war das für uns keine Überraschung. Ich verfügte formal gesehen über ein gutes Kaderprofil und keiner fragte, zum Glück, nach den politischen Ansichten meiner Eltern. Der Beruf „Arbeiter" genügte.

Die erste Enttäuschung

Während des ersten Semesters interessierte ich mich tatsächlich vor allem für Tschechisch, genauer gesagt für die Lehrveranstaltungen, in denen tschechische Literatur unterrichtet wurde. Für den ersten Jahrgang war das Angebot nicht besonders groß, ich erfuhr jedoch irgendwie, wahrscheinlich von einem der Assistenten, dass Studenten der Fakultät Vorlesungen aller Jahrgänge sowie aller Studiengänge besuchen durften. Neben dem Pflichtkurs Geschichte der Literatur des 19. Jahrhunderts entschied ich mich also für die Vorlesungen des Literaturwissenschaftlers Jan B. Čapek, der unter den Lehrenden vielleicht der einzige Name war, der mir aufgrund meiner eigenen Lektüre bekannt war. Der nächste Name, den ich diesmal eher vom Hörensagen kannte, war Jan B. Kozák, Professor für Philosophie, von dem ich am Gymnasium durch meine Mitschülerinnen erfahren hatte, die ihn wiederum aus Erzählungen von Ladislav Hejdánek kannten. So wusste ich, dass er einer der Wenigen war, die (einstweilen) die politische Säuberung überstanden hatte, dass er nach dem Krieg aus Großbritannien zurückgekehrt war, dass er mit einem snobistischen englischen Akzent vortrug und ab und zu seine Vorlesung mit Geigenspielen unterbrach. Ich besuchte daher seine Vorlesungen zur Philosophiegeschichte und bereute es nicht. Seinen Ausführungen über mittelalterliche Philosophen zuzuhören, war für mich ein ultimatives Erlebnis. Durch sein dramatisches Pathos fesselte er auch Studienanfänger, die den eigentlichen Inhalt stellenweise kaum verstanden haben dürften. Den spielerischen englischen Akzent bekam auch ich mit, aber Geige spielte er nicht mehr. In den vorderen Bänken saßen immer ein paar ältere Verehrerinnen. Eine von ihnen äußerte manchmal ihre Verwunderung über die

Gedanken der Philosophen sowie den Scharfsinn des Professors. Offensichtlich störte ihn das, allerdings konnte er wenig dagegen tun. Ich wusste nicht, dass es das letzte Jahr war, in dem er noch unterrichten durfte. Möglicherweise wusste er das selbst nicht.

Auch Allgemeine Literaturwissenschaft konnte man an der Fakultät studieren. Es handelte sich um ein neu eingeführtes Fach, welches, was ich nicht wusste, die Komparatistik ersetzte. Die wurde nämlich für eine „bürgerliche Pseudowissenschaft" gehalten. Ich hatte das Gefühl, dass dieses Fach auf die besonders wissenschaftsbegeisterten Literaturinteressierten abzielte, und ich entschied mich deswegen, einfach nebenher die Vorlesungen und das Proseminar zur Theorie der Literatur zu besuchen, die von Jaromír Lang angeboten wurden. Damals war mir sein Name völlig unbekannt, was aber nicht an meiner Unwissenheit lag, sondern an der Tatsache, dass er in der Wissenschaft eine Null war. Auf meine Frage, ob ich seine Kurse besuchen dürfe, erwiderte er gleichgültig, dass ja, und weiter wollte er nichts mehr wissen, was mich ein bisschen berührte.

Für all die nicht obligatorischen Vorlesungen hatte ich genug Zeit, weil die Pflichtveranstaltungen nur achtzehn bis zwanzig Stunden ausmachten. Ich sage „nur", da das zehn Stunden weniger bedeutete als in den Studienplänen zehn Jahre später vorgeschrieben. Allerdings stand diese Stundenzahl nicht nur auf dem Papier – im Gegensatz zu jener späteren Zeit, in welcher die Vorlesungen nicht mehr obligatorisch waren. Anfang der fünfziger Jahre galt die obligatorische Teilnahme sowohl für die Seminare als auch für die Vorlesungen. Wir waren alle in sog. Studiengruppen eingeteilt, je nachdem, welche Fächerkombination wir studierten, und die Leiter dieser Gruppen hatten die Aufgabe, die Anwesenheit zu kontrollieren. Die niedrige Stundenzahl erkläre ich mir aus einem gewissen Zeitabstand ganz einfach. Zum einen klang noch die vorrevolutionäre „freie" Studientradition nach, welche den Studenten mehr frei verfügbare Zeit gewährte. Zum anderen standen der Fakultät nach der politischen Säuberung nach dem „Siegesfebruar" nicht genug Lehrkräfte zur Verfügung.

Um ganz genau zu sein, muss ich ergänzen, dass für Männer ein Tag pro Woche auf militärische Übungen, die sog. Militärvorbereitung entfiel. Während der ganzen vier Jahre verwandelten wir uns während des Semesters an einem Tag in Soldaten, die Vorbereitungen auf die Wehrpflicht absolvierten – die theoretische im Unterrichtsraum, die praktische auf dem Übungsplatz in Motol oder am Weißen Berg (Bílá hora), um Reserveoffiziere der Tschechoslowakischen Volksarmee werden zu können. Dazu kam dann zweimal in den Ferien ein Monat echten Soldatenlebens in echten Kasernen. Das alles wurde dadurch kompensiert, dass man nach dem Studium nicht mehr für zwei Pflichtjahre in die Armee einrücken musste, sondern nur für ein paar Monate.

Ich kam an die Fakultät als eifriger und eigentlich auch begeisterter Bohemistik-Student, wurde allerdings bald sowohl von den Lehrern als auch von den Kollegen

enttäuscht. Der traurig und halblaut vorgetragene Pflichtkurs des Professoren Antonín Grund zur tschechischen Literatur des 19. Jahrhunderts war für mich eine
reine Aufzählung von literarischen Daten ohne tiefere Reflexion. Er schien krank zu
sein. Wir erfuhren dann noch vor dem Ende des Semesters bzw. Studienjahrs, dass
er verstorben war (erst viel später bekam ich mit, dass er freiwillig ausgeschieden
war). Die Vorlesung von Professor J. B. Čapek, eines älteren Herrn, war fakultativ.
Am Gymnasium hatte ich seine Essays zur Literatur gelesen. Zwar übertrafen sie
nicht das Werk meines Idols F. X. Šalda, aber er war der einzige Vortragende, dessen Namen ich kannte. Es sollte sich um eine Vorlesung über die Jugend von Jan
Ámos Komenský, des tschechischen Humanisten und Pädagogen des 17. Jahrhunderts, handeln. Ich gab aber bald auf, nachdem er uns in den ersten zwei Stunden
ausführlich und uninteressant darüber belehrt hatte, mit welchen Argumenten verschiedene Autoren ihre jeweiligen Thesen über den tatsächlichen Geburtsort von
Komenský belegten. Sein Vortrag stand in absolutem Gegensatz zu den Vorlesungen von Professor Kozák. Der Literaturwissenschaftler Jaromír Lang trug uns mit
eintöniger Stimme seine Überlegungen zur Literatur vor, welche mich manchmal
fesselten, manchmal aber auch provozierten, da ich sie einseitig und marxistisch
dogmatisch fand, seiner intellektuell klingenden Sprache zum Trotz. Er gab sich
dabei überheblich und distinguiert, als hätte er uns ungeheuerliche Wahrheiten zu
verkünden. Und so besuchte ich schließlich am liebsten den Einführungskurs zur
tschechischen Sprache, welcher mit trockenem Humor von Professor Jílek geleitet
wurde, desgleichen die Slowakisch-Stunden der sympathischen, temperament-
vollen Doktorin Gašparíková. Wir verstanden uns auf Anhieb und ich lernte mit
Begeisterung Slowakisch, was ich, so glaube ich, gut meisterte.

Die zweite Enttäuschung stellten die Studienkollegen dar – die Bohemistikstudenten. Ich erwartete, ähnlich Belesene und Literaturfaszinierte zu treffen, wie ich
es war, das war aber gar nicht der Fall. Sie kamen mir etwas gleichgültig vor, ihre
Kenntnisse der tschechischen Literatur und ihre darauf bezogenen Ansichten fand
ich schülerhaft und oberflächlich. Allerdings muss ich ergänzen, dass die Studieren-
den, meistens Frauen, ihr Hauptfach meistens in der Fremdsprache sahen, die sie
mit Tschechisch kombinierten. Wahrscheinlich tat ich ihnen Unrecht, für sie galt
nämlich Tschechisch tatsächlich als ein für sie unwesentliches Nebenfach, während
ihre Priorität Anglistik, Romanistik usw. war. Nebenbei bemerkt, die „westlichen"
Fremdsprachen durfte man nur in Kombination mit Tschechisch studieren. Es
spielte mit Sicherheit auch eine Rolle, dass das Fach tschechische Literatur bloß ein
„Nebenfach" war und deswegen in niedrigeren Studienjahren mit keinem Proseminar oder Seminar angerechnet wurde. Daher gab es auch keine Gelegenheit, uns
näher kennenzulernen und unsere Meinungen zur Literatur auszutauschen. Natürlich verstand ich mich mit manchen gut, wir kamen auch öfters privat ins Gespräch,
ich hatte jedoch nie das Bedürfnis, jemanden öfter zu treffen. Möglicherweise lag

es auch daran, dass ich nicht zu denen zählte, welche gerne Bierfreundschaften pflegten.

Im Proseminar zur Literaturwissenschaft bot zwar Dozent Lang eine Diskussionsplattform; die aktivsten von den etwa fünfzehn Studenten wirkten auf mich jedoch dumm und manchmal sogar aggressiv stalinistisch. Da täuschte ich mich wahrscheinlich, da einige von ihnen später zu prominenten Wissenschaftlern wurden. Nur zwei sehr kluge, körperlich behinderte Kollegen äußerten in den Diskussionen unabhängige und intelligente Meinungen. Ihr Nonkonformismus wurde wohl wegen ihrer Behinderung von den anderen toleriert. Als ein von außen kommender, nicht eingeschriebener Student engagierte ich mich nicht viel, wenn ich dann doch einen Beitrag leistete, kam der nicht gut an. So erinnere ich mich genau, dass eine Kollegin im Blauhemd des Jugendverbands (das nur wenige im Unterricht trugen) mein Referat über eine Gedichtsammlung von Jan Neruda vehement kritisierte, ich weiß allerdings heute nicht mehr, welche Argumente sie vorbrachte. Ich hatte ebenfalls meinen Spaß, als ich anfing, nichts Böses ahnend, zu erzählen, warum mir Mukařovskýs Analyse von Máchas Gedichten *Mai* gefiel und wie interessant es wäre, seinen Analyseansatz anderswo anzuwenden. Jan Mukařovský, ein bedeutender Literaturwissenschaftler, profilierte sich in der sog. Prager Linguistikgruppe der Vorkriegszeit und seine brillante formalistische Versanalyse wurde als „strukturalistische" Analyse bezeichnet, was ich damals nicht ahnte. Strukturalismus wurde aber in der damaligen marxistischen Literaturwissenschaft als „bürgerlich" strikt abgelehnt. Ebenso wenig wusste ich, dass sich Mukařovský nach dem Februarumsturz, den er billigte, selbst von diesem Bereich seines wissenschaftlichen Werks selbstkritisch distanzierte. Die Stimmung in der Literaturwissenschaft wurde mir immer unangenehmer, ich hatte auch ein bisschen Angst, etwas „Staatsfeindliches" zu äußern. Als mir dann am Ende des ersten Jahrgangs Dozent Lang deutlich signalisierte, dass ihm die Gründe für meine Teilnahme nicht recht klar seien, da ich doch etwas Anderes studiere, kam ich zu dem Schluss, dass ich auf dem Gebiet Allgemeine Literaturwissenschaft nichts verloren hatte. Allerdings bestand mein sinkendes Interesse an einem literaturwissenschaftlichen Werdegang in etwas Anderem: Das Milieu im Fach Geschichte und die ganze Stimmung da fühlte sich für mich komplett anders an, obwohl es für mich ursprünglich ein Nebengleis war oder sogar ein notwendiges Übel.

Die stille Nische im Fach Geschichte

Schon die Organisation des Geschichtestudiums selbst sah anders aus als im Fach Tschechisch. Auch hier gab es Vorlesungen, die für alle obligatorisch waren, allerdings besuchten wir noch Proseminare, Einführung in das Studium, wo wir in kleinere Gruppen, je nach unseren Fächerkombinationen, eingeteilt waren. Im „Hauptfach" Geschichte gab es im ersten Jahrgang zwei solche Gruppen. In der ersten, wo auch ich war, also derjenigen mit der Kombination mit Tschechisch, waren wir zu zehnt. In der zweiten Gruppe für Geschichte als Ein-Fach-Studium gab es etwas mehr Studierende. Insgesamt studierten etwas über fünfundzwanzig Leute in unserem Jahrgang Geschichte als „Hauptfach". Die Gruppe derjenigen, die Geschichte als „Nebenfach" studierten, war etwas größer (Ethnologen, Archäologen, Musikwissenschaftler, Kunsthistoriker), aber für sie war das Proseminar eigentlich nicht bestimmt. Das Proseminar sollte die Grundachse der ersten zwei Jahre des Geschichtestudiums als wissenschaftlicher Disziplin bilden und bildete sie auch. Für uns, die Geschichte mit Tschechisch kombinierten, wurde das Proseminar von dem Dozenten Josef Polišenský geleitet, das zweite von dem Dozenten František Graus. Es war für unsere historische Ausbildung günstig, dass beide Experten für vormoderne Geschichte waren, Polišenský für die Frühneuzeit, Graus für das Mittelalter. Innerhalb weniger Jahre wurden sie zu Koryphäen auf ihrem Gebiet. Graus wurde sogar, nach seiner Emigration im Jahr 1969, als Mitherausgeber der (west)deutschen Historischen Zeitschrift berufen. Erst später realisierte ich, dass sie damals zu den wenigen Lehrern zählten, welche die politische Säuberung nach dem Februarumsturz im Fach Geschichte überstanden hatten und so zu Trägern der Kontinuität zur Philosophischen Fakultät aus „bürgerlichen" Zeiten wurden. Polišenský hatte seinen Doktortitel bereits vor dem Krieg erworben – er schwankte damals zwischen Romanistik und Geschichte. Graus kehrte aus dem Konzentrationslager wohl schon als fertiger Historiker zurück. Beide nutzten die Möglichkeit, im Ausland zu forschen – Polišenský in England, Graus in Belgien – und habilitierten sich deswegen noch vor 1948. Beide nahmen ihre Aufgaben sehr ernst und arbeiteten mit uns verständlicherweise vor allem an Themen und anhand von Quellen, welche sie gut kannten.

Polišenský gab uns fast jede Woche kleine „Forschungsaufgaben", die wir schriftlich ausarbeiten mussten und die dann von ihm gelesen und bewertet wurden. So zwang er uns dazu, in die Bibliothek zu gehen, nach Sekundärliteratur sowie Hilfsmitteln zu suchen, wir mussten nachschlagen und eventuell auch in Enzyklopädien, Bibliographien, Topographien sowie in Fachzeitschriften nachlesen. Es war eine neue Erfahrung und es gefiel mir sehr, Informationen zu sammeln und zu überprüfen, widersprüchliche Ansichten zu analysieren und diese mit den Quellen zu konfrontieren. Damals kam es mir nicht besonders seltsam vor, dass die Einführung ins Geschichtsstudium auf die vormoderne Geschichte abzielte. Erst viel später, eigentlich erst heute, stelle ich erstaunt fest, dass diese Tatsache damals, am Anfang der fünfziger Jahre, niemandem als zu wenig engagiert bzw. zu unpolitisch vorkam. Heute wäre das sicherlich nicht der Fall.

Im Vergleich zu den Verhältnissen im Fach Tschechisch kamen mir die Beziehungen zu den Lehrenden enger vor, quasi „familiär". Eigentlich gab es damals nur wenige. Die Februarrevolution zerstörte die gesamte Struktur der Philosophischen Fakultät und veränderte größtenteils auch ihren Personalbestand. Im Fach

Geschichte, so wie überall, wurden die traditionellen Lehrstühle abgeschafft, also das System, in dem jeder Professor seinen eigenen Lehrstuhl hatte. Der Begriff „katedra" (Lehrstuhl) wurde beibehalten, aber das, was damit bezeichnet wurde, waren eigentlich Institute, Gruppen von Lehrkräften. Die Lehrstuhlleiter wurden im revolutionären Geist nach politischen Kriterien ernannt, es wurde jedoch Wert darauf gelegt – zumindest im Fall der Karlsuniversität – dass es sich um Vertreter des Fachgebiets handelte. Angesichts der Tatsache, dass damals die Kommunistische Partei hunderttausende Mitglieder hatte, überrascht es nicht, dass sie aus den eigenen Reihen im Bereich der Sozialwissenschaften qualifizierte, politisch zuverlässige Fachkräfte in die leitenden Positionen berief. So entstand zunächst ein Lehrstuhl für Geschichte, dieser wurde zu Beginn unseres Studiums aber in einen Lehrstuhl für Tschechoslowakische Geschichte und einen Lehrstuhl für Allgemeine Geschichte geteilt. Als Leiter dieser Lehrstühle wurden Historiker berufen, welche ihren Abschluss bereits in der Vorkriegszeit erreicht hatten und die sog. Historische Gruppe bildeten, die sich am Ende der dreißiger Jahre etabliert hatte. Diese Gruppe vereinigte linksorientierte Historiker, welche sich mehr oder weniger zum Marxismus bekannten, nur wenige standen aber der Kommunistischen Partei nahe. An der Spitze des Lehrstuhls für tschechoslowakische Geschichte stand der aus dieser Gruppe stammende Professor Václav Husa, der sich mit dem 16. Jahrhundert beschäftigte und nach dem Februarumsturz einen ersten Versuch einer marxistischen Synthese der tschechoslowakischen Geschichte publizierte. Die Leitung des Lehrstuhls für Allgemeine Geschichte übernahm der ebenfalls zu der Historischen Gruppe gehörende Professor Oldřich Říha, der seine Dissertation über die tschechische Zuckerindustrie schon vor dem Krieg geschrieben hatte und nach dem Krieg eine Gesamtdarstellung der Wirtschaftsgeschichte verfasste. Damit war es mit seinen Publikationen vorbei. Professor Chaloupecký war einer der Vorkriegsprofessoren für tschechische Geschichte, die „überlebt" hatten; er starb aber vorzeitig, kurz nach dem Anfang meines Studiums. In der Allgemeinen Geschichte blieb Milada Paulová, Byzantinistin, vor dem Kriege die erste und einzige Professorin – damals nur mit einer außerordentlichen Professur. Ihr bekanntestes Werk befasste sich allerdings mit der neuesten Geschichte – der Geschichte der sog. Tschechischen Mafia – was als Begriff für die tschechische inländische Widerstandsbewegung im Ersten Weltkrieg verwendet wurde. Schon damals arbeitete sie mit der Methode der *oral history*. Auch Antonij V. Florovskij, ein russischer Emigrant, durfte bleiben. Die beiden aus der „Vorfebruarzeit" verbliebenen Professoren unterrichteten damals nur ein paar Stunden in den höheren Jahrgängen, was ich als Beleg für ihre unzureichende politische Zuverlässigkeit betrachtete. Ich selbst begegnete ihnen während meines ersten Studienjahrs nicht, oder eher wusste ich nicht, wie sie aussahen. Neben den beiden Dozenten Polišenský und Graus waren an den beiden Lehrstühlen insgesamt noch fünf Assistenten tätig und drei von ihnen hielten auch Vorlesungen. Im Fach Geschichte gab es also zehn Lehrende.

Es gab allerdings auch einige externe Lehrkräfte. Erst ab 1953 begann die Zahl der Lehrenden zu steigen, ebenso wie die Studentenzahl. Heute gibt es über vierzig Geschichtsdozenten, also das Vierfache. Ich weiß nicht, ob das der Studentenzahl entspricht.

Das Geschichtsstudium war angenehm, und zwar nicht nur in den Vorlesungen und Seminaren, sondern auch im öffentlichen Raum oder einfach auf den Gängen. Darüber hinaus gab es noch einen Vorteil: Die Stimmung war ruhig bis locker, die Beziehungen unter den Studenten sowie zwischen ihnen und den Lehrenden waren unverkrampft und vor allem nicht ideologisch geprägt. Es fanden sich zwar ein paar Streber in unserem Jahrgang, die in den Lehrveranstaltungen und anderswo ihre Verbundenheit mit dem Regime demonstrierten. Im Gegensatz zu den Studenten der Literaturwissenschaft gab es in meinem Jahrgang aber wohl niemanden, der versucht hätte, uns politisch zu überprüfen und ideologisch zu erziehen. Und die Lehrenden? Ihre Fachvorträge kamen mir sachlich und fast apolitisch vor. Im Proseminar oder in der Vorlesung hatte ich das Gefühl, in einer anderen Welt zu sein, die sich um das Fakultätsgebäude und vielleicht auch um unsere Etage herum entfaltete.

Bald sollte ich aber zu der Einsicht kommen, dass es sich dabei bloß um eine zeitlich begrenzte Erfahrung handelte, da im Unterricht des ersten und zweiten Studienjahrs die ältere Geschichte – Vor- und Frühgeschichte, Antike, Mittelalter – im Mittelpunkt stand. In den höheren Jahrgängen besuchten wir Vorlesungen zur Geschichte des 20. Jahrhunderts und da fühlte sich der Unterricht wie eine Art politische Schulung an. Auch später blieb aber punktuell etwas unverändert – etwas, das ich schon im ersten Studienjahr instinktiv gespürt hatte, nämlich eine Art Blase um den Dozenten Polišenský, in welche die äußere Welt voller Fanatismus und ideologischer Parolen kaum durchdrang. Das stellte, neben dem Respekt für sein Wissen und seine Fachkompetenz, den zweiten Grund dar, warum ich ihm bis zum Ende meines Studiums treu blieb und gerne seine Vorlesungen und Seminare besuchte. Damit will ich aber nicht behaupten, dass er in dieser Hinsicht ganz einzigartig gewesen wäre. Ähnliches fühlten meine Kollegen, die sich entschieden, Schüler einiger anderer Lehrer der älteren Generation zu werden. Graus brachte allerdings klar zum Ausdruck, dass er seine Studenten für Ignoranten hielt und kein besonderes Vergnügen an der Lehre hatte. Kein Wunder, dass er nach zwei, drei Jahren in die neu gegründete Akademie der Wissenschaften überwechselte und deswegen keine Schüler mehr hatte, schade für unsere Mediävistik. Schon damals betrachtete ich das als Ausdruck von Egoismus, das heißt seines ausschließlichen Interesses an seinem eigenen Komfort und seinem Mangel an Verantwortung für seine Teildisziplin – was sich dauerhaft einerseits auf meine eigene Beziehung zu ihm auswirkte, andererseits auch auf den Verfall der Mediävistik an der Universität.

Außerhalb der Lehrveranstaltungen war der politische Einfluss auch im Fach Geschichte stark zu spüren. Mindestens einmal im Monat nahmen wir an den

Sitzungen des Tschechoslowakischen Jugendverbandes teil. Die obligatorische Teilnahme, besonders während des ersten und zweiten Studienjahrs, zählt zu den Erlebnissen, die wir gerne schnellstmöglich wieder vergaßen. Darum habe ich bis heute nur den Gesamteindruck im Gedächtnis: flammende politische Parolen, Referate über den Klassenkampf und anderes Geschehen – insbesondere über den Koreakrieg, welcher die Medien damals ähnlich beherrschte wie heute der Krieg in der Ukraine. Wir hatten das Pech, dass schon zwei Jahre zuvor, im Jahr 1949, Studenten gemäß den Bestimmungen der neuen „Revolutionsregelung" an die Fakultät kamen. Die Fakultät galt zwar schon damals als politisch gesäubert und sich weiterhin säubernd, aber die neuen Studenten waren größtenteils Fanatiker, die ihre Mission darin sahen, sämtliche verbliebenen „bürgerlichen Elemente" und Intellektuelle zu entlarven und zu vertreiben. Also diejenigen, welche den Säuberungen von 1948 „entkommen" waren. Öfters stritten sie auch untereinander, als wollten sie sich gegenseitig darin überbieten, wer dem Regime und der Partei ergebener und politisch zuverlässiger diente. Mancher von ihnen tat sich dann später auch als Protagonist des Prager Frühlings 1968 und später als Dissident hervor. Ich hatte den Eindruck, dass nicht einmal unsere politischen Professoren Husa und Říha sie besonders mochten.

Wir begegneten ihnen nur auf den Plenarsitzungen des Jugendverbandes, die für alle Jahrgänge gemeinsam waren. Obwohl in der Minderzahl, war ihre Dominanz da ganz klar zu spüren. Wir mussten diesen verwilderten Vertretern der Diktatur des Proletariats nicht nur zuhören, sondern auch ihre intellektuellen Schikanen erdulden. Besonders deutlich erinnere ich mich an eine Sitzung, wohl im Herbst 1952, bei der jemand den Vorschlag machte, jedes Mitglied solle für die nächste Plenarsitzung – die J. V. Stalin gewidmet sein sollte – einen Beitrag zum Thema „Warum ich den Genossen Stalin liebe" vorbereiten. Ich erinnere mich nicht genau an die Plenarsitzung selbst. Was sich aber meinem Gedächtnis einprägte, war der Schreck, der mich bei der Überlegung durchfuhr, was ich wohl auf der nächsten Sitzung erzählen sollte, falls man mich aufforderte. Für diesen Fall fasste ich den Plan, über ein relativ harmloses Thema zu reden, zu dem ich mich über Stalin positiv äußern könnte, ohne mich zu schämen. Und das war sein Interesse an der Sprachwissenschaft, denn ganz aktuell war damals Stalins Broschüre „Marxismus und Fragen der Sprachwissenschaft", welche in die Kontroverse um den Ursprung und den Charakter der Sprache eingriff. Zum Glück wurde dieser Auftrag quasi vergessen – wer weiß, vielleicht absichtlich. Und so gab es schließlich keine Liebeserklärungen an den Genossen Stalin.

Die akademische Stimmung wurde noch durch einen anderen Umstand gestört – die Anwesenheit der sog. „Absolventen der Arbeiterkurse". Das waren junge Arbeiter und Arbeiterinnen, die von der Partei ausgewählt wurden, um innerhalb eines Jahres das Abitur machen zu dürfen und anschließend Studenten (wahrscheinlich nur von Jura und Geistes- und Sozialwissenschaften) zu werden. Das zielte auf eine „kadermäßige Stärkung" des Universitätsmilieus. Sechs von ihnen ergänzten unseren Jahrgang im Fach Geschichte ohne Kombination und deswegen kam ich mit ihnen nicht oft in direkten Kontakt. Trotzdem wurde mir bewusst, dass man sie nicht pauschal als politische Karrieremacher oder Ignoranten bezeichnen durfte, was heute öfters der Fall ist. Drei von ihnen verließen sich tatsächlich auf ihre Parteizugehörigkeit und die politischen Parolen; immer wieder kamen ihre miesen Leistungen oder ihr Fernbleiben von den Seminaren zur Sprache. Die anderen drei nahmen allerdings ihre Bildung ernst. Einer genoss unseren Respekt – obwohl vielleicht nicht von jedem; wir mochten ihn. Er war etwas älter, erwachsener als wir, unterhielt sich mit uns, ohne überheblich zu sein oder mit politischen Parolen zu protzen, und er gab zu, dass er viel nachzuholen hatte. Nach dem Studium wurde er letztlich ein respektabler Wissenschaftler.

Wie wir die Sommerferien verbrachten

Den Höhepunkt unserer Jugendverbandstätigkeit stellte im Sommer nach dem ersten Studienjahr die Teilnahme an dem „Bau der Jugend" dar – es ging um die Neue Klement-Gottwald-Hütte, die in Ostrava als Muster sozialistischer Industrialisierung entstehen sollte. Keiner kündigte an, dass die Teilnahme Pflicht sei, trotzdem trauten sich nur einige wenige ernsthaft Erkrankte, fern zu bleiben. Von außen sah es vielleicht tatsächlich so aus, wie es manche zeitgenössische Filme darstellten. Wir waren in einfachen Zimmern mit Stockbetten untergebracht, wuschen uns mit kaltem Wasser, marschierten singend zur Arbeit, in blauen Jugendverbandshemden. Das Leben, das dahintersteckte, war aber ganz anders als im Film. Mit Spitzhacken, Spaten und Schaufeln gruben wir die Baugrube für irgendein Gebäude aus, in hartem Lehmboden. Das ging zäh und ich glaube, wir trugen damit zum Bau der Hütte nicht wirklich bei. Als billige Arbeitskräfte lohnten wir uns trotzdem nicht. Das war allerdings auch nicht das Ziel. Es ging vielmehr darum, uns zur manuellen Arbeit zu erziehen und so „der Arbeiterklasse näher zu bringen". Schon damals wussten wir, es sollte der Schikane junger Gebildeter dienen, aber mir zumindest machte manuelle Arbeit nichts aus.

Abends bereiteten unsere Kommilitonen aus dem ersten Revolutionsjahrgang manchmal ein politisches Bildungsprogramm vor, es blieb aber dennoch genug Zeit, um sich auch nach unserem Geschmack zu unterhalten oder zu diskutieren. Unterhaltungsmöglichkeiten gab es wenige, Diskussionen konnte ich aber ausgiebig genießen. Insbesondere mit Dušan Třeštík, einem Studenten der Hilfswissenschaften und später bedeutenden Mediävisten, mit dem ich mehrere Jahre danach noch befreundet war. Einige Themen sind mir im Gedächtnis geblieben: Wie zuverlässig ist historische Erkenntnis? Was ist Wahrheit? Was ist Fortschritt? Wie kann Wissenschaft definiert und von der Politik unterschieden werden? Explizit politische Themen wurden vermieden. Meistens diskutierten einige der Kollegen mit.

Das schien uns normal und selbstverständlich, wir wussten aber nicht, dass uns diejenigen beobachteten, welche glaubten, für unser Ideenprofil zuständig zu sein. Das wirkte sich auf die Bewertung aus, mit der unsere Brigadetätigkeit nach einem Monat abgeschlossen wurde. Unsere „Brigadisten", meistens bereits Parteimitglieder, luden jeden von uns ein, um die Bewertung als Genossen selbstkritisch zu besprechen. Ich erntete Lob für meinen Fleiß und meine Disziplin, aber dann ging der Kommissionsvorsitzende auf mich los: „Genosse Hroch, du bist ein Intellektueller!". Es ist anzumerken, dass Intellektueller im damaligen Wortschatz so etwas wie Klassenfeind bedeutete. Deswegen wies ich diese Beschuldigung erschrocken zurück. Der Vorsitzende fragte ein anderes Kommissionsmitglied, ob er meine, ich wäre ein Intellektueller. Zu meinem Glück war es ein intelligenter Kollege, später ein hervorragender Kunsthistoriker, der öfters auch mit uns diskutierte. Der murmelte mürrisch „aber nein". So wurden auch ein paar andere Kollegen am Kragen gepackt, was ich aber nicht als Verfolgung verstand. Ich vermutete einfach, dass so eine Schikane natürlicher Bestandteil des Regimes war, die einfach hingenommen werden musste.

Als ein Jahr später, im Mai oder Juni 1953, wieder für den Bau der Jugend geworben wurde, sollten wir unsere Teilnahme in der Studiengruppe besprechen. So wurde die Grundeinheit zur Organisation der Studenten genannt – dazu gehörten diejenigen mit derselben Fächerkombination und dementsprechend dem gleichen Stundenplan. Einen Moment lang schauten wir uns gegenseitig befangen an, bis einer murmelte, dass es ihm nicht passe, da er schon etwas vorhabe. Die Verlegenheit war plötzlich weg und wir einigten uns alle, dass es uns nicht passte, und wir meldeten uns nicht an. Uns war klar, dass die ganze Gruppe deswegen nicht abgestraft werden würde. Da kannten wir uns schon gut und vertrauten einander. Und tatsächlich wurden wir dann nicht getadelt. Erst mit einem gewissen Zeitabstand realisierte ich, was dabei eine Rolle spielte. Kurz zuvor nämlich war Stalin gestorben und auch unser Präsident und Parteivorsitzender Gottwald und wir fingen unterbewusst an, diese Angst zu überwinden, die sich bis dahin in alle Poren der Gesellschaft eingeschlichen hatte. Die Bauten der Jugend wurden übrigens bald danach faktisch abgeschafft.

Die langen Ferienmonate verbrachte ich auch anders, etwas produktiver. Dozent Polišenský wandte sich am Ende des ersten Studienjahrs an einige von uns, um uns anzubieten, bei einer zweiwöchigen „Brigade im Archiv" mitzumachen. Das klang exotisch, das Archiv stellte für mich etwas Unbekanntes mit einem Hauch von Geheimnis dar, und darum fand ich dieses Angebot sehr ansprechend. Wir fuhren zu dem Schloss in Loučná in Nordmähren, wohin die privaten Adelsarchive aus den beschlagnahmten adeligen Schlössern aus dieser Region gebracht wurden. Dozent Polišenský hatte eigentlich während seines Vorkriegsstudiums nicht viel Erfahrung mit Archiven gesammelt – was ich aber damals nicht ahnte. Nach dem Krieg ließ er sich anscheinend vom Zauber der Archiventdeckungen mitreißen: Er fand heraus, dass in diesen Privatarchiven, insbesondere aus dem 17. bis 18. Jahrhundert, Akten und Berichte erhalten sind, die aus der Tätigkeit einiger bedeutender Mitglieder von Adelsfamilien in diplomatischen oder anderen Diensten stammten. Das waren wichtige, zum großen Teil unbekannte Quellen zur Geschichte der internationalen Beziehungen. Polišenský beschloss, ein Register dieser Fonds als Verzeichnis der Quellen zur allgemeinen Geschichte zu erstellen. Sein Ziel war, eine Grundlage für eine Neukonzipierung des bisherigen Studiums der allgemeinen, vor allem der europäischen Geschichte zu legen, die auf der Forschung in unseren Archiven basieren würde. Dementsprechend sahen unsere Aufgaben aus: Wir sollten in erster Linie die Akten nach bestimmten Vorgaben nummerieren und in Kisten verwahren. Bei den einzelnen Faszikeln sollten wir dann noch darauf achten, ob sie irgendwelche Dokumente zur europäischen Geschichte beinhalteten. Das Gefundene landete dann bei Polišenský, der größtenteils dasaß, um in Heften mit seiner unleserlichen Schrift ein Inventar zu erstellen. Diese Arbeit machte mir Spaß und ich bewunderte den Fleiß sowie das eifrige Interesse meines Lehrers. Zielbewusst verbesserten wir dabei unsere Kenntnisse in der frühneuzeitlichen Paläografie. Wir hielten das für eine Art Voraussetzung dafür, Historiker zu werden.

Auch in den kommenden Jahren bestand das Angebot, in den Sommerferien im Archiv mitzuhelfen, was ich mit großer Begeisterung begrüßte. Eigentlich hatte ich keine andere Wahl, wie ich die Ferien verbringen sollte, weil inzwischen der Hof meines Onkels, wo ich früher jeden Sommer bei der Ernte geholfen hatte, zwangsweise in eine Genossenschaft eingegliedert worden war. Meinen Cousin, die einzige Arbeitskraft auf dem Hof, hatte man nämlich für drei Jahre zum Militärdienst eingezogen, wo er als politisch Unzuverlässiger in einer Arbeitskolonne ohne Waffe diente. Jeden Sommer verbrachte ich bis zum Studienabschluss einige Wochen im Archiv, nicht so sehr als Forscher, sondern eher als archivalische Hilfskraft. Dabei habe ich sehr viel gelernt und interessante Archivare getroffen.

Der erste Kontakt mit der Wissenschaft

Im zweiten Studienjahr fühlte ich mich im Geschichtestudium schon sehr wohl. Dabei spielte sicherlich eine Rolle, dass mich Dozent Polišenský zum „Demonstrator" ernannte. Darunter war die Arbeit als studentische Hilfskraft in der Bibliothek zu verstehen, welche die Historiker seit der Gründung der tschechischen Universität aufgebaut hatten, außerdem die Zuständigkeit für den Betrieb des mit der Bibliothek verbundenen Lesesaals, der damals noch seine traditionelle Bezeichnung „Historisches Seminar" trug. Nach dem Krieg kümmerte sich insbesondere Dozent Polišenský um die Bibliothek und ergänzte sie um die meisten erhaltenen Bücherbestände aus der Bibliothek des historischen Seminars der deutschen Universität. Dadurch rettete er die Bestände übrigens vor Auflösung. Da es keinen qualifizierten Bibliothekar gab, sollten für den Bibliotheksbetrieb unter der Aufsicht von Polišenský studentische Hilfskräfte zuständig sein. Das umfasste vor allem die Bibliotheksdienstleistungen im Lesesaal sicherzustellen, auch die Ausleihkartei zu führen. Die Arbeit machte mir Spaß und verschaffte mir außerdem auch mein erstes regelmäßiges Einkommen, das monatlich 600 Kč in der alten Währung betrug (nach der Währungsreform von 1953 waren es 120 Kč). Für das Mittagessen in der Mensa und für etwas zwischendurch reichte das, es blieb sogar etwas Geld für Theaterkarten übrig, natürlich für Stehplätze. Es freute mich, nicht mehr das Taschengeld von meinen Eltern zu benötigen.

Die Tätigkeit in der Bibliothek brachte aber viel mehr als bloß die Chance, etwas verdienen zu können. Sie öffnete mir die Tür zum Büchermagazin, die den anderen Studenten verschlossen blieb. Das bedeutete, nicht nur frei in den Buchbeständen des tschechischen Seminars stöbern zu dürfen, sondern auch in denen des deutschen Seminars, die in mehreren Räumen des Kinský-Palais am Altstädterring untergebracht waren. Später wurde mir auch übertragen, den Bücheraustausch mit ausländischen, insbesondere westeuropäischen Bibliotheken zu organisieren und anzuregen. Daher konnte ich die Bibliothek um einige sonst unerreichbare wissenschaftliche Publikationen ergänzen. Von noch größerer Bedeutung war allerdings, den Zugang zu ausländischen Zeitschriften zu sichern, genauer gesagt, die Kontinuität wenigstens mancher wichtigen Periodika zu erhalten oder zu erneuern, welche das Seminar seit seinem Anfang abonniert hatte. Allerdings war das nicht mein Verdienst. Dafür setzten sich die Leiter der beiden Geschichtslehrstühle ein, die ihrem politischen Engagement zum Trotz nicht ideologisch verblendet waren und verstanden, wie wichtig es war, den Kontakt mit der „westlichen" Wissenschaft zu halten. Der Bibliothek standen daher westliche Devisen zur Verfügung, um die Kontinuität, glaube ich, der sechs bedeutendsten westlichen Zeitschriften zu erhalten (*American Historical Review, English Historical Review, Revue Historique, Annales, Historische Zeitschrift, Vierteljahrschrift für Sozial- und Wirtschaftsgeschichte*). Später wagte ich es, im Austausch ein paar weitere Zeitschriften von skandinavischen Bibliotheken zu erwerben. Für den Austausch kam die einzige bei uns herausgegebene fremdsprachige Zeitschrift in Frage, nämlich *Byzantinoslavica*. Nach Jahren wurde mir dann klar, wie naiv diese Illusion war: Auf die mühsam erworbenen Periodika setzte sich dann jahrelang Staub in den Regalen des Magazins ab und kaum jemandem fiel ein, sie durchzublättern, vielleicht mit Ausnahme von einigen wenigen Professoren. Schon damals staunte ich über das Desinteresse unserer Historiker an der europäischen Geschichte. Bis heute ist es nicht anders.

Zum Glück war während meines Studiums Dozent Polišenský für die Bibliothek und somit auch für die Räume im Palais Kinský zuständig. Angeblich war er derjenige, welcher nach der Wiederinbetriebnahme der Universität im Jahr 1945 diese Räume für die Historiker erwarb. In einem Raum ließ er sein Büro einrichten und darin die riesige Büchersammlung von Professor Pekař unterbringen. Sie stellte etwas mehr als eine private Sammlung dar: Pekař hatte sie auch um die Rezensionsexemplare ergänzt, die er als Herausgeber der *Tschechischen Historischen Zeitschrift* erhielt. Mit heiliger Ehrfurcht blätterte ich in einigen Bänden dieser Sammlung und bemühte mich – meistens ohne Erfolg – die Glossen zu entziffern, die Pekař selbst eingefügt hatte.

Ab dem zweiten Studienjahr durften wir schon selbst manche Vorlesungen frei wählen und ich entschied mich mit Begeisterung für die spezialisierten Vorlesungen des Dozenten Polišenský, dessen Proseminar ich weiterhin besuchte. Da wurden die Aufgaben schon ernster und anspruchsvoller und am Ende des dritten und des vierten Semesters hatten wir eine Seminararbeit abzugeben. Die zweite davon wurde zu meinem schicksalhaften Sprungbrett zu der Thematik, mit der ich mich später befasste. In Bezug auf die Geschichte der tschechischen Historiographie präsentierte uns Dozent Polišenský die älteste, bis heute existierende wissenschaftliche Zeitschrift, die Zeitschrift des Tschechischen Museums. Er wies darauf hin, dass in der Beilage der ersten dreißig Jahrgänge seit 1827 regelmäßig zuerst die Namen der Abonnenten veröffentlicht wurden, und seit 1831 die Namen derjenigen, die *Matice česká* finanziell unterstützten. Das war eine Gesellschaft, Teil des Museums, die seit den dreißiger Jahren des 19. Jahrhunderts für die Herausgabe tschechischer Fachpublikationen zuständig war. Er bezeichnete diese Listen als eine historische Quelle spezifischer Art und beauftragte mich mit der Aufgabe, zu „schauen", was damit anzufangen wäre. Ich machte das sehr gern und fand heraus, dass bei den Personen auch ihr Beruf und Wohnort erwähnt wurden. Selbstverständlich kam mir in den Sinn, die Listen statistisch auszuwerten. Polišenský fand meine Idee gut und stellte im Rahmen des Proseminars ein kleines Team zusammen, das die Listen auf Karteikarten erfasste. Meine Kollegen waren von diesem Auftrag nicht besonders begeistert, also blieb die Verarbeitung bei mir hängen. Schließlich nutzte ich das Material für meine Proseminararbeit. Heutzutage würde man sagen, dass wir die Grundlage für eine Datenbank tschechischer Patrioten legten, wobei das Kriterium für Patriotismus die Unterstützung von *Matice česká* in den dreißiger und vierziger Jahren war. In einem späteren Studienjahr sah ich mir Sozialstruktur der Patrioten nochmal mit einem Kollegen näher an. Soweit diese Patrioten studiert hatten, konnte man aus den Universitätsmatrikeln ihre Herkunft herauslesen. Das bildete eine Ergänzung zu meiner Proseminararbeit, die wir zu einem Aufsatz über „Die soziale Zusammensetzung und Herkunft der tschechischen Patrioten" ausarbeiteten. Ich schickte das Manuskript dreist an die Redaktion der *Tschechoslowakischen Historischen Zeitschrift*, aber es kam zurück. Als mein Kollege und Freund Bedřich Loewenstein nach dem Studium Redakteur der Zeitschrift *Geschichte in der Schule* wurde, kam sein Angebot, den Artikel dort zu publizieren. So entstand 1957 meine erste wissenschaftliche Publikation.

Im zweiten Studienjahr, vier Jahre früher, wäre mir so etwas allerdings gar nicht eingefallen, und zwar aus dem Grund, dass es damals kaum Möglichkeiten gab zu publizieren. Die zentrale Zeitschrift der Historikerschaft, die *Tschechische Historische Zeitschrift*, war 1949 eingestellt worden, ähnlich wie die meisten Zeitschriften. Als eine Art Ersatz konnte wohl das eigenartige Periodikum *Sowjetische Wissenschaftsgeschichte* dienen, wo ursprünglich übersetzte Artikel sowjetischer Historiker erscheinen sollten, aber später auch tschechischen Historikern Raum gegeben wurde. Unter den traditionellen Zeitschriften erhielt sich das *Südböhmische Historische Jahrbuch*, wahrscheinlich dank seiner Umwandlung zum Periodikum für Geschichte des Hussitentums, des Weiteren die Zeitschrift der mährischen Matice und die Zeitschrift des Vereins der Antiquitätenfreunde. Die neue zentrale Zeitschrift entstand erst 1953, die *Tschechoslovakische Historische Zeitschrift*, für die ältere Geschichte dann *Historisches Jahrbuch*.

Sei es ihre Absicht gewesen oder auch nicht: Unsere Lehrer – insbesondere Dozent Polišenský, aber nicht nur er – vermittelten uns das Gefühl einer gewissen Exklusivität. Ich hatte den Eindruck, indem ich Einsicht in die Werkstatt der wissenschaftlichen Forschung bekam, irgendwie eingeweiht als ein Teil der gebildeten Elite zu werden (das war freilich ein unpassendes Wort, das damals nur pejorativ verwendet wurde). Nur einige der Kollegen zeigten diese Überzeugung ganz offen, vor allem diejenigen, die Geschichte in Kombination mit Historischen Hilfswissenschaften (Archivkunde) studierten. Diesen Studiengang wählten diejenigen mit einer ausgeprägten Neigung, sich künftig wissenschaftlich mit Geschichte zu befassen sowie damit ihren Lebensunterhalt zu verdienen. Für das Aufnahmeverfahren galten dort übrigens etwas mildere Kaderregeln (in Bezug auf die „Klassenherkunft"), da der Beruf des Archivars als apolitisch betrachtet wurde. Das lag wohl auch daran, dass der Studiengang von Professor Vojtíšek, einem klassischen Vertreter der Vorkriegswissenschaft (aus unserer Sicht), geleitet wurde. Es hieß damals unter uns, dass er auf seine Professur deshalb nicht verzichten musste, weil er wegen seines militanten anti-deutschen Engagements in der Zwischenkriegszeit von Zdeněk Nejedlý geschätzt wurde, der bei den Säuberungen eine gewichtige Stimme hatte. In der Gruppe der acht Studenten der Archivkunde in unserem Studienjahrgang wurden später die meisten anerkannte Wissenschaftler.

Das denkwürdige Jahr 1953

Dieses Jahr brachte große Veränderungen für das Geschichtestudium sowie für die Stimmung unter uns Studenten, und zwar sowohl im guten als auch im schlechten Sinne. Das Schlechte zuerst: In diesem Jahr wurde die Hochschule für Politik- und Wirtschaftswissenschaften (tschechische Abkürzung VŠPHV) abgeschafft, die gleich nach 1948 als Brutstätte junger, ergebener Regimeanhänger gegründet bzw. umgestaltet worden war und als Gegengewicht oder eher politische Alternative zu den traditionellen Hochschulen dienen sollte. Aus irgendwelchen Gründen wurde sie der Obrigkeit aber anscheinend unbequem und die Partei ließ sie auflösen, um ihre eigene explizite Parteihochschule zu gründen. Diese Abschaffung betraf uns allerdings negativ, da ihre Studenten frei, nach eigener Entscheidung und natürlich ohne Aufnahmeprüfung, an die damalige philosophisch-historische Fakultät oder die Jurafakultät überwechseln konnten. So sollten wahrscheinlich zwei Fliegen mit einer Klappe geschlagen werden: eine lästige Hochschule mäßigen Rufs loszuwerden und gleichzeitig das immer noch verdächtige Profil der beiden Fakultäten politisch aufzubessern.

Viele der Studenten, die jetzt kamen, waren laut, vulgär, protzig regimetreu. Vielleicht deswegen schienen sie eine mühelose politische Karriere anzustreben. Mich störte besonders, dass sie kein Interesse am Studium der Geschichte hatten, weil ihnen nach der Abschaffung der VŠPHV einfach nichts anderes als ein Studium der Geschichte oder der Philosophie übrigblieb. Zudem war mir unterbewusst klar, dass sie eine Art Gefahr ausstrahlen. Auch unter den Kommilitonen musste ich nun auf der Hut sein und darauf achten, was ich sagte, da ich sie nicht kannte und nicht wusste, mit wem ich es zu tun hatte. Das Geschichtestudium war für mich seitdem keine friedliche Idylle mehr. Keine Ahnung, wie diese „Eindringlinge" uns wahrnahmen: wohl als apolitisches Relikt der kapitalistischen Vergangenheit. Zum Glück kamen sie erst im dritten Studienjahr hinzu, in dem es schon mehr fakultative Kurse gab, also begegnete ich ihnen nur selten. Fast alle besuchten nämlich die Vorlesungen, welche sich mit der Geschichte des 20. Jahrhunderts, der UdSSR und der Arbeiterbewegung befassten. Meistens waren oder wurden sie später Mitglieder der Kommunistischen Partei der Tschechoslowakei (KPČ), was bedeutete, dass ihnen nach dem Studium alle Türen offenstanden, im Gegensatz zu uns. In der späteren Zeit stieß ich auf ihre Namen unter den Dozenten für Marxismus-Leninismus, sie wurden zum Kern der neu errichteten Lehrstühle für die Geschichte der KPČ, der UdSSR und der Kommunistischen Partei der Sowjetunion an der Philosophischen Fakultät, einige unterrichteten Marxismus-Leninismus an anderen Hochschulen, einige wurden Mitglieder des Parteiapparats. Aus ihren Reihen rekrutierten sich die Autoren der Festaufsätze über die Geschichte der KPČ und den Siegesfebruar sowie der Pamphlete über die Erste Republik. Gerechterweise muss aber ergänzt werden, dass einige, wie z. B. Jiří Kořalka oder Vilém Prečan, ihren Weg in der Akademie der Wissenschaften machten – selbstverständlich auch dank ihrem politischen Engagement und ihrer Festaufsätze über die Partei und Klement Gottwald. Das waren jedoch Ausnahmen und änderte nichts an der Tatsache, dass die VŠPHV junge, der Partei und dem Sozialismus ergebene Kader heranbildete, welche sich für intellektuelle Avantgarde des Fortschritts ausgeben und in späteren Jahren den Kurs der historischen Forschung deutlich deformieren konnten – leider mit Folgen bis in die Gegenwart.

Die langfristige und eher unheilvolle Folge der Abschaffung dieser Quasi-Hochschule war, dass ein Teil ihrer Dozenten und Absolventen zwei neue Lehrstühle an unserer Fakultät bildeten. Der eine beschäftigte sich mit der

Geschichte der KPČ und der zweite mit der Geschichte der UdSSR und der KPdSU. Das hätte an sich nichts ausgemacht, wenn diese Lehrstuhlmitarbeiter nicht gemeint hätten, für die ideologische Aufsicht über die historischen Fächer und die Besetzung der Führungspositionen an der Fakultät sowie der Universität zuständig zu sein. Sie brachten jedoch innerhalb kurzer Zeit die Parteiorganisation der Fakultät komplett unter ihre Kontrolle. Die Konsequenzen des Ganzen konnte ich selbst erst im Abstand einiger Jahre am eigenen Leib erfahren.

Das Jahr 1953 und das akademische Jahr 1953/54, als ich das dritte Studienjahr begann, brachten allerdings auch viele aus meiner Sicht vorteilhafte Veränderungen mit sich. Da die Studentenzahl stark anstieg, konnten die Lehrstuhlleiter in der Geschichte zusätzliche Lehrkräfte verlangen. Und sie waren erfolgreich. Ich weiß nicht, wie solche Einstellungsgespräche abliefen, und kann heute kaum jemanden danach fragen. Die meisten neuen Lehrkräfte kamen naturgemäß zusammen mit den Studenten von der abgeschafften „Hochschule" und man muss gerechterweise zugeben, dass darunter auch ein paar gute Experten waren, mit denen ich mich im Laufe der Zeit gut verstand.

Alle die neu Eingestellten wurden allerdings mit Abstand von einem anderen neuen Lehrer übertroffen – dem älteren, hochgelehrten Forscher und Dozenten František Kutnar. Er fesselte uns mit seinen durchdachten und zum Nachdenken zwingenden Vorlesungen, bei denen er in einer edel geschliffenen Sprache vortrug. Kein Wunder, dass sich die meisten Kollegen aus meiner Studiengruppe für ihn als Betreuer ihrer Diplomarbeit entschieden. Ich blieb im Seminar des Dozenten Polišenský und besuchte gleichzeitig die erstklassigen von Kutnar angebotenen Vorlesungen. Er hatte vorher an keiner politischen Institution gewirkt, sondern an der Universität in Olomouc. Erst später kamen vertrauliche Informationen in Umlauf, wonach er nicht die Gunst der Mächtigen genossen hatte und genoss, dass er deshalb viele Jahre nicht an der Prager Universität hatte wirken können und deswegen nach Olomouc gegangen war. Ein gut Informierter behauptete, dass er vor dem Krieg Beiträge für die Zeitung der Tschechoslowakischen Agrarpartei verfasst hatte und als Strukturalist abgestempelt war, was im damaligen Wortschatz eine abwertende Bezeichnung darstellte, die auch zur Diskreditierung einiger westeuropäischer „bürgerlicher" Historiker angewendet wurde. Durch diese Gerüchte inspiriert, besorgte ich mir im Antiquariat sein klassisches Buch über die „geistige Gestalt" des tschechischen Volkes zu Anfang des 19. Jahrhunderts. Erst später, als ich ein bisschen durchschaute, wie die Kaderentscheidungen funktionierten, wurde mir bewusst, dass damals Kutnars Aufstieg an der Fakultät gar nicht so selbstverständlich war, wie wir dachten, sondern er musste wohl von jemandem bei den Parteiorganen politisch gerechtfertigt und durchgesetzt worden sein. Und ich fragte mich, wer das wohl gewesen sein konnte.

Ab dem dritten Studienjahr schien sich auch die Stimmung im Fach Tschechisch zu verändern, das für mich nun endgültig das Nebenfach war. Die Satzanalyse mit

Professor Šmilauer war Balsam für die Seele, genauso wie seine Seminare. Über die Literaturgeschichte des 19. Jahrhunderts dozierte der Polonist Karel Krejčí ungeheuer fesselnd und mit raffiniert emotionaler Stimme, manchmal bis zur Gänsehaut. Nicht alle teilten diese Meinung, einige fanden seinen Vortrag zu gefällig und einige fortschrittliche Genossen bedachten ihn mit einer ironischen Grimasse. Es war, glaube ich, 1954, als Ivan Klíma, ein Kollege aus unserem Jahrgang und späterer bedeutender Schriftsteller, der mir früher als eifriger Dogmatiker vorgekommen war, im Literaturseminar mit einer überraschend mutigen Verteidigung von Karel Čapek auftrat. Die Zeiten der politischen Schikane waren anscheinend auch in Tschechisch längst überholt, was mich jedoch nur am Rande interessierte. Die Rückkehr zur Literaturwissenschaft war für mich erstens kein Thema und zweitens auch nicht mehr möglich.

Das Jahr 1953 verdient noch aus einem anderen Grund besondere Erwähnung: Es war das Jahr, als pflichtgemäß um Stalins Tod getrauert wurde. Der Trauerwahnsinn, der überall ausbrach, die Versammlungen an der Fakultät, der Trauerzug auf dem Wenzelsplatz – das alles war dermaßen überwältigend, dass es meine Erinnerung an die Trauer um den bald nach Stalin verstorbenen Klement Gottwald in den Schatten stellte. Und es waren nicht nur die offiziellen Krokodilstränen. Einige meiner Kommilitoninnen schienen ganz ehrlich zu weinen und ich fürchtete, jemand könnte noch bemerken, dass ich nicht mal vorspielen konnte, ein Waisenkind zu sein, das von seinem Vorbild verlassen worden war. Stattdessen fühlte ich große Erleichterung und fragte mich voller Neugier und Freude: Wie wird es weitergehen? Diese Erleichterung entsprang keiner genialen Weitsicht, sondern sie war damit verknüpft, dass Stalin in meinem Kopf – sogar vielleicht im Bewusstsein meiner ganzen Generation – spezifisch mit einer Drohung verbunden war, die uns Junge auf fatale Weise betraf, nämlich mit der Befürchtung, zu Opfern eines dritten Weltkriegs zu werden. Diese Drohung fraß sich, wie ich in der Erzählung über das Gymnasium erwähnte, besonders seit dem Anfang des Koreakriegs in unseren Alltag ein. Sie wurde nicht nur durch die permanente Spannung in den deutsch-deutschen Beziehungen, sondern auch durch den sog. Wehrunterricht verstärkt. Beim Hören mancher der militärischen Unterweisungen hatte ich den Eindruck, dass der Krieg vor der Tür stand und dass wir ihn selbstverständlich an der Seite der Sowjetunion gewinnen würden. Zuerst werden wir für diesen Sieg aber auf dem Schlachtfeld sterben müssen.

Jeglicher Zweifel verdiente Strafe. Das wurde uns, glaube ich, im zweiten Semester in der Militärvorbereitung an dem raffinierten „Fall" des Studenten Čečák demonstriert. Es ging um einen stillen, unauffälligen, religiösen Jungen, der in den Pausen bei den Gesprächen mit naiver Überzeugung erklärte, aus Prinzip gegen Kriege und Töten zu sein. Irgendwann erfuhren wir, dass es zu einer ernsthaften Disziplinverletzung gekommen war: Der Schütze Čečák hatte sein Militärheft verloren. Das waren streng registrierte Hefte mit nummerierten Seiten, die nach dem Unterricht in einem Tresor verwahrt wurden, wohl um keinem Unbefugten Einblick in die Bauteile des längst veralteten Gewehrs oder die Technik der Zielerfassung beim Artilleriefeuer zu vermitteln. Der Verlust so eines Heftes kam dem Verlust einer geladenen Waffe gleich. In den Pausen lagen diese Hefte jedoch auf den Bänken herum und mir war klar, dass jemand für sein „Verschwinden" gesorgt hatte, um einen Vorwand für Repression zu schaffen. Die Strafe wurde ohne das Recht auf Verteidigung verhängt und öffentlich zur Warnung bekanntgemacht: Verweisung aus der Militärvorbereitung, was automatisch den zweijährigen Militärdienst und die Unterbrechung, wenn nicht sogar das Ende des Studiums bedeutete. Das war aber noch im Jahr 1952.

Allerdings fühlten manche von uns während des Jahres 1953, möglicherweise die meisten, dass sich nach dem Tod Stalins und Gottwalds etwas bewegte. Daher trauten wir uns, nicht am Bau der Jugend teilzunehmen, und die Plenarsitzungen waren formeller, das heißt erträglicher. Der Stimmungsumschwung in der Mikrowelt unseres Studiengangs kündigte sich letztendlich auch durch Änderungen in unserem Unterrichtsplan an, nämlich durch die Bildung studentischer Wissenschaftsgruppen, über die zu berichten sich lohnt. Auch die personellen Veränderungen waren deutlich. Möglicherweise hing mit Stalins Tod indirekt zusammen, dass Dozent Kutnar bei uns Vorlesungen und Seminare halten durfte, und die gleiche Möglichkeit bekam Professorin Paulová. Es war auch bezeichnend, dass Bedřich Loewenstein zurückkehren durfte, der drei Jahre zuvor vom Studium ausgeschlossen worden war, aufgrund einer Hetzkampagne unserer radikalen Kollegen, nachdem er seine Zweifel daran geäußert hatte, wer wohl den Koreakrieg entfesselt hätte. Nun war er schon umsichtiger. Wir freundeten uns im Seminar von Dozent Polišenský schnell an. Unser gegenseitiges Vertrauen basierte auch darauf, dass wir schon früher voneinander durch gemeinsame Freunde gehört hatten. Er besuchte, genau wie sie, die Seminare von Ladislav Hejdánek, als es noch die Akademische YMCA gab. Wie ich schon geschrieben habe, wurde Hejdánek ein bedeutender Philosoph und einer der Initiatoren der Charta 77, Löwenstein wurde nach seiner Emigration Professor an der Freien Universität Berlin.

Auch außerhalb der Fakultät schien sich etwas zu bewegen. Ich begrüßte die Entstehung der Akademie der Wissenschaften und ihres Historischen Instituts, auch wenn ich nicht so genau ahnte, was das eigentlich sein würde. Für alle bedeutete es einen gewissen Fortschritt, als im Jahr 1953 das zentrale Periodikum der tschechoslowakischen Historiker wiedererscheinen konnte. Schließlich störte es mich wenig, dass die ersten Ausgaben voller Parolen und Dogmatismen waren. Bald nach dem Studium fing ich übrigens an, Berichte über ausländische Publikationen für die Zeitschrift zu schreiben.

Beim Nachdenken über die Bedeutung des Jahrs 1953 taucht die alte Erinnerung an die Archivarbeit in Klášterec auf, wohin ich mit Dušan Třeštík und Veselin Starčević aufbrach. Starčević war einer von mehreren jugoslawischen Lernenden, die nach dem Kriege zu uns kamen, aber während des Tito-Stalin-Konflikts am Stalinismus festhielten und nicht zurückkehrten. Wir waren also ein sehr ungleiches Trio. Das dortige Archiv wurde von einem gewissen Dr. Kynčil verwaltet, einem älteren Mann auffälligen Verhaltens, der seine Kontakte zur Aristokratie (darunter vor allem zur Famile Kinský, glaube ich) nicht verleugnete. Er drückte sich vor politischen Themen, aber sagte zu uns einmal etwa Folgendes: „Jungs, ich habe die Information, dass es ab Herbst Lockerungen gibt. Das Regime hat nach der Währungsreform erkannt, dass es sich eine weitere Verschärfung nicht mehr leisten kann. Ab heute wird es immer besser und besser." Damals nahm ich das nicht ernst, aber es scheint, mit dem Abstand eines halben Jahrhunderts, dass seine aristokratische Welt über gute Informationsquellen verfügte.

Der studentische Wissenschaftskreis

Das Jahr 1953 brachte im Studentenleben eine Veränderung, an die ich mich gerne erinnere und die für etliche Jahre das Geschichtsstudium um wertvolle Impulse bereicherte. Das war die Entstehung der sog. studentischen Wissenschaftskreise. Der aktivste und für mich wichtigste Kreis war, ein bisschen verzwickt benannt, der „Kreis zum späteren Feudalismus und den Anfängen des Kapitalismus" (damit war der Zeitraum des 16. bis 18. Jahrhunderts gemeint), der allerdings bereits vor dem Ende des Jahres 1952 im Kleinen angefangen hatte. Es handelte sich um eine Art informeller Seminare, oder eher Treffen, zu denen etwa einmal monatlich diejenigen Studenten ganz freiwillig zusammenkamen, welche mehr erfahren oder einfach über diese bestimmte Epoche diskutieren wollten, und sie waren bereit – wieder freiwillig – einen Beitrag über eine neue historische Publikation zu liefern oder sich ein Referat über neue Forschungsthemen anzuhören. In den ersten Jahren galt die informelle Regel, dass wir nicht über die Themen der Hausarbeiten sprachen, mit denen wir uns in den Seminaren beschäftigten. Es kam hier zu Begegnungen quer durch die Studentengruppen und -jahrgänge. Anfangs waren wir nicht viele – laut den Einträgen aus dem ersten Jahr schwankte die Teilnehmerzahl zwischen sechs und neunzehn. Innerhalb der nächsten zwei Jahre kamen auch jüngere Kollegen dazu, sodass es bei manchen Treffen sogar mehr als zwanzig Teilnehmer gab.

Wenn ich heute die wenigen erhaltenen Anwesenheitslisten aus den Jahren 1953 bis 1956 anschaue, finde ich in der Kerngruppe der ständigen Mitglieder und Referenten Namen, die bis heute bekannt sind und die in den kommenden Jahrzehnten untrennbar mit der Erforschung der vormodernen Geschichte verbunden blieben. Allerdings gibt es auch Namen von Studenten, die schließlich ihren Platz auf einem anderen Gebiet als der der Frühen Neuzeit fanden. Ich weiß nicht, wer die Bildung unserer Studiengruppe initiierte oder durchsetzte, aber damals betrachtete ich Dozent Polišenský als ihren geistigen Vater und höchste Autorität. Er bestimmte oder zumindest genehmigte die Themen unserer Begegnungen und lud mehrmals einen

interessanten Gast ein. Auch Professor Husa, Leiter des Lehrstuhls für tschechoslowakische Geschichte, bekundete seine Unterstützung, wurde aber regelmäßig von
seinem Schüler und Assistenten Josef Petráň vertreten. Es ist bezeichnend, dass
wohl keiner der vielen neuen „fortschrittlichen" Kollegen ihren Weg zu uns fand.
Wir vermissten sie auch nicht, ganz im Gegenteil. Mit dieser Tätigkeit demonstrierten wir unsere Exklusivität, das elitäre Bewusstsein der „echten Studenten"
gegenüber denjenigen, die wir für politische Schwätzer hielten. Bald sollten wir
erkennen, dass wir wiederum bei ihnen unter dem Verdacht standen, ein politisch
unzuverlässiges Relikt der Vorrevolutionszeit zu sein. Darum begrüßte ich die Tatsache, dass einige von uns der KPČ beitraten und zwei, drei jüngere Parteimitglieder
unsere Gruppe ergänzten, als wichtige Unterstützung.

Unser Kreis war nicht der einzige, und so lag für uns die Idee nahe, die Tätigkeit
der studentischen Wissenschaftsgruppen dadurch zu verbinden, dass man eine
fakultätsweite „studentische Wissenschaftskonferenz" einberief, um die besten Ergebnisse der einzelnen Kreise zu präsentieren. Diese Idee war unter den damaligen
Verhältnissen nur „von oben" umzusetzen. Die erste Konferenz fand, glaube ich,
1955 statt, mit der Unterstützung, das heißt unter der Kontrolle der Fakultätsleitung.
Als Folge wurde dann – auf Weisung „von oben" – die Studentische Wissenschaftsgesellschaft gegründet, welche von dem schon damals charismatischen František
Šmahel, dem späteren hervorragenden Mediävisten, repräsentiert wurde, der zwei
Jahre später als ich mit dem Studium angefangen hatte.

Unter seinen Nachfolgern löste sich die Gesellschaft allmählich auf, schuf aber
die Grundlage für die Tradition studentischer Wissenschaftskonferenzen, welche
jedoch insbesondere die Lehrenden pflegten. Am Ende der fünfziger Jahre boten
also die Konferenzen und die damit verbundene Konkurrenz die Gelegenheit dazu,
dass sich besonders motivierte und begabte Studenten zum ersten Mal vorstellen
konnten. Viele von ihnen wurden später berühmt. Unter den Namen der Referenten finde ich wiederholt Miroslav Vlk, den späteren Kardinal, der historische
Hilfswissenschaften studierte. Leider wurden die Konferenzen später ganz schnell
in einen jährlichen studentischen Wissenschaftswettbewerb umgewandelt und von
der Fakultätsleitung zu einer gesellschaftlichen Prestigeveranstaltung gemacht. Der
Wettbewerb wurde von oben organisiert und geleitet und verlor die Verbindung
zu den studentischen Wissenschaftskreisen (welche übrigens beinahe verschwanden). Es wurden dabei die besten Seminararbeiten und später auch Diplomarbeiten
vorgestellt. Schließlich wurde das Ganze vom Ministerium um eine landesweite
Runde ergänzt, zu der die prämierten Arbeiten der einzelnen Fakultätswettbewerbe
eingeschickt wurden. Somit verflog der ursprüngliche Geist freiwilliger Spontanität: sich aus eigenem freien Willen mit der Geschichte zu befassen, nach eigenen
Wünschen und außerhalb des von der Fakultät vorgeschriebenen Rahmens. Für
heutige Leser ist, so glaube ich, noch eine andere Tatsache erwähnenswert. Wir

betrachteten es damals als völlig selbstverständlich, dass wir für unsere Arbeit und deren Ergebnisse gar nicht finanziell honoriert wurden.

Zwischen dem siebzehnten und dem neunzehnten Jahrhundert

Im dritten Studienjahr war es noch zu früh, sich für eine bestimmte künftige Spezialisierung zu entscheiden. Dozent Polišenský zählte zu den Lehrenden, die ihren Studenten bewusst davon abrieten, sich monothematisch zu orientieren. Stattdessen sollte man Schwerpunkte aus mindestens zwei historischen Epochen wählen, um eine zu enge Spezialisierung zu vermeiden. Daher unterstützte er mein Interesse an der tschechischen Wiedergeburt, dem Dreißigjährigen Krieg sowie der deutschen Geschichte der ersten Hälfte des 19. Jahrhunderts. Als ich mich im Wintersemester in meiner Seminararbeit mühsam mit den Anfängen des deutschen Kampfs um nationale Einheit in den ersten Jahrzehnten des 19. Jahrhunderts auseinandersetzte, griff er anfangs des Sommersemesters in seinen Tresor voller Archivalien, die er (wohl nicht so ganz vorschriftsmäßig) aus Regionalarchiven mitgebracht hatte. Er überreichte mir zwei Handschriftenbände; sie enthielten zeitgenössische Kopien des Berichts der preußisch-österreichischen Kommission zur Ermittlung gegen die Teilnehmer an der deutschen Nationalbewegung nach dem sog. Frankfurter Wachensturm von 1833. Damals versuchte eine kleine studentische Gruppe deutscher Patrioten, die Stadt Frankfurt am Main einzunehmen und damit eine deutschlandweite Revolution und, in der Konsequenz, die Vereinigung Deutschlands anzustoßen. Dieser Versuch scheiterte gleich nach dem zweiten Kampf mit der Frankfurter Garnison und deutsche Historiker betrachteten ihn, im Einklang mit dem Fazit der Ermittlungskommission, für eine ephemere Handlung irrsinniger Studenten. Die Preußen sowie Metternich nutzten jedoch dieses Ereignis als willkommenen Vorwand für die weitere Verfolgung deutscher patriotischer Liberaler und Demokraten. Dem Bericht war eine Liste der Personen beigefügt, die während des kurzen Kampfs gestorben oder verwundet worden waren. Es waren mehrere Dutzend und ich fand hier nur einen einzigen getöteten und einen einzigen verletzten Studenten, sonst nur Kleinhändler, Handwerker und Gesellen. Die Analyse dieser Liste ermöglichte mir, die herrschende Deutung anzuzweifeln, wonach es sich um die Tat einiger verrückter Studenten gehandelt hatte. Die Seminararbeit kam bei meinem Lehrer gut an und wurde später auf seinen Vorschlag auf Deutsch in einem Jahrbuch in der DDR publiziert, zu dessen Herausgeberkreis er gehörte. Ohne das zu realisieren, bestätigte ich also seine These, dass man aus den Quellen, welche sich in unseren Archiven befinden, neue Erkenntnisse zur allgemeinen Geschichte gewinnen kann.

Später fand ich heraus, dass die beiden Hefte aus dem Archiv des Adelsguts Čejetice stammten, welches dem Ritter Jan Norbert aus Neuberk gehörte. In seiner Jugend war er Sekretär des Vorsitzenden jener Kommission gewesen, eines gewissen Ernst Moritz Wagemann, der als hochrangiger Beamter in österreichischen Diensten wirkte. Als ich Ende der fünfziger Jahre den direkten Sonderzugang zu den Bücherfonds im Archivlager des Nationalmuseums bekam, stieß ich auf seinen Nachlass, der von Neuberk selbst aufbewahrt worden war. In seinen Tagebüchern schilderte Wagemann ausführlich die Tätigkeit der Kommission, vor allem die Konflikte mit den preußischen Vertretern in der Kommission. In den beigefügten Dokumenten war dann diese wichtige Episode umfangreich dokumentiert. Vergeblich bemühte ich mich später, einen deutschen Historiker zu finden, der diese Quellen hätte auswerten können. In meiner Jugend war dieses Thema nicht so attraktiv, da es national war, später dann aus dem Grund, dass es mit einem Aufstand zu tun hatte.

In der Zeit gab ich bereits vollständig meinen Traum auf, mich dem Literaturunterricht zu widmen, bereitete mich aber nach wie vor auf den Werdegang eines Gymnasiallehrers vor. Ich absolvierte das Pflichtpensum in Didaktik und Methodik; das pädagogische Praktikum machte ich bei Gymnasiallehrer Josef Klik, der mich am Anfang meiner Gymnasialzeit unterrichtet hatte. In meinen Augen war er ein weiser Mann, der sich damit abfand, dass er nach dem Krieg als Schüler und Assistent von Josef Pekař keine Möglichkeit bekommen hatte, wieder wissenschaftlich tätig zu werden.

Am Anfang des vierten Studienjahrs stand ich vor der Entscheidung, beim Schwerpunkt 19. Jahrhundert zu bleiben oder zum Studium der vormodernen Geschichte „zurückzukehren", mit der wir uns im studentischen Wissenschaftskreis beschäftigten. Es rückte allerdings auch der Zeitpunkt näher, zu dem ich das Thema meiner Diplomarbeit wählen sollte. Dozent Polišenský beendete damals sein umfassendes Buch über das Verhältnis der Niederlande zum böhmischen Ständeaufstand und es war logisch, dass er dem Dreißigjährigen Krieg und der europäischen Geschichte jener Zeit zwei Vorlesungen widmete und entsprechend die Themen der Seminararbeiten festlegte. Mit einer gewissen Selbstverständlichkeit stimmte ich seinem Vorschlag zu, mein Thema genau aus dieser Zeit zu wählen. Er vermutete, dass ich meine Kenntnisse skandinavischer Sprachen für die Analyse von Wallensteins Politik in den Jahren 1627–1629 einsetzen könnte, als er an der Spitze des Siegeszugs gegen Dänemark an der Ostseeküste stand. Dabei bot sich an, den umfassenden Archivbestand aus der Militärkanzlei des ersten Generalats Wallensteins zu nutzen. Es wurde mir empfohlen, diese Quellen zu bearbeiten. Und so fing ich an, mich regelmäßig im Lesesaal des Staatsarchivs in der Karmelitská-Straße aufzuhalten, wo heute das Museum der Musikgeschichte untergebracht ist; ich quälte mich mit dem frühneuzeitlichen Deutsch ab sowie mit der Paläografie, die mir zum Glück dank meiner Ferienarbeit im Archiv nicht mehr ganz fremd war. Sorgfältig las ich einzelne Briefe und andere Schriftstücke aus der Kriegskanzlei Wallensteins, die sich auf deutsche Hansestädte und die Ostsee bezogen. Ich wurde komplett von dem Zauber mitgerissen, unbekannte Details zu entdecken, die aus dem Archivbestand gewonnen werden konnten. Meine Notizen wurden umfangreicher, die Informationen häuften sich, sei es wesentliche oder eher marginale. Das Ergebnis war eine Diplomarbeit, die im Kern der gleichen Methode folgte, die mein Lehrer in seinen Büchern über die englische bzw. niederländische Politik in Bezug auf den böhmischen Ständeaufstand einsetzte. Das bedeutete, einzelne Angaben mehr oder weniger in chronologischer Reihenfolge und nach wechselseitigen sachlichen Zusammenhängen geordnet aneinanderzureihen und zu kommentieren. Dank dieser Details konnte ich dann einige neue Erkenntnisse über die Politik Wallensteins und insbesondere über internationale Beziehungen an der Ostsee gewinnen. Ich bemerkte schon damals, dass das Verhältnis zum Handel und die Möglichkeit, davon finanziell sowie diplomatisch zu profitieren, ein wesentliches Element von Wallensteins Politik bildete, und dass sogar die Politik seiner Kontrahenten, seien es Verbündete oder Feinde, mit Handelsinteressen verknüpft war.

Die etwa fünfhundert Seiten starke Diplomarbeit wurde verständlicherweise nie publiziert. Meine Kerneinsichten fasste ich in drei Aufsätzen zusammen, zwei erschienen in der DDR. Als ich mit der Arbeit fertig war, hatte ich gemischte Gefühle: Einerseits eine naive Befriedigung darüber, wie viel ich gefunden und dokumentiert hatte – und die Menge an Notizen! – andererseits das unbehagliche Gefühl, dass der Ertrag nicht all der Mühe, die Dutzende und Hunderte von Stunden im Archiv und bei der Niederschrift, Wert gewesen war. Während ich die Diplomarbeit schrieb, war mir übrigens schon klar, dass ich eigentlich etwas Anderes machte, als das, was ich mir am Anfang des Studiums vorgenommen hatte. Ich war mir bewusst, dass ich viel beschrieb und wenig nachdachte. Wohl um mein Gewissen zu beruhigen, fügte ich noch einen Exkurs über die Möglichkeit eines alternativen historischen Verlaufs hinzu: Eine kühne Überlegung darüber, welche Perspektiven sich für unsere sowie die europäische Geschichte ergeben hätten, wenn der Erfolg des ersten Generalats Wallensteins und seiner nordböhmischen unternehmerischen Tätigkeit von Dauer gewesen wären. Als ich mir nun nach sechzig Jahren diese Überlegung anschaute, schien sie mir in manchem amateurhaft. Was ihre Grundabsicht angeht, und im Kontext der fünfziger Jahre, war das allerdings eine großartige Idee, die auch heute Inspiration für Überlegungen zu historischen Alternativen bieten könnte.

Das Jahr 1956

Im fünften Studienjahr musste ich die Diplomarbeit fertigschreiben und mich auf die Abschlussprüfung vorbereiten. Deswegen blieb nur wenig Zeit, um das öffentliche Geschehen zu verfolgen. Es stellt sich jedoch die Frage, ob es überhaupt etwas zu verfolgen gab. In den offiziellen Zeitungsartikeln, die keiner las, wurde mit Großbuchstaben über den XX. Parteitag der KPdSU berichtet, aber von den tatsächlichen Veränderungen erfuhren nur die Parteimitglieder, durch Parteikanäle für vertrauliche Informationen – und nicht einmal dadurch erfuhren sie alles. Ich bekam das nur durch die Munkeleien hinter den Bibliotheksregalen mit. Es kursierten wohl Gerüchte und Kommentare zu den Parteisitzungen, die ich zum Teil mithörte und die mich zum Eindruck brachten, dass bei dem „Kurzen Lehrgang der Geschichte der KPdSU(b)" wohl nicht alles stimmte. Es handelte sich um die Meistererzählung des sowjetischen Regimes, die neben einer stalinistischen Version der neuesten Geschichte auch offizielle Thesen zur marxistisch-leninistischen Weltanschauung enthielt. Am häufigsten fiel allerdings Stalins Name. Allmählich verbreiteten sich die Gerüchte auch unter den Studenten, das alles war aber immer noch ganz unkonkret. Scheinbar konnte alles, was uns nicht gefiel, offen kritisiert werden, aber es blieb unklar, wo genau die Grenzen lagen. Über Chruschtschows Geheimrede erfuhr ich nach einiger Zeit naheliegender Weise durch den ausländischen Rundfunk, sei es durch Sendungen, die ich selbst hörte, sei es durch meine Eltern und deren Bekannte. Allerdings fanden wir damals jene Überlegungen und Diskussionen interessanter, welche Fragen stellten und in Andeutungen sowie ganz offen kritisch die offiziellen Dogmen anzweifelten.

Der XX. Parteitag wirkte sich am Rande auch auf studentische Diskussionen aus. Bedřich Loewenstein versuchte vergeblich, die Anschlagtafel im Flur vor dem Historischen Seminar zu einem Ort zu machen, an dem Probleme des Geschichtestudiums diskutiert werden konnten. Besser kamen öffentliche, „zentral" veranstaltete Diskussionen an. Es war bezeichnend für die Stimmung an der Fakultät sowie im Studiengang, dass es mehrere Konferenzen gab. Ich erinnere mich an zwei – eine war politisch und fakultätsweit, die zweite wissenschaftlich und im Rahmen der historischen Studiengänge. Die politische Aussprache, eine Art Gewerkschaftsplenarsitzung, wurde wahrscheinlich von der Partei und den Gewerkschaften in der großen Aula einberufen und wir sollten uns dazu äußern, was uns nicht gefiel. Es war auch Presse vor Ort und es gab zahlreiche spontane Auftritte. Es wurde, wie ich mich selektiv erinnere, über das System des Studiums, die Bedingungen in den Studentenwohnheimen sowie die Berufschancen der Absolventen gesprochen. Es wurde auch kritisiert, wie wenig Informationen wir über die politischen Ereignisse bekamen. Meine Forderung, die Bücher in die Bibliothek zurückzuholen, die als „mangelhaft" aussortiert worden waren, erntete Applaus.

Die zweite dieser öffentlichen Veranstaltungen war eine der bereits erwähnten studentischen Wissenschaftskreise im Fach Geschichte. Anschließend fand eine Diskussion zur Frage statt, ob Marx und Engels richtig gelegen hatten mit ihrer Kritik an der „konterrevolutionären" Politik der Tschechen und anderer österreichischer Slaven im Revolutionsjahr 1848. Eine der Studentinnen der ehemaligen politischen Hochschule verteidigte diese Ansicht und berief sich dabei auf ein Buch des sowjetischen Historikers A. D. Udal'cov, welches die Politik des tschechischen „Bürgertums" in jener Revolution kritisierte. Manche von uns trauten sich zu widersprechen, allerdings nicht den „Klassikern" selbst (das schien in der damaligen Stimmung undenkbar), sondern der Interpretation dieser Aussagen. Die Diskussion verlief ohne politische Invektiven und ging nach der Konferenz weiter. Das Interessanteste dabei war für mich die Gesprächsrunde mit Karel Kreibich, der schon vor dem Krieg ein Spitzenfunktionär und -theoretiker der Partei gewesen war. Zwar wurde er vom Regime nicht geschätzt, aber auch nicht verfolgt. Der temperamentvolle Auftritt des alten Mannes mit einem marxartigen Bart beeindruckte mich sehr, ich merkte mir dann lediglich seinen einzigen Gedanken, der möglicherweise von zentraler Bedeutung war. Er erklärte uns ganz undogmatisch, dass man die Klassiker nicht so wörtlich nehmen sollte, schließlich hatten Marx und Engels ihre Artikel im Eifer des journalistischen Gefechts um den Charakter der Revolution verfasst und in solcher journalistischen Polemik werden die Worte nicht so genau gewogen und viel wird übertrieben. Das sagte mir – und nicht nur mir – zu: Machen wir keine Dogmen aus Meinungen, welche als Teil des politischen Kampfs formuliert wurden und keiner wissenschaftlichen Analyse dienen sollten. Anders gesagt: Nehmt die Klassiker nicht wörtlich. Es handelte sich im damaligen Kontext wohl um ziemlich „revisionistische" Ansichten, die er sich aber leisten konnte und von denen er anscheinend vermutete, dass wir sie uns zu Herzen nehmen könnten. So etwas schien nach dem XX. Parteitag erlaubt zu sein. Ich glaube, dass ich mich gerade dank meiner Teilnahme an diesen Diskussionen noch fester dazu entschloss, mich für die Problematik der Nationalbewegungen zu interessieren.

Kurz vor der Abschlussprüfung hielt mich einer der Absolventen der Arbeiterkurse auf dem Flur an, der beste unter ihnen, und fragte mich ohne Umschweife, ob ich der Partei beitreten wolle, dass darüber in der studentischen Parteigruppe gesprochen wurde. Es war nicht das erste Angebot. Bereits im zweiten Studienjahr hatte mich die Leiterin unserer Arbeitsgruppe, die gerade Parteimitglied wurde, angesprochen. Damals war ich noch naiv ehrlich und antwortete spontan und hochmütig, dass ich keine politische Karriere machen wolle. Am Ende des fünften Studienjahrs war ich umsichtiger: Ich erwiderte, dass ich den Vorschlag schätze, aber dass ich gerne mit meinem eigenen Kopf denken würde (oder meine eigene Ansicht behalten wolle, so in etwa). Er drängte mich nicht, merkte nur an, dass gerade Leute mit eigenem Kopf, eigenen Ansichten „heute gebraucht würden". Es war eine Überraschung, so etwas von einem Parteimitglied zu hören, und wohl deswegen rief ich mir diese Formulierung oft in Erinnerung.

Den Unterschied zwischen einem Parteimitglied und einem Parteilosen sah ich damals als Unannehmlichkeit, insbesondere wegen des unterschiedlichen Zugangs zu Informationen. Zum ersten Mal war das im Herbst der Fall, als in der Parteiorganisation anscheinend die gefilterte Mitteilung über die sog. Geheimrede Nikita Chruschtschows weitergegeben wurde. Es war unmöglich zu übersehen, dass die Parteimitglieder ihre Meinungen dazu austauschten und kommentierten. Es ging dabei nicht nur um Stalins Verbrechen – davon hatte jeder eine gewisse Ahnung, der kritisch das Kapitel im Kurzen Lehrgang der Geschichte der KPdSU(b) über die politischen Prozesse in den dreißiger Jahren gelesen hatte. Auch im ausländischen Rundfunk wurde übrigens darüber informiert. Interessanter fand ich in den Diskussionen nebenher geäußerten Zweifel, ob Stalins Thesen über Philosophie und Geschichte so überdauern würden, wie sie im Kapitel zum dialektischen und historischen Materialismus formuliert waren. Es schien sich die Möglichkeit zu eröffnen, offen über die Geschichte zu diskutieren, und mein Eindruck wurde im kommenden Jahr bestätigt, diesmal aus öffentlich zugänglichen Quellen.

Bemerkenswert kam mir vor, wie unterschiedlich die beiden Lehrstuhlleiter auf den XX. Parteitag reagierten. Während sich Professor Říha augenscheinlich als diszipliniertes, durch den Stalinismus erzogenes Parteimitglied verhielt und sich stellte, als sei nichts passiert, kam es bei Professor Husa zu einer Art Belebung. Er soll bereits aus den Jahren zuvor über sehr gute Kontakte zu einigen aufgeklärten sowjetischen Historikern verfügt haben. Auch solche gab es, manchmal unweit der Machtzentren, und deswegen waren sie recht gut informiert. Professor Husa soll von ihnen zuerst die Information darüber bekommen haben, dass es zu wesentlichen Lockerungen kommen würde. Entsprechend verhielt er sich auch. Nach einigen Jahren wiederum erreichten ihn Signale, dass die sowjetische Führung Angst bekam und dass ein paar Rückschritte notwendig seien. Das ist aber ein Thema für das nächste Kapitel.

Die ungarische Erfahrung

Ein ganz deutliches Anzeichen dafür, dass sich nach dem XX. Parteitag etwas bewegte, war die Grenzöffnung. Zum ersten Mal hatten wir die Möglichkeit, obwohl nur organisiert und mit amtlicher Genehmigung, in benachbarte volksdemokratische Staaten zu reisen. Unseren Lehrstuhl für Allgemeine Geschichte besuchte aufgrund des Kulturabkommens der ungarische Historiker Tibor Wittman, ein junger, kränklicher Dozent, der sich mit dem Dreißigjährigen Krieg befasste. Dozent Polišenský vereinbarte mit ihm, oder eher dank seiner Vermittlung, eine Austauschexkursion von Studenten und Assistenten im Fach Geschichte zu organisieren. Neben ein paar Assistenten nahmen insbesondere Studenten von Dozent Polišenský teil, sei es aus seinen Seminaren oder unserem studentischen Wissenschaftskreis. Darüber hinaus spielten auch meine persönlichen „Beziehungen" eine Rolle, und so konnte z. B. auch Dušan Třeštík mitfahren. Polišenský erledigte alle nötigen Formalitäten mit Budapest sowie dem Ministerium für Schulwesen, die Exkursion wurde genehmigt und ich sollte für den Rest zuständig sein, im Rahmen meiner Assistentenaufgaben. Das nahm einen Teil meiner Ferien sowie meine Nerven in Anspruch: Die Teilnehmer zu organisieren und sie ständig auf dem Laufenden zu halten, Ausreiseanträge auszufüllen, nach Fahrkarten anzustehen, ungarische Studenten im Studentenwohnheim unterzubringen. Aber ich bedauerte es nicht. Allein schon die

Tatsache, dass wir die jahrelang geschlossenen Grenzen überschreiten durften, um uns in einem „fremden" Land zu bewegen, sorgte für Aufregung und Spannung. Es ist sehr schwierig, den heutigen Menschen diese Gefühle zu vermitteln.

Was die Budapester Sehenswürdigkeiten anging, waren wir Prager, durch Gotik und Barock erzogen, schwer enttäuscht. Der Stadtteil Buda, das Parlament, alles war „pseudo" oder „neo". Authentisch wirkten die heißen Quellen auf der Margareteninsel, doch das größte und nachhaltigste Erlebnis stellten die Begegnungen mit den Leuten, den Studenten dar. Es zeigte sich zwar, dass die meisten unserer Austauschpartner nicht Geschichte, sondern eine Art Mischung von Philosophie und Politik studierten. Zudem waren ihre Russischkenntnisse viel schwächer als unsere, also konnten wir uns nur mit einigen verständigen (nur selten konnte jemand Deutsch oder Englisch). Entscheidend war, dass manche sich politisch engagierten und versuchten, uns den Kern des politischen Zwiespalts zu erläutern, in dem sie lebten und der die ungarische Öffentlichkeit erschütterte. Alle oder fast alle unterstützten mit Begeisterung die Reformen und die Kritik an Dogmatismus und Stalinismus. Wie viele politische Aussagen wurden damals formuliert, welche man bei uns als staats- oder parteifeindlich hätte abstempeln können! Als ob ich das geahnt hätte, hatte ich bei der Auswahl der Exkursionsteilnehmer die Mitglieder unserer Wissenschaftsgruppe und Kolleginnen und Kollegen angesprochen, denen ich vertraute. Die Lehrenden, die uns begleiteten, folgten ihren eigenen Interessen, anstatt unseren Diskussionen zu folgen. Und so erreichte die Fakultät keine Denunziation – zumindest erfuhr ich über keine.

Aus den Reihen der ungarischen Studenten war ich vor allem mit Mihály Vajda befreundet, einem Philosophiestudenten, der in den siebziger Jahren zu einem prominenten Vertreter der intellektuellen Anti-Kádár-Opposition wurde. Im September 1956 verurteilte er, genauso wie andere Studenten, den anti-sozialistischen Flügel der Oppositionsbewegung, da er ein überzeugter Anhänger des Sozialismus und des Revisionismus des Kreises um Georg Lukács war. Übrigens, damals hörte ich den Namen Lukács zum ersten Mal. In meinen alten Unterlagen fand ich sogar meine Notizen von einer der Begegnungen, bei der uns die ungarischen Kollegen über eine Diskussion erzählten, die auf Lukács' Rehabilitierung zielte. Die Diskussionen und Gespräche gingen dann beim Gegenbesuch der ungarischen Studenten in Prag etwas weniger intensiv weiter, auch deswegen, weil unsere ungarischen Partner eifrig mit einem Einkaufsbummel beschäftigt waren. In Prag waren nämlich wesentlich mehr Artikel erhältlich als im damaligen Budapest. Für einen tragischen Abschluss dieser Begegnungen sorgten ein paar Tage nach ihrer Abreise nach Budapest die bekannten Revolutionsereignisse und die sowjetische Intervention. Wir vermuteten, dank all den Diskussionen die ungarische Problematik besser als jeder andere zu verstehen. Und die Nachrichten über „das ungarische Geschehen" fühlten sich für uns sehr intensiv an, als hätten sie uns persönlich betroffen. So oder so, wir kamen zur Erkenntnis, zumindest die meisten von uns, dass der Stalinismus nicht den einzigen Weg des Sozialismus darstellte. Anders formuliert: Wir begegneten dem Phänomen namens Revisionismus.

Die Exkursion nach Budapest war nicht die erste Exkursion, die ich unter Aufsicht des Dozenten Polišenský absolvierte und bald auch selbst organisierte. Schon am Ende meines ersten Studienjahres hatte er sich an ein paar Studenten aus seinem Proseminar gewandt und uns ermöglicht, mit älteren Studenten an einer Archivexkursion nach Bratislava, Bánská Štiavnica, Kremnica und Olomouc teilzunehmen. Wir waren mit dem Zug unterwegs, übernachteten in billigen Herbergen, verpflegten uns ganz einfach. Wie sonst – sechs Jahre nach Kriegsende! Als Hauptprogramm besuchten wir die Archive, wo wir uns mit Anstand die Vorträge der Archivare anhörten, deren Inhalt uns im zweiten Semester nicht besonders ansprach. Umso mehr interessierten wir uns für die vielen Sehenswürdigkeiten. Dafür räumte uns Dozent Polišenský relativ viel Zeit ein; mal ging er alleine ins Archiv, mal machte er Besuche. Mit diesen Exkursionen, welche fast jedes Jahr stattfanden, begründete er eine Tradition, die wir am Lehrstuhl – sicherlich in ihrer etwas modifizierten und verbesserten Form – bis Anfang der neunziger Jahre weiterpflegten.

Es wird noch wiederholt darüber zu sprechen sein, welchen Beitrag Dozent Polišenský für den Studiengang leistete. An dieser Stelle bleibe ich bei seiner Tätigkeit zu Zeiten meines Studiums. Später, als frischer Assistent, erkannte ich nach etlichen Lehrstuhlsitzungen im Rückblick, welch entscheidenden Einfluss er auf die Struktur der Studienpläne im Studiengang hatte, also auf die Lehrinhalte und die Prüfungen. Wenn viele Formen und Schwerpunkte aus der traditionellen historischen Wissenschaft „vor dem Februar" erhalten blieben, dann war das insbesondere (wenn auch nicht allein) sein Verdienst. Ein wesentliches Element des Studiums wurde von ihm, glaube ich, weiterentwickelt und bereichert. Damit meine ich die Art, wie die Einführung ins Studium konzipiert war, also das damalige historische Proseminar, wo wir uns Heuristik, die Grundsätze der Quellenkritik sowie die Arbeit mit der Fachliteratur aneigneten. Wie bereits erwähnt, beauftragte er uns in den ersten zwei Semestern beinahe jede Woche mit kleinen Aufgaben, zum Teil aus dem Bereich der Heuristik, zum Teil der Stilistik. Es handelte sich um Rezensionen oder Literaturberichte, welche Impulse für selbständiges Nachdenken über konkrete historische Probleme gaben. Einfach gesagt, zwang er uns unauffällig dazu, uns selbstverständlich der Fachliteratur und heuristischen Hilfsmitteln zuzuwenden, mit den Quellen zu arbeiten und später auch unseren eigenen Stil zu entwickeln. Diese Gestaltung des Proseminars, als Vorbereitung auf die Techniken wissenschaftlicher Arbeit selbst (er sagte dazu „historisches Handwerk") sowie auf kritisches Denken übernahm ich von ihm und nutzte es – hoffentlich in verbesserter Form – während meiner Tätigkeit an der Philosophischen Fakultät. Mit Genugtuung beobachte ich, dass sich die Grundmerkmale in manchen Fällen bis heute erhielten.

Ich zählte zu denen, die seine Vorlesungen gerne besuchten, auch wenn sie nicht so systematisch und so durchdacht waren wie etwa die Vorlesungen von Kutnar oder Graus. Er setzte stark auf sein phänomenales Gedächtnis, sodass er oft freie Assoziationen nutzte, zu Nebensächlichem abdriftete und die Erzählung eher ohne klare Konturen weiterlief. Das fanden einige Kollegen störend, wir stritten in den Pausen wiederholt über die Qualität seiner Vorlesungen. Was die formale Seite angeht, gefiel mir dieser Mangel an Systematik durchaus: Die Vorlesungen verlangten nicht viel Konzentration, sie waren irgendwie entspannt. Später realisierte ich, dass wichtiger und für mein fachliches Reifen entscheidender war, dass Polišenský uns mit den Themen, die er wählte, bei der Überwindung unserer nationalen Engstirnigkeit unterstützte und den Weg dafür freimachte, die europäischen Länder sowie Amerika und ihre Historiographie kennenzulernen.

Der „eigene Kopf" versus Indoktrination

Wenn mir jemand in der damaligen Zeit gesagt hätte, dass ich vom Regime ideologisch beeinflusst war, hätte ich das empört zurückgewiesen. Mit Sicherheit musste ich, genauso wie alle Kollegen, die Vorlesungen und Seminare zum Marxismus-Leninismus, zur Geschichte der KPČ und der Arbeiterbewegung besuchen sowie die entsprechenden Prüfungen ablegen. Für uns bedeutete das jedoch etwas, das bloß gelernt und bei der Prüfung wiedergegeben werden musste, das aber weder mit unserem eigentlichen Studium noch mit der Wissenschaft etwas zu tun hatte und uns eigentlich nicht betraf. Selbstbewusst vermutete ich, meinen Weg selbst suchen und finden zu können. Irgendwann im ersten Studienjahr schrieb ich mir auf: Ich muss viel lernen, um „gegen sie" argumentieren zu können, womit ich eigentlich meine unterbewusste Befürchtung zum Ausdruck brachte, dass mir doch die Identifikation mit der Ideologie des Regimes drohte. Nun, im zeitlichen Abstand, reichen die Erinnerungen nicht mehr einfach aus, sie müssen dadurch ergänzt werden, dass ich die Texte durchsehe, die ich damals verfasste, seien es Seminararbeiten, Referate, die Diplomarbeit oder die ersten publizierten Aufsätze kurz nach dem Studienabschluss. In den Texten ist nichts zu finden, was auf eine politisch formulierte ideologische Indoktrination hindeuten würde. Erst später finde ich die obligatorischen verbalen Bekenntnisse zum Marxismus (das heißt Zitate aus den Klassikern). Das überrascht mich, weil ich mich gut daran erinnere, dass mir einige Ansichten zusagten, welche uns als marxistische unterbreitet wurden. Wahrscheinlich war die Persönlichkeit des Lehrenden in einigen Fällen dermaßen charismatisch (oder vielleicht die Indoktrination so raffiniert), dass sich der Student nicht gegen die präsentierten Gedanken wehrte. In dieser Hinsicht erinnere ich mich bis heute gerne an die Philosophie-Übungen bei Jarmila Pešková, die für uns, ähnlich wie später ihr Mann Jiří Pešek, den dialektischen und historischen Materialismus interessant, wenn nicht sogar attraktiv machte. Wir waren allerdings nicht in der Lage zu beurteilen, inwieweit ihre Auslegung der marxistischen Philosophie von der offiziellen Doktrin abwich. Damals hatte ich nur den Eindruck, dass das nicht dogmatisch war. Erst in der Nachwendezeit bekam ich mit, dass einige unserer damaligen Lehrer, unter ihnen auch damals schon die Professorin Pešková, anstrebten, den Marxismus wohl noch vor dem XX. Parteitag zu „entwickeln" und dadurch zu beleben, dass sie ihn um Gedanken anderer, nicht-marxistischer Philosophen bereicherten. Also wer weiß, in welche Schublade ihre damaligen Vorträge gehörten.

Was die Auswirkung der Ideologie angeht, war die Lehre im Fach Geschichte in den fünfziger Jahren sehr differenziert. Ich erwähnte schon die Vorlesungen, die völlig apolitisch waren (oder uns so vorkamen). Das waren allerdings Vorlesungen zu älteren historischen Epochen, die nur schwer politisch korrigiert werden konnten. Falls es da Verweise auf den Marxismus gab, war das in unseren Augen keine Politik, sondern hatte entweder Alibi-Funktionen oder entsprang dem Bedürfnis, eine Meinung durch die „Klassiker" zu unterstützen. So machte uns Josef Polišenský mit den Diskussionen westlicher Historiker bekannt, vor allem britischer Marxisten, über die sog. Krise des Feudalismus im XIV. Jahrhundert.

Im Gegensatz dazu gab es viele politisch engagierte Pflichtvorlesungen, insbesondere diejenigen zur Geschichte seit dem Ende des 19. Jahrhunderts. Während der Vorlesungen von Professor Oldřich Říha zum Beispiel führten die Studenten zynisch eine Strichliste darüber, wie oft er das Wort „imperialistische Haifische" gebrauchte. Solche Vorlesungen hatten jedoch nur ein sehr geringes Indoktrinationspotential. Häufiger waren die Vorlesungen der Experten, die sachlich, faktenreich, ideologisch wahrscheinlich nicht angreifbar, aber meistens auch intellektuell nicht besonders ansprechend waren.

Warum auch immer, ich wurde wahrscheinlich vom Marxismus mehr geprägt, als einem angesichts meiner damals verfassten und später publizierten Seminararbeiten einfallen würde, sei es zur Geschichte des Dreißigjährigen Kriegs oder der deutschen Nationalbewegung. Aus meinen Studentenjahren nahm ich eine gewisse Faszination für einige marx'sche Gedanken mit. Besonders galt das im Bereich der Ökonomie. Als die allererste seiner Schriften las ich eigentlich im letzten Jahr am Gymnasium seinen Text über „Lohnarbeit und Kapital", der mir logisch und überzeugend erschien. Da war aber gar nicht von politischen Fragen die Rede, geschweige denn von Interpretationen der Geschichte. Während des Studiums an der Fakultät zählten das Kommunistische Manifest und wohl auch der einleitende Teil des „Kapitals" zur Pflichtlektüre, doch mich fesselten vor allem die kleinen Schriften, die Marx eigentlich als Analysen zeitgenössischer Geschichte konzipiert hatte – nämlich „Der Bürgerkrieg in Frankreich" und „Der 18. Brumaire". Ich fand die beiden Bücher interessant und wichtig, weil sie sich fundamental von den Schemata des doktrinären Marxismus-Leninismus unterschieden, welche anfangs der fünfziger Jahre verbreitet wurden. Später verwies ich auf sie, als ich gegen die schematisch vereinfachende Auslegung der Konflikte als Kampf zweier Klassen – sei es Bourgeoisie und Proletariat oder Feudalherren und Untertanen – argumentierte. Das alles hatte eigentlich mit den politischen Umständen, in denen wir lebten, ganz wenig zu tun.

Andererseits war die unbewusste Prägung möglicherweise wesentlicher – die Deutungen, die wir akzeptierten, ohne ihre tieferen Wurzeln zu erkennen. Dazu zählte auch die Vorstellung, dass es zu dem System, welches uns aufgezwungen worden war, keine Alternative gab, dass es halt für immer und ewig so bleiben würde. In meinem Verständnis der Geschichte akzeptierte ich spontan, als Selbstverständlichkeit, das Bedürfnis, die Geschichte in ihrem komplexen Charakter zu erkunden. Keiner brachte mir, so denke ich, expressis verbis bei, dass es nötig sei, die historischen Prozesse als Einheit wirtschaftlicher, sozialer, kultureller sowie politischer Veränderungen zu erforschen. Mir kam das aber logisch vor – und diese Meinung vertrete ich bis heute. Genauso spontan und als naturgegeben akzeptierte ich in diesem Kontext auch die Ansicht, dass die Menschen – die Arbeiter, Unternehmer, Erfinder, welche deswegen materielle Werte als Voraussetzung für die politische, militärische, aber auch kulturelle Aktivität schufen – einen integralen Bestandteil der Geschichte bildeten.

Ich schreibe „spontan" und damit will ich sagen, dass mir am Anfang nicht einmal bewusst war, dass es sich hier um ein marxistisches Konzept handelt. Ähnlich war das auch mit meiner Vorstellung, dass historische Erscheinungen, Einstellungen, Ereignisse verallgemeinerbar sind. All das lässt sich böswillig als „Indoktrination" bezeichnen. Allerdings bin ich nicht der Auffassung, dass ich mich für diese Meinungen schämen oder entschuldigen sollte, und ich denke nicht, dass es sich irgendwie negativ auf meine Forschungsergebnisse auswirkte. Eher im Gegenteil, es war möglicherweise eine der Vorrausetzungen für meinen späteren Erfolg im Ausland.

In einer Hinsicht bedaure ich jedoch sehr, der Indoktrination unterlegen zu haben. Ich machte mir wohl gleich zu Beginn des Studiums ohne größere Überlegung die Formationstheorie zu eigen – die These über eine gesetzmäßige Abfolge der Gesellschaftsformationen. Während ich diese Konzeption beim Übergang von der feudalen zur kapitalistischen Formation bis heute für belegbar halte (obwohl mit etwas anderer Terminologie), war die Ansicht, dass die kapitalistische Formation naturgemäß vom Sozialismus abgelöst würde, ein grober Irrtum. Diese Meinung akzeptierte ich – im Gegensatz zu ‚manchen meiner eifrigen Zeitgenossen' – freilich ohne Begeisterung, vielmehr mit Befürchtungen und Bedauern darüber, dass die alte Gesellschaft zwangsläufig zerrüttet und unsere alte Kultur durch die kommende kommunistische Barbarei zerstört werden würde. Der Niedergang der antiken Zivilisation (Edward Gibbons heute aufgefrischte Thesen kannte ich schon von Dozent Polišenský) erschien damals als ein überzeugendes Argument. Die These vom unabwendbaren Untergang der alten Gesellschaft hatte ich eigentlich unterbewusst schon in der letzten Klasse am Gymnasium vertreten, als ich für mich beschloss, bis zu jenem „unabwendbaren" Aufstieg der neuen Barbarei so viel wie möglich von der tschechischen Kulturtradition zu bewahren. Dabei spielte mit Sicherheit das eine Rolle, was ich, eher aus zweiter Hand, über Spengler und seine These vom unvermeidlichen „Untergang des Abendlandes" erfahren hatte (das Buch selbst bekam ich erst als Student an der Universität in die Hand). Ich weiß nicht, ob meine Überlegungen schon zu diesem Zeitpunkt die Kategorie „historische Notwendig-keit" einschlossen, aber später akzeptierte ich diese Ansicht irgendwie ohne größere Vorbehalte. Wenn ich bei mir ein wissenschaftliches Versagen identifizieren kann (im Sinne eines dauerhaft vertretenen essentiellen Irrtums), dann liegt es genau hier. Beim Lesen der heutzutage modernen Überlegungen zum „Kampf der Kulturen", sage ich mir allerdings: Wer weiß, möglicherweise war dieser Irrtum doch nicht so groß.

Mit zwei der vielen Veränderungen, die uns von dem neuen „barbarischen" Regime gebracht und aufgezwungen wurden, hatte ich dennoch kein Problem, da ich darauf bereits unterbewusst (also wieder „zwangsläufig") am Gymnasium vorbereitet wurde. Es ging vor allem um die skeptische Einstellung gegenüber der Demokratie, wie ich sie aus meiner Lektüre von Nietzsche und vielleicht auch von Šalda mitnahm. Was Wahrheit oder Schönheit ist, darüber lässt sich nicht abstim-men. Wie können Leute über grundsätzliche Fachfragen entscheiden, wenn ihnen die Qualifikation sowie die Bildung dazu fehlt, sie überhaupt zu verstehen? Eine Rolle spielte wohl auch die Verachtung gegenüber den Kleinbürgern, die aus meiner Erfahrung des Februar 1948 entsprang. Verdienten es diejenigen, welche Beneš im Stich gelassen hatten, überhaupt, über lebenswichtige Fragen zu entscheiden? Das korrespondierte ungefähr auch mit den Reminiszenzen meiner gymnasialen Lektü-re Nietzsches, insbesondere seiner Verachtung gegenüber dem „letzten Menschen" als einem Träger der Demokratie. Anscheinend war ich der Überzeugung, dass die Freiheit des Denkens und des Worts auch ohne Demokratie existieren kann.

Die zweite revolutionäre Veränderung, die mir nichts ausmachte, war die Ver-staatlichung der großen Vermögen. Das wurde bereits 1945 gesetzlich geregelt, wahrscheinlich als Teil des Programms der Partei meiner Eltern, der Sozialisten. Auch die britische Labour-Partei trat damals schließlich für die Verstaatlichung ein. Zudem gab es da den deutlichen Einfluss Balzacs und seiner großartigen Kritik an der Habgier der Neureichen und der kapitalistischen Profitbesessenheit. Und schließlich kam noch die Abneigung gegen die katholische Kirche hinzu, die sich bei mir wohl in der Zeit ausprägte, als ich die Schwestern Kühn besuchte. Obwohl sonst sehr konservativ, lehnten diese Damen als Mitglieder der Hussitischen Kirche die weltliche Macht und den Reichtum jeder christlichen Kirche ab, vor allem der katholischen.

Heute scheint mir, dass in jenen fünfziger Jahren ein großes Chaos in meinem Kopf geherrscht haben musste, aber damals war es für mich nichts anderes, als eine fortgesetzte Suche nach der Wahrheit, nach festen Anschauungen, von deren gymnasialen Anfängen im vorigen Kapitel die Rede war. Es gab Ereignisse, die mir a priori widerstrebten, wie politisch begründete Hinrichtungen, die Verfolgung von Andersdenkenden, Konzentrationslager für Ordensbrüder – und auf der anderen Seite der Zwang, die Ergebenheit für Partei und Regierung zu demonstrieren, die Feier der offensichtlichen Geschichtsfälschungen, die Teilung der Gesellschaft in Parteilose und Parteimitglieder. Die Enteignung von Handwerkern und Bauern fand ich sehr verstörend (auch meine nahen Verwandten waren ja betroffen), aber die Enteignung von Reichen, Bankiers, Fabrikanten war mir gleichgültig. Was mich an der stalinistischen Diktatur besonders störte, waren die politischen Prozesse und die Verfolgung von Unschuldigen sowie die ideologische Aufsicht in den Bereichen, die mir wichtiger waren – in der Kultur, in der schulischen Erziehung und im Denken. Und die dumme Propaganda auch.

In diesem Zusammenhang sollte vielleicht eine Tatsache erwähnt werden, die mir lange selbstverständlich vorkam. Weder damals noch irgendwann später schrieb ich etwas, was das kommunistische Regime oder die Partei und ihre Führer verherrlicht hätte. Weder ich noch jemand in meinem Umkreis wurde übrigens in den fünfziger Jahren dazu gezwungen, solche Texte zu verfassen. Ich war davon überzeugt, dass diejenigen meiner Altersgenossen, welche damals solche Texte publizierten, und es gab viele, es freiwillig und gern taten, aber ich unterstellte ihnen, dass sie nichts von dem, was sie selbst schrieben und feierten, auch glaubten. Es handelte sich also in meinen Augen um zynischen Karrierismus. Mein Verhältnis zu einigen von ihnen wurde dadurch leider für immer belastet.

Erst später lernte ich durch Erfahrung, dass sich manche unorthodoxen, das heißt von der offiziellen Ideologie abweichenden Wahrheiten und Schlussfolgerungen – insbesondere in der wissenschaftlichen Arbeit – ohne Risiko schreiben ließen, wenn man sie mit dem Zitat eines „Klassikers" garnierte. Eventuell konnte die deklamatorische Floskel hinzufügt werden, dass es sich um marxistisch-leninistische Anschauungen handelte, wie es damals obligatorisch hieß. Ich komme noch darauf zurück, wie ich dieses taktische Manöver seit 1960 einsetzte, als ich anfing, über große Themen nachzudenken, oder eher über Themen, die ich als große betrachtete, wie beispielsweise die Ungleichmäßigkeit der Entwicklung, das West-Ost-Verhältnis, den wechselseitigen Zusammenhang zwischen Wirtschaft und der Politik, die komparative Methode oder die Existenz kleiner Völker. Das waren Themen, die politisiert werden konnten, unabhängig von meinen Absichten.

Andererseits ließ das Bedürfnis nach, sehr vorsichtig zu sein. Es brach die Zeit an, als ich, wie so alle anderen, mit Erleichterung die Abschwächung der ideologischen Bevormundung beobachtete. Ich hatte den Eindruck, dass die Brutalität des zwangsläufig kommenden barbarischen Regimes allmählich verschwand, man also auch hier halbwegs leben konnte. Damals beschäftigte ich mich immer häufiger mit der Überlegung, dass die Idee selbst, den Kapitalismus durch den Sozialismus zu ersetzen, eigentlich edel sei, jedoch von machtgierigen Primitiven und verbrecherisch zynischen Demagogen missbraucht und deformiert wurde. Das war kein eindeutiger Meinungswechsel, den ich irgendwie dokumentiert hätte, weshalb ich das Gefühl habe, meine damaligen Zweifel nicht mehr wirklich rekonstruieren zu können. Zudem hatte ich in jener Zeit andere Prioritäten – die wissenschaftliche Arbeit war mir wichtiger als die Suche nach einer Weltanschauung.

2.2 Der angehende Assistent

Meine Absicht, Gymnasiallehrer zu werden, musste ich ernsthaft überdenken, als mich im Juni 1955 Professor Říha zu sich einlud und mir eine Halbtagsstelle als wissenschaftlicher Assistent am Lehrstuhl für Allgemeine Geschichte anbot. Er tat das auf Vorschlag meines Lehrers Polišenský, der jemanden suchte, welcher statt ihm die Bibliothek des Historischen Seminars betreuen könnte. Darüber hinaus benötigte er verständlicherweise Unterstützung bei seinen zahlreichen Aktivitäten – so etwas wie einen persönlichen Assistenten, obwohl es so eine Funktion im damaligen Lehrstuhlsystem formell nicht gab. Eigentlich hatten jedoch Professor Husa sowie Professor Říha schon früher „ihre" eigenen Assistenten. Die Professorin für Osteuropäische Geschichte, Paulová, der nicht einmal eine studentische Hilfskraft zugeteilt war, tat sich schwer damit, was sie, mit Sicherheit zu Recht, als politisch motivierte Schikane betrachtete. Ich war damals nicht der Einzige aus unserem Jahrgang, der Assistent wurde. Zum gleichen Zeitpunkt fingen am Lehrstuhl für Tschechoslowakische Geschichte drei Assistenten und ein weiterer Assistent für Historische Hilfswissenschaften an. Wir waren insgesamt drei Parteilose und zwei Parteimitglieder. Ich weiß nicht, ob mir damals bewusst war, dass das ein Anzeichen dafür war, dass die politische Liberalisierung in unserem Milieu bereits vor dem XX. Parteitag begann.

Assistent zu werden brachte das Recht und die Verpflichtung mit sich, an den Lehrstuhlsitzungen teilzunehmen, die ungefähr einmal im Monat stattfanden. An dieser Stelle ist zu erläutern, dass der Begriff „Lehrstuhl" im Tschechischen ursprünglich etwas Ähnliches wie im Deutschen bedeutete, doch verlieh ihm die neue revolutionsbedingte Organisation der Universitäten eine andere Bedeutung. Man könnte problemlos auch von „Instituten" sprechen. Die Lehrstühle stellten die Grundorganisationseinheiten im Rahmen der Fakultät dar und waren nach den Studiengängen konzipiert, für die sie zuständig waren. Theoretisch bildeten sie im Sinne des sozialistischen Idealismus eine Gruppe gleichberechtigter Mitglieder, welche ihre Entscheidungen im „Kollektiv" trafen; in Wirklichkeit entschied in Sach- und Personalfragen jedoch der vom Dekan ernannte Lehrstuhlleiter. Nun wurde ich also Mitglied dieses Kollektivs und das erste Jahr beobachtete ich nur mit Respekt, wie meine damaligen und eigentlich auch gegenwärtigen Lehrer über den Betrieb, die Unterrichtsorganisation und über Eingaben der Studenten verhandelten. Gewöhnlich redeten nur die Professoren und Dozenten miteinander, wir „Jungen" kamen üblicherweise nur dann zu Wort, wenn wir über die Erfüllung unserer Aufgaben berichteten. Allerdings ahnte ich damals, vielleicht nur nebelhaft, dass das entscheidende Wort in wichtigen Sachen eigentlich nicht einmal der Lehrstuhlleiter hatte, sondern die Parteigruppe der Lehrstuhlmitglieder, die, wie mir später klar wurde, alle wichtigen Beschlüsse vorab besprach, wobei sie sich oft den Anweisungen der übergeordneten Parteiorgane unterordnen musste.

Es ist bezeichnend, dass sich keiner der beiden Lehrstuhlleiter einen Assistenten für die Neueste Geschichte aussuchte. Genauso bezeichnend und von großer Bedeutung für die weitere Entwicklung des Studiengangs war, dass sie nicht zuließen, dass an ihren Lehrstühlen jemand aus den Reihen der politisch profilierten Studenten der Hochschule für Politik- und Wirtschaftswissenschaften – über die ich im letzten Kapitel schrieb – als Hilfskraft oder Assistent eingestellt wurde. Wie ich ein paar Jahre später erfuhr, erregte das angeblich Unmut bei den „höchsten Stellen", wahrscheinlich in der entsprechenden Abteilung des Zentralkomitees der Kommunistischen Partei. Ich vermutete, dass die Kritik von einigen der politisch profilierten, kadermäßig hervorragend ausgewiesenen Absolventen veranlasst wurde, welche beanspruchten, an der Fakultät zu bleiben.

Die begabteren von ihnen kamen übrigens nicht zu kurz. Für sie wurden 1955 an der Philosophischen Fakultät gleich zwei neue Lehrstühle eingerichtet – jeder mit etwa sechs Hochschullehrerstellen. Einer war für die Geschichte der Kommunistischen Partei zuständig, der andere für die Geschichte der UdSSR und der KPdSU. So etablierten sich an der Fakultät neben den beiden traditionellen noch zwei weitere mit Lehre in Geschichtswissenschaft betraute Lehrstühle; für die ideologische Aufsicht über die „akademischen" Wissenschaftler war also gesorgt. Einige Jahre später fanden diese neuen Kollegen die Namen ihrer Lehrstühle nicht mehr „salonfähig", schlossen sich deshalb zu einem „Lehrstuhl für Geschichte der internationalen Arbeiterbewegung" zusammen. Der Leiter dieses Lehrstuhls, zugleich Mitglied des Zentralkomitees der Partei, Jaroslav Kladiva wurde Dekan der Fakultät; die führende Rolle der Partei wurde dadurch deutlich demonstriert. Er sollte auch eine bestimmte Rolle während des Prager Frühlings spielen.

Der Einstieg als Assistent, obwohl nur in Teilzeit, stellte mich vor eine wichtige Entscheidung. Sollte ich auf meinen Vorsatz aus der Jugend verzichten, in Zeiten der neuen Barbarei für Aufklärung und für die Kontinuität der Kulturtradition unter jungen Menschen einzustehen, was mich an die Fakultät geführt hatte? Bald rechtfertigte ich für mich die Vorzüge einer solchen neuen Lebensperspektive: Zwar würde ich nicht direkt am Gymnasium unterrichten, mich aber an der Vorbereitung künftiger Lehrer, an ihrer Ausbildung und der Gestaltung ihres Verhältnisses zu den nationalen Kulturtraditionen beteiligen können. In diesem Sinne antwortete ich auch meinem Vater, der misstrauisch fragte, was so ein Assistent eigentlich täte.

Im Rückblick betrachte ich diese Entscheidung auch als Konsequenz aus meiner damaligen Studienerfahrung mit dem Dozenten Polišenský: Mich beeindruckte, wie er die Kontinuität sowie den Kontakt zu der Vorkriegstradition zu bewahren vermochte und wie viele Informationen aus der Welt der westlichen Wissenschaft und wie viele unorthodoxe Gedanken er uns unauffällig vermittelte, selbst unter den Umständen des stalinistischen Regimes. Diese Überlegungen entsprachen eher einem naiven Wunsch und Traum als der Realität. Meine Teilzeitstelle als Assistent beinhaltete nämlich keinen Unterricht, sondern die Aufgaben eines Bibliothekars.

Die Bibliothek des Historischen Seminars

Der traditionelle Terminus „Historisches Seminar" bezeichnete seit der Vorkriegszeit nicht nur die Unterrichtsform, sondern auch eine Institution, welche die Studenten bei ihrer wissenschaftlichen Arbeit unterstützen sollte, mit der sie sich aktuell in den Seminaren beschäftigten. Diese Institution bestand aus einem Studienraum und einer Bibliothek. Die Leitung der Bibliothek bedeutete für mich keine neue Aufgabe – als studentische Hilfskraft hatte ich schon seit dem zweiten Studienjahr mit Begeisterung in der Bibliothek gearbeitet, und zwar nicht nur bei der Aufnahme neuer Bücher, sondern auch bei ihrer Bestellung. Die Bücher zu bestellen war eigentlich nicht besonders kompliziert: Ich verfolgte die Neuerscheinungen in der DDR, der UdSSR und später auch in Polen. Es wurden grundsätzlich alle neu erschienenen tschechischen historischen Werke gekauft. Die Bücher waren billig und es gab damals nicht viele – im Unterschied zu der ständig wachsenden polnischen Produktion.

Für die Bibliothek des damaligen Historischen Seminars, welche bis zu 50.000 Bände umfasste, war kein Bibliothekar zuständig. Die einzige Vollzeitkraft war Herr Venzara, ein eigenartiger Charakter, starker Raucher, mit geringer Bildung, der all die Jahre mit nicht allzu großem Engagement die Bestände der Bibliothek des Historischen Seminars an der ehemaligen deutschen Prager Universität katalogisiert hatte. Als relativ gut erhaltene Einheit wurde diese nach Kriegsende von der Fakultät übernommen und in einem der Winkel des weitläufigen barocken Kinský-Palais am Altstädterring untergebracht. Es handelte sich um eine sehr umfangreiche Bibliothek, verständlicherweise vor allem in Bezug auf die deutsche Geschichte. Dort gab es auch zwei Regale alter Drucke, wo ich zum Beispiel das für mich wichtige *Theatrum Europaeum* fand. Teil der Bibliothek im Kinský-Palais war auch die Sammlung, die als Nachlass von Professor Pekař an das Historische Seminar übergegangen war. Als Dozent Kutnar im Jahr 1953 an die Fakultät kam, bekam auch er ein Büro im Kinský-Palais. Das fasste ich als stillschweigende Distanzierung der beiden bedeutenden Wissenschaftler von den politisch installierten Professoren auf, welche ihre Büros im Hauptgebäude hatten.

Die Bücherregale verloren Ende der fünfziger Jahre etwas an ihrer akademischen Würde, als Freunde des neu angestellten Assistenten für Neueste Geschichte den größten Raum zu einer Tischtennishalle machten. Sie konnten sich das erlauben: Sie gehörten zu den führenden Mitgliedern der Parteiorganisation. Allerdings muss man gerechterweise zugeben, dass sie die Tür ihrer „Spielhalle" auch für uns, die Parteilosen, offenhielten. In dem Raum befanden sich die bewussten alten Drucke und mir kam es unwürdig vor, dass sie dem Tischtennisrummel ausgesetzt waren. Daher schlug ich vor, sie in den repräsentativen Raum des Dekans im Hauptgebäude zu überführen, wo die Bücherregale teilweise leer standen. Der Umzug erfolgte unerwartet problemlos. Damals ahnte ich nicht, dass ich die mehreren Dutzend alter Drucke möglicherweise vor der späteren Auslagerung bewahrte, welche auf die gesamte Bibliothek des ehemaligen deutschen Historischen Seminars sowie die Pekař-Bibliothek zukommen sollte. Die Philosophische Fakultät musste nämlich in den siebziger Jahren alle an sie vermieteten Räumlichkeiten des Kinský Palais, welches der Nationalgalerie gehörte, räumen.

Erst in den Sechzigern fand ich heraus, dass noch ein Raum im Erdgeschoss Teil der Bibliothek war, welcher die ganze Zeit über verschlossen blieb und zu dem anscheinend nur Polišenský Zugang hatte. Dort war die Bibliothek von Professor Otokar Odložilík untergebracht, der 1945 aus der Emigration in Großbritannien zurückgekehrt war, um kurz danach, nach dem „Siegesfebruar", wieder zu emigrieren, diesmal ohne seine Bibliothek. Den wichtigsten Bestand bildeten die Druckschriften, die er sowie andere tschechische Emigranten in Großbritannien herausgegeben und die er bei seiner Rückkehr nach dem Krieg mitgebracht hatte. All das landete in den siebziger Jahren in irgendeinem Depot in der Nähe der Stadt Příbram.

Ich war jedoch zuständig für die Bibliothek des Seminars der tschechischen Karlsuniversität, die sich seit den dreißiger Jahren mit ihrem ursprünglichen Mobiliar im Hauptgebäude befand. Es war notwendig, sich nicht nur um den Bücherbestand zu kümmern, sondern auch um den Betrieb des gut besuchten Studienraums. Das machte mir Spaß. Zur Hand ging mir eine Gruppe von studentischen Hilfskräften, die ich mir meistens aus den Reihen fachbegeisterter, intelligenter und fleißiger Studentinnen und Studenten aussuchen konnte. Wir bildeten ein gutes, eingespieltes Team, allerdings mit bestimmten kreativ-chaotischen Merkmalen. Ich war nicht in der Lage (und nicht einmal dazu berechtigt), eine strenge Taschenkontrolle beim Verlassen des Studienraums einzuführen. Zugang zum Magazin hatten ohne Kontrolle nicht nur alle Lehrenden, sondern auch die studentischen Hilfskräfte. Den Effekt kann man sich leicht ausmalen: Etliche Bücher verschwanden für immer.

Die „nicht restituierten Ausleihen" waren jedoch nur eine der Ursachen dafür, dass die Bibliotheksbestände schrumpften. Die zweite Ursache war die staatlich angeordnete Ausmusterung politisch „schädlicher" Bücher. Von der ersten Welle erfuhr ich nur durch Hörensagen; weitere Listen erschienen zu der Zeit, als ich schon in der Bibliothek tätig war, wahrscheinlich im Jahr 1954. Einen Teil der Bücher, vor allem die Schriften von Masaryk, Beneš und Peroutka, gelang es mir dadurch zu retten, dass ich vorab die entsprechenden Karteikarten aus dem Katalog entfernte. Dadurch war es dann möglich, anzugeben, dass es die Titel auf der Liste „schädlicher" Bücher in der Bibliothek einfach nicht gab. Bei meinem Versuch, sie nach mehreren Jahren wieder in den Katalog einzuordnen, stellte ich fest, dass die meisten jener Bücher, welche ich vor der Vernichtung „rettete", inzwischen von jemandem „ausgeliehen" worden waren. Die Entnahme der Karteikarten aus dem Katalog konnte die Bücher vor der Ausmusterung retten, jedoch nicht vor der Entwendung. Die späteren Säuberungsaktionen in den Bibliotheken waren zumindest in dem Sinne rationaler, dass „politisch schädliche" Bücher nicht einfach vernichtet wurden, sondern in gesonderten Schränken unter Verschluss genommen werden sollten. Allerdings gab es keine Kontrolle, also wurden, soweit ich mich erinnere, auch keine solchen Schränke aufgestellt. Der Plan ihrer Aufstellung lebte nach 1970 wieder auf, und diesmal ernsthaft.

Das letzte Studienjahr, 1955/56, widmete ich zum Teil der Arbeit in der Bibliothek und daneben meiner Diplomarbeit. Mein Tag verlief nach einem festliegenden Rhythmus. Bis zum Mittag saß ich im Forschungsraum des Staatsarchivs. Den Nachmittag verbrachte ich dann mit der Bibliotheksarbeit an der Fakultät. Abends und an den Wochenenden saß ich über der Fachliteratur, bei deren Außer-Haus-Ausleihe die damaligen Bibliotheken viel großzügiger waren als heute. Im Sommersemester, meinem letzten, war ich schon mit der Quellenrecherche fertig, so konnte ich vormittags, anstatt im Archiv zu arbeiten, zu Hause an meiner Diplomarbeit schreiben und dann abends weitermachen. Es war ein harter Tagesplan, ich war jedoch hoch motiviert. Ich vermutete, jung und naiv, dass ich zumindest nachträglich beweisen müsse, dass ich es verdient hatte, Universitätslehrer zu werden, ohne dazu den Parteiausweis oder andere politisch bedingte Vorteile zu nutzen, wie es damals üblich war. Wem beweisen? Wohl mir selbst, um ein gutes Gewissen zu haben, dass ich nicht jemandem Fähigeren den Platz wegnahm, der nicht so viel Glück hatte und aus politischen Gründen nicht die gleichen Chancen wie ich.

Der Abschluss des Studiums

Ich habe das Studium mit „summa cum laude" abgeschlossen. Die Diplomarbeit wurde von Dozent František Roubík begutachtet, einem qualifizierten Gutachter, Kenner des Archivs des ersten Generalats Wallensteins. Nach seinem Urteil übertraf meine Arbeit die Ansprüche, die an solche Arbeiten gestellt wurden, bei weitem. Anschließend schlug Dozent Polišenský vor, dass ich meine Ergebnisse in einem Artikel für *Sborník historický* (Historisches Jahrbuch) publizieren könnte, dem damals einzigen Periodikum, das der älteren Geschichte gewidmet war. Die ersten

Jahrgänge wurden von Professor Vaclav Vojtíšek herausgegeben, einem Mediävisten und Historiker der alten Schule der Ersten Republik, der an der Fakultät die Abteilung für Historische Hilfswissenschaften leitete. Inhaltlich fand er den Artikel gut, stilistisch korrigierte er jedoch den Text nach den Vorstellungen seiner Generation von korrekter akademischer tschechischer Sprache. Ich hatte den Eindruck, dass das für ihn eine einzigartige Gelegenheit bot, sich demonstrativ als Verfechter der Tradition zu positionieren, ohne jedoch politische Diskriminierung zu riskieren. Die Chance, weitere Teile der Diplomarbeit zu veröffentlichen, war gleich Null. Erstens war es fast unmöglich, größere Studien zur vormodernen Geschichte zu publizieren. Zweitens zählte damals Wallenstein nicht gerade zu den fortschrittlichen Helden der Nationalgeschichte. Dieser Artikel blieb also das einzige bei uns veröffentlichte Ergebnis meiner fleißigen ganzjährigen Forschungsarbeit. Mir kam das als unzureichend vor und genauso sehe ich das eigentlich bis heute. Die Tatsache, dass ich später noch weitere Ergebnisse in der DDR publizierte, ändert nichts daran.

Nach dem Staatsexamen und dem Studienabschluss kam der Zeitpunkt, wo ich als Assistent von Teilzeit zu Vollzeit wechseln sollte. Die anderen Teilzeitassistenten, soweit Parteimitglieder, wurden sofort ernannt, ich musste einige Zeit warten, was mir aber irgendwie logisch vorkam. Ich spürte sogar einen gewissen Stolz, nicht automatisch aufgenommen zu werden, das heißt keine politische Bevorzugung zu erfahren. Zudem sorgte bei mir die kurze Zeit der Unsicherheit nicht für Existenzängste, da ich mich immer noch nicht ganz von der Absicht verabschiedet hatte, am Gymnasium zu unterrichten. Aus diesem Grund lehnte ich das Angebot ohne Zögern ab, als Mitarbeiter bzw. Doktorand am Historischen Institut der Akademie der Wissenschaften beschäftigt zu werden. Schließlich ging alles nach wenigen Monaten gut aus; ich und Dušan Třeštík, ein weiterer Parteiloser und später führender tschechischer Mediävist, bekamen volle Assistentenstellen mit einem monatlichen Gehalt von 980 Kč. Im Abstand mehrerer Jahrzehnte erscheint mir das als ein glücklicher Zufall, weil, wie später klar wurde, nur im Jahr 1956 – und schon wieder der XX. Parteitag! – Parteilose als Universitätslehrer in den sozialwissenschaftlichen Fächern an der Fakultät eingestellt werden konnten. Während der folgenden zehn Jahre wurde an den Lehrstühlen für Geschichte kein Parteiloser mehr als Assistent oder Doktorand angenommen. Und nach der kurzen Liberalisierung am Ende der sechziger Jahre blieb auch während der siebziger und achtziger Jahre die Tür für Parteilose verschlossen.

Assistent in Vollzeit zu werden, bedeutete für mich eine Veränderung nur darin, dass ich mehr Zeit mit organisatorischen Dingen zu verbringen hatte. Fast jeden Nachmittag verbrachte ich in der Bibliothek und im Studienraum des historischen Seminars und arbeitete zudem weiter für meinen Lehrer, Dozent Polišenský, der 1957 zum Professor ernannt wurde. Übrigens war seine Ernennung zum Professor in diesem Jahr nicht die einzige ohne wesentlichen politischen Bonus, aber vor 1956 wäre das undenkbar gewesen und danach, glaube ich, genauso. Mit Genugtuung betrachteten wir Jungen das als Anerkennung seiner wissenschaftlichen Arbeit, und zwar nicht nur bei uns, sondern auch im Ausland, sowohl in den sogenannten volksdemokratischen als auch in den westlichen Ländern. Einer seiner Studenten, Bedřich Loewenstein, zu dieser Zeit bereits Redakteur der Zeitschrift *Dějepis ve škole* (Geschichte in der Schule), veröffentlichte dazu einen ehrlichen Glückwunsch. Internationales Renommee bringt auch umfassende internationale Beziehungen mit sich. Obwohl sich diese Kontakte, nun schon von Professor Polišenský, überwiegend auf die volksdemokratischen Länder bezogen, bedeutete das für mich als Assistent zahlreiche Aufgaben.

Die Austauschexkursion nach Polen

Im Herbst 1956 knüpften die Historiker aus Wroclaw (Breslau) Kontakt mit den Prager Kollegen. Insbesondere war es die Professorin Ewa Maleczyńska, eine Mediävistin, die während ihres kurzen Vortragsaufenthalts bei uns mit Professor Polišenský den Plan entwickelte, im Sommer 1957 einen Austausch von Geschichtsdozenten und -studenten zu veranstalten. Ich wurde wieder mit der Planung beauftragt, da ich als Organisator der Reise nach Ungarn vor einem Jahr als kompetent galt. Das bedeutete wieder eine Menge Büroarbeit – Fragebögen für Ausreiseanträge ausfüllen, ewig nach Fahr- und Platzkarten anstehen – aber ich machte das mit Begeisterung und einer Art Verbissenheit des Wegbereiters, welcher die Grenzen der Isolation durchbricht. Bis zu einem gewissen Maß wurde mein Zeitaufwand dadurch kompensiert, dass ich die Teilnehmerliste mitgestalten und so diejenigen Kollegen eintragen konnte, welche mir nahestanden und bei denen keine Gefahr bestand, von ihnen politisch denunziert zu werden.

Ähnlich wie der vorige Studentenaustausch mit Budapest zahlte sich die Exkursion nach Polen nicht nur als Erkundungsreise aus, wie ursprünglich geplant, sondern auch als Erweiterung unseres politischen Horizonts und unserer Bildung. In Polen war noch der Nachhall der Erschütterungen und Diskussionen der letzten beiden Jahre zu spüren und trotz der sich verschärfenden ideologischen Kontrolle verfügte die Presse über einen viel größeren Spielraum als bei uns, auch der Lebensstil und der Umgang mit Kollegen war gelassener, freier. Das beeindruckte uns, andererseits registrierten wir gleichzeitig mit Selbstbewusstsein und Mitgefühl die dortige Armut, oder besser gesagt den wesentlich niedrigeren Lebensstandard.

Zum ersten Mal in Polen zu sein, bedeutete für uns etwas ganz Außergewöhnliches, genauso wie für die Polen, die sich auf die Reise nach Prag machten. Mit größter Selbstverständlichkeit bemühte sich deswegen jeder, möglichst viel Zeit mit den Gästen zu verbringen. So lernten sich die Leute am besten kennen, so entstanden dauerhafte Freundschaften. Und wir hatten ein Interesse, uns kennenzulernen und Freundschaften zu schließen. Unsere Gruppe stellte vielleicht den allerersten ausländischen Besuch an der Universität dar. Es war verständlich, dass uns polnische Studenten und junge Kollegen den Wiederaufbau der polnischen Städte zeigen wollten und dabei logischerweise Themen aus der Geschichte sowie der Gegenwart zur Sprache kamen. Erstaunlicherweise hatte ich nicht das Gefühl, bei politischen Diskussionen und bei der Äußerung politischer Ansichten vorsichtig sein zu müssen. Den eleganten polnisch intellektuell-ironischen Abstand zur Diktatur fand ich ansprechender als die ungarische Rebellion.

Im Gegensatz zu den Diskussionen in Ungarn konnten wir uns mit unseren polnischen Kollegen relativ einfach verständigen und schon damals fiel uns auf, dass wir sie besser verstehen als sie uns. Daher schlichen sich immer mehr polnische Wörter in unser Tschechisch ein. Die angeborene tschechische Aufgeschlossenheit gegenüber Ausländern? Es wurden uns das zerstörte Warschau und die fast komplett fertig wiederaufgebaute Altstadt gezeigt, wir spürten Verlegenheit bei der Konfrontation mit dem Warschauer Aufstand, von dem wir eigentlich bis dahin nur nebulöse Vorstellungen gehabt hatten. Mit Bewunderung beobachteten wir die ersten Anläufe zum Wiederaufbau des völlig zerstörten Wroclaw, konnten dabei jedoch nicht die vehement vertretene These von der „ewigen Zugehörigkeit" von Schlesien und der Grafschaft Klodzk (Glatz) zu Polen übersehen, was wir auch ironisch kommentierten. Aus unmittelbaren persönlichen Zeugnissen erfuhren wir über die Umsiedlung von Polen aus dem Lemberger Gebiet: Die Universität in Wroclaw bekannte sich sogar inoffiziell zur Nachfolge der Universität Lemberg/ Lwów/Lviv. Meine erste Reise nach Polen bereicherte mich um Grundkenntnisse im Polnischen, auch um Respekt und vielleicht sogar Bewunderung für dieses Brudervolk mit einer heroischen Tradition. Darüber hinaus – und vielleicht vor allem – knüpfte ich dauerhafte Freundschaften mit ein paar polnischen Kollegen.

DDR-Erkundung als Inspiration und Warnung

Die kurz danach organisierte Austauschexkursion, welche wieder von Professor Polišenský vermittelt und geleitet wurde, war vom Charakter her ganz anders. Diesmal ging es um einen Austausch der Assistenten. Als tschechischer Vorsitzender der neu gegründeten „Kommission der Historiker der Tschechoslowakischen Sozialistischen Republik und der Deutschen Demokratischen Republik" gab Polišenský den Anstoß dazu, dass etwa acht Prager Assistenten eine Gruppe von Assistenten der Humboldtuniversität bei einem kurzen Austauschaufenthalt kennenlernten. Die beiden Gruppen hatten zwar ein gemeinsames Programm, aber jeder wurde bei seinem Partner aus dem anderen Land untergebracht.

Die Voraussetzung für unsere Teilnahme an dem Austausch waren Deutschkenntnisse. Deswegen hatten wir von Anfang an keine Verständigungsprobleme und begriffen schnell, mit wie andersartigen Austauschpartnern wir es diesmal zu tun hatten, im Vergleich zu den Magyaren und den Polen. Bis auf wohl zwei Ausnahmen handelte es sich um sehr militante SED-Mitglieder, denen es wichtig war, andere ständig politisch zu belehren und ihre Ergebenheit zum Sozialismus und ihre politische „Reife" zu demonstrieren. Das betraf natürlich auch ihre Zuneigung zur Sowjetunion, zu unserem Volk sowie zu uns (was uns irgendwie antrainiert und unnatürlich vorkam). Obwohl sich auch diesmal manche Teilnehmer näherkamen, war das bei Weitem nicht so unmittelbar und aufrichtig wie in Polen. Zumindest ich hatte das Gefühl, ständig auf der Hut sein zu müssen und auf meine Worte zu achten.

Der ganze Austausch verlief wie eine Art halboffizielle Delegation, aber jeder unserer Wünsche wurde erfüllt – zum Beispiel der Besuch von Potsdam, wohin der Weg damals mit der S-Bahn über das Gebiet Westberlins führte. Gespräche über politische Themen wurden spontan vermieden. Ich hatte Glück. Mein Austauschpartner, Pitt Stulz, war ein gut positionierter Dozent und seine Frau, Slawistin, sehnte sich nach Prag. Ich träumte wiederum, immer noch beeindruckt von Walleinsteins Politik an der Ostsee, von der Arbeit im Archiv der Hansestadt Lübeck, das sich leider an einem ungünstigen Ort befand. Durch die kriegsbedingten Umlagerungen war es in das Staatsarchiv in Potsdam gelangt und blieb dort auch nach der Gründung der DDR, von seiner Heimatstadt durch den Eisernen Vorhang getrennt. Damit bot sich eine einzigartige Gelegenheit, die ich mittels eines Austauschs mit Christiana Stulz nutzen wollte. Obwohl wahrscheinlich Tochter eines Minister, musste (oder wollte) sie die Regeln respektieren, die für einfache Bürger galten.

Wir vereinbarten also einen ganz privaten Austausch und ich konnte im Frühling 1958 wiederkommen, diesmal als Forscher und natürlich auf eigene Kosten. Ich konnte bei der Familie Stulz kostenlos übernachten, in dem relativ gut erhaltenen Stadtteil Karlshorst, und pendelte von dort durch ganz Berlin nach Potsdam. Ich amüsierte mich leise dabei, wie meine Gastgeber tagtäglich befürchteten, dass ich doch auf dem Weg nach Potsdam an einer der Haltestellen in Westberlin aussteigen würde. Von ihnen erfuhr ich übrigens, dass sie als SED-Mitglieder nicht mit diesen Zügen über Westberlin fahren durften, nicht mal ohne Aussteigen. Mir fiel natürlich gleich ein, dass das wohl keiner Kontrolle unterliegen konnte, ich fand aber schnell heraus, dass solche Ideen mit dem deutschen Charakter nicht vereinbar waren. Ich wollte weder mir noch meinen Gastgebern Probleme bereiten und konnte der Versuchung widerstehen, irgendwo heimlich auszusteigen.

Die DDR-Mark war nur in begrenzten Beträgen zu bekommen. Trotzdem gelang es mir, ein paar Mark zu sparen, um für einige Tage nach Rostock zu fahren und im dortigen Stadtarchiv zu arbeiten. Dort fand ich Quellen, die das Verhältnis des Stadtrats zu Wallenstein, der zwei Jahre die Hoheit über die Stadt ausübte, von einer anderen Seite beleuchteten. Für mich bedeutete das aber auch die Gelegenheit, die norddeutschen Landschaften kennenzulernen, also reiste ich mit Personenzügen nach Rostock. Das war ein bemerkenswertes Erlebnis, das sechs oder mehr Stunden in Anspruch nahm. Leute stiegen ein und aus, genauso wie bei uns. Aber sie sprachen nicht miteinander und falls doch, dann nur flüsternd. Ich dachte, dass sie wohl Angst vor mir hätten, es war nämlich durchaus zu erkennen, dass ich auf der Holzbank im Abteil irgendwie fremd wirkte. Aber dann bemerkte ich, dass auch in den anderen Abteilen nur geflüstert wurde. Die Konversation ging dann auf dem Bahnsteig ebenfalls leise weiter. Anscheinend waren sie schon in der Nazi-Zeit daran gewöhnt gewesen, ständig auf der Hut zu sein, und behielten dieses Verhalten auch unter der SED-Herrschaft bei.

Über die Rostocker Archivarin, Frau Dr. von Thierfelder, war mir bereits vorher erzählt worden, dass sie „ein degenerierter Spross des Rostocker geadelten Patriziats" war. Sie empfing mich durchaus freundlich, jedoch sehr distanziert. Diese Distanziertheit äußerte sie auch ganz offen in Bezug auf das Regime. Von unseren wenigen Begegnungen blieb mir Teil eines Gesprächs über die Löhne bei uns und in der DDR als bemerkenswert in Erinnerung. Als ich erwähnte, dass die Universitätslehrer in der DDR im Vergleich zu uns ein doppelt so hohes Gehalt bezogen, erwiderte sie ganz trocken und mit gewissem Stolz in der Stimme, „die Deutschen wussten es immer, ihre Intelligenz zu schätzen (oder vielleicht gut zu belohnen)". In dieser Hinsicht pflegte das DDR-Regime also in ihren Augen die Tradition deutscher Eliten. Später bekam ich mit, dass sie etwa ein Jahr nach meinem Besuch in die BRD emigriert war.

In Rostock nutzte ich auch die Gelegenheit, Johann Nichtweis zu treffen – den neu berufenen Geschichteprofessor und Vorkriegskommunisten, der einige Jahre zuvor aus sowjetischer Kriegsgefangenschaft zurückgekehrt war. Er blamierte sich vor den Historikern mit seinem ersten Buch, in dem er versuchte, die These zu belegen, dass die ursprüngliche Akkumulation des Kapitals in Mecklenburg bereits im 16. Jahrhundert begonnen hatte, weil dort damals ein massives Bauernlegen stattfand, (scheinbar) analog zu England in jener Zeit. Diesen Anfängerirrtum erwähnte er entschuldigend gleich am Anfang unseres Gesprächs. Es handelte sich im Gegensatz zu den Berliner Historikern, welche ich kennenlernte, um einen bescheidenen, nachdenklich formulierenden Mann, der aus der UdSSR zu seiner Frau und Tochter zurückkam, die aber aktive Mitglieder der Rostocker evangelischen Gemeinde waren. Die Partei setzte ihn ohne Erfolg unter Druck, seine Familie zu verlassen. Einige Jahre später erfuhr ich, dass er diesen Druck nicht mehr hatte ertragen können und sich durch einen Sprung aus dem Fenster des Universitätsgebäudes das Leben nahm.

Es war ein Zufall, dass kurz nach diesem DDR-Aufenthalt eine internationale Wissenschaftskonferenz gerade in Rostock stattfand, an der ich teilnehmen durfte und die vom Hansischer Geschichtsverein organisiert wurde. Das war eine der wenigen und später angeblich die einzige Wissenschaftsinstitution, die bis zum Mauerbau ihren „gesamtdeutschen" Charakter behielt, ihre Mitglieder und ihre Basis also in der BRD sowie in der DDR hatte. Es war ein apolitischer Verein, der sich überwiegend mit der älteren Geschichte der Hansestädte und ihres wirtschaftlichen Hinterlands befasste, das heißt insbesondere mit der Geschichte der Länder an der Ost- und Nordsee.

Jedes Jahr veranstaltete der Verein an Pfingsten eine wissenschaftliche Konferenz. Die deutsch-deutsche Konferenz von 1958 fand in der DDR – in Rostock – statt und war dem 17. Jahrhundert gewidmet. Dank der Tatsache, dass es schon eine tschechisch-deutsche Historikerkommission gab, machte Professor Polišenský seine deutschen Kollegen darauf aufmerksam, dass sich einer seiner Diplomanten mit der Politik Wallensteins an der Ostsee beschäftigte. Vielleicht wurde ich von ihm direkt empfohlen, vielleicht fand auch eines der Kommissionsmitglieder diese Information dermaßen interessant, dass ich eine Einladung erhielt. Heutzutage stellt so etwas wie ein Referat auf einer ausländischen Konferenz nichts Außergewöhnliches dar, doch in jener Zeit schien mir, dass ich möglicherweise der erste tschechische Historiker war, der zu einer ähnlichen internationalen Konferenz eingeladen wurde.

Für mich bedeutete das einerseits eine Genugtuung, andererseits verständlicherweise auch eine große Anspannung; den deutschen Text ließ ich korrigieren, damit er stilistisch nicht zu plump wirkte. Schließlich waren aber meine Befürchtungen ganz unbegründet. Das Referat kam sehr gut an oder fand zumindest in der Diskussion positiven Anklang. In der Pause sprach mich einer der Teilnehmer, der Hamburger Historiker Weczerka, an. Er erzählte, dass er der Nachkomme eines tschechischen Beamten sei, der in der österreichischen Bukowina tätig gewesen war. Gleichzeitig schätzte er die Weise, wie „objektiv" ich mein Referat gestaltete, im Gegensatz zu Professor Josef Macek, der „bei uns" in Hamburg einen Vortrag gehalten habe. Was sollte ich denn sagen? Lieber fragte ich nicht, was dieser prominente Institutsdirektor den Hamburgern erzählt hatte. Professor Ahasver von Brandt, der Vereinsvorsitzende, verlieh mir sogar eine Art Ehrenmitgliedschaft, was bedeutete, dass ich fortan mehr als vierzig Jahre lang kostenlos ihre wissenschaftlichen Jahrbücher bekam, ohne Mitgliedsbeiträge bezahlen zu müssen.

Noch wichtiger war aber die Tatsache, dass ich in den folgenden Jahren dank einiger großzügiger Kollegen von der Humboldtuniversität in Berlin beinahe regelmäßig an den Konferenzen teilnehmen konnte, welche von der inzwischen errichteten Zweigstelle des Hansischen Geschichtsvereins auf dem Gebiet der DDR organisiert wurden. Mit einigen dieser Kollegen, vor allem mit Günther Vogler, Klaus Vetter, Helga Schultz und Evamaria Engel, habe ich dann dauerhafte freundschaftliche Kontakte gepflegt. Es lohnte sich hinzufahren, obwohl auf eigene Kosten, da unter den Teilnehmern nicht nur renommierte Historiker aus der DDR waren, sondern auch Gruppen junger (west)deutscher, niederländischer, polnischer Historiker und, von Zeit zu Zeit, sogar einer aus Skandinavien, Moskau und Tartu (Estland). Alle interessierten sich sowohl für den europäischen Handel und die

Ostsee als auch für die Kultur der Hansestädte, natürlich nicht nur in der Frühen Neuzeit.

Die polnischen Historiker standen mir besonders nahe – aufgrund ihres Alters, ihrer Ansichten sowie ihrer Lebenssituation. Damals ahnte ich nicht, dass die Assistenten, mit denen ich mich gerade anfreundete, die kommende Forschergeneration stellen und in den nächsten zehn, zwanzig Jahren zu anerkannten Spitzenvertretern nicht nur der polnischen, sondern auch der europäischen Historiographie werden sollten. Die Schüler des damals europaweit berühmten Professors Marian Małowist – Henryk Samsonowicz, Antoni Mączak, Benedykt Zientara, Maria Bogucka – luden mich freundlich zu sich ein und ich konnte dank ihnen eine Vorstellung davon bekommen, wie die historische Wissenschaft in der großen (das heißt westlichen) Welt aussah. Schon damals verfügten nämlich die polnischen Kollegen über einen wesentlich besseren Zugang zur ausländischen Literatur und persönliche Kontakte in Westeuropa. Sie konnten im Gegensatz zu uns Stipendien von westeuropäischen Institutionen wahrnehmen und so häufig vor allem nach Frankreich reisen.

Anfangs der sechziger Jahre waren wir allerdings alle arme Verwandte, für die auch die DDR-Mark nur eingeschränkt erschwinglich war. So aßen wir unsere Semmeln mit billiger Salami und hielten Flaschenbier in der Hand, irgendwo auf einer Mauer oder einer Bank im Park. Wir konnten es uns nicht leisten, uns zu Gesprächen in Restaurants zu setzen, und fühlten uns gleichzeitig bei der Unterhaltung mit den DDR-Historikern nicht besonders frei, bei der trotz offiziellen Herzlichkeit immer eine Art angespannter Stimmung herrschte. Mit den polnischen Kollegen teilten wir den politischen Skeptizismus und erzählten uns gegenseitig hemmungslos politische Witze. Manchmal machte ich bei ihrem regelmäßigen Programm mit, das zum Ritual wurde – nämlich während des Konferenzaufenthalts einen neuen Aufbaufilm lokaler Produktion anzuschauen.

Die Kommission der Historiker der ČSSR und der DDR

Die Historiker aus der DDR traf ich oft auch bei uns und verbrachte mit ihnen viele Stunden und Tage. Das geschah gewöhnlich nicht auf meine eigene Initiative, ich wurde einfach beauftragt, sie zu begleiten, wenn sie in die Tschechoslowakei zu Vorträgen oder Forschungsaufenthalten kamen. Zudem war ich regelmäßig an den Aktivitäten der Kommission der Historiker der ČSSR und der DDR beteiligt, als Assistent von Professor Polišenský, ihrem tschechischen Vorsitzenden. Der deutsche Kommissionsvorsitzende war Professor Karl Obermann, ein stiller und fleißiger Historiker, der nicht zu jenen typischen orthodoxen DDR-Bürgern zählte. Sein seriöses Buch über „den vierten Stand in der Revolution 1848" wurde von Bedřich Loewenstein und mir bereits 1955 übersetzt (allerdings unter dem Namen Josef Polišenský). Für mich bedeutete das damals den ersten größeren Verdienst und ich konnte mir deswegen eine neuwertige Schreibmaschine der Marke Erika (Produktionsjahr 1942) anschaffen, die mich dann mehr als zwei Jahrzehnte treu begleitete. Ich kann jetzt gar nicht glauben, dass sie 2000 Kč kostete – also den doppelten Monatslohn eines Assistenten. Aber vielleicht täuscht mich mein Gedächtnis.

In den ersten zwei Jahren ihrer Existenz beschäftigte sich die Kommission unter der Leitung dieser beiden Vorsitzenden mit pragmatischen Angelegenheiten. Das war zum Beispiel die Förderung des Austauschs, ein Abkommen über die Zusammenarbeit der Archive, Arbeitserleichterungen für die Forschenden in diesen Archiven; es wurden Besuche von Gastprofessoren und die Herausgabe gemeinsamer Jahrbücher organisiert. Auf der Konferenz von 1959 drang dann aber doch die Politik in die Kommissionsarbeit ein – als einer der deutschen Kollegen vorschlug, dass sich die Kommissionsmitglieder gegenseitig darüber informieren sollten, welche Positionen die Historiker aus dem je anderen Land auf internationalen Konferenzen im (westlichen) Ausland vertraten. Anders gesagt: ob sie sich nicht antisozialistisch oder antimarxistisch äußerten. Über den Vorschlag wurde betreten verhandelt, keiner wagte zu widersprechen und die Sache wurde „auf das nächste Mal" vertagt. Ich weiß nicht, wie es schließlich ausging, da Professor Polišenský an der nächsten Sitzung nicht teilnahm – und ich deswegen auch nicht. Es folgte bald ein radikaler Kaderwechsel im tschechischen Teil der Kommission, aber das ist ein anderes Kapitel.

Assistent von Professor Polišenský zu sein, bedeutete nicht nur, für die tschechisch-deutsche Historikerkommission zuständig zu sein, sondern für Auslandsbesuche im Allgemeinen. Meistens ging es um auf Kulturabkommen beruhenden Besuche, welche damals auch mit westlichen Staaten in Angriff genommen wurden. Nach dem XX. Parteitag waren wir nicht mehr total vom „Westen" isoliert. Es war üblich, dass Polišenský den jeweiligen Besucher zum Abendessen oder zu einem Drink bei sich zu Hause einlud, und ich konnte/sollte dabei sein und wurde dann als Begleiter für den Aufenthalt in Prag empfohlen. In meinen Augen war sein Verhalten ein selbstverständlicher Ausdruck aufrichtiger Gastfreundschaft gegenüber ausländischen Gästen; bald bemerkte ich aber, dass Professor Václav Husa wohl der einzige seiner Generation war, der es genauso hielt. Später fand ich heraus, dass diese Besucher größtenteils seine Bekannten waren und auf seinen Vorschlag vom Ministerium eingeladen wurden. Dank dieser Begegnungen traf ich eine Reihe (mir allerdings meistens unbekannter) Historiker nicht nur aus den Ländern des Ostblocks, sondern auch aus England, Skandinavien und den Niederlanden.

Es gab jedoch auch einen Fall, in dem ich wiederum meinem Lehrer einen ausländischen Historiker vorstellen konnte. Das war 1956, glaube ich, als mir mein Freund Třeštík den angehenden Historiker Richard Plaschka aus Wien vorstellte, der privat nach Prag angereist war und durch Vermittlung seiner Bekannten einen Universitätslehrer kennenlernen wollte. Ich arrangierte also ein Treffen bei – damals noch Dozenten – Polišenský zu Hause. Plaschka war von seinen Kenntnissen sowie seiner Orientierung in der europäischen Historiographie beeindruckt; es gab gegenseitige Sympathie, woraus sich mehrere Besuche meines Lehrers in Wien ergaben. Es folgten auch weitere Aufenthalte Plaschkas in Prag, bei denen ich ihn – inzwischen schon Professor – verschiedenen tschechischen Kollegen vorstellte, und er war mehrmals bei uns in meiner Wohnung zu Besuch. Im Laufe der Zeit fand er aber seinen Weg zu politisch besser informierten tschechischen Historikern für Neueste Geschichte und brach den Kontakt mit mir ab. Ich hatte das Gefühl, dass er mich bloß dazu benutzt hatte, um bedeutendere Historiker zu treffen, und mich dementsprechend nicht mehr brauchte.

Als Sekretär der Sommerschule für Slawische Studien

Noch mehr internationale Erfahrungen sammelte ich als Sekretär der Sommerschule für slawische Studien. Die ersten zwei dieser jährlichen Veranstaltungen für ausländische Bohemisten und Slawisten fanden bald nach der Befreiung statt, je für einen Monat in den Ferien; aber nach 1948 wurde die Sommerschule erst einmal aufgelöst. Im Jahr 1958 machten der Lehrstuhlleiter für tschechische Sprache, Professor Jaromír Bělič, Professor Polišenský und ein Anglist, Dozent Vilém Fried, den Vorschlag, die Sommerschule neu zu beleben. Und sie waren erfolgreich; der Geist des Jahres 1956 klang noch nach. Mit Selbstverständlichkeit wurde ich von meinem Lehrer zu einem der drei Sekretäre ernannt, welche für die Organisationsarbeit bei der Vorbereitung sowie während der Veranstaltung selbst zuständig waren. Obwohl damals die Teilnehmerzahl im Vergleich zu heute bei weniger als der Hälfte lag, taten wir uns bei der Vorbereitung schwer. Im Gegensatz zu den beiden anderen Sekretären war ich weder Philologe noch Bohemist und beteiligte mich deswegen nicht an dem Fachprogramm. Zu meinen Aufgaben zählten vor allem logistische Dinge, von der Organisation der Unterkunft und des Transports bis zur Leitung der Exkursionen. Ich hatte keinerlei Erfahrung und geriet oft in Stress. Als Erfahrung war es allerdings wertvoll.

Die größte Gruppe bildeten sowjetische Bohemisten, aber es kamen auch Polen, (Ost-)Deutsche und Leute aus dem „Westen", damals vor allem Studenten und Studentinnen aus Schweden und Italien. Für mich bedeutete das die allererste Gelegenheit zu unmittelbaren Begegnungen mit sowjetischen Wissenschaftlern und bald fand ich heraus, dass die meisten von ihnen – die niedriger gestellten – freundliche und zwanglose Gesprächspartner waren, wobei es fast ausschließlich um apolitische Themen ging. Es waren Slawisten, teilweise Bohemisten, und so gab es viele Anknüpfungspunkte. Ganz einfach ließen sich unter den Mitgliedern der Sowjetdelegation die wenigen Kaderleiter identifizieren, mit denen man sich auf den rein formellen Kontakt beschränken sollte. Ihrerseits waren sie sowieso nicht an mehr interessiert als den wenigen Anstandsworten oder an Organisationsanweisungen. Der Begriff „Delegation" war in dem Fall absolut treffend: Alle sowjetischen Teilnehmer waren ständig zusammen und kommunizierten nicht individuell mit den Teilnehmern aus den anderen Ländern, mit der Ausnahme von uns Gastgebern. Das kam mir peinlich vor. Deswegen versuchte ich, bei einer der Exkursionen den hermetischen Charakter der sowjetischen „Delegation" zu durchbrechen, indem ich die Sitzordnung für den Bus so gestaltete, dass jedem sowjetischen Teilnehmer jemand aus einem anderen Land zugewiesen wurde. Ohne Erfolg. Allerdings waren es nicht die Sowjets, sondern die Schweden, die das empört ablehnten, weil sie darin eine Einschränkung ihrer individuellen Freiheit sahen. Auch sie hielten sich nämlich am liebsten ständig zusammen.

Ich bereute es nicht, zwei Sommerferien wegen meiner Tätigkeit in der Sommerschule „verloren" zu haben. Es bedeutete für mich eine wertvolle Organisationserfahrung sowie die Gelegenheit, ein paar interessante Altersgenossen kennenzulernen, mit denen ich dann noch lange schriftlich und manchmal auch persönlich in Kontakt blieb. Darüber hinaus bekam ich dafür jedes Mal etwa 2000 Kč, was mir beim Eintritt in die Wohnungsgenossenschaft wesentlich zugutekam. Die Position als Sekretär der Sommerschule wurde mir dann noch 1964 und 1968 angeboten, aber da war die Stimmung schon anders und die Zahl wie die Zusammensetzung der Teilnehmer blieben ebenfalls nicht gleich.

Dank dem Comenius-Jubiläum nach Schweden

Als Höhepunkt der internationalen wissenschaftlichen Aktivitäten von Josef Polišenský betrachtete ich die Organisation des großen Comenius-Kongresses im Jahre 1957. Zwar war er nicht der Hauptverantwortliche – das waren die Historiker für Pädagogik und die professionellen Comenius-Spezialisten aus den zuständigen Institutionen der Tschechoslowakischen Akademie der Wissenschaften sowie das Ministerium für Schulwesen. Er beteiligte sich aber in entscheidendem Maß an dem historischen Teil des Konferenzprogramms und schien einer der Hauptorganisatoren des Programms sowie der Festlichkeiten zu sein. Dabei beauftragte er mich während der Tagung von morgens bis abends mit zahlreichen kleinen Organisationsaufgaben. Ich hatte kein Problem damit und sah es eher als eine Art Privileg an, mich an so einer bedeutenden internationalen Veranstaltung beteiligen zu können. Bis heute erinnere ich mich an den Stolz, mit dem ich in der großen Aula des Karolinums seine Ansprache und die von ihm moderierte Plenarsitzung verfolgte. Das umfasste auch Dolmetschen, wobei er fließend ins Englische, Französische, Deutsche sowie Russische wechselte (da war er am schwächsten). Als er bald nach der Konferenz den Professorentitel erhielt, vermutete ich, dass das wesentlich an seinem Auftritt auf der Comenius-Konferenz lag.

Die Konferenz hatte für mich ein wichtiges persönliches Nachspiel. Einer der Teilnehmer war der Professor für Kirchengeschichte Sven Göransson aus Uppsala, der kurz zuvor zwei Bücher zur schwedischen Kultur- und Außenpolitik um die Mitte des 17. Jahrhunderts veröffentlicht hatte. Darin beschäftigte er sich ausführlich, auf innovative Weise und mit großem Respekt mit der Tätigkeit J. A. Comenius (Komenský) in schwedischen Diensten. Er hatte in Uppsala einen Doktoranden, der sich mit Balthasar Hubmaier und den Täufern befasste, und er wollte bei uns Belege für dessen Tätigkeit (und überhaupt die Tätigkeit der Täufer) in Mähren suchen, inklusive Informationen über sein Verhältnis zu den Böhmischen Brüdern und der tschechischen Gesellschaft. Göransson einigte sich mit Polišenský darauf, einen Assistentenaustausch zu organisieren, bei dem ich mich um den Aufenthalt seines Doktoranden bei uns kümmern sollte, er hieß Torsten Bergsten, und dann mit seiner Unterstützung nach Schweden kommen könnte. Ich nahm das nicht besonders ernst, aber es zeigte sich, dass das Ministerium die Idee meines Lehrers positiv aufnahm. Vielleicht steckte die Absicht dahinter, korrekte Beziehungen mit dem neutralen Schweden zu pflegen. Ich sah das hauptsächlich als Nachklang des XX. Parteitags. Ich erinnere mich nicht daran, irgendwelche ausführlichen Anträge ausfüllen zu müssen. Die einzige mir bekannte Kaderbürokratie war der Auftrag zu einer Stellungnahme, der an das zuständige Straßenkomitee meines Wohnbezirks gerichtet wurde. Das waren eigentlich alte Tanten-Nachbarinnen aus unserem Haus, mit welchen wir, besser gesagt meine Eltern, seit eh und je gut auskamen und die meine Mutter darüber informierten und ihnen versicherten (natürlich „vertraulich"), ein positives Gutachten über mich und meine Familie verfasst zu haben.

Zweck meiner Reise war nach Wunsch von Professor Polišenský, Material zu zwei miteinander zusammenhängenden Themen zu suchen: erstens die Böhmische Frage und Bohemica aus dem Dreißigjährigen Krieg in den schwedischen Archiven und zweitens die schwedische Politik in Bezug auf Wallenstein während des ersten Generalats. Da kam ich ihm völlig entgegen. Allerdings kamen mir zu dieser Zeit Zweifel, ob ich mit dem Schwerpunkt meiner Diplomarbeit fortfahren sollte. Nach deren Abgabe hatte ich zwei Jahre lang Zeit und Gelegenheit gehabt, mich besser in der ausländischen Literatur zu orientieren und über den Sinn der Forschungsarbeit des Historikers nachzudenken.

Das setzte mir den Floh ins Ohr, skeptisch abzuwägen, ob sich all die Mühe, Hunderte von Briefen und Berichten zu exzerpieren, überhaupt lohnte. Anders gesagt, ob das wirklich wesentlich zur historischen Erkenntnis beitrug. Mit Sicherheit förderte ich aus den Aktenkonvoluten eine Menge neuer Informationen (in dem Sinne, dass sie noch nicht publiziert worden waren) zutage, aber waren diese Erkenntnisse überhaupt wichtig? Wer las und nutzte eine auf Tschechisch verfasste Studie zur schwedischen Politik? Wohl bis heute keiner. Auch wenn ich hoffentlich dazu beitrug, die Motivation für Schwedens Eintritt in den Krieg zu erläutern sowie den Charakter Wallensteins zu präzisieren – bedeutete das irgendeinen wesentlichen Schritt zum besseren Verständnis der Epoche und der zeitgenössischen

Umstände? Was für mich den interessantesten Teil meiner Forschungen darstellte, waren die Einsichten in die Tätigkeit Wallensteins innerhalb jenes Jahres von der Entlassung aus kaiserlichen Diensten bis zum zweiten Generalat. Aber gerade dieser Teil wurde nie publiziert. Heute würde ich wahrscheinlich von der neuen Konjunktur profitieren, der sich das Thema Walllenstein erfreut, und ich würde wohl eine dramatische, sicherlich wohlfundierte Biographie Wallensteins, oder zumindest eine genauso dramatische Beschreibung seiner Militäroperationen in der zweiten Phase des dänischen Krieges verfassen. So eine Option gab es zu meinem Glück damals nicht, weil die Heroisierung von Feudalherren nicht in der Gunst derjenigen stand, welche den Kurs der Geschichtswissenschaft bestimmten. Ich überlegte deswegen, was für ein neues Thema ich für meine Dissertation wählen sollte, die entsprechend den Vorschriften von mir erwartet wurde.

Der erste Schritt zum Studium der Nationsbildung

Ich fand es sehr ansprechend, zu meiner Untersuchung der Sozialstruktur tschechischer Patrioten und zum Verhältnis zwischen der Nationalbewegung und der bürgerlichen Revolution zurückzukehren – also zu den Fragen, über die wir im Zusammenhang mit der Kritik der tschechischen Nationalbewegung in der Revolution 1848 bei Marx und Engels diskutiert hatten. Um diese Problematik anzugehen, kamen theoretisch zwei Möglichkeiten in Betracht. Die erste war, ein Einzelthema aus der tschechischen Geschichte zu wählen; die zweite bedeutete, auf dem Niveau allgemeiner Geschichte zu bleiben bzw. eine Makroanalyse durchzuführen und Nationalbewegungen in ganz Europa zu untersuchen.

Schließlich entschied ich mich für die Idee, dass ich eher meine Sprachkenntnisse einsetzen und nicht der verlockenden Vorstellung unterliegen sollte, im tschechischen Provinzialismus vor Anker zu gehen. Das wäre mir übrigens von meinem „Doktorvater" wohl auch nicht erlaubt worden. Anders gesagt, ich kam zu der Entscheidung, mich auch weiterhin vor allem der europäischen Geschichte zu widmen, konkret dem Schwerpunkt der Nation und ihrer Entstehung.

Das wurde auch zum Thema meiner ersten fakultativen Vorlesung, welche ich nach zwei Jahren als Assistent, glaube ich, im Frühjahr 1959 halten durfte. Das macht es erforderlich, sich in die umfassende Literatur seit dem Ende des 19. Jahrhunderts einzulesen – zur Nation und zur Diskussion über ihre Definition, zu ihrer Entstehung und ihrer Bewertung. Neben einer Übersicht über die Historiographie bereitete ich auch eine Übersicht der europäischen Nationalbewegungen vor. Es gelang mir, in der Universitätsbibliothek Zugang zu dem damals unter die „libri prohibiti" eingeordneten Buch von Otto Bauer zur Nationalitätenfrage zu erhalten.

Ich weiß nicht, ob ich von dem Buch deshalb so hingerissen war, weil es sich um eine verbotene Lektüre handelte oder aufgrund seiner wirklichen Qualität.

Dabei „entdeckte" ich die Tatsache, welche im Westen möglicherweise bekannt war: dass nämlich Stalin seine berühmte „Definition" der Nation in vereinfachter (vulgarisierter) Form von Bauer übernommen hatte. Ich traute mich auch, die einzelnen Punkte der Definition Stalins (natürlich, ohne dessen Namen zu erwähnen) insbesondere dadurch kritisch zu analysieren, dass ich sie mit empirischen Daten über die Nationalbewegungen konfrontierte. Es ging vor allem darum, dass die Nation nicht durch ihre „Eigenschaften" charakterisiert werden kann, weil diese schwerlich der ganzen Nationalgemeinschaft zugeschrieben werden können. Stattdessen fand ich es günstiger, mit einer Kombination der kulturellen, sprachlichen, geographischen, wirtschaftlichen etc. Beziehungen und deren gegenseitiger Korrelation zu arbeiten. Dabei kritisierte ich den immer noch unantastbaren Autor nicht und formulierte meine neuen Ansichten nicht als explizite Gegenargumente. Das Publikum verstand mich jedoch, denke ich.

Die Teilnahme der Studenten an der Vorlesung überraschte mich, es kam gut die Hälfte des ganzen Jahrgangs und im Lauf des Semesters nahm die Zahl der Hörer sogar noch zu. Ich hob zumindest eine Anwesenheitsliste mit Unterschriften als Andenken auf. Das war aber ein einmaliger Erfolg: Im nächsten Jahr kam niemand zu meiner fakultativen Vorlesung. Ich hatte nämlich angekündigt, dass sie den Handelsbeziehungen zwischen West und Ost im 17. Jahrhundert gewidmet sein würde. Mein Selbstbewusstsein nahm logischerweise ab, weil ich verstand, dass die Studenten sich nicht für mich, sondern für das von mir angebotene Thema entschieden hatten.

Der Erfolg der Vorlesung zu den Nationalbewegungen war jedoch ermutigend und ihre Vorbereitung hatte mich dazu inspiriert, den theoretischen Teil, eine Revision der bestehenden dogmatischen Vorgaben, weiter auszuarbeiten. Irgendwann Ende 1959 fasste ich genug Mut und schickte den Aufsatz an die Redaktion der *Tschechoslowakischen Historischen Zeitschrift*. Deren Hauptherausgeber František Graus begegnete mir etwas später an der Fakultät und sagte mir ohne Umschweife, dass ihm der Aufsatz gefalle und dass er ruhig gedruckt werden könne, nur müsse ich damit rechnen, dass er in dieser Form gewisse politische Konsequenzen haben würde. „Dafür werden Sie bezahlen", sagte er. Und ergänzte zynisch: „Es sei denn, Sie fügen etwas Schönes über Stalin hinzu." Ich dachte, ihn verstanden zu haben, gab nach und schrieb einen positiven Satz über Stalins Fähigkeit zu verallgemeinern hinzu – diesmal den Gedanken von Otto Bauer.

Ich tröstete mich damit, dass ich hier eigentlich darauf hinwies, dass Stalin zwar Bauer in seinem Buch scharf kritisiert, dessen Konzeption aber gleichzeitig übernommen hatte. Schon damals schämte ich mich ein bisschen dafür und ich weiß bis heute nicht, ob es richtig war. Ich erinnere mich nicht, ob ich damals schon ahnte, dass eine ideologische Kampagne gegen „Revisionismus" und „Positivismus" beginnen würde, aber es ist sicher, dass Graus Bescheid wusste, weil er sich in einflussreichen Kreisen bewegte und sehr gut informiert war. Deshalb hatte er mich gewarnt. Der Aufsatz erschien schließlich und in Übersetzung wurde er sogar in der *Ungarischen Historischen Zeitschrift* abgedruckt. Inzwischen kam die erwähnte antirevisionistische Kampagne in Gang. Es war klar, dass, wenn ich mich weiter mit diesem Thema beschäftigen sollte, zum Beispiel in meiner Dissertation, ich allzu große Kompromisse würde schließen und von einigen Prämissen würde ausgehen müssen, deren Belegbarkeit ich tief bezweifelte. Ich hatte das Gefühl, dass ich mich als Stalins Interpret hätte ausgeben müssen. Das aber wollte ich nicht und vertagte die Problematik der Nationalbewegungen auf „bessere Zeiten". Das war eine gute Entscheidung – sowohl aus opportunen als auch aus methodischen Gründen. In jener Zeit fehlte mir immer noch eine Vorstellung davon, welches Problem der Nationalbewegungen ich analysieren könnte, um zu neuen Erkenntnissen zu kommen.

Die Arbeit mit Studenten in den ersten Jahren

Die Umgestaltung der Studienkonzeption, die mit dem „Februar" 1948 eingeführt worden war, bestimmte die Funktion der Assistenten neu. Es wurden zwei Kategorien unterschieden: Man konnte nur drei Jahre Assistent sein und unter dieser Voraussetzung dann auf die Stufe der sog. Fachassistenten wechseln, die bereits genau wie Dozenten an der Lehre beteiligt waren. Die Assistenten hatten bei Bedarf bei der Lehre zu helfen und gleichzeitig an der Dissertation zu arbeiten. Aufgrund der gestiegenen Studentenzahlen wurden die Assistenten mit der Durchführung der Proseminare beauftragt, welchen die Studenten je nach ihren Fachkombinationen zugeteilt wurden.

Ich veranstaltete die Proseminare fast jedes Jahr, auch als Fachassistent, mal alleine, mal als Mitarbeiter vom Professor Polišenský. Mein Ansatz war, dass ich im Grunde das Schema übernahm, nach dem er uns damals im ersten und zweiten Studienjahr angeleitet hatte, ergänzt um zusätzliche Informationen und Übungen zur Heuristik und zu Methoden der historischen Forschung. Es ist offensichtlich, dass es für den Lehrenden eine größere Belastung bedeutet, wenn die Studenten jede Woche einen kürzeren Text bzw. eine Notiz zu einem bestimmten Thema abgeben sollten – mehr als wenn, wie heute, einfach eine Lektüre aufgegeben wird, zu der sich die Studenten mehr oder eher weniger durchdacht äußern sollen. Erst viele Jahre später wurde mir aus Erzählungen von Studenten verschiedener Generationen klar, dass Polišenskýs Gestaltung der Proseminare in der damaligen Zeit nicht der Standard war, wie es mir damals vorgekommen war, sondern an der Fakultät eher einzigartig. Deswegen freue ich mich wohl zu Recht darüber, dass ich diese Tradition bis zu meinem letzten Tag an der Fakultät beibehielt. Allerdings waren die Assistentenstellen damals, als ich anfing, mit einem eher geringen Arbeitspensum verbunden, weshalb ich für die Vorbereitung der Lehre sowie für die Gespräche mit den Studenten und das Lesen ihrer „Hausaufgaben" genug Zeit hatte.

Als angehender Assistent hatte ich das Glück, mich mit außergewöhnlichen Studenten treffen und anfreunden zu können, die ihren Studienplatz in der Geschichte zu schätzen wussten. Manche von ihnen bestimmten später wesentlich das Profil unserer Geschichtswissenschaft. Dank dieser Mitte der fünfziger Jahre gekommenen Studenten (und wieder der XX. Parteitag!) wurde die Stimmung im Studiengang irgendwie lockerer, sie hatten bei Weitem nicht so viel Angst, ihre Meinungen zu äußern, wie wir Anfang der fünfziger Jahre. Sie erzählten mir, wie sie die Verlegenheit ihrer Lehrer auskosteten, wenn sie in den Pflichtseminaren zum Marxismus-Leninismus unangenehme Fragen stellten und dabei die Tatsache ausnutzen, dass ihre dafür zuständigen Lehrenden nichts von Geschichte verstanden. Die meisten von ihnen distanzierten sich in Privatgesprächen deutlich von ein paar sehr regimetreuen Studenten – sie hatten jedoch keine Angst vor ihnen.

Wir organisierten ein paar Konferenzen zu allgemeinen historischen Problemen, ich weiß nicht mehr, ob unter dem Dach der Studentischen Wissenschaftsgesellschaft oder des Jugendverbands. Am besten erinnere mich an eine Konferenz, die ich gemeinsam mit Dušan Třeštík veranstaltete, über die Frage des Fortschritts in der Geschichte. Einen Vortrag hielt da auch Bedřich Loewenstein, der diesem Thema in höherem Alter ein sehr inspiriertes Buch widmete (Der Fortschrittsglaube. Geschichte einer europäischen Idee. Göttingen 2009). Über die Konferenz fand ich jetzt bei mir nichts Schriftliches, mit Ausnahme meines eigenen Referats. Das fand ich unter meinen alten Papieren und es scheint mir nicht gerade orthodox. Ich fragte da vor allem nach Kriterien, wie Fortschritt zu bestimmen ist, ich weiß aber nicht mehr, wie es ankam. Ich erinnere mich jedoch, dass Třeštík für seine These kritisiert wurde, dass die mittelalterliche Kirche eine fortschrittliche Rolle bei der Rettung der Werke antiker Kultur gespielt habe.

Ich habe nicht das Gefühl, dass ich mich irgendwie um die Gunst der Studenten bemüht hätte. Dank des geringen Altersunterschieds war allerdings schon klar, dass sie mich nicht als Lehrer, sondern eher als ihren älteren Kollegen betrachteten. Zudem wurden durch die Teilnahme im studentischen Wissenschaftskreis die Unterschiede zwischen Jüngeren und Älteren verwischt. So kam es dazu, dass am 30. April 1958, als ich heiratete, Dutzende von Studenten vor dem Altstädter Rathaus erschienen, um uns zu beglückwünschen, obwohl es nur eine Hochzeit im engen Familienkreis sein sollte und weder das Datum noch der Ort irgendwo bekannt gemacht wurden. Die Gratulanten ahnten aber nicht, dass uns vom Rathaus ein Taxi aus der Zeit der Ersten Republik nur ein paar Gassen weiter zur evangelischen Kirche St. Martin an der Mauer bringen würde, wo die kirchliche Trauung stattfand. Die Eltern meiner zukünftigen Frau gehörten nämlich der Gemeinde der Evangelischen Kirche der Böhmischen Brüder in ihrem Geburtsort Uhříněves bei Prag an. Protestanten hatten mit so einer gemischten Ehe kein Problem; wäre es umgekehrt gewesen – also bei den Katholiken – wäre es mit der kirchlichen Trauung viel komplizierter gewesen. So oder so, es ging um eine kirchliche Trauung, die zwar nicht gesetzwidrig war, aber für politisch inakzeptabel gehalten wurde. Und wir hielten das jahrelang geheim.

Ich heiratete Věra Habětínová nach einer fünfjährigen Beziehung, die im Studienraum des historischen Seminars angefangen hatte. Der Samstagvormittag war damals immer noch ein Arbeitstag, also musste der Studienraum offenbleiben, aber Vorlesungen gab es vor allem für untere Jahrgänge. Samstags hatte ich gern Dienst (also Aufsicht) im Studienraum, da nur sehr wenige kamen. Deswegen konnte ich die ernst aussehende Studentin weder übersehen noch ignorieren, die da regelmäßig saß und sich Notizen aus irgendeinem Buch machte. Ich wusste jedoch nicht, dass sie die zwei Stunden Pause zwischen ihrer Vorlesung und der Abfahrt ihres Zugs nach Hause überbrücken musste. Sie blieb immer so lange, bis ich den Studienraum schloss, und so lernten wir uns kennen. Sie zählte, genauso wie ich, zur Generation der letzten Absolventen des klassischen Gymnasiums (ich glaube, dass die Deutschen es *Altsprachliches Gymnasium* nennen) und sie wollte ihre Latein- und Altgriechisch-Kenntnisse für eine Spezialisierung auf die Geschichte des Altertums einsetzen.

Im vierten Studienjahr wurde sie aber von Professorin Paulová angesprochen, die ihr anbot, sich mit Byzantinischer Geschichte zu beschäftigen, eigentlich als die letzte Studentin vor ihrer Emeritierung. Wir besprachen das als Alternative zum Altertum und kamen zu dem Fazit, dass die Alte Geschichte im Gegensatz zur Byzantinistik nicht vom „Aussterben" bedroht war und dass es nützlicher wäre, sich für die Byzantinistik zu entscheiden, obwohl das aus praktischer Sicht keine besonderen Berufschancen zu eröffnen schien. Tatsächlich schlug sich meine Frau noch lange Zeit nach dem Studium als Bibliothekarin und Dokumentaristin durch. Zum Glück entschied Professor Říha Anfang der sechziger Jahre, dass die alte Tradition der Geschichte des Byzantinischen Reichs und des slawischen Mittelalters ihren Platz in den Studienprogrammen der Geschichtsstudenten an der Karlsuniversität haben sollte. Es ist offensichtlich, dass es nicht viele Kandidaten für die freie Stelle gab, eigentlich war meine Frau die einzige. Knapp dreißig Jahre später, als meine Frau 1996 plötzlich starb, fand es keiner mehr relevant, die Kontinuität der Byzantinistik zu erhalten. Das Schicksal dieses Studiengangs, der zu Zeiten des realen Sozialismus mehrmals bedroht war und für dessen Erhaltung wir erfolgreich kämpften, war nun, in den Zeiten der Freiheit, keiner Diskussion mehr wert. Es hätte damals wahrscheinlich auch keinen gegeben, der so einen anspruchsvollen, aber dafür politisch nicht aussichtsreichen und finanziell unattraktiven Studiengang hätte studieren wollen. Ein hoffnungsvoller und begabter Student meiner Frau, auf den sie als den einzigen möglichen qualifizierten Nachfolger zählte, entschied sich nach 1989 für eine lukrativere Karriere beim Ausbau der Zeitgeschichte.

Forschungen in Schweden

Bald nach der Hochzeit kam vom Ministerium der Bescheid, dass mein Studienaufenthalt für einen Monat in Schweden genehmigt war. Für mich war der Antrag eher
ein Spiel, also war ich ordentlich überrascht. Im Sommer kam mein Austauschpartner Torsten Bergsten nach Prag und ich vermittelte ihm nicht nur eine Unterkunft,
sondern half ihm auch bei der Übersetzung der Quellen und der Fachliteratur
zu den Beziehungen der tschechischen Reformation und insbesondere der Böhmischen Brüder zu Hubmaiers Anhängern. Zum Glück gab es darüber nicht viel
Literatur, aber für seine Dissertation war das ein sehr wichtiger Beitrag. Im September reiste ich dann mit dem Zug nach Uppsala, wo ich einige Zeit im Haus von
Bergstens Familie blieb. Ich musste aber vor allem im Reichsarchiv in Stockholm
arbeiten, also wurde für mich ein bescheidenes Zimmer in einem baptistischen
Internat organisiert. Es sei hinzugefügt, dass Bergsten wie auch seine Frau aktive
Baptisten waren.

Während meiner Arbeit im Archiv hatte ich zwei kleine Erlebnisse, die erwähnenswert sind. Im Forschungsraum traf ich Arnold Soom, einen emigrierten estnischen Historiker, der sich auch mit der Erforschung des Ostseehandels im 17. Jahrhundert befasste (und später wichtige Werke darüber publizierte). Er freute sich
ganz ehrlich darüber, mit jemandem aus dem „Osten" sprechen zu können. Ich
war von seiner ausgewogenen Ansicht über das Geschehen bei uns überrascht. Er
sagte, dass er zwar am Ende des Kriegs vor dem Sowjetregime geflüchtet sei, aber
es gleichzeitig begrüße, dass sich die Verhältnisse in Estland, soweit man erfuhr,
allmählich verbesserten. Er deutete an, dass er über eine Rückkehr nachdenke.

Eine andere Überraschung erlebte ich im Gesellschaftsraum, der als Ort für
Kaffee- und Zeitungspausen diente. Ich stieß da auf eine Zeitung der russischen
(zaristischen) Emigration, in der ich mit Interesse Artikel las, welche die amerikanische und überhaupt die „westliche" Politik im Nahen Osten verurteilten. Da
wurde eindeutig die sowjetische Politik befürwortet, weil es um Regionen traditioneller russischer Interessen ging. Durch Zufall bekam ich da auch ein Gespräch
zweier alter Männer mit, die sich in ähnlicher Richtung äußersten: was hat denn
der Westen da zu tun?

Ich arbeitete hart und entledigte mich erfolgreich der beiden Aufgaben, mit
denen ich von Professor Polišenský beauftragt wurde: Quellen zur schwedischen
Stellungnahme zu Wallensteins Zug in Norddeutschland zu finden bzw. zu exzerpieren und für unsere künftigen Forscher eine Übersicht über die Fonds zu erstellen,
in denen Quellen zur Aktivität von Tschechen zu finden waren. Ich publizierte eine
Übersicht der Bestände, die Quellen zur Böhmischen Frage und zum Schicksal
böhmischer Emigranten in schwedischen (vor allem militärischen) Diensten im
Dreißigjährigen Krieg beinhalteten, und zur Rolle der Böhmischen Frage (und vor
allem des Ständeaufstands) in der schwedischen Politik während des ganzen Drei-

ßigjährigen Kriegs. Diese Übersicht erschien in der *Zeitschrift für Militärgeschichte*, ich wusste aber lange nicht, ob das überhaupt jemand wahrnahm. Erst vor ein paar Jahren stellte ich fest, dass wenigstens ein junger Forscher diesen Artikel bemerkte und würdigte. Meine Erkenntnisse über das schwedische Verhältnis zu Wallenstein nutzte ich in einem längeren Aufsatz zur Motivation für den Eintritt Schwedens in den Dreißigjährigen Krieg, der mir ziemlich originell vorkam, aber auch der wurde nicht beachtet …

Darüber hinaus nutzte ich die ungeplante Gelegenheit, mich mit den Verhältnissen in der schwedischen Geschichtswissenschaft vertraut zu machen. Torsten Bergsten stellte mich nämlich seinen Kollegen an der Universität in Uppsala vor. Das war eine Gruppe sehr gebildeter Doktoranden und Assistenten, die sich ganz interessiert nach der Situation bei uns erkundigten und mir wiederum den schwedischen Kontext nahebrachten. Manche von ihnen wurden später Universitätsprofessoren. Bei einem Abendbesuch improvisierte ich auf ihren Wunsch einen Vortrag zum historischen Materialismus bzw. Marxismus. Dabei präsentierte ich eher meine eigene Vorstellung davon, was mir am Marxismus vernünftig vorkam; ich schämte mich schon eher, die offiziellen orthodoxen Parolen zu reproduzieren. In der Diskussion fielen dann bezeichnenderweise zwei Kommentare, an die ich mich später öfters erinnerte, als ich über mein Verhältnis zum Marxismus nachdachte. Einer der Doktoranden, ein orthodoxer Marxist, warf mir vor, den Marxismus zu verzerren, indem ich nicht über sein revolutionäres Potenzial und die entscheidende Rolle des Klassenkampfs redete. Ein anderer Doktorand merkte wiederum an, dass das ein bemerkenswerter Vortrag gewesen sei und dass er nun als Liberaler überlege, ob es möglich wäre, gleichzeitig Liberaler und Marxist zu sein. Diese Frage kann übrigens auch heute gestellt werden.

Neben ein paar Begegnungen dieser Art und der Arbeit im Riksarkivet und in der Bibliothek in Uppsala brachte mir der Aufenthalt in Schweden weder Erkenntnisse über den Sozialstaat noch besondere Erfahrungen mit dem Wohlstandsland. Dazu hatte ich keine Zeit. Ich dachte mir, dass es vielleicht meine letzte Gelegenheit sein konnte, im Archiv und in den Bibliotheken zu arbeiten, weshalb ich jede Stunde zu nutzen versuchte. Diese Befürchtung hatte ich übrigens bis in die achtziger Jahre. Nur sonntags gönnte ich mir Zeit für Sehenswürdigkeiten. Ich erlebte Schweden buchstäblich „von unten", mein Austauschpartner hatte ein Kind und musste von seinem Doktorandenstipendium eine Hypothek abzahlen. Und wenn ich gerade nicht bei ihm daheim zu Tisch war, bekam ich nur einen Minimalbetrag für Essen. In Stockholm war ich mit nur einer Handvoll schwedischer Kronen unterwegs, und zwar buchstäblich zu Fuß, da ich es mir einfach nicht leisten konnte, mit der Tram zu fahren, ebenso wenig wie den Eintritt zu Galerien oder Sehenswürdigkeiten zu bezahlen. In Prag wollte mir das verständlicherweise keiner glauben.

Der Schweden-Aufenthalt war von entscheidender Bedeutung für mein Nachdenken darüber, womit ich mich weiter beschäftigen sollte. Ich kam zu der Erkenntnis, dass ich in den schwedischen Archiven nichts finden konnte, was die bisherige Darstellung der schwedischen Politik während des Dreißigjährigen Krieges, so wie es in der schwedischen Historiographie präsentiert ist, irgendwie wesentlich verändern würde. Es war zwar möglich, kleine Aspekte in Bezug auf die Böhmische Frage anhand der Korrespondenzen zu ergänzen sowie ein paar unbekannte Details zu den Schicksalen böhmischer Adeliger zu finden, welche nach der Konfiskation ihrer Güter und der Zwangsemigration als Offiziere in schwedischen Diensten kämpften. Sicherlich fügte ich meine Erkenntnisse aus den hansischen und schwedischen Archiven den zwei Aufsätzen hinzu, welche ich später auf der Grundlage meiner Diplomarbeit in der DDR publizierte. Außerdem konnte ich dank meiner Forschung in Schweden gemeinsam mit Professor Polišenský eine Studie zur schwedischen Politik gegenüber dem böhmischen Ständeaufstand herausgeben. Dies alles bedeutete für mich aber nur Kleinigkeiten.

Der Besuch (und die Besichtigung) des Familienarchivs Gallas in Frýdlant bestärkte mich in meiner Überzeugung, dass es eine Zeit- und Kräfteverschwendung wäre, weitere Archivfonds aus dem Dreißigjährigen Krieg so zu bearbeiten, wie ich es in meiner Diplomarbeit getan hatte.

Es war also notwendig, weitere Szenarien zu überdenken. Die Comenius-Konferenz öffnete die Möglichkeit, zu einem Forscher über Jan Ámos Komenský zu werden. Die Idee hatte Professor Polišenský und er versuchte mein Interesse daran mit dem Auftrag zu wecken, eine umfassende Rezension über die tschechische Comenius-Literatur der Nachkriegszeit für die schlesische historische Zeitschrift *Sobótka* zu verfassen. Die Aufgabe erledigte ich relativ befriedigend, der Aufsatz kam gut an, Begeisterung für die Comenius-Forschung weckte es bei mir allerdings nicht.

Ich kam zu der Auffassung, dass eine Anhäufung von Detailerkenntnissen – sei es über politische Pläne und militärische Ereignisse, sei es über Comenius selbst, zwar einen Ausgangspunkt für interessante Erzählungen bieten mochte, jedoch nichts wesentlich Neues für ein tieferes Verständnis der Entwicklungsprozesse in Europa jener Zeit bringen würde. Zugleich wurde ich mir mit Bedauern und Furcht bewusst, dass ich mich mit diesem Paradigmenwechsel von dem wissenschaftlichen Kredo und den methodologischen Ansätzen meines Lehrers entfernte.

2.3 Jahre voller Probleme

Die zwei, drei Jahre nach 1956 waren eine ziemlich hektische Zeit: von der wissenschaftlichen Arbeit und der Zuständigkeit für die Bibliothek des Historischen Seminars bis zur Begleitung ausländischer Gäste und der Organisation der Austauschexkursionen für Studenten und Assistenten. Dazu kamen noch die Hochzeit und die Sorgen rund um die Wohnungssuche.

Gerade deswegen bin ich wohl nicht in der Lage, klar zu sagen, ab wann ich anfing, den Stimmungswechsel an der Fakultät zu spüren, und seine konkreten Auswirkungen zu beschreiben. Zum einen hatte ich keine Zeit, etwas zu bemerken, zum anderen auch keine Informationsquellen. Sicherlich erschienen in den Zeitungen und Zeitschriften Aufsätze sowohl gegen die „Revisionisten" als auch gegen andere Störer auf dem „Weg zum Sozialismus". Es wurde darüber gesprochen, dass eine Reihe von Philosophen von Schikanen betroffen war. Historiker wurden in dieser Kampagne nicht angegriffen, wohl aufgrund der Tatsache, dass sich unter ihnen keine Theoretiker – „Revisionisten" – zu Wort meldeten. Unter den Historikern fand sich anscheinend aber auch kein hinreichend einflussreicher Ankläger und Aufdecker von Fehlern. Damals wusste ich nichts über die Streitigkeiten, die sich unter den eingeweihten und dogmatischen Historikern der Geschichte der Kommunistischen Partei der Tschechoslowakei, der Arbeiterbewegung und der allgemeinen Zeitgeschichte langsam anbahnten. Es waren Historiker aus den Parteihochschulen und aus verwandten Universitätslehrstühlen. Die Tür zum Parteimilieu blieb mir verschlossen und ich wollte damit nichts zu tun haben. Selbst wenn ich es gewollt hätte, hätte das übrigens nichts gebracht. Sie bildeten eine Art Exklusivverein, der uns, die einfachen Historiker, leicht verachtete. Die meisten Gerüchte von „hinter den Kulissen" erfuhr ich von meiner Frau.

Bald nach der Enthüllung der „Revisionisten" unter den Philosophen begannen die Hüter der reinen Ideen an der Spitze des Parteiapparats darauf hinzuweisen, dass auch die traditionellen geschichtswissenschaftlichen Einrichtungen zu überprüfen seien, weil da mit Sicherheit auch etwas nicht stimmte. Gleich danach – wohl dank diesem Auftrag – meldeten sich Kritiker, welche ideologisches Fehlverhalten auch unter den Historikern enthüllten, und zwar nicht nur unter den parteinahen, sondern auch den „akademischen". Es war schwer zu beweisen, dass sich unter den echten Historikern, die sich nicht mit Zeitgeschichte befassten, irgendwelche Revisionisten versteckten. Es war aber durchaus möglich, einen anderen Denkfehler zu entdecken. Geschickt wurde dafür eine Bezeichnung gefunden: Positivismus. Das hatte nichts mit Auguste Comte zu tun. Es handelte sich bloß um eine abwertende Brandmarkung aufgrund der Tatsache, dass sich bei den Historikern Relikte „bürgerlicher" Wissenschaft erhalten hatten und diese gepflegt wurden – wie etwa Idealismus, Außerachtlassen des Klassenkriteriums sowie eine rein deskriptive Herangehensweise. Im Grunde genommen ging es um eine Kampagne gegen jene Komponenten der Geschichtswissenschaft oder der historischen Erkenntnis, welche nicht komplett der Legitimierung des Regimes dienen wollte oder konnte. Aus heutiger Sicht scheint es, als habe sich die neurotische, misstrauische Stimmung in der Parteiführung auch in der Einstellung der Parteiorgane gegenüber den Fakultätsverhältnissen widergespiegelt. Diese Kritik zielte, genauso wie die anti-revisionistische Kampagne, vor allem auf die Parteimitglieder (viele Parteilose gab es unter den professionellen Historikern ohnehin nicht). Intern wurde ihnen die Kritik kommuniziert, genauso wie entsprechende Informationen und Instruktionen zum weiteren Vorgehen. Wir anderen waren auf Vermutungen angewiesen, je nachdem, wie sich der Ton der fachlichen sowie der politischen Aufsätze im öffentlichen Raum veränderte. Konkrete Informationen darüber, was unter der Oberfläche des Geschehens an der Fakultät passierte, waren nur denjenigen von uns zugänglich, welche sich des Vertrauens eines eingeweihten Parteimitglieds erfreuten, falls sich dieser überhaupt traute, die Informationen weiterzugeben. Dieses Geflüster musste zudem nicht verlässlich sein – und war es oftmals auch nicht.

Der Wandel der politischen Stimmung wirkte sich auf mich persönlich negativ aus, als ich mich – irgendwann im Frühjahr 1959 – der Aufnahmeprüfung für die sog. externe Aspirantur stellte. Das war eine Voraussetzung für die Vorlage der Kandidatenarbeit, das heißt der Dissertation, und den Erwerb des Titels „Kandidat der Wissenschaften", also eines „wissenschaftlichen Grades" (CSc.), analog zum heutigen PhD. Dies war wiederum die Grundbedingung dafür, „Fachassistent" zu werden und somit weiter an der Fakultät bleiben zu können. Es war das geringfügig modifizierte sowjetische System. Ich weiß nicht, wie es an den sowjetischen Universitäten aussah, aber die Vorstellung, dass nur diejenigen mit der Qualifikation „Kandidat der Wissenschaften" Fachassistenten wurden, war rein theoretisch. Manche erlangten sie erst viele Jahre, nachdem sie ernannt worden waren. In der Regel lag das nicht an irgendwelchen Verfehlungen, sondern an ihrer niedrigen Arbeitsmoral oder einfach ihrer Unfähigkeit. Falls ihr Verhältnis zur KPČ irgendeine Rolle spielte, dann wiederum insofern, als sie sich einfach auf ihre Parteiverdienste verließen. Jeder musste zuerst die sog. Aspirantur absolvieren, um sich für den Status des Kandidaten der Wissenschaften qualifizieren zu können. An jedem Lehrstuhl gab es einige wenige „Aspiranten", welche Stipendien bezogen. Bei uns Assistenten brachte die Bezeichnung „extern" zum Ausdruck, dass wir als Assistenten vergütet wurden und daher für die Vorbereitung unserer Doktorarbeit keine finanzielle Unterstützung erhielten, kein Stipendium also, wie es bei den „internen" Aspiranten der Fall war. Man sagte mir, dass die Aufnahmeprüfung zur externen Aspirantur bei uns Assistenten eine bloße Formalität darstelle, ein Gespräch, mit dem einfach den Vorschriften genüge getan wurde.

Aus diesem Grund hielt auch ich die Aufnahmeprüfung für eine Formalität. Die Kommission bestand aus Professor Říha als Vorsitzendem und Dozent Graus. Es kam mir komisch vor, dass mein Lehrer Polišenský dabei fehlte, den ich als meinen zukünftigen „Doktorvater" betrachtete. Ich erwartete ein freundliches Gespräch, da lag ich aber falsch. Es wurde geprüft. Innerhalb nicht einmal einer Viertelstunde wurde mir von Dozent Graus nachgewiesen, dass ich nichts über die ältere Geschichte wusste, was er zudem ironisch kommentierte. Ich fühlte mich wie ein Ignorant, der an der Universität nichts zu suchen hatte. Sie ließen mich eine Weile vor der Tür warten und dann teilte mir Professor Říha herablassend mit, dass ich in die Aspirantur aufgenommen sei. Mein Betreuer wurde allerdings nicht Professor Polišenský, wie ich selbstverständlich erwartet hatte, sondern Professor Říha selbst als Lehrstuhlleiter. Weiter wurde nichts kommentiert. Ich erklärte mir das so, dass die beiden Prüfer aufgrund ihrer persönlichen Feindseligkeit gegen Professor Polišenský diesen ein bisschen ärgern wollten und ihm sowie mir demonstrieren wollten, dass er mir nichts beigebracht hatte. Als ich ihm über meinen Auftritt vor der Kommission erzählte, bemerkte er bitter und ironisch, er sei „wohl kein guter Lehrer". Erst im Laufe der kommenden Monate wurde mir klar, dass das eigentlich nur eine Episode war, welche die anbrechende Zeit ernster Erschütterungen und Probleme andeutete: die Bloßstellung zweifelhafter „Positivisten". Er wusste mit Sicherheit schon damals, worum es wohl ging, und ich nahm es ihm ein bisschen übel, dass er mir nichts darüber sagte und mich nicht warnte.

Aufgrund der Munkeleien stieg der von außen, also „von oben" ausgeübte Druck zur Verschärfung der politischen und ideologischen „Wachsamkeit" an der Philosophischen Fakultät. Es hieß auch: Wer weiß, ob dieser Druck von irgendjemandem im Zentralkomitee der KPČ veranlasst wurde, der ein Interesse daran hatte, das wissenschaftliche Prestige bestimmter Hochschullehrer in Zweifel zu ziehen? Mit diesem „Veranlasser" war das Historische Institut der Akademie der Wissenschaften gemeint, konkreter dessen Direktor Josef Macek, einer der erfolgreichsten jungen Karrieremacher des Nachfebruar-Regimes. Wenn ich meine damaligen Informationen mit dem in Verbindung bringe, was ich später erfuhr, kann ich ansatzweise rekonstruieren, dass die Kritik umfassender war und spezifische Vorwürfe in Bezug auf die „politische Arbeit" der Parteiorganisation an der Fakultät beinhaltete. Von solchen Vorwürfen gab es mindestens drei: Es sind zu viele Parteilose an der Fakultät tätig, die wissenschaftliche Arbeit einiger Lehrender ist immer noch vom bürgerlichen „Positivismus" geprägt, der Inhalt des Geschichtsstudiums orientiert sich zu stark an der älteren Geschichte, welche der „heutigen Zeit nichts zu sagen hat" und daher keine „politisch-erzieherische" Wirkung hat. Die Vorlesungen und Seminare sind also nicht ausreichend aktuell, denn sie bieten der Neuesten Geschichte und der Parteigeschichte zu wenig Raum. Es hieß, dass irgendwo im Zentralkomitee der KPČ entschieden worden sei, die Zahl derjenigen Historiker zu erhöhen, welche sich mit politisch engagierten Themen beschäftigen. Auch uns, den Parteilosen, gab man dann bei verschiedenen Anlässen zu verstehen, wie schädlich der Positivismus und andere Relikte bürgerlicher Wissenschaft seien. Allerdings wusste jeder, der ein wenig über das 19. Jahrhundert und die Geschichte der Philosophie gelesen hatte, dass die Kritiker mit diesem Begriff nicht auf den tatsächlichen Positivismus als philosophische Richtung abzielten. Gemeint war damit vielmehr die rein deskriptive Behandlung historischer Prozesse und Ereignisse, welche von deren kausaler Deutung, von Verallgemeinerungen und insbesondere von der Aktualisierung historischer Erkenntnisse im Geist gegenwärtiger politischer Bedürfnisse, also im Auftrag der Partei, absah.

Eines Tages wurden wir zu einer Art fakultätsweiten oder eher alle historischen Fächer betreffenden Versammlung einberufen, bei der der neue Rektor Procházka auftrat, der den neu errichteten Lehrstuhl für die Geschichte der UdSSR und der KPdSU leitete und während des Zweiten Weltkriegs Politoffizier der tschechoslowakischen Armee an der Ostfront gewesen sein solle. Aus seiner Ansprache blieb mir folgende logische Deduktion für immer und ewig im Gedächtnis: „Wenn in der Verfassung die führende Rolle der Partei in der Gesellschaft verankert ist, dann sollten unter den Historikern diejenigen eine führende Rolle spielen, welche sich mit der Parteigeschichte befassen." Das kam mir wie eine Kriegserklärung an die wissenschaftliche Arbeit vor und es war anscheinend auch für leitende Wissenschaftler zu viel, sei es an der Fakultät oder in der Akademie der Wissenschaften. Ich selbst bekam zwischen den Regalen der Seminarbibliothek durch Zufall mit, wie Professor Říha mit jemanden sprach und sich sehr über die Machtambitionen aufregte und über das jämmerliche wissenschaftliche Niveau der Historiker an den Lehrstühlen für Geschichte der KPČ und der KPdSU beschwerte. Da ahnte er noch gar nicht, dass sich in ein paar Jahren, am Beginn der „Normalisierung", die Gelegenheit bieten würde, seiner kritischen Einschätzung Taten folgen zu lassen.

Die Kampagne gegen den „Positivismus"

Ich wusste nicht, und möglicherweise ist das bis heute unbekannt, mit welchen Vorwürfen und Auflagen die entsprechende Abteilung des Zentralkomitees der KPČ die damaligen Leiter der Geschichtslehrstühle konfrontierte bzw. welche Direktiven ausgegeben wurden. Für uns gewöhnliche Mitarbeiter musste offiziell ausreichen, was wir auf dem III. Historikertag, der ersten Versammlung unter dem neuen Regime, erfuhren. Wir stellten uns pflichtgemäß zum Kongress ein, einige sogar mit Aufgaben versehen. Ich wurde von dem Lehrstuhlleiter damit beauftragt, einen Beitrag über die Bedeutung der Arbeit im Fach Allgemeine Geschichte zu halten. Die Allgemeine Geschichte war gesondert im Programm aufgelistet; ich war da als Protokollführer vorgesehen und das Protokoll habe ich bis heute aufgehoben. Es wurde sachlich über konkrete Probleme verhandelt, woran sich auch Professorin Paulová beteiligte. Davor jedoch war bei der einleitenden Plenarsitzung der Akademiker Macek gegen die Relikte des Positivismus und Revisionismus sowie gegen andere politische Unsitten Sturm gelaufen. Er nannte aber keinen einzigen Namen. Diese Taktik war perfide, weil sich mancher aufgrund der Anspielungen ausrechnen konnte, dass die Kritik in seine Richtung zielte. Dass hier mit dem Repräsentanten des „Positivismus" insbesondere mein Lehrer Polišenský gemeint war, erklärte uns Professor Říha erst in einem der nächsten Sitzungsbeiträge. Sein Tonfall sowie der Inhalt seiner Aussage ließen frösteln, obwohl das an sich keine Überraschung für mich war. Ich hatte bereits ein paar Wochen zuvor mitbekommen, dass sich die

Parteiorganisation mit der „Gefahr" des Positivismus beschäftigt hatte, und man hörte, dass namentlich Polišenský im Mittelpunkt der Kritik stand.

Einer der Partei angehörenden Kollegen, der mir nahestand, zeigte mir, als wir im Lehrstuhlsekretariat alleine waren, kurz ein vervielfachtes Elaborat – parteiinternes „Material" – ein Pamphlet über die Verfehlungen der „Positivisten", unter anderem auch meines Lehrers. Ich konnte mir trotz der kurzen Zeit zwei der vielen Vorwürfe merken. In seinem „positivistischen" Buch über die Niederlande und den Ständeaufstand von 1618–1620 berief sich Polišenský angeblich auf ein Werk von W. I. Lenin, das aber zum Textinhalt gar nicht passte; er hätte den Klassiker also nur deswegen zitiert, um sich als Marxist auszugeben. Auf der folgenden Seite wurde kritisiert, dass er sich in seiner Lehrtätigkeit nur auf Parteilose konzentriere und sich hinterhältig darum bemühe, den ideologisch unreifen Genossen Hroch in die Partei einzuschmuggeln. Und dass sogar Vojtěch Mastný, ein Student mit einer außerordentlich schlechten „Herkunft", zu seinen Favoriten zähle. Dieser Student, Neffe des scharf kritisierten rechtsorientierten Diplomaten Mastný aus der Zeit der Ersten Republik, war anscheinend dank der geringeren „Kaderwachsamkeit" bei den Aufnahmeprüfungen in der Mitte der fünfziger Jahre an die Fakultät gekommen. Er war in dieser Hinsicht auch nicht der einzige.

Vojta Mastný zählte in meinen Anfängen als Assistent zu jenen sehr begabten und motivierten Studenten, welche ich mir als studentische Hilfskräfte für die Bibliothek des Historischen Seminars aussuchen konnte. Darüber hinaus war er damals tatsächlich bei Professor Polišenský beliebt und wurde von ihm mit zahlreichen Hilfsarbeiten beauftragt, welche bis dahin zu meiner Agenda gehört hatten, was für mich eine Entlastung bedeutete. Ich weiß nicht, welche Beziehungen und anscheinend auch Kontroversen zwischen Mastný und den „fortschrittlichen" Studenten seines Jahrgangs bzw. einigen Lehrenden es gab. Es ist aber sicher, dass sich manche Parteimitglieder mit deutlicher Abneigung über ihn äußerten. Einer von ihnen machte mir einmal offen Vorwürfe, weil ich „diesen Mastný" als studentische Hilfskraft für die Bibliothek ausgewählt hatte. Und er fügte hinzu, dass er gar nicht verstehe, wie er überhaupt an die Fakultät gekommen sei. Einige Zeit danach fragte mich Mastný, der wohl etwas mitbekommen hatte, ob es so aussehe, dass er entlassen würde, und ich gab ehrlich zu, diesen Eindruck zu haben. Es verging wieder einige Zeit, bis gemunkelt wurde, dass Mastný einen touristischen Ausflug nach Wien genutzt hatte, um „im Westen zu bleiben". Ich traf ihn nie wieder, wusste aber, dass er schließlich ein anerkannter Professor für Politologie an der John Hopkins University in den USA wurde.

Der „Fall" von Professor Polišenský ging schließlich nicht so schlimm aus, wie zu befürchten stand. Es waren Gerüchte darüber im Umlauf, dass er aus Prag an eine andere Hochschule würde gehen müssen, etwa nach Olomouc. Schließlich durfte er an der Fakultät bleiben, wurde aber von allen seinen Funktionen entbunden, zum Beispiel dem Vorsitz in der Deutsch-Tschechoslowakischen Historikerkommission, der Funktionen als Sekretär des Verbands der Tschechoslowakischen Historiker und als Vize-Direktor der Sommerschule für Slawische Studien. Es wurde ihm nicht einmal gestattet, die studentische Austauschexkursion mit der DDR durchzuführen, die ich unter seiner Leitung organisiert hatte. Der Druck von außen war vielleicht nicht völlig deutlich, aber es wurde gesagt, dass es „oben" einen schlechten Eindruck machen würde, wenn die Schikanen gegen einen bekannten Professor negative Reaktionen im Ausland auslösen würden. Bedeutsam sollte dabei sein, dass sich angeblich einige Mitglieder der studentischen Parteigruppe auf der entscheidenden Plenarsitzung hinter ihn gestellt hatten. Die ganze Affäre überstand er mit einer bloßen Parteistrafe, aber seine Beziehungen zu Professor Říha und zu Josef Macek lagen seitdem auf Eis.

Vor allem veränderte er sich aber menschlich, auch wenn er nach außen den Eindruck erweckte, als ob nichts passiert sei. Er zog sich in sich zurück und ließ das Geschehen an der Fakultät an sich vorüberziehen, als ob es ihn gar nicht betreffe. Ich hatte das Gefühl, dass er gewissermaßen innerlich Abschied von der ganzen Historikergemeinschaft nahm. Das war auch bei seiner Arbeit mit Studenten zu spüren. Mir persönlich tat es leid, dass er es nicht für notwendig hielt, mich über seine Lage zu informieren, während er darüber mit studentischen Parteimitgliedern durchaus diskutierte. Der Fehler lag wohl bei mir. Ich traute mich nicht zu fragen, das kam mir taktlos vor. In diesem Zusammenhang wird mir bewusst, dass Polišenský mit mir (und den anderen, glaube ich) nie über politische Ereignisse sprach, weder positiv noch negativ. Er vermied das und wenn einer der Studenten das Thema ansprach, wechselte er zu einem anderen.

Bald bot sich ihm die Gelegenheit, von den Geschichtslehrstühlen auch institutionell Abstand zu nehmen, nämlich als er anfangs der sechziger Jahre von den Romanisten dazu eingeladen wurde, das Institut für Iberoamerikanistik an der Karlsuniversität mitzugründen. Die höchsten Parteiorgane – zuerst wohl die sowjetischen – gingen davon aus, dass die kubanische Revolution ihre Nachfolger in ganz Lateinamerika finden würde, was eine Vorbereitung auf die Erweiterung unserer wissenschaftlichen Beziehungen zu den neuen befreundeten Staaten erfordert. Dazu eignete sich auch der „Positivist" Polišenský gut. So argumentierten wahrscheinlich die Romanisten, die das Institut errichteten, und anscheinend keine Angst hatten, ihn zum Mitdirektor des Instituts zu ernennen. Mit Bedauern beobachtete ich, wie er allmählich den Schwerpunkt seiner wissenschaftlichen Arbeit in Richtung der Geschichte Lateinamerikas verlegte, aber ich verstand das. Da war er sein eigener Herr und wurde mehr geschätzt als im Fach Geschichte.

Existenzsorgen

Es war möglich, drei Jahre Assistent zu sein, und wenn man sich bewährte, sollte man in die Reihen der Fachassistenten aufsteigen, welche schon in Vollzeit lehrten und eine Art dauerhafteres Arbeitsverhältnis hatten. Offiziell handelte es sich um eine „Ausschreibung", es war aber klar, auf wen sie jeweils abzielte. Für so einen Übergang war rechtlich die Fakultät zuständig, er musste aber von den höheren Parteiorganen politisch genehmigt werden. Das wusste ich aber damals nicht. Deswegen war mir auch nicht bekannt, dass im Herbst 1959 diese „Organe" nur die Beförderung von parteizugehörigen Assistenten genehmigten. Wie ich später erfuhr, lag das nicht nur am höheren Parteisekretariat, sondern auch an den beaufsichtigenden Kollegen an den Lehrstühlen für die Geschichte der KPČ und KPdSU, welche den Verdacht hegten, dass wir „bürgerliche Wissenschaftler" seien. So oder so, für uns Parteilose brachen Wochen und Monate der Unsicherheit an. Der Archäologe Václav Moucha und der Mediävist Dušan Třeštík blieben verschont, weil sie in die Akademie der Wissenschaften aufgenommen, oder eher versetzt wurden, wo die Kaderansprüche an neue Mitarbeiter anscheinend niedriger waren. Sie mussten sich nicht darum bemühen, es fanden sich einfach mächtige Beschützer, die ihre Qualitäten schätzten. Bei Třeštík war das František Graus selbst, bei Moucha der führende Prähistoriker und Akademiker Jan Filip. Ich war aber nicht der einzige Parteilose, der an der Fakultät blieb, es gab noch zwei weitere Kollegen am Lehrstuhl für Tschechoslowakische Geschichte.

Die offizielle Begründung für unsere komplizierte Beförderung zu Fachassistenten war nicht die Tatsache, dass wir parteilos waren. Argumentiert wurde vielmehr damit, dass wir nach dem Studienabschluss an der Fakultät geblieben waren, ohne „praktische Erfahrungen" zu sammeln, also das Leben des Arbeitervolkes kennenzulernen. Schließlich ging es gut aus. Dank der Unterstützung seitens der Parteiorganisation der Geschichtslehrstühle fanden sich die „Organe" mit folgendem Kompromiss ab: Wir sollten uns für eine bestimmte Zeit dadurch politisch „profilieren", dass wir gesellschaftlich engagierte Positionen im Tschechoslowakischen Jugendverband oder in der Revolutionären Gewerkschaftsbewegung annahmen. Darüber hinaus sollten wir für ein Jahr in die Praxis entsandt werden, wo wir politisch geprüft und gestählt werden sollten. Damals wurde man zur „Stählung" freilich nicht mehr ins Bergwerk geschickt. Für mich bedeutete das, an einem Gymnasium (9.–12. Klasse) zu unterrichten, aber für Josef Petráň, den Assistenten von Professor Husa und späteren Spitzenhistoriker für Frühe Neuzeit, der keinen Abschluss in Pädagogik hatte, war das keine Option. Er wurde also mit politischer Arbeit „in der Produktion" beauftragt, ich glaube, es war bei ČKD, der größten Maschinenfabrik in Prag, um seine Beziehung zur Arbeiterklasse zu festigen. Es handelte sich nicht um manuelle, sondern um „politische" Arbeit. Er sollte politisch reifen, indem er so etwas wie die Geschichte des Betriebs sowie einen fundierten Aufsatz über die Aufenthaltsorte von W. I. Lenin in Prag im Jahr 1912 verfasste.

Ich wurde also als Geschichtslehrer in Teilzeit an der Mittelschule für allgemeine Bildung angestellt. Die Schule befand sich im Gebäude des Gymnasiums, das zu meiner Gymnasialzeit mit unserem unweit gelegenen klassischen Gymnasium wetteiferte. Wir, die sich als Elite fühlenden Schüler des klassischen Gymnasiums, betrachteten diese Einrichtung als eine minderwertige Konkurrenz. Schließlich war es aber Anfang der fünfziger Jahre unser Gymnasium, das nicht überlebte, während das zweite Gymnasium wiederhergestellt wurde. Unsere Erklärung dafür war, dass dessen Direktorin über bessere politische Verbindungen verfügte als unser Direktor. Dieselbe Direktorin traf ich jetzt, zehn Jahre nach dem Abitur, zum ersten Mal persönlich. Ich war angenehm überrascht, dass sie nicht mehr dogmatisch autoritär wirkte, was anfangs der fünfziger Jahre unbestreitbar der Fall gewesen war. Sie empfing mich sehr freundlich, obwohl sie wusste, warum ich da war – eigentlich zur Strafe. Sie kam mir stundenplanmäßig wie auch bei meinem Wunsch entgegen, niedrigere Jahrgänge zu unterrichten. Ich bat darum mit der Begründung, als Externer keine Abiturienten unterrichten zu wollen, de facto wollte ich aber den Unterricht in Neuester Geschichte vermeiden. Man muss erklären, dass in den Unterrichtsplänen bis zum Jahre 1989 die vormoderne Geschichte zu eigenem Recht erhalten blieb: Im ersten Jahrgang wurde Urgeschichte und Altertum unterrichtet, im zweiten Jahrgang das Mittelalter, im dritten die Frühe Neuzeit, dann im vierten Jahrgang die Neueste Geschichte. Die Schüler machten keinen Ärger, ich fand sie ausgesprochen sympathisch.

Obwohl ich das am Anfang als Unrecht und als erzwungenes Opfer für mein Fortkommen an der Fakultät sah, fand ich am Unterricht im Gymnasium gleich Gefallen. Eigentlich wurde mein Traum aus den gymnasialen Zeiten erfüllt. Schließlich bat ich darum, eine Klasse noch ein weiteres Jahr unterrichten zu dürfen. Bei dem Unterricht überprüfte ich, wie Schüler auf verschiedene Themen reagierten, und konnte mich mit den Lehrplänen und Lehrbüchern soweit vertraut machen, dass ich zusammen mit einem Kollegen wagte, einen kritischen Artikel zur Lage des Geschichtsunterrichts an unseren Schulen zu verfassen, welcher die freche Frage stellte: Kann man mit einer Kerze die Finsternis im Geschichtsunterricht vertreiben?

Dank dieses selbstbewussten Auftritts und vor allem dank der Tatsache, dass meine Kollegen keine Erfahrung mit Gymnasialunterricht hatten, wurde ich plötzlich für jemanden gehalten, der sich mit der Problematik des Geschichtsunterrichts an den Mittelschulen auskennt – gleich nach den Experten für die Methodik des Geschichtsunterrichts. Seit diesem Zeitpunkt beteiligte ich mich zwanzig Jahre lang an der Organisation des Lehramtspraktikums unserer Studenten an den Gymnasien. Ohne diese Erfahrung hätte ich mich dreißig Jahre später übrigens nicht getraut, das Angebot anzunehmen, Geschichtslehrbücher für Grundschulen und Gymnasien zu verfassen.

Probleme mit der Wohnungssuche

Wissenschaftliche Arbeit bedeutet vor allem Kopfarbeit, aber auch für diese Arbeit braucht der Wissenschaftler zumindest die einfachsten materiellen Hilfsmittel, wie einen Stuhl, einen Tisch und ein Zimmer, wo Bücher in Regale gestellt werden können. Diese einfachsten Hilfsmittel konnte die Philosophische Fakultät weder mir noch den meisten jungen Assistenten an den Geschichtslehrstühlen zur Verfügung stellen. Die wenigen Räume, welche dem Studiengang gehörten, reichten lediglich für den Lehrstuhlleiter, die Sekretariate, die Professoren und Dozenten. Dank meiner Zuständigkeit für die Bibliothek des Historischen Seminars konnte ich den Arbeitstisch in dem repräsentativen Sitzungsraum mitbenutzen, der nicht nur für Sitzungen und Prüfungen, sondern auch für den Seminarunterricht genutzt wurde. Aus diesem Grund war es für mich nur eine Ablage für Bücher und Unterlagen. Es blieb mir nichts anderes übrig, als daheim zu studieren und zu arbeiten, in einer Einzimmerwohnung mit fünfzig Quadratmetern, wo meine Eltern sowie mein jüngerer Bruder Pavel, angehender Student, wohnten. Mit der wachsenden Menge an Büchern und Papieren wurde es nicht nur für mich immer schwieriger.

Nach unserer Hochzeit begrüßten meine Frau und ich die Möglichkeit, in zwei winzige Zimmer im Dachgeschoss im Haus ihrer Eltern in einer Vorstadt von Prag einzuziehen, aber es zeigte sich, dass die zwei Zimmer im Winter beinahe nicht zu beheizen waren. Eine „staatliche" Wohnung zu bekommen, war für kinderlose Eheleute ausgeschlossen, wir hatten aber Glück. Gerade im Jahre 1958 wurde eine neue Wohnungspolitik eingeführt und damit ergab sich die Möglichkeit, Wohnungsgenossenschaften zu gründen. Eine Genossenschaftswohnung zu erwerben, bedeutete ein Drittel des Wohnungspreises sofort vor dem Einzug zu entrichten und das zweite Drittel in den folgenden zwanzig bis dreißig Jahren abzuzahlen. Das letzte Drittel übernahm der Staat. Die Preise waren aufgrund der realen Kosten berechnet, dementsprechend also niedrig.

Auf die Genossenschaften gab es keinen besonderen Andrang, bis dahin war es bei uns nicht üblich, für eine Wohnmöglichkeit hohe Preise zu bezahlen. Zudem konnten sich es nur die Wenigsten sechs Jahre nach der Währungsreform leisten, auch nur das erste Drittel des Preises aufzubringen. Auch waren die Parteiorgane gegenüber der neuen Form des Wohnungseigentums misstrauisch und wollten sie deswegen komplett unter Kontrolle halten. Voraussetzung für die Aufnahme in die Genossenschaft war etwa ein Gutachten des Arbeitgebers, der Organisation des Jugendverbandes am Arbeitsplatz und des Straßenkomitees am Wohnort. Die Vorstandsmitglieder wurden vom Bezirkskomitee der KPČ genehmigt, genauso wie später die Mitglieder der Revisionskommission, zu denen auch ich ernannt wurde, wahrscheinlich aufgrund meiner positiven Begutachtung durch das Straßenkomitee. Als Mitglied der Revisionskommission hatte ich die Möglichkeit, die Entstehung einer der ersten Wohnungsgenossenschaften in Prag aus der Nähe zu beobachten. An die Spitze des Vorstands wurde ein erfahrener Funktionär und Lehrer für Marxismus-Leninismus gestellt, ein nicht besonders schlauer, dafür aber ehrlicher Mensch. Was die Sozialstruktur anging, ging es bei den Genossenschaftsmitgliedern meistens um Prestigeberufe, die aber nicht immer gut bezahlt waren: Es meldeten sich wissenschaftliche Mitarbeiter der Tschechoslowakischen Akademie der Wissenschaften, Apotheker, Universitätslehrer und Gymnasiallehrer, Ministerialbeamte, aber auch Ingenieure und ein paar qualifizierte Handwerker, welche im Dienstleistungssektor tätig waren.

Ich weiß nicht, wie viele von ihnen bei der Beschaffung der finanziellen Mittel mit solchen Schwierigkeiten zu kämpfen hatten wie wir. Keiner der Verwandten und Freunde hatte genügend Ersparnisse, um uns eine größere Summe für das erste Drittel der Einlage leihen zu können, in unserem Fall 28.000 Kronen, das entsprach dem Zwanzigfachen meines Bruttomonatsgehalts. Ein Bankkredit kam nicht in Frage. Meine Eltern „liehen" uns fast ihre gesamten Ersparnisse, die zusammen mit meinen 20.000 betrugen. Den Rest mussten wir uns dann wirklich in kleinen Summen von Freunden und Bekannten leihen. Meine Frau Věra und ich verdienten zusammen etwa 2.000 Kronen monatlich netto. Das war zwar nicht viel, aber auch damit gelang es, die Schulden abzutragen und dazu noch die leere Wohnung mit dem Nötigsten auszustatten. Allerdings konnten wir dank der schnell aufgetriebenen Kaution schon an Weihnachten 1959 in die Neubauwohnung einziehen. Es blieb dann nichts Anderes übrig, als sich mit ein paar Jahren harten Sparens abzufinden. Die Möglichkeit, noch etwas dazuzuverdienen, war damals gleich Null. Zum Glück kamen wir beide nicht aus reichen Familien, also taten wir uns mit zwei, drei Verzichtsjahren nicht besonders schwer. Ganz im Gegenteil, es war eine jener schweren Lebenserfahrungen, welche den Menschen abhärten.

Historiker der Wirtschaftsgeschichte?

Als es schon klar war, dass ich doch zum Fachassistenten befördert werden würde, musste ich mich entscheiden, wo ich das Thema für meine Kandidatenarbeit suchen sollte. Professor Říha tendierte nicht dazu, mir etwas vorzuschreiben, er machte nur deutlich, dass ich ein Thema aus der allgemeinen, nicht der tschechoslowakischen Geschichte wählen müsse. Das war völlig legitim. Es kam mir am sinnvollsten vor, die Thematik meiner Diplomarbeit zu erweitern oder daran eher frei anzuknüpfen. Als ich über Wallensteins Haltung zu den spanischen Plänen schrieb, den Handel an der Ostsee zu kontrollieren, konnte ich den Gesamtkontext nicht übersehen: die Bedeutung des baltischen Seewegs für die Entstehung der Handelsbeziehungen zwischen West- und Osteuropa. Ich verglich das Verhältnis Wallensteins zu Handel und Städten mit der schwedischen sowie spanischen Handelspolitik und vermutete, dass das Studium der Kriegspolitik, mit der ich mich bisher beschäftigt hatte, erst dann sinnvoll würde, wenn ich diese Politik in ihrer Wechselwirkung mit den zeitgenössischen Handels- und Wirtschaftsverhältnissen betrachte. So schien es möglich, allgemeinere Fragen zu stellen und breitere oder eher tiefere Kausalitäten zu erkunden.

Ich fand es sehr wichtig, insbesondere danach zu fragen, wie die Wirtschaft, wirtschaftliche Interessen, politische Entscheidungen und die Möglichkeiten der Umsetzung politische Ziele beeinflussten und umgekehrt; wie die Politik den Handel und die Wirtschaft überhaupt beeinflusste bzw. modifizierte. Von wesentlicher Bedeutung bei der Entscheidung war mein altes Interesse an dem Charakter und den Ursachen der Unterschiede im Tempo der Wirtschaftsentwicklung zwischen West- und Osteuropa, über das in der europäischen Historiographie wie auch bei uns diskutiert wurde. Ein wesentliches Element dieser Diskussion stellte die Frage danach dar, was die Ursachen für die Rückständigkeit des „Ostens" waren. Das nannte ich schon damals Ungleichmäßigkeit der historischen Entwicklung. Ich hatte das Gefühl, in diesem Bereich etwas viel Wichtigeres analysieren und erläutern zu können, als es in meiner Diplomarbeit der Fall gewesen war.

Die Problematik der Ungleichmäßigkeit Ost – West wurde bei uns im Jahr 1960 aktuell, als die Teilnahme tschechischer Historiker am Welthistorikerkongress in Stockholm vorbereitet wurde. Die Vorbereitungen traf bei uns jedoch ein enger Kreis von Mächtigen, zu dem zunächst auch noch Professor Polišenský als Sekretär der Tschechoslowakischen Historischen Gesellschaft zählte. Das war eine seiner wenigen Aktivitäten, bei denen er mich nicht um Hilfe bat. Das Einzige, was ich auf seinen Wunsch für den Stockholmer Kongress tat, war, eine etwa zehnseitige Übersicht über die schwedische Historiographie zu verfassen, als Information für die Mitglieder der tschechoslowakischen Delegation. In einer Sektion, oder sogar im Plenum, sollten die tschechischen Historiker einen Vortrag zum Thema des Verhältnisses zwischen West- und Osteuropa halten. Das Referat sollte im Plenum der Tschechoslowakischen Historischen Gesellschaft zur Diskussion gestellt werden, wohl um das Interesse an den Meinungen der Kollegen zu bekunden. Eine der Diskussionen wurde im Hörsaal unserer Fakultät einberufen. Das Referat hielt ein anerkannter Experte, der temperamentvolle Professor für osteuropäische Geschichte Josef Macůrek aus Brünn, der damals für uns Junge als Legende der Geschichtswissenschaft galt. Ich weiß nicht, wie ich den Mut dazu fasste, an der Diskussion teilzunehmen. Ich sagte, dass ich in seiner Analyse der Beziehungen zwischen West und Ost auch die Möglichkeit eines Vergleichs dieser Teile Europas sähe, und fragte, ob und wie man da vorgehen könne. Ich sprach dabei auch über die Ungleichmäßigkeit der Entwicklung und verwendete den Begriff Komparation. Professor Macůrek interpretierte meine Frage, welche möglicherweise zu kompliziert formuliert war, irgendwie verkürzt als Kritik und fing an, sich mit seinem charakteristischen Temperament von der „Komparatistik" zu distanzieren. Anscheinend machte es ihm Angst, da „Komparatistik" damals als eine bürgerliche Mode und keinesfalls als Wissenschaft galt. Bei einigen Anwesenden kam mein

Beitrag gut an, was mich ermunterte. Professor Říha bekam alles mit. Als ich dann zu ihm kam und ihn als meinen Betreuer fragte, ob er damit einverstanden sei, dass ich meine Dissertation über den baltischen Handel und die Politik in den Beziehungen zwischen dem Westen und Osten Europas während des Dreißigjährigen Krieges schreiben würde, stimmte er spontan zu. Für die weitere Entwicklung meiner Arbeit interessierte er sich aber nicht mehr und er griff nirgendwo ein. So kam es also zu der Entscheidung, an einer Problematik zu arbeiten, zu der ich dann für zwei Jahrzehnte lang als einem der Schwerpunkte meines wissenschaftlichen Interesses zurückkehrte. Es war kein einfaches Thema, man musste quantifizierend arbeiten, nach Kausalitäten zwischen wirtschaftlichen Motiven und Interessen auf der einen Seite und politischen Entscheidungen auf der anderen Seite suchen sowie die Einwirkung der Politik auf die Wirtschaft und insbesondere auf den Handel analysieren.

Es ging also nicht um reine Wirtschaftsgeschichte und Quantifizierung, obwohl ich mehrmals dem Zauber nicht widerstehen konnte, das schwankende Handelsvolumen bei einzelnen Artikeln zu berechnen. Besonders interessant war es, die Korrelationen zwischen dem Handelsvolumen zwischen Westeuropa und dem Baltikum auf der einen Seite und den Preisschwankungen bei den Artikeln aus dem Osten auf der anderen Seite zu erforschen. Entscheidend war für mich herauszufinden, inwieweit die Schwankungen bei dem Handelsvolumen mit einzelnen Gütern und die entsprechenden Preisschwankungen anhand rein wirtschaftlicher Faktoren zu erklären sind und inwieweit daran außerökonomische Prozesse beteiligt waren – also Machtpolitik und Kriege. Gleichzeitig bemühte ich mich, herauszufinden, ob und wie sich wirtschaftliche Interessen in politischen Entscheidungen widerspiegelten. Also auch in der Entscheidung über Krieg und Frieden. Mich faszinierte die Möglichkeit, die Beziehungen mithilfe von Zahlenreihen darzustellen und diese zu verstehen, indem man sie in Worte übersetzte.

Wenn ich die Sonderdrucke meiner damals publizierten Aufsätze oder Tagungsreferaten durchblättere, stelle ich einen charakteristischen stilistischen Schub fest. Ich würde ihn als defensiv oder behutsam bezeichnen. Heute vermute ich, dass das eine unterbewusste Reaktion auf jene Kampagne gegen den „Positivismus" war, welche gerade im Gange war, aber damals war mir das nicht wirklich bewusst. Ab diesem Zeitpunkt begann ich nämlich, einer Art Selbsterhaltungstrieb folgend, meine Ansichten und Forschungsergebnisse dadurch gegen eventuelle Kritik zu „sichern", dass ich in meine Texte und Thesen das Adjektiv „marxistisch" hier und da einfließen ließ, das ich als Synonym für „wissenschaftlich" verwendete. Jegliche originellen, aber auch banalen Schlussfolgerungen oder Deutungen kamen bei der ideologischen Aufsicht besser an, wenn es da ein eigentlich nur verbales Bekenntnis zum Marxismus gab. Das war nichts Außergewöhnliches. Ganz im Gegenteil, wurde ich einer der Historiker, die ihre Schlussfolgerungen mit passenden „Klassiker"-Zitaten versahen, wenn sie befürchteten, dass diese ideologisch angreifbar sein könnten. Bei der Suche nach passenden Verweisen stellte ich immer häufiger fest, dass das, was ich bei Marx fand (es handelte sich vor allem um Analysen des Kaufmannkapitals), ganz oft meinen Erkenntnissen entsprach. Oder genauer gesagt, die Terminologie von Marx half mir, meine Erkenntnisse besser zu klassifizieren. Ich glaube, dass ich manche dieser Verweise schließlich auch ernst meinte und dass es daher öfters um keine eigentlich unehrliche Camouflage ging.

Die sowjetische Erfahrung

Bei der Entscheidung darüber, über welche Themen ich weiter forschen würde, war mir eines klar. Egal ob ich mich für das neue Thema der Nationalbewegungen entschiede oder beim baltischen Handel bliebe – auf die Arbeit in ausländischen Archiven und Bibliotheken konnte ich nicht verzichten. Meine erste Erfahrung machte ich in den Archiven in der DDR und ich hoffte darauf, dass ich in analoger Weise nach Polen kommen würde, sobald ich die Schulden für die Wohnung zurückgezahlt hätte – also im Rahmen eines Austauschs mit einem der dortigen Kollegen. Der Aufenthalt in Schweden kam dank eines Zusammenspiels glücklicher Umstände noch vor der finanziellen „Wohnungskrise" zustande. Die dänische Schlüsselquelle – das Sundzollregister – war in einer wunderbaren Edition verfügbar, die man über die Auslandsfernleihe bestellen konnte. Es blieb also das östliche Baltikum, das heißt vor allem Lettland und Estland. Das waren allerdings Sowjetrepubliken und ein inoffizieller Austausch kam nicht in Frage. Ich fand aber heraus, dass man auch auf der Grundlage eines Kulturabkommens, das auch Forschungsaufenthalte einschloss, dahin kommen konnte. Ich stellte also wohl 1960 einen Antrag beim Unterrichtsministerium auf einen sechswöchigen Aufenthalt in den Archiven der baltischen Republiken, konkret in Riga und Tallin. Nach einiger Zeit kam der Bescheid, dass mein Studienaufenthalt in Moskau und Leningrad (Sankt Petersburg) genehmigt sei. Ganz naiv hielt ich das für einen Irrtum und wandte mich an die zuständige Referentin im Ministerium. Aufgeregt erklärte ich ihr, dass ich für mein Thema in Moskau nicht viel finden könne. Mit eiskalter Ruhe versicherte sie mir, dass es keine andere Option gebe, und kommentierte, dass mein Aufenthalt überhaupt auf drei Wochen verkürzt werde. Friss oder stirb. Ich akzeptierte die drei Wochen in Moskau, mit einem kurzen Abstecher in Leningrad ...

Obwohl ganz ohne Illusionen, konnte ich mir damals gar nicht vorstellen, dass auch der Alltag in der Sowjetunion eine komplett andere Welt darstellte und dass da für die Forschung völlig andere Regeln galten als bei uns, wo der Sozialismus sowjetischer Art erst im Aufbau war. Keine Ahnung, dass auch die Entscheidung darüber, wie und wo unsere Studienaufenthalte stattzufinden hatten, nicht in Prag, sondern in Moskau getroffen wurde. Ganz verstand ich das erst, als ich im Februar 1961 in Moskau landete. Es war übrigens meine erste Flugreise. Obgleich ein unbekannter Assistent, wurde ich in einem (für die damalige Zeit) luxuriösen

Hotel untergebracht. Ich wurde sehr förmlich und ziemlich abweisend von einem Beamten im Rektorat empfangen und dann kam ein langes, sehr freundliches Willkommensgespräch bei dem Lehrstuhlleiter für ältere Geschichte, Professor Nikitin, der sich für mein Thema – der Ostseehandel im 17. Jahrhundert – sehr interessierte, und ich glaube, dass war ehrlich. Er bot mir sogar eine Einführung in die russische Paläographie des 17. Jahrhunderts an. Er beauftragte dann zwei Lehrstuhlmitarbeiter, mit mir meinen Aufenthaltsplan zusammenzustellen (also wohin ich wann gehen würde). Sie waren entgegenkommend und organisierten hilfsbereit auch die Möglichkeit, in der Bibliothek zu arbeiten. Ich hatte dabei den Eindruck, dass es ihnen in Wirklichkeit egal war, wie ich meine Zeit verbrachte. Ja, scheinbar kam es ihnen fast unpassend vor, dass ich mich dermaßen auf die Arbeit einließ. Sie waren anscheinend daran gewöhnt, dass die Tschechen nicht kamen, um zu arbeiten und zu forschen. Dieser Eindruck war begründet: Aus der Tschechoslowakei fuhr man in die UdSSR meistens nicht zum Forschen, sondern einfach zum Verweilen und eventuell, um ein paar brauchbare Kontakte zu knüpfen.

Die Bearbeitung der Anträge zur Genehmigung der Arbeit im Archiv zog sich in die Länge und ich konnte inzwischen zumindest in der Bibliothek forschen, wo ich ein paar sehr interessante Studien aus provinziellen sowjetischen Universitäten entdeckte, deren Publikationen nicht mal an den ausländischen Verkaufsstellen für sowjetische Bücher erhältlich waren. Das Ausland sollte anscheinend nur Moskau und Leningrad kennen. Das stellte auch für mich einen neuen Aspekt sowjetischer Kulturpolitik dar. „Extra urbem non est vita", sagten die alten Römer. „Probiťsja v Moskvu", sagte man in der sowjetischen Provinz.

Auf die Genehmigung für den Archivzugang wartend, hatte ich genug Zeit für einige persönliche Begegnungen. Ich kontaktierte die Moskauer Slawisten, welche ich bei der Sommerschule in Prag kennengelernt hatte. Sie waren nett und gastfreundlich und boten mir spontan an, mich durch Moskau zu führen und in die Galerien zu begleiten. Mir war aber doch nur die Arbeit wichtig. Es gehörte sich, einen Höflichkeitsbesuch bei Ludmila Pavlovna Laptěva einzuplanen, die später bei uns als bekannteste und am meisten geschätzte Expertin für tschechische Geschichte galt. Damals war sie für mich eine eifrige junge Anfängerin, die kurz davor einen langen Studienaufenthalt in Prag absolviert hatte. Meine Sympathie gewann sie erst Jahre später, als wir uns während ihres Aufenthalts in Prag ungefähr im Jahr 1971 trafen. Sie sagte mir unter anderem: „Die Invasion, das war euer Weißer Berg."

Am interessantesten fand ich das Treffen mit Alexander Sergejevič Kan, einem Historiker, der sich mit skandinavischer Geschichte der Frühen Neuzeit beschäftigte. Wir kannten uns bis dahin nicht persönlich, aber tauschten schon zwei Jahre lang unsere Sonderdrucke aus. Ich verfasste einen Bericht für die *Tschechoslowakische Historische Zeitschrift* über einen seiner Aufsätze zur schwedischen Geschichte des 17. Jahrhunderts und er schrieb wiederum eine Annotation zu einem Artikel von mir. All das ohne jegliche Absprache. Bei dem persönlichen Treffen fand ich heraus, dass wir gleich alt waren, wir fanden Interesse aneinander, und zwar nicht nur aufgrund unseres Verständnisses von Geschichte. Wir waren beide „parteilose Spezialisten", wie er das im sowjetischen Jargon nannte. Obwohl politische Themen meidend, erfuhr ich von ihm viel über das wissenschaftliche Leben hinter den offiziellen Kulissen sowie über das wahre Leben der Sowjetbürger. Er wohnte bei seiner Mutter und lud mich zum Mittagessen nach Hause ein. So konnte ich mir ein Bild davon machen, wie die aufgeteilten Wohnungen in dem einst wohl luxuriösen Haus aussahen, welche für vorrevolutionäre Honoratioren bestimmt gewesen waren. In der einst weitläufigen Wohnung teilten sich drei oder vier Familien eine gemeinsame Küche und ein Badezimmer. Kan und seine Mutter hatten zwei Zimmer zugewiesen bekommen, (wahrscheinlich) dank der Tatsache, dass sein Vater Offizier der Roten Armee war. Er war ebenfalls Historiker und erhielt deshalb den Sonderauftrag, kulturelle Schätze in den eroberten deutschen Gebieten zu retten, besser gesagt zu schützen.

Mit Alexander Sergejevič blieb ich weiterhin schriftlich und freundschaftlich in Kontakt und erfuhr erst später, dass er Jude ist. Bei einer späteren Begegnung im Jahre 1972 (er ließ mich damals zum Kongress der Skandinavisten in Moskau einladen) schilderte er mir seine schwierige Lage. Sein Sohn verlangte seine Zustimmung zu seiner Auswanderung nach Israel. Ohne die Zustimmung der beiden Eltern konnte der Sohn, obwohl volljährig, nicht auswandern. Der Emigration seines eigenen Sohns zuzustimmen, bedeutete aber für den an der Akademie der Wissenschaften beschäftigten Vater, seine Entlassung zu riskieren. Schließlich nutzte Alexander Sergejevič selbst ein paar Jahre später die Gelegenheit und emigrierte nach Norwegen. Der Kontakt brach ab und ich traf ihn erst in den neunziger Jahren bei der Verleihung der Ehrendoktorwürde in Uppsala wieder, wo er an der Universität tätig war. Da war sein Schwerpunkt allerdings schon die Neueste Geschichte.

Nach einer Woche bekam ich schließlich die Genehmigung, im Archiv zu arbeiten. Und das war angeblich ungewöhnlich schnell. Auch wenn ich dank Professor Nikitin eine Grundvorstellung von Paläographie hatte, tat ich mich schwer, die Handschriften zu entziffern. Ich erkannte, worauf sich der jeweilige Vorgang bezog (es ging meistens um die Erledigung der Anträge ausländischer Kaufleute und die mit diesen geschlossenen Verträge), aber weiter ging es zäh. Ich suchte daher den Leiter des Forschungsraums auf und fragte, ob es möglich sei, Fotokopien einiger Dokumente zu erhalten. Grundsätzlich war das möglich, wenn ich einen Antrag stellte und die fertigen Aufnahmen in ein paar Wochen abholte. Die Zustellung nach Prag lehnte er ab, also war das keine Option. Meine erfolglosen Verhandlungen hatte anscheinend eine junge Archivarin verfolgt. Sie nahm mich beiseite und bat mich leise um eine Liste der Quellen, die ich brauchte, mit der Bemerkung, dass ich am nächsten Tag wieder im Archiv erscheinen sollte. Ich kam und sie reichte mir wieder irgendwo im Gang unauffällig eine Schachtel, in der ein Film mit vierzig oder mehr Aufnahmen fotografierter Dokumente von meiner Liste war. Ich hatte sie nie zuvor getroffen und traf sie auch nie danach.

Diese Episode im Archiv illustriert meine Grunderfahrung oder Erkenntnis, die ich von meinem ersten und letzten längeren Aufenthalt in der Sowjetunion, oder genauer gesagt in Russland mitnahm. Es war jedoch keine Entdeckung, sondern nur eine Bestätigung dessen, was schon gesagt wurde. Ich lernte zwei Kategorien von Russen kennen. Einfache reguläre Mitarbeiter, sei es an der Universität oder anderswo, die meistens freundlich, herzlich und hilfsbereit waren. Und Leute in höheren oder leitenden Positionen, welche ungefällig, überheblich, manchmal auch arrogant waren. Der nette Professor Nikitin stellte wohl eine löbliche Ausnahme dar.

Gefälligkeit, die sich nicht auszahlte

Einer der ausländischen Besucher, um die ich mich als Assistent im Auftrag von Professor Polišenský kümmern sollte, war Emil Schieche, Dozent für historische Hilfswissenschaften an der Universität in Stockholm. Er kam nach Prag mit einer Gruppe junger schwedischer Historiker, irgendwann im Herbst 1957. Ich war ihm kurz schon ein paar Monate früher auf der Hansetagung in Rostock begegnet, wo ich zum ersten Mal auf der internationalen Bühne auftrat. Auch sein Referat befasste sich mit der Zeit des Dänischen Kriegs, also gab es so oder so viel Gesprächsstoff. Er war ein Deutscher aus Prag und sprach perfekt Tschechisch mit einem kaum merklichen Akzent. In Prag boten sich weitere Gelegenheiten für Gespräche und in den kommenden Monaten tauschten wir auch einige Briefe aus. Als er über meinen Antrag auf eine Reise nach Schweden erfuhr, gab er mir sofort seine Telefonnummer mit der Bitte, ihn in Stockholm zu kontaktieren.

Das machte ich dann tatsächlich. Er lud mich zweimal zum Kaffee und einmal sogar zu sich nach Hause ein. Er hatte Geschichte an der deutschen Universität in Prag studiert, spezialisierte sich auf das Mittelalter und arbeitete im Tschechischen Historischen Institut an Quelleneditionen. Er versicherte mir, kein Sudetendeutscher zu sein, und gab mir die Fotokopie einer Bescheinigung, wonach er während der Okkupation tschechischen Patrioten geholfen hatte und dass er „als Tscheche" behandelt werden sollte. Diese Hilfe hatte, wie er erzählte, insbesondere in der Zusammenarbeit mit tschechischen Evangelikalen bestanden. Trotzdem entschied er sich fortzugehen, weil seine norwegische Frau kein Tschechisch konnte, sich auch nicht traute, in deutscher Sprache zu kommunizieren, und sich komplett isoliert fühlte.

In dieser Lage bat er mich um Hilfe. Er sagte, dass er vor dem Krieg im Historischen Institut an einem Regestenwerk zur Epoche des Königs Johann von Luxemburg gearbeitet hatte und gerne herausfinden würde, wo sein Manuskript abgeblieben war und ob er daran weiterarbeiten könnte. Er ergänzte noch, dass er nicht als Tourist nach Prag kommen könne, sondern eher aufgrund einer unverbindlichen Pro-forma-Einladung von einer Prager Institution, natürlich auf eigene Kosten. Und ob ich ihm dabei helfen könne. Die Erfüllung seiner Bitte schien mir einfach zu sein, weil ich weiterhin als Verwalter der Bibliothek tätig war und deswegen Zugang zum runden Stempel und dem Briefkopf des Lehrstuhls hatte. Aus der Kopie, die ich behielt, geht hervor, dass ich keine Einladung aussprach, sondern nur kurz bestätigte, dass es für seine Forschungszwecke bei uns relevante Archivbestände gab und dass ihm ein Aufenthalt in Prag nützlich sein könnte. Das klang so, dass es auch für die Fakultät akzeptabel war. Ich hielt mich an das übliche Verfahren, indem ich es dem nichtsahnenden Lehrstuhlsekretär zur Unterschrift vorlegte. Der Lehrstuhlleiter erfuhr allerdings nichts davon, ich ahnte schon irgendwie, dass er dagegen gewesen wäre.

Ein Jahr lang blieb es still, aber dann ging das Durcheinander los. In meiner jugendlichen Naivität war mir nämlich gar nicht eingefallen, dass unsere Konsularabteilung in Stockholm zusammen mit dem Visumsantrag auch weitere Unterlagen nach Prag mitschickte, welche das Ministerium überprüfen würde. Als dann jemand vom Außenministerium bei Professor Říha als Lehrstuhlleiter anrief und ihn fragte, ob er wirklich an der Anreise des Dozenten Schieche interessiert sei, wusste er aber gar nichts von der „Einladung". Ich nahm gerade an einer Militärübung teil, also wurde mir dann nur erzählt, wie sehr er sich angeblich geärgert hatte. Als er nach meiner Rückkehr von der Militärübung mit mir sprechen wollte, hatte er sich schon beruhigt, aber kanzelte mich gebührend ab. Nicht einmal ein Jahr später wurde sein Vorschlag, dass ich zum Fachassistenten befördert werden sollte, zwar gebilligt, jedoch nur unter Vorbehalten. Ich befürchtete deswegen, dass seine Anspielungen auf meinen möglichen Rausschmiss aus der Universität ernst gemeint sein könnten. Er verhielt sich aber schließlich sehr menschlich. Anscheinend schlichtete er die Affäre irgendwie und zog mir gegenüber keine existenziellen Konsequenzen. Da hatte ich, so glaube ich, in zweierlei Hinsicht Glück. Zum einen war der Lehrstuhlsekretär Karel Durman Říhas Favorit und galt als „Kaderstärkung" des Lehrstuhls, da er seit seinem 16. Lebensjahr Parteimitglied war. Wenn daraus eine „Affäre" gemacht worden wäre, hätte es auch ihm geschadet, weil er die Einladung unterschrieben hatte, wenn auch aufgrund meiner irreführenden Information. Zum anderen kannte Professor Říha Schieche aus den Zeiten, als er selbst vor dem Krieg im Tschechischen Historischen Institut arbeitete, und ich hatte nicht das Gefühl, dass er schlecht über ihn dachte. Und so nahm ich an, dass ich mit heiler Haut davonkommen würde. Da freute ich mich aber zu früh.

Einige Zeit später grüßte mich am Eingang zum Fakultätsgebäude ein unbekannter Mann und bat mich sehr höflich, ob ich an einem der kommenden Tage ins Gebäude des Innenministeriums kommen könnte. Ob etwa der und der Tag passen würde. Wer hätte nicht zu zittern begonnen? Seit den politischen Prozessen waren nicht viele Jahre vergangen. Ich hatte in dieser Hinsicht keine Erfahrung und das einzige Indiz, an das ich mich klammerte, war das Gespräch mit dem Dozenten Červinka, der mir ein paar Wochen zuvor bei einer Art informellen Unterhaltung gesagt hatte: „Falls du zum Verhör ins Innenministerium eingeladen werden solltest, vermeide jegliche Diskussion, widersprich nicht, sag nicht, was du denkst, lass nicht zu, als Regimegegner eingestuft zu werden, sondern rede nur und rede positiv über dich selbst, aber nicht über andere, lass sie keine Fragen stellen." Wusste er wohl, was auf mich zukam? Ich erinnere mich, dass ich mich an diesen Ratschlag hielt, aber ich weiß nicht mehr, worüber ich überhaupt redete, und ich erinnere mich auch nicht daran, was die beiden Genossen dazu sagten. Nur ganz nebulös erinnere ich mich an das Fazit. Das Thema Schieche wurde übergangen mit der Bemerkung, dass sie sich eigentlich über seine Anreise freuten und ihn gerne treffen würden, und sie baten mich, ihnen dadurch zu „helfen", dass ich mit schwedischen Vertretern in Prag Kontakt aufnähme. Es war mir klar, dass das „etwas für etwas" bedeutet, heute würde man dazu Erpressung sagen, aber ich traute mich nicht, zu widersprechen. Ich hatte nicht das Gefühl, dass sie etwas Schlechtes verlangten.

Die erste und zum Glück auch die letzte, wie sich zeigte, „Hilfe" sollte darin bestehen, dass ich zu einem Empfang eingeladen wurde, welcher vom Außenministerium wahrscheinlich anlässlich eines schwedischen Nationalfeiertags organisiert wurde. Als ich am Abend dort mit einem „Beamten" eintraf, den ich begleiten sollte, schaute der mich von oben bis unten an und fragte sauer: „Bessere Bekleidung haben Sie nicht?" Ich erwiderte ehrlich, dass ich neben meinem Hochzeitsanzug nichts Anderes habe. Wegen der Schuldenrückzahlung konnte ich mir sicherlich keinen neuen Anzug leisten. Er sagte: „Wir kaufen Ihnen etwas Neues." Da entgegnete ich scharf und erschrocken, dass das gar nicht in Frage komme. Schließlich begleitete ich ihn, unpassend gekleidet, zum Palais Czernin und absolvierte dort, wohl sehr ungelenk, den ersten offiziellen Empfang meines Lebens. Ich sprach kurz mit dem Botschafter, der es interessant fand, dass sich jemand in Prag mit der schwedischen Teilnahme am Dreißigjährigen Krieg befasste, und falls ich etwas brauchen sollte … und das war alles. Ein paar Tage danach sollte ich wieder im Innenministerium vorsprechen, ich berichtete über dieses klägliche Ergebnis und wurde nie mehr zu einer solchen Veranstaltung geschickt. Dann versuchten sie es noch einmal mit der Aufforderung, die schwedische Botschaft zu besuchen. Dabei bekam ich keinen konkreten Auftrag und ich sollte nicht einmal Informationen über Personen sammeln, also dachte ich, dass sie eher etwas überprüfen wollten. Ich widersprach nicht, der Antrittsbesuch stand sowieso in irgendeinem Bezug zur Sommerschule für Slawische Studien. Nach dem zweiten Besuch kam ich auf eine rettende Idee. Ich erklärte, dass wir an der Fakultät neue Weisungen hätten und dass ich nächstes Mal die Botschaft erst dann aufsuchen könne, nachdem ich den Dekan oder eine Sonderabteilung an der Philosophischen Fakultät informiert hätte. Dieses Vorgehen bei dem Verkehr mit westlichen Vertretungen wurde tatsächlich durch eine offizielle Richtlinie geregelt, die dem Lehrstuhl übermittelt wurde. Das ging durch. Dieselbe Ausrede benutzte ich noch später, als ich noch einmal oder zweimal eingeladen wurde. Dann ließen sie mich in Frieden und ich traute mich sogar später, ihre telefonische Aufforderung, etwas zu unterschreiben, zu ignorieren.

Der Weg in die Partei

Drei Jahre mit Problemen und Missgeschicken wurden von einem Ereignis gekrönt, das mich damals freilich vor weiteren Unannehmlichkeiten bewahrte. Es war aber – mit heutigen Augen gesehen – das größte Malheur von allen. Ich wurde Kandidat und später Mitglied der KPČ. Obwohl ich als Parteiloser in den vorangegangenen Jahren eine Menge Einschränkungen und Nachteile hatte hinnehmen müssen, fühlte ich einen gewissen Stolz darauf, dass ich die ganzen Erschütterungen überstanden hatte. Ich war der Meinung, dass das insbesondere an meinen fachlichen Leistungen und meiner erfolgreichen Lehrtätigkeit lag. Bis heute weiß ich allerdings nicht, ob das wirklich so war, oder ob ich mir das nur einbildete. Später fand ich nämlich heraus, dass in der Kadernomenklatur neben Parteimitgliedern und Parteilosen noch die Kategorie „Parteiloser mit Perspektive" figurierte. Die Perspektive bestand darin, dass die Aufnahme dieser Person in die Partei Voraussetzung für den weiteren Werdegang war.

Wie auch immer, ich fühlte deutlich, dass ich durch meine Beförderung zum Fachassistenten eine gewisse Sympathie und Respekt bei den älteren Kollegen erwarb. Ich habe mir das so erklärt, dass nach den fünfziger Jahren, als sogar unter den Parteimitgliedern Nervosität und Misstrauen gesät wurden, sich die zwischenmenschlichen Beziehungen an beiden Geschichtslehrstühlen allmählich entspannten, auch bei der Prähistorie und der Archivkunde. Ich weiß nicht, wessen Idee das war, aber wir fingen an, Parteimitglieder wie Parteilose, uns bei sozialen Anlässen zu treffen, was man heute wahrscheinlich als „Teambuilding" bezeichnen würde. Die Treffen fanden meistens in den Räumlichkeiten des Kinsky-Palais statt, wo wir auch bis tief in die Nacht bleiben durften. Es herrschte eine entspannte Stimmung, auch Parteimitglieder gaben zahlreiche politische Witze, Klatsch sowie kritische Äußerungen zu den politischen Verhältnissen, zu Partei und Regierung zum Besten. Das überraschte mich eigentlich gar nicht. Wir, die paar Parteilosen, wurden einfach als gleichwertige Lehrstuhlmitarbeiter behandelt. Es ging nicht nur um Spaß, wir diskutierten auch über neue Publikationen sowie über Probleme der Geschichtswissenschaft. Bezeichnenderweise waren die Mitarbeiter der Lehrstühle für die Geschichte der KPČ und der KPdSU nie eingeladen.

Während eines solchen Abends nahm mich Professor Polišenský zur Seite und sagte mir, dass ich der Partei beitreten solle. Das überraschte mich, ich faselte etwas Sinnloses und er sprach das weiter nicht mehr an … Tatsächlich hatte ich nach der Erfahrung der vergangenen Jahre Angst, das Angebot zum dritten Mal abzulehnen. Einige Zeit danach unterhielt ich mich mit Jiří Hánl, der aus der Pädagogischen

Fakultät als Experte für die Methodik des Geschichtsunterrichts zu uns kam und der von Anfang an deutlich machte, dass er meine wissenschaftliche Arbeit schätzte. Mehrmals holte er meine Meinung zu studentischen Angelegenheiten ein. Er wiederholte das Angebot, ich weigerte mich wieder und er sagte mir ungeschminkt, dass er meine Vorbehalte gegenüber der KPČ nachvollziehen könne, dass er selbst, so wie viele Parteimitglieder, solche Vorbehalte habe, dass aber die fünfziger Jahre nun vorbei seien, dass es keine Hinrichtungen mehr gebe und die Rehabilitierung unschuldiger Opfer begonnen hätte. Mir solle insbesondere klar sein, dass ich keiner abstrakten Gemeinschaft, sondern einer konkreten Organisation an der Fakultät beitreten würde und so unter Menschen käme, die ich jahrelang kannte und von denen mich (zumindest die meisten) mochten. Und dass meine Begeisterung für das Fach und mein Fleiß der Fakultät sowie dem Fach zugutekommen könnten, weil ich meine Ergebnisse und meine Ansichten nur mittels dieser Organisation durchsetzen könne. Möglicherweise unterhielten wir uns nicht nur einmal, sondern mehrmals, bei verschiedenen Anlässen. Auch wenn ich es mir nicht eingestehen wollte, brachte er mich mit seinen Argumenten ins Wanken und beeinflusste mich. Ich muss allerdings gestehen, dass ich auch keine Lust mehr darauf hatte, wieder Monate voller Stress wie vor wenigen Jahren zu erleben, und ich sagte mir, dass ich als Parteimitlied eine sicherere Stellung haben würde.

Es ging schnell. Ich weiß nicht, wann genau, aber es dauerte nicht lange, bis ich mich auf der Parteiplenarsitzung der historischen Fächer sah, bei der ich als Kandidat der KPČ aufgenommen wurde. Ich hatte dabei kein gutes Gefühl, aber umgeben von Kollegen, die mir nahestanden, fühlte ich mich schon wohler. Die Tatsache, dass auf derselben Plenarsitzung Dozent Otakar Nahodil aus der Partei ausgeschlossen wurde, ein Ethnologe, der als böser Geist der Fakultät und einer der Hauptanstifter der Säuberungen nach dem Februar galt, bot mir einen symbolischen Trost. Zu seinem Ausschluss kam es nicht aufgrund der Politik, sondern aufgrund irgendeiner Veruntreuung, Beschädigung eines Dienstwagens mit Alkohol am Steuer und Missbrauchs der Position des Expeditionsdirektors im Ägyptologischen Institut. Er war in den fünfziger Jahren von der Partei als Chef der Ägyptologen eingesetzt worden, um diese als Parteikader anzuleiten, obwohl er keinerlei Ahnung von Ägyptologie hatte. Ich dachte mir, dass es für die neue Ära eigentlich bezeichnend sei, dass gerade zum Zeitpunkt meines Parteibeitritts in meinem Fach die „Lumpen" hinausgeworfen wurden. Ein billiger Trost.

Wenn mein Beitritt zur KPČ im Kapitel über meine Lebensprobleme und -malheure zur Sprache kommt, ist das zu erklären. Es war mit Sicherheit ein Lebensschritt, für den ich mich vor mir selbst schämte, bevor ich ihn überhaupt tat. Bald kam ich allerdings zu der Erkenntnis, dass Hánl mit seiner Behauptung richtiglag, dass ich als Parteimitglied über viel größere Möglichkeiten verfügte, das Leben um mich herum zu beeinflussen. Es war wenigstens die Erfahrung, dass Ansichten und Vorschläge, die von einem Parteimitglied vorgebracht wurden, von denjenigen, die die Entscheidungen trafen, ernstgenommen wurden, selbst wenn sie nicht einverstanden oder gar unangenehm berührt waren. Oder sie mussten wenigstens den Eindruck erwecken, dass sie ein Parteimitglied irgendwie ernster nahmen als andere. Und nicht nur das: Es zeigte sich, das war zumindest mein Gefühl, dass ich mir an dieser Position auch in meiner wissenschaftlichen Arbeit mehr erlauben konnte als ein Parteiloser, der ständig unter Aufsicht stand und befürchten musste, dass ihm Positivismus oder andere unlautere Absichten unterstellt wurden. Dieselbe Erfahrung machten übrigens auch ein paar meiner verbleibenden nicht-parteiangehörigen Kollegen, die kurz nach mir in die KPČ eintraten, wahrscheinlich mit ähnlichen Gefühlen – die meisten waren Angehörige der mittleren Generation und damals bereits bekannte Historiker. Als ich nach Jahren schon wusste, wie es in der Kaderpolitik so zuging, wurde mir klar, dass hinter dieser großen Anwerbeaktion ein „höheres Interesse" stand. Die Kaderpläne unseres Lehrstuhls bzw. unsere Chefs sahen vor, dass wir uns habilitieren sollten. Ohne Parteimitgliedschaft war das damals an der Philosophischen Fakultät unmöglich.

Im Dienst des Jugendverbandes

Mitglied bzw. Kandidat der Partei zu werden, brachte Verpflichtungen mit sich: Jedem Mitglied oder eigentlich schon jedem Kandidaten wurde eine Parteiaufgabe zugeteilt. Ich wurde mit der Arbeit im Fakultätskomitee des Tschechoslowakischen Jugendverbandes beauftragt. Bis dahin hatte ich mit Erfolg alle Verbandsfunktionen vermieden und nun sollte ich sogar gleich zum Funktionär für die ganze Fakultät werden! Ich war beunruhigt, weil ich seit meiner Studienzeit immer noch die Vorstellung hatte, dass die Verbandsfunktionäre Fanatiker und Karrieristen waren. Das war aber ein großer Irrtum. Das Fakultätskomitee bestand damals größtenteils aus großartigen, klugen Studenten und Studentinnen, von denen die meisten die Fakultät und einige sogar die Republik verändern wollten. Sie waren diejenigen, welche die Stimmung im ganzen Komitee prägten. Deswegen waren die Komiteesitzungen alles andere als Exerzitien politischer Parolen und auf keinen Fall Foren für politische Schikane gegen Kollegen. Es zeigte sich, dass auch sie ihrerseits mit ihrer Befürchtung falsch lagen, dass die Partei mich als irgendeinen ideologischen, politisch reifen Genossen zum Zweck der Aufsicht entsandt hatte. Es waren einfach nicht mehr die fünfziger Jahre. Ich fand Gefallen daran, mich unter vernünftigen jungen Menschen zu bewegen, und im Lauf der Zeit zeigte sich, dass wir gemeinsam tatsächlich manches an der Fakultät verbessern konnten. Ich war übrigens nicht das einzige „erwachsene" Verbandsmitglied jener Zeit im Fakultätskomitee.

Ich erinnere mich lediglich an einen Bruchteil von dem, was alles während meiner „Verbandsjahre" 1962–1964 im Fakultätskomitee zur Sprache kam. Meistens ging es tatsächlich um Angelegenheiten, die ich mir nicht zu merken brauchte. Es wurden zahlreiche politische Affären besprochen, selbstverständlich nicht die ernsthaften. Die bedeutendste von allen war die um „Majáles" (ein traditionsreiches Studentenfest, das schon seit dem 19. Jahrhundert im Mai gefeiert wird) und um die Beschwerden über das nicht ausreichend politisch korrekte Kabarett, das von einer Gruppe begeisterter Studenten organisiert wurde. Die „Lösung" bestand darin, eine Ausrede oder eine geschickte Rechtfertigung zu finden, welche die Akteure vor einer nachhaltigen Bestrafung schützen würde. Wir beschäftigten uns jedoch insbesondere mit apolitischen Fragen, etwa den Lebensbedingungen in den Studentenwohnheimen oder Studienproblemen. Das interessierte mich übrigens am meisten.

Eine ausführlichere Anmerkung verdient eine unserer erfolgreichen Initiativen: der Vorschlag für eine veränderte Organisation oder eher für eine Konzeption des Studiums, an den ich mich später verschiedentlich – und mit Stolz – erinnerte. Der Vorschlag entsprang der Unzufriedenheit der Studenten mit der Lehre in den „großen" Studiengängen wie Tschechisch oder Geschichte. Sie beschwerten sich darüber, meist nur passiv in Vorlesungen sitzen zu müssen, bei denen ihnen Informationen vermittelt wurden, die man in der Fachliteratur einfach nachschlagen konnte. Der Referent für studentische Angelegenheiten, ich glaube, er war Bohemist, schlug vor, den Unterricht neu als „Vorlesung-Seminar" zu gestalten, wo die Studenten auch mit dem Vortragenden diskutieren könnten. Ich fand die Idee recht gut, weil ich entsprechende Einwände gegen die Form der Lehre auch bei uns im Fach Geschichte hatte. Und so diskutierten wir und erarbeiteten ein Konzept, nach welchem die Grundvorlesungen im Studienplan um Übungen ergänzt werden sollten, in denen vor allem die Studenten zu Wort kommen würden. Im Fall der fakultativen Vorlesungen sollte die Diskussion mit Studenten im Rahmen des vorgeschriebenen Gesamtzeitaufwands erfolgen: So sollte theoretisch eine Vorlesungsstunde mit einer Übungsstunde gekoppelt werden (das blieb aber Theorie und wurde nicht konsequent eingehalten). In der Übung sollte über das Thema der Vorlesung diskutiert, aber auch mit Fachtexten gearbeitet werden, also mit der Sekundärliteratur bzw. im Falle des Geschichtsstudiums auch mit Quellen. Aus diesem Grund war die Teilnehmerzahl beschränkt und zu jeder Vorlesung fanden mehrere parallele Übungen statt.

Wir rechtfertigten unseren Vorschlag mit dem Erfordernis, die Studenten zu selbständigem kritischen Denken zu erziehen und das reine Pauken von Fakten zu überwinden. Für diese Idee fand ich relativ leicht Unterstützung bei Dozent Hánl, damals Spitzenfunktionär an der Fakultät. Ich weiß nicht genau, wie er diese Veränderung durchsetzte, wichtig war, dass etwas Gutes erreicht wurde. Die Unterrichtspläne bei den „großen" Studiengängen wie Tschechisch oder Geschichte umfassten seitdem neben den Vorlesungen immer auch Übungen, die in kleineren Gruppen stattfanden. Die Relikte dieser Konzeption überlebten in den historischen Fächern bis zu den neunziger Jahren und zum Teil, glaube ich, bis heute, ohne dass jemand ahnte, wie und wo sie eigentlich entstanden war.

Heute, viele Jahre später, muss ich zugeben, dass ich mich für den Vorschlag, die Übungen in die Studienpläne aufzunehmen, nicht nur deswegen aktiv einsetzte, weil ich von dem Sinn des Ganzen überzeugt war. Ich hatte auch ein weniger hochgestecktes, wenn auch keinesfalls egoistisches Interesse daran. Es ging darum, dass mit der Aufteilung der Studenten in kleinere Gruppen die Zahl der Unterrichtsstunden erheblich stieg und deswegen neue Stellen für Lehrende erforderlich wurden. So konnten die Lehrstühle ihre Anträge auf Zuteilung weiterer Assistenten- oder überhaupt Lehrstellen rechtfertigen. Die Angaben der Stundenzahlen für den Seminarunterricht konnten dabei flexibel noch oben korrigiert werden, da niemand, nicht einmal die Universitätsleitung, daran interessiert war, diese Angaben zu überprüfen. Diesen Personalüberschuss hätte man durchaus als Beitrag zur Entwicklung des wissenschaftlichen Potentials an der Philosophischen Fakultät verstehen können. Das wäre aber nur der Fall gewesen, wenn die damals neu geschaffenen Stellen tatsächlich mit wissenschaftlich produktiven und qualifizierten jungen Lehrenden besetzt worden wären. Das aber war leider nicht immer der Fall und später, in der Normalisierungszeit, verschlechterte sich die Lage noch.

Obwohl ich nur relativ kurz im Verbandskomitee tätig war, entwickelte ich mich – zumindest in den Augen einiger Kollegen – zum „Kenner" der studentischen Verhältnisse. Dieser Ruf war komplett unbegründet und bedeutete für mich viel Zeitaufwand, weil ich ständig zu Sitzungen geschickt wurde, wenn es nötig war, irgendwelche Missstände aufzuklären und über Methoden „politisch-erzieherischer" Arbeit unter den Studenten zu diskutieren. Diese Verhandlungen, welche gewöhnlich erfolgreich waren, mehrten sich, weil das System politischer Aufsicht und Repressionen begann, sich weiter und weiter zu zersetzen. Ohne das zu realisieren, wurden wir, Lehrende wie Studenten, Parteimitglieder wie Parteilose, zu Akteuren des Prozesses, der heute als „sechziger Jahre" bezeichnet wird. Die Missgeschicke und der Nervenkitzel gingen zurück, Erfolge und freudige Veränderungen wurden immer häufiger. Es ist anzumerken, dass Dinge, die wir als Erfolge begrüßten, in der heutigen Bürgergesellschaft als alltägliche Selbstverständlichkeiten gelten. Die junge Generation versteht deswegen schwer, warum bestimmte Dinge geschahen und was die inzwischen so weit entfernte Begrifflichkeit eigentlich bedeutete, welche Ziele als erreichbar galten.

2.4 Die sechziger Jahre als große Hoffnung

Anfang der sechziger Jahre gestalteten sich die Beziehungen unter den Historikern ruhiger. Die Lehrenden an den neu errichteten Lehrstühlen für Geschichte der KPČ und der UdSSR eigneten sich einen akademischen Habitus an. Ihre Ausfälle gegen die „Positivisten" ließen nach, es brach eine Zeit höflichen Lächelns an und bei vielen von ihnen war das ehrliche Bemühen zu erkennen, sich wissenschaftlich zu

profilieren. Die Wellen der Aufregung und die Beklemmungsgefühle aus der Zeit
des Kampfs gegen den „Positivismus" ebbten ab und wichen einer euphorischen
Stimmung unter den Menschen am Arbeitsplatz, die einander näherkamen. Die
Beziehungen unter den Kollegen verbesserten sich auch aufgrund der Tatsache,
dass keine Entlassungen mehr drohten, und ich hatte das (natürlich falsche) Gefühl,
dass alle Macht- oder Prestigeambitionen der gefährlichen Hüter und Verfechter
der politischen Linie bereits befriedigt waren. Als Anzeichen für diese Befriedigung
betrachtete ich die Tatsache, dass Jaroslav Kladiva, Mitglied des Zentralkomitees
der Partei und politischer Professor zum Lehrstuhlleiter für Geschichte der KPČ
ernannt wurde. Ein weiteres Anzeichen dafür war, dass sich die neu errichteten
Lehrstühle für die Geschichte der KPČ und der KPdSU zu einem Lehrstuhl für die
Geschichte der internationalen Arbeiterbewegung zusammenschlossen. Anscheinend fanden sie es nicht mehr ausreichend wissenschaftlich, die direkte Verbindung
des akademischen Milieus zur Partei zu demonstrieren. Durch diese Vereinigung
und Orientierung auf die Arbeiterbewegung wurden jedoch drei Assistenten für
die Geschichte der UdSSR und der KPdSU am Lehrstuhl überflüssig. Daher wurden sie an unseren Lehrstuhl versetzt, um hier die Orientierung auf die Neueste
Geschichte und die Geschichte der UdSSR zu stärken. Das geschah gegen Professor Říhas Willen, er gab den neuen Mitarbeitern zu verstehen, dass er sie nicht
für wissenschaftlich produktiv genug und nicht ausreichend qualifiziert hielt. Ein
solcher Vorwurf von seiner Seite klang irgendwie unangebracht, da seine eigene
wissenschaftliche Produktivität nicht besonders hoch war, aber mir war klar, dass
er richtig lag.

Insgesamt nahm während der sechziger Jahre die Zahl der Lehrenden an allen
drei Lehrstühlen für Geschichte deutlich zu. Aus mir damals unbekannten Gründen
ergab sich die Möglichkeit, neue Lehrkräfte einzustellen, obwohl die Quoten des
„Numerus clausus" für Geschichte nicht wesentlich erhöht wurden. Es hieß, dass
Dekan Kladiva dank seiner politischen Stellung alle Bemühungen um die Stabili-
sierung der Dozentenstellen erfolgreich abwehrte, welche die beliebige Aufnahme
neuer Assistenten unmöglich gemacht hätte.

Der Lehrstuhl für Allgemeine Geschichte im Wandel

Die allgemeine Lockerung wirkte sich auch am Lehrstuhl für Allgemeine Geschichte aus, wo Professor Charvát und Dozent Hánl, die aus der Pädagogischen Fakultät
gekommen waren, deutlich zur Verbesserung der zwischenmenschlichen Beziehungen beitrugen. Das war die Folge der erwähnten Entscheidung der Regierung, dass
die Pädagogischen Fakultäten nur noch für die Ausbildung der Lehrer für die erste
und die zweite Schulstufe (also nicht für die Gymnasien) zuständig sein sollten.
Die beiden kannten Professor Říha bereits aus der Vorkriegszeit gut, aber waren
im Gegensatz zu ihm auch lustige Kumpane und Kneipengänger, die ihre Mission

insbesondere in der Ausbildung künftiger Gymnasiallehrer sahen. Sie hatten weder wissenschaftliche Ambitionen noch Interesse daran, zu publizieren, verkörperten also kein Risiko, ihn in den Schatten zu stellen oder in Verlegenheit zu bringen. Ganz im Gegenteil, angesichts ihres jovialen Verhaltens bei den Lehrstuhlsitzungen rückte Říhas persönliche Abneigung gegen Professor Polišenský irgendwie in den Hintergrund. Polišenský publizierte nämlich nach wie vor und wenn er auf die Wichtigkeit der Publikationstätigkeit oder überhaupt der wissenschaftlichen Arbeit aufmerksam machte – sei es gezielt oder ohne Absicht – provozierte er den Lehrstuhlleiter und möglicherweise auch andere Lehrstuhlmitarbeiter. Ich zumindest spürte die dicke Luft bei fast jeder Lehrstuhlsitzung, auf der dieses Thema behandelt wurde.

Die neuen Kollegen aus der Pädagogischen Fakultät führten zwei Innovationen in das Leben im Fach Geschichte ein. Erstens unterstrichen sie die Bedeutung der Didaktik im Geschichtsunterricht, die bisher nur einen formalen Platz am Rande gehabt hatte. Zweitens ergänzten sie die Lehrpläne des Studiengangs um studentische Fachexkursionen, die – zumindest offiziell – auf die Vorbereitung künftiger Lehrer abzielten. Aus diesem Grunde übernahm die Fakultät alle Reise- und Unterkunftskosten. Die Organisation der Exkursionen landete wieder bei mir und wurde zu einer weiteren Abwechslung meiner Lehrtätigkeit an der Fakultät. Ziele dieser Exkursionen waren Sehenswürdigkeiten und Orte, welche mit bedeutenden historischen Ereignissen verbunden waren. Einfach klassische Lehrerexkursionen. Die Studenten sollten dabei selbst die Führung übernehmen. Damit sollten sie in die Lage versetzt werden, künftig als Lehrer am Gymnasium selbständig Exkursionen zu organisieren. Bei der Gestaltung der Themen und den Formen, wie wir die Studenten in das Programm einbezogen, hatten wir, die Jungen, freie Hand.

Anfang der sechziger Jahre kam es am Lehrstuhl für Allgemeine Geschichte zu einer anderen, eher marginalen personellen Veränderung. Allerdings war es eine Veränderung, die mich unmittelbar betraf. Die Professorin Paulová sollte in Rente gehen. Im Studiengang stellte sie ein Relikt der „bürgerlichen" Republik dar und wurde von uns als Trägerin langfristiger Kontinuität in den Vorlesungen und Seminaren zur Geschichte Osteuropas betrachtet. Ihre Spezialgebiete waren vor allem die Byzantinistik und die Geschichte Südosteuropas. Sie ersuchte Professor Říha, diesen Schwerpunkt zu bewahren und ihre Stelle mit meiner Frau zu besetzen. Sie gehörte tatsächlich zur letzten Generation von Paulovás wenigen Studenten und hatte als einzige die Byzantinistik als Schwerpunkt gewählt. Das Resultat der Stellenausschreibung war vorab klar, weil es, so glaube ich, keine anderen Interessenten gab. So konnte meine Frau als Assistentin anfangen, musste aber den Preis dafür bezahlen, der Partei beizutreten. Im Kontext der Notwendigkeit, die Byzantinistik an der Fakultät zu erhalten, kam ihr das aber als nichts Schlimmes vor. In dieser Hinsicht wurde ihr die Dozentin Bohumila Zástěrová, eine eng vertraute Kollegin von Professorin Paulová, zum Vorbild sowie zur wohlmeinenden Ratgeberin. Dank ihrer Parteimitgliedschaft und ihres beeindruckenden Verhandlungstalents war es ihr schon am Anfang der fünfziger Jahre gelungen, die internationale Zeitschrift *Byzantinoslavica* nach mehrjähriger Pause wiederzubeleben. Die Zeitschrift war während der Ersten Republik gegründet worden und sie war in den fünfziger Jahren, wenn ich mich nicht täusche, unsere einzige fremdsprachige Zeitschrift in den Geisteswissenschaften. Sie brachte auch Beiträge ausländischer, „westlicher" Autoren und repräsentierte unsere Wissenschaft auf internationaler Ebene.

Wie funktionierte der Lehrstuhl eigentlich? Bei den Lehrstuhlsitzungen wurden – mit Abstand mehrerer Jahrzehnte verallgemeinert – drei Themenbereiche besprochen. Das waren vor allem studentische Angelegenheiten, also die Entscheidung darüber, wer was im kommenden Semester und Studienjahr unterrichten würde, eventuell auch die Diskussion über Änderungen der Studienordnung. Zweitens wurden die Resultate der wissenschaftlichen Arbeit der Lehrstuhlmitarbeiter besprochen. Schließlich ging es um Fragen des aktuellen Betriebs, wie etwa Beschwerden über Studenten wegen ungenügender Leistungen oder wegen Absenzen, wegen der Kontakte mit dem Ausland oder des Betriebs der Bibliothek. Der Lehrstuhl entschied nach den entsprechenden Diskussionen als ein kollektives Organ. Sogar über Personalfragen, also über die Aufnahme eines neuen Mitarbeiters, konnte diskutiert und abgestimmt werden. Das letzte Wort hatte zwar formell der Lehrstuhlleiter, aber es ist gerechterweise zuzugeben, dass er seine ursprüngliche Meinung oft im Licht der Diskussion änderte. Ich weiß nicht, ob es an anderen Lehrstühlen ähnlich war, und ich kann deswegen nicht verallgemeinern und über die demokratischen Elemente in den Entscheidungsprozessen im akademischen Milieu urteilen.

Die meisten Verhandlungen und Diskussionen auf den Lehrstuhlsitzungen drehten sich um „betriebliche" Fragen, also um wenig wichtige Angelegenheiten. Die Aufteilung der Unterrichtsstunden für das kommende Jahr war eine Routineaufgabe. Allmählich spielten sich auch die Änderungen der Studienordnung ein, die ich im vorigen Kapitel beschrieben habe. In den Übungen, welche die Vorlesungen ergänzten, sollten die Studenten größeren Spielraum für selbständige Arbeit bekommen. Dank dieser Veränderung konnte (und musste) ich mich mehr als früher an der Lehre beteiligen, obwohl die Lehre im Fernstudium weiterhin einen großen Teil meines Arbeitspensums ausmachte. Die Tatsache, dass zu jeder Vorlesung mehrere parallele Übungen zu halten waren, bedeutete, dass wir Jüngeren voll ausgelastet waren.

Am Lehrstuhl fehlte jedoch ein Assistent in der Mediävistik, also musste ich Übungen zu den Vorlesungen zur allgemeinen Geschichte vom frühen Mittelalter über Frühe Neuzeit bis hin zur Mitte des 19. Jahrhunderts anbieten. Diese Erweiterung meiner Fachkompetenzen bedeutete für mich einen großen Zeit- und Energieaufwand, aber es war gut investierte Zeit. Bald verstand ich, dass diese umfassende Lehrerfahrung auf dem Gebiet der Geschichte nicht nur meine Kenntnisse vertiefte, sondern auch eine Grundlage für mein Verständnis langfristiger historischer Prozesse legte. Eigentlich konnte ich mich während meiner ganzen akademischen Tätigkeit darauf stützen. Damals dachte ich, dass ich auf diese Weise zum echten Universitätslehrer wurde. Da lag ich wahrscheinlich falsch, aber es ist wahr, dass ich später, bis ins höhere Alter, mit meinem enzyklopädischen Wissen manchmal meinen ausländischen Kollegen, die eng auf die neuzeitliche Geschichte spezialisiert waren, imponieren konnte.

Angesichts der Tatsache, dass die künftigen Gymnasiallehrer die Kerngruppe der Geschichtsstudenten bildeten, beruhte die Unterrichtskonzeption auf dem Prinzip, dass sich die Studenten allmählich historische Grundkenntnisse vom Altertum bis zur Zeitgeschichte aneignen sollten. Weder der Umfang noch die Tiefe dieser Kenntnisse war genau festgelegt. Im Fall der allgemeinen Geschichte schien es aber dringend erforderlich, ein minimales „Pflichtpensum" zu definieren. Am Anfang meiner Studienzeit sollten wir uns an sowjetische Lehrbücher für Mittelschulen halten, die sehr ausführlich waren und ins Tschechische übersetzt wurden. Bereits im dritten Studienjahr wurde auf diese Praxis verzichtet und der Grundorientierung dienten jetzt die Überblicksvorlesungen sowie tschechische Lehrbücher für Gymnasien und andere Mittelschulen, die inzwischen erschienen waren. Das konnte aber keine Dauerlösung sein.

Der Bedarf an Hilfstexten welcher Art auch immer war offensichtlich und der Lehrstuhl für Tschechoslowakische Geschichte bemühte sich noch Ende der fünfziger Jahre tatsächlich, Skripte zur älteren Geschichte bereitzustellen. Als „Skriptum" bezeichnete man damals broschierte Bände, welche für einen ganz geringen Preis, aber praktisch nur im Bücherverkauf an der Fakultät erhältlich waren. Sie waren als Synthesen konzipiert und sollten viel umfangreichere faktographische Informationen liefern als das Prüfungspensum vorsah, und so war es auch. Auf ähnliche Skripte zur allgemeinen Geschichte warteten die Studenten jedoch noch anfangs der sechziger Jahre vergeblich. Deswegen beschloss ich, diese Lücke zu füllen. Die Skripte wurden bereits 1963 als erster Teil einer „Einführung" in das Studium der neuzeitlichen Geschichte herausgegeben. Mit dem Begriff „Einführung" wollte ich andeuten, dass es sich um einen vorläufigen Überblick handelte, der im Laufe der Zeit überprüft und vertieft werden sollte. Damals ahnte ich noch nicht, dass mir bald – zu Ende der sechziger Jahre – die Arbeit an diesen Skripten den Anstoß zur Mitarbeit an der ersten (und eigentlich für lange Zeit auch letzten) tschechischen Synthesedarstellung der allgemeinen Geschichte geben würde.

Von den drei Arbeitsbereichen des Lehrstuhls ist bis heute der wissenschaftliche Bereich interessant, da er Teil der Geschichte unseres Fachs ist und nicht in Vergessenheit geraten sollte. Es galt als eine Art Regel, dass jeder Lehrstuhlmitarbeiter von Zeit zu Zeit, das heißt im Schnitt einmal jährlich, über seine aktuelle Arbeit berichtete. Professor Říha bevorzugte das Prinzip der Freiwilligkeit und zwang niemanden dazu, beobachtete aber schon, wer mitmachte und wer nicht.

Solche Berichte waren auch an anderen Lehrstühlen üblich, möglicherweise sogar vorgeschrieben.

Origineller und gewichtiger war aber eine andere Initiative Říhas. Irgendwann Anfang der sechziger Jahre kam er mit der Idee – heute würde man dazu Projekt sagen – dass wir ein Autorenkollektiv bilden sollten, um eine große Synthese der Weltgeschichte zu erarbeiten. Die Synthese sollte die Wechselwirkungen zwischen Politik und Wirtschaft in globalen Prozessen behandeln; die internationale Politik sollte in der Interaktion mit wirtschaftlichen Interessen interpretiert werden, also vor dem Hintergrund des Kampfs um Rohstoffe und der Handelspolitik, und auch im Zusammenhang mit Interessenkonflikten innerhalb einzelner Staaten oder Regionen. Keiner traute sich ad hoc zu widersprechen, aber danach hielten die älteren Lehrstuhlmitarbeiter mit ihrer Skepsis, teilweise ihrem Spott nicht zurück: Was hatte sich der Chef da für eine Utopie ausgedacht? Dazu sind weder er noch wir fachlich in der Lage. Ich zählte zu den wenigen, die Říhas Projekt ansprechend fanden, denn es zielte darauf, das Erkenntnisinteresse in Richtung auf große Probleme zu lenken, auf das Verständnis von Wandel und Transformationsprozessen. Schon damals sah ich darin den Hauptsinn historischer Erkenntnis. Einige seiner Fragen korrespondierten mit denen, die ich mir in der gerade fertigen Dissertation gestellt hatte. Seiner Absicht entsprach in etwa auch mein Versuch, einen Überblick über die neuzeitliche Geschichte zu erarbeiten. Allerdings teilte ich die Meinung der anderen, dass das über die bloße Erstellung von Skripten für Studenten hinausging und wir nicht genug Potential dafür hatten. Andererseits war ich von der Aussicht begeistert, dass auf diese Weise große Fragen der historischen Entwicklung zur Sprache kämen und das ziemlich fade intellektuelle Leben am Lehrstuhl belebt würde. Außerdem lockte mich die Möglichkeit, mich an der Erarbeitung einer großen Synthese zu beteiligen. Mein Lehrer Polišenský war dem Projekt gegenüber jedoch sehr skeptisch und beteiligte sich an den Diskussionen nur mit marginalen Bemerkungen.

Im Laufe der folgenden Jahre wurde auf den Lehrstuhlsitzungen ab und zu über einige Aspekte des Projekts berichtet, aber die meisten Lehrstuhlmitarbeiter schwiegen eher verlegen oder kamen mit faktographischen Detailanmerkungen. Im Gegensatz zu den meisten anderen nahm ich das Projekt aber ernst. Gerne diskutierte ich mit zwei, drei anderen über die Auswahl der darzustellenden Fakten, die Methoden und die Fragen nach historischen Zusammenhängen. Ich traute mich mehrmals, Professor Říha zu widersprechen und Szenarien zu entwickeln, welche von seinen Ansichten abwichen. Zur allgemeinen Überraschung nahm er das nicht persönlich und verübelte mir meine Dreistigkeit nicht, eher im Gegenteil: Ich wurde zu seinem Gesprächspartner. Ich verstand es so, dass er in den zustimmenden belanglosen Worten der meisten anderen Lehrstuhlmitarbeiter Heuchelei und Gleichgültigkeit spürte. Ich ahnte damals nicht, dass die ziemlich informellen internen Diskussionen an unserem Lehrstuhl bald in eine grundsätzliche Fachkontroverse zwischen unserem Lehrstuhl und dem Historischen Institut der Tschechoslowakischen Akademie der Wissenschaften einmünden würden. Es ging darum, was in unseren Verhältnissen das Ziel der Arbeit auf dem Gebiet der allgemeinen Geschichte sein sollte. Diese bei uns wohl erste (und für mehrere Jahrzehnte letzte) grundsätzliche Diskussion über die Methodologie allgemeiner Geschichte begann im Herbst 1967, aber der Einmarsch im August 1968 und die nachfolgenden Veränderungen machten ihre Fortsetzung für immer und ewig zunichte.

Vom Ostseehandel zu den Nationalbewegungen

Als ich im Mai 1962 meine Dissertation über das Verhältnis zwischen Handel und Politik an der Ostsee während des Dreißigjährigen Kriegs verteidigte, war ich fest entschlossen, zum Thema Nationalbewegungen zurückzukehren. Zuerst wollte ich aber die Gelegenheit nutzen und einige Kapitel meiner Dissertation als Aufsätze für eine Publizierung vorzubereiten. Die ganze Arbeit in Buchform zu publizieren, kam nicht in Frage: Das Thema war zu spezifisch und für Leser uninteressant. Außerdem war es auch politisch nicht aktuell. Wenn ich im Nachhinein den Inhalt der Hefte der *Tschechoslowakischen Historischen Zeitschrift* anschaue, bin ich erstaunt, dass die Redaktion damals überhaupt bereit war, einen Aufsatz voller statistischer Angaben und Tabellen neben einer ganz anderen akademischen Thematik einzuordnen. Das Thema – der Ostseehandel im 17. Jahrhundert – lag dem tschechischen Kontext zudem völlig fern. Vielleicht bekamen sie damals nicht genug Beiträge, vielleicht war es notwendig, eine Beitragsquote für allgemeine Geschichte zu erfüllen … Weniger überraschend war die Tatsache, dass das *Historische Jahrbuch*, dessen Spezialisierung ältere Geschichte sein sollte, weitere meiner Aufsätze annahm, in denen ich auf allgemeinerer Ebene die Interdependenz zwischen Handel und Politik in der Zeit des Dreißigjährigen Kriegs und die Konsequenzen daraus für die Differenzierung der Wirtschaftsentwicklung in West- und Osteuropa analysierte. Ich konnte damals nicht wissen, dass Immanuel Wallerstein ein grundlegendes Werk publizieren würde, das gerade dieser Problematik gewidmet war, allerdings im globalen Kontext. Als ich später sein Buch in der Hand hatte, erlahmte meine Lust, mich weiter mit dem Welthandel unter unseren bescheidenen Bedingungen zu beschäftigen. Ich konnte mich mit ihm gar nicht vergleichen, dazu fehlten mir Fähigkeiten, die Arbeitsbedingungen sowie der Zugang zur Literatur.

Andererseits besserten sich meine Arbeitsbedingungen allmählich, nachdem ich die neue Genossenschaftswohnung mit einem Schreibtisch und Bücherregalen ausgestattet hatte und zum Fachassistenten befördert worden war, was eine Gehaltserhöhung um 300 Kč, also um 30 Prozent, mit sich brachte. Ich hatte auch mehr Zeit für die Arbeit, zum einen dank der Tatsache, dass die Fakultät endlich eine Bibliothekarin auf Dauer anstellen durfte, zum anderen, weil mein Arbeitspensum – wie oben erwähnt – nur wenige Unterrichtsstunden umfasste.

Auch wenn ich mich nicht mehr mit dem baltischen Handel beschäftigen wollte, blieb ich weiter mit den deutschen Historikern rund um den Forscherkreis zur hansischen Geschichte in Kontakt und besuchte seit 1957 beinahe alljährlich ihre Konferenzen in der DDR – wohl tatsächlich die einzigen historischen Tagungen in der DDR mit nennenswerter Teilnahme „aus dem Westen". Diese Reisen bedeuteten keinen besonderen Kostenaufwand und ermöglichten mir, in Kontakt mit ausländischen Historikern zu bleiben. Zu diesen Konferenzen wurden nicht nur Deutsche, sondern auch Niederländer, Polen und vereinzelt auch skandinavische und sowjetische Historiker eingeladen. Und so fand ich anfangs der sechziger Jahre durch Gespräche mit polnischen Kollegen heraus, dass in Westeuropa eine neue Welle internationaler Diskussionen über die Krise des 17. Jahrhunderts, oder allgemeiner die Krise der feudalen Gesellschaft einsetzte. Das war ein Problem, auf das sich die Thematik meiner Dissertation unmittelbar bezog. Ich suchte entsprechende Zeitschriften heraus und begann zu lesen. Dabei stellte ich fest, dass sich auch einige sowjetische Historiker an der Diskussion beteiligten. Die unscharfe Terminologie ärgerte mich – mit dem Begriff Krise war mal Niedergang und mal eine vorübergehende Abweichung gemeint, für manche Autoren bedeutete Krise politische Erschütterungen, für andere wiederum rein wirtschaftliche Phänomene. Es zeigte sich auch, dass die westlichen Autoren weder die Realia der mittel- und osteuropäischen Geschichte kannten noch die Fachliteratur darüber. Dasselbe galt in noch höherem Maße für sowjetische Autoren, die auf überraschend niedrigem theoretischen Niveau arbeiteten. Ich hatte den Eindruck, dass es sich um ein terminologisches Chaos sowie um methodologische Ratlosigkeit in Bezug auf Krise als Phänomen handelte, zu welchem man sicherlich einen vernünftigen Beitrag liefern könnte.

Es war nicht schwierig, Josef Petráň, zu dem wir damals auch familiäre Beziehungen pflegten, davon zu überzeugen, sich zusammen mit mir an einen Aufsatz zu machen, welcher sich kritisch mit dem Faktenwissen und den theoretischen Ansätzen der Diskussionsteilnehmer – der westlichen wie der sowjetischen – auseinandersetzte. Uns standen nicht nur Forschungserfahrungen, sondern auch Sprachkenntnisse zur Verfügung: Gegenüber den westlichen Historikern waren wir durch unsere Kenntnisse slawischer Sprachen im Vorteil, gegenüber den sowjetischen Historikern wiederum durch unseren besseren Zugang zur Literatur. Das Resultat unserer Anstrengungen waren gleich zwei Diskussionsaufsätze. Bei uns publizierten wir einen kritischen Überblick über den bisherigen Diskussionsverlauf, während wir in unserem Aufsatz für die polnische Zeitschrift *Przegląd Historyczny* kritisch auf die terminologischen und theoretischen Unschärfen der Diskussion eingingen. In dieser Zeit hatte ich trotzdem das Gefühl, dass das meine letzte Publikation zu dieser Problematik sein würde und dass die Geschichte des 17. Jahrhunderts für mich zur bloßen Erinnerung werden sollte. Das war aber nicht der Fall, ein Jahrzehnt später kehrte ich bereitwillig zu diesem Thema zurück …

Die Fertigstellung und Verteidigung meiner Dissertation verschaffte mir Erleichterung und das Gefühl, von äußerem Druck befreit zu werden. Der Grad „Kandidat der Wissenschaften" (wörtlich aus dem Russischen übernommen) war die Voraussetzung dafür, als Fachassistent bestätigt zu werden, eine Gehaltserhöhung zu bekommen; er bedeutete daher zumindest theoretisch Existenzsicherheit. Ich nahm an, dass ich mich fortan den Problemen würde widmen können, die ich selbst für wichtig hielt, obwohl mir natürlich klar war, dass ich die Grenzen, welche Politik und Ideologie uns zu dieser Zeit setzten, respektieren musste. Der Spielraum war zwar relativ groß, wenn man sich nicht mit den je aktuellen Themen aus der Geschichte der Arbeiterbewegung oder der Zeitgeschichte befasste. Dennoch war es notwendig, sich eine Strategie zurechtzulegen, wie dieser Spielraum erweitert werden konnte. Bereits während der Arbeit an der Problematik des Handelskapitals hatte ich die Erfahrung gemacht, dass, wenn die Fragestellung oder die Forschungsergebnisse den ideologischen Schemata nicht entsprachen, es hilfreich war, sich auf „harte Fakten" – Zahlen und Statistiken – zu berufen.

Von diesen Erkenntnissen und Erfahrungen ging ich aus, als ich mich für die Arbeit an der Thematik der Nationen entschied. Mir war klar: Wenn ich die Programme von Nationalbewegungen analysieren oder ihren Verlauf schildern wollte, dann wurde von mir erwartet, dass ich mich damit explizit auseinandersetzte, das heißt die Auswirkungen des „bürgerlichen Nationalismus" verurteilte und mich der Frage nach der „Fortschrittlichkeit" der kleinen Nationen stellte. Anders gesagt, ich würde bei der Auswahl der Ereignisse, Personen und Argumente unter einem Zwang zur Selbstzensur stehen. Im Gegensatz dazu bot die Analyse sozialer und räumlicher Strukturen die Möglichkeit, glaubwürdige quantitative Angaben vorzulegen, deren Aussagekraft höchstens im Detail, nicht aber in ihren Grundkonturen in Zweifel gezogen werden könnte. Viele Jahre später erzählte mir die estnische Historikerin Ea Jansen, dass sie Anfang der sechziger Jahre die gleichen Überlegungen wie ich anstellte und sich aus diesem Grund entschied, die soziale Struktur der estnischen Patrioten zu analysieren, welche mit ihren Spenden nationale Ziele unterstützten. Statistische Angaben sind nicht so einfach durch Ideologie anzuzweifeln. Dank ihrem Ansatz konnte sie wesentlich zum tieferen Verständnis der Nationalbewegung beitragen, ohne in Konflikt mit dem ideologischen Verbot der „Idealisierung" von Nationalbewegungen zu geraten, welches besonders in den baltischen Sowjetrepubliken strikt überwacht wurde. Es muss wahrscheinlich nicht hinzugefügt werden, dass weder für die estnische noch für die tschechische Nationalbewegung das Axiom Stalins galt, wonach deren Entstehung auf den Kampf der Bourgeoisie um den nationalen Markt zurückging.

Stalin galt allerdings anfangs der sechziger Jahre in mancher Hinsicht immer noch als unfehlbarer „Klassiker". Ich beabsichtigte, die ideologische Konfrontation zu vermeiden, indem ich von der Analyse des sozialen Milieus tschechischer Patrioten des Vormärz ausging, womit ich bereits als Student begonnen hatte. Ich wollte mich jedoch keinesfalls auf die tschechische Nationalgeschichte beschränken, sondern herausfinden, in welchen Aspekten sich die soziale Struktur und Herkunft tschechischer Patrioten möglicherweise von denen anderer Nationalbewegungen, die mit der tschechischen vergleichbar waren, unterschieden. Damit stand eine etwas jugendlich überhebliche Absicht in Verbindung: Ich wollte auf diese Art und Weise die Faktoren identifizieren, welche sich integrierend bzw. desintegrierend auf die Bildung nationaler Gemeinschaft auswirkten. Deswegen analysierte ich neben der sozialen Struktur auch die territoriale Struktur der Bewegungen – also die Regionen mit national aktiver und solche mit national passiver, das heißt indifferenter Bevölkerung.

Von entscheidender Bedeutung waren aber die methodischen Überlegungen. Welche analytischen Instrumente konnte man hier einsetzen? Ich zerbrach mir den Kopf darüber, ob die Nationalbewegungen überhaupt vergleichbar seien, wie ein solcher Vergleich eventuell durchzuführen wäre und vor allem, welche verallgemeinernden Schlüsse aufgrund der erhobenen Daten in Bezug auf bestimmte Kausalitäten zu ziehen waren. Ich war der Meinung, dass die mühsame Analyse der sozialen und regionalen Aspekte nur dann einen Sinn hätte, wenn sie dazu beitrug, den Erfolg oder auch Misserfolg von Nationalbewegungen zu erklären. Die Analyse sollte auch die Unterschiede und Übereinstimmungen in Bezug auf die jeweiligen nationalen Forderungen herausarbeiten. Ich dachte über die Auswahl der Nationen nach, mit denen ich mich beschäftigen sollte. Das alles waren allerdings in den Jahren 1962/63 nur vorläufige, sehr hypothetische Überlegungen.

Neue Herausforderungen: Die Popularisierung wissenschaftlicher Forschungsergebnisse

Als ein neues Periodikum, in dem Ergebnisse der historischen Forschung populär dargestellt werden sollten, entstand Ende der fünfziger Jahre die Zeitschrift *Geschichte und Gegenwart (Dějiny a současnost)*. Sie wurde von einer Institution herausgegeben, die einen wenig zündenden Namen trug – Gesellschaft für die Verbreitung Politischer und Wissenschaftlicher Kenntnisse (ironisch „die Gesellschaft mit dem langen Namen" genannt). Genauso unattraktiv waren ihr Image sowie die Themen und die konventionelle Gestaltung der dort publizierten Aufsätze. In der publizistischen Wüste der damaligen Zeit begrüßten wir das trotzdem als Erfrischung. Wirkliche Bedeutung erlangte die Zeitschrift aber erst, als Zdeněk Šikl zu Beginn der sechziger Jahre die Leitung übernahm; er hatte zwei Jahre nach mir Geschichte studiert. Er fand neue Autoren unter den Historikern, die nach 1948 studiert hatten, und er fand auch geschickte Graphiker, die der Zeitschrift zu einer ansprechenden Gestaltung des Umschlags wie auch des Layouts der Texte verhalfen. Zum politischen „Beschützer" der Zeitschrift wurde Zdeněk Šolle, der kluge und tolerante Vorsitzende des Redaktionsrats, der als Klassiker der Geschichte der Arbeiterbewegung das Vertrauen der politischen „Obrigkeit" genoss. Dank der Kombination von neuer Form, interessantem Inhalt und dem Mut, neue Themen anzusprechen, wurde *Geschichte und Gegenwart* innerhalb weniger Jahre eine der meistgelesenen Zeitschriften bei uns – zumindest unter Intellektuellen mit (nicht nur) humanistischer Bildung.

Ich glaube, dass es Zdeněk Šikl war, der mir das Angebot machte, etwas für die Zeitschrift zu schreiben. Das tat ich gerne und zählte bald zu den Stammautoren und -mitarbeitern. Ich schätzte es sehr, dass ich nach einiger Zeit auch in den Herausgeberkreis aufgenommen wurde. Damit will ich aber keineswegs andeuten, dass ich zu denjenigen gezählt hätte, welche das Gesicht der Zeitschrift prägten. Zdeněk Šikl hatte eine glückliche Hand bei der Auswahl einiger nahestehender Berater und er formte aus dem Herausgeberkreis ein Gremium, das regelmäßig zu Arbeitsbesprechungen zusammenkam. Die Mitglieder des Herausgeberrats hatten unterschiedliche Ansichten in Bezug auf den Verlauf der Geschichte sowie unterschiedliche Vorstellungen über die Gestaltung der Zeitschrift. Und so wurde freundschaftlich und offen darüber diskutiert, welche Beiträge gedruckt, welche Themen gewählt und wer um einen Aufsatz gebeten werden sollte. Ich kann nicht beurteilen, ob das eine übliche Praxis in den Redaktionen war. Damals kam es mir einzigartig vor. Heute weiß ich allerdings, dass es mehrere solcher Zeitschriften und Herausgeberräte gab. In den Vordergrund trat der Generationswechsel. Und am Horizont erahnten wir vielleicht schon die ersten Umrisse des Prager Frühlings.

Die Möglichkeit, Aufsätze zu schreiben und zu veröffentlichen, in denen wissenschaftlich belegte Informationen über die Vergangenheit ausgewertet und interpretiert wurden und die sich nicht nur an eine Handvoll von Experten, sondern an einen breiten Leserkreis richteten, fand ich faszinierend. Die jungen Leute heute tun sich wahrscheinlich schwer damit, das zu verstehen – in einer Zeit der Überflutung mit Geschriebenem, wo wilde und fantastische Erzählungen aus der Geschichte sowie unverbindliches Gerede, aus heimischen Quellen und insbesondere übersetzt, in allen Ecken des Internets auf uns warten. Unverbindlich, unseriös und unüberprüfbar.

Ich war nicht der einzige Autor, der meinte, dass ein populärwissenschaftlicher Text über Geschichte nur von einem Historiker verfasst werden könne, der sich mit der fraglichen Epoche oder den betreffenden Problemen professionell beschäftigte. Nur ein solcher Autor ist in der Lage, kompetent zwischen Wesentlichem und Unwesentlichem zu unterscheiden und die Quellen kritisch zu analysieren, eventuell auch eine neue Idee, einen neuen Impuls beizusteuern. Wir hatten das Gefühl, jenen populariserenden Büchern überlegen zu sein, deren Autoren einfach nur eine Fachpublikation mit eigenen Worten zusammenfassten und darüber hinaus mit einer eindeutigen politisch-erzieherischen Botschaft anreicherten, die den Text a priori unglaubwürdig machte. So sah übrigens die Mehrheit der Aufsätze aus, die in den ersten Jahrgängen von *Geschichte und Gegenwart* erschienen waren, bevor die neue Redaktion tätig wurde.

Ich dachte, dass auch populärwissenschaftliche Aufsätze etwas Neues bringen sollten – nicht nur neue Erkenntnisse, sondern auch neue Blickwinkel, neue Ideen, Hinweise auf neue Zusammenhänge. Und dazu hat nur ein Experte die entsprechende Qualifikation, ein Fachhistoriker, der sich auf die Autorität wissenschaftlicher Forschung berufen kann. Der Bezug zur Gegenwart, der nie außer Acht bleiben kann, sollte weder aufgrund politischer Vorgaben hergestellt werden, noch über erzieherische Ziele; vielmehr geht es darum, Kausalzusammenhänge sichtbar zu machen und eventuell auch zu neuen Handlungsformen und neuen Ideen zu inspirieren. Natürlich war das eine allzu idealistische, realitätsfremde Auffassung, sie entsprach allerdings dem Geist jener Jahre. Ich war nicht als Einziger dieser Meinung. Möglicherweise lässt sich mit etwas Übertreibung sagen, dass ich damals eine spezifische Vorstellung davon entwickelte, wie Geschichtsvermittlung aussehen sollte. Später, im Jahre 1967, bemühte ich mich darum in meiner Biographie von Oliver Cromwell.

Gerade das Buch über Cromwell kann ich als eines von vielen Beispielen für die inspirierende Rolle der Zeitschrift zu dieser Zeit nennen. Ich publizierte dort 1964 einen Aufsatz über Diskussionen, die während der englischen Revolution über das Prinzip der politischen Partizipation geführt wurden, also über „Demokratie" und Parlamentarismus. Damals waren Revolutionen noch nicht mein Schwerpunkt, aber ich fand die Diskussionen interessant, die seit Anfang der sechziger Jahre unter vielen Intellektuellen ohne Rücksicht auf Parteizugehörigkeit geführt wurden, und zwar über die Frage, ob die Demokratisierung eines autoritären sozialistischen Systems möglich sei. Diese Frage hatte natürlich ihre historische Dimension, im Rahmen der Überlegungen über das Verhältnis der Revolution zur Demokratie. Mein Aufsatz kam bei den Kollegen gut an und anscheinend auch bei jemandem aus der historischen Redaktion des Verlags „Svoboda". Sie sprachen mich an mit dem Vorschlag, eine Cromwell-Biographie zu verfassen. Zu dieser Zeit wollte ich mich zwar ganz auf die Untersuchung der Nationalbewegungen konzentrieren, aber ich sagte dennoch zu, die Biographie zu schreiben, sobald ich mit den Nationen fertig sein würde.

In den damaligen Überlegungen und internen Diskussionen über die ideale Ordnung der Gesellschaft fand ich die Anregungen für meinen Aufsatz über Utopisten, die ich als Träumer „von der Herrschaft der Weisen" darstellte. Sollte die Gesellschaft zielgerichtet gestaltet werden, dann schien es notwendig, diese Gestaltung in die Hände qualifizierter Menschen zu legen – Menschen mit hoher Fachkompetenz und umfassendem theoretischen Wissen. Es ist bemerkenswert, dass der Rundfunk damals eine Serie von Gesprächen unter dem Titel „Der Rat der Weisen" ausstrahlte. Aber wie sollte man diese „weisen" Menschen finden und ihren

Einfluss sicherstellen? Darüber diskutierten wir mit mehreren Altersgenossen in der Absicht, Anstöße für ein paar Aufsätze zu geben und daraus dann eventuell ein Buch zu machen. Es überraschte mich, wie aktuell die Überlegungen und Visionen der alten Utopisten im Kontext unserer damaligen Diskussionen klingen konnten. Die politische Brisanz des Themas ging übrigens an den entsprechenden „Parteiorganen" offenbar nicht vorbei, weshalb wir uns weiterhin nur sehr hypothetisch mit der Publikation eines Buchs über „die Regierung der Weisen" befassen konnten. Zu dieser Zeit kam es mir ohnehin am wichtigsten vor, mich auch bei den populärwissenschaftlichen Arbeiten mit Themen zu beschäftigen, die mit den modernen Nationsbildungsprozessen zusammenhingen. Die alten utopischen Entwürfe für die Schaffung einer idealen Ordnung ließen mich jedoch nie los und zwanzig Jahre später zollte ich den radikalen Utopisten Tribut in einem populärwissenschaftlichen Band mit fünf Biographien unter dem Titel *Allzu mutige Träume* (*Příliš smělé sny*).

Ich fand es damals natürlich am attraktivsten, auch für ein breiteres Publikum über die Nationalbewegungen zu schreiben. Ich veröffentlichte zwei oder drei Aufsätze zur Problematik der Nationalbewegungen und hatte den Eindruck, dass es dabei, im Gegensatz zu der „Regierung der Weisen", um Ziele und Konflikte ging, die den politischen Problemen meiner Zeit fernlagen. Das war allerdings nur scheinbar so. Jeder nationenbezogene Aufsatz, der den „bürgerlichen Nationalismus" nicht ausdrücklich verurteilte, hatte oder fand seinen politischen Kontext. Zudem spielte die Wahl der Beispiele eine Rolle. Ein Aufsatz behandelte die estnische Nationalbewegung und mir war gar nicht bewusst, dass ich als erster Historiker bei uns (und angeblich wohl im gesamten „Ostblock") die Esten als Nation und ihren Kampf gegen die Russifizierung um die Wende des 19. zum 20. Jahrhunderts in einem positiven Licht darstellte. Wie ich später erfuhr, bemerkten die Esten das selbst und würdigten es. Die Information erreichte Estland wohl durch Vermittlung einer Gruppe von Estophilen bei uns, von deren Existenz ich keine Ahnung hatte. Alle sahen darin einen aktuellen Bezug, eine verhüllte Spitze, eine politische Kritik, aber ich hatte meinen Aufsatz ganz ohne solche Absichten verfasst. Es war einfach ein spontaner Ausdruck meiner Sympathie für die kleine, zivilisierte, unterdrückte Nation.

Mitte der sechziger Jahre zählte die Zeitschrift *Geschichte und Gegenwart* bereits zu den Publikationen für kritische Intellektuelle und weckte dementsprechend die Aufmerksamkeit der Zensoren. Mit Sicherheit hat auch schon irgendein Historiker die Maßnahmen des Zentralkomitees der KPČ gegen die Redakteure, nicht gegen die Zeitschrift selbst, untersucht. Nach und nach traten die bisherigen Redaktionsratsmitglieder zurück, aus Protest gegen den neu installierten Chefredakteur, der auf den ersten Blick zwar dümmlich, aber politisch zuverlässig war. Bezeichnend ist in diesem Zusammenhang ein Detail in den Aussagen von Zdeněk Šikl darüber, wie er zum letzten Mal von Mitarbeitern der ideologischen Abteilung des Zentralkomitees der KPČ „zum Gespräch eingeladen" wurde. Sie wirkten angeblich sehr freundlich und redeten ihm ins Gewissen, den Kurs der Zeitschrift zu ändern, da deren Auflösung bedauerlich wäre. Ich zitiere frei nach Šikls Erzählung: „Aber Genosse, was sollen wir dir sagen, wir alle in der Abteilung lesen die Zeitschrift und warten immer neugierig darauf, dass das neue Heft erscheint." Offenbar wollten die einfachen Mitglieder des Parteiapparats die Zeitschrift zwar nicht auflösen, befürchteten aber, dass jemand von oben das veranlassen und ihnen dann vorwerfen würde, nicht aufmerksam genug gewesen zu sein. Solche Befürchtungen waren nicht grundlos: Es hieß, dass die in Moskau geübte politische Kritik an der Zeitschrift durch eine Denunziation des Historikers Václav Král veranlasst worden sei. Hier meldete sich schon jetzt eine der führenden Persönlichkeiten der „Normalisierung" zu Wort.

Diese Episode blieb mir vor allem deswegen im Gedächtnis, weil sie die schizophrene Situation charakterisierte, die schon damals, Mitte der sechziger Jahre, in höchsten Parteikreisen herrschte. Zur Illustration: Den letzten Vorwand für den Angriff gegen die Zeitschriftenredaktion lieferte ein Text von Tomáš Pasák, in dem er sich für eine neutrale, ausgewogene Beurteilung des Protektoratsministers Havelka und implizit auch der Protektoratsregierung einsetzte. In diesem Fall gab Václav Král später zu, dass er beim Zentralkomitee der KPT gegen diese „Verherrlichung der Kollaboration" interveniert hatte.

Die Tür zum Westen geht auf

Die politischen Lockerungen, die sich auf staatlicher Ebene in zögerlichen Rehabilitierungen und geringfügigen Zugeständnissen in der Kulturpolitik äußerten, spiegelten sich wahrscheinlich auch in der sich weiter entspannenden Stimmung an der Fakultät. Dank des Zusammenspiels der beiden Tendenzen erlangten auch die internationalen wissenschaftlichen Kontakte eine neue Dimension. Die Besuche von Ausländern waren nicht länger auf Historiker aus den „Bruderländern" beschränkt. Es mehrten sich die Besucher aus westlichen Ländern, sei es aufgrund der erweiterten Kulturabkommen, sei es privat. Von den später bekannten Persönlichkeiten kam früh der künftige Wiener Professor Richard Plaschka nach Prag. Mit ihm hatte mich Dušan Třeštík ungefähr 1956 bekannt gemacht, als Plaschka, damals noch Dozent, erstmals in Prag gewesen war. Durch mich lernte er wiederum meinen Lehrer Polišenský kennen. Er freundete sich mit mir an, aber sobald er herausfand, dass ich zum unbedeutenden Fußvolk gehörte, orientierte er sich schnell auf die politisch einflussreicheren Historiker um und baute ein ganzes Netz von Kontakten zwischen Prag und Wien auf, in welchem für mich kein Platz mehr war.

Für ein paar Tage kam Eric Hobsbawm – ich weiß nicht genau, ob im Rahmen des Kulturabkommens oder mithilfe seiner persönlichen Kontakte. In Prag kannte er nicht nur Professor Polišenský, sondern auch den bedeutenden Journalisten und Redakteur der *Volkszeitung* (*Lidové noviny*) A. J. Liehm, der übrigens nach der sowjetischen Invasion nach Frankreich emigrierte. Er besorgte für Hobsbawm Eintrittskarten für das Theater „Semafor" und ich wurde mit seiner Begleitung beauftragt. Damals ahnte ich noch nicht, dass moderne Musik, vor allem Jazz, sein Hobby war. Hobsbawm hielt nichts von Höflichkeiten und kommentierte mitten in der Vorstellung die Leistung von Jiří Suchý, dem Mitbegründer des Theaters, mit den Worten: „ein durchschnittlicher Sänger". Ich war verständlicherweise empört. Obwohl Marxist und sogar Mitglied der Kommunistischen Partei Großbritanniens, bekam er keine Gelegenheit, Vorträge für Studenten zu halten. Stattdessen wurden wir, die Mitarbeiter der Geschichtslehrstühle, zum Publikum für seine Auftritte, oder eher Unterhaltungen. Es fanden, glaube ich, zwei Begegnungen statt. Hobsbawms zweite Muttersprache war Deutsch, also konnten sich doch mehrere von uns an der Unterhaltung beteiligen. Auch kurze Besuche weiterer britischer Historiker blieben für das breitere studentische Publikum beinahe geheim.

Die Kontakte mit den französischen Historikern waren häufiger und auch ergiebiger. Zuerst kamen mehrere Historiker mit dem Schwerpunkt Französische Revolution, die von Dozentin Květa Mejdřická betreut wurden. Größere Themenfelder sowie dauerhaftere Wirkungen erschlossen sich allerdings durch die Zusammenarbeit mit den Historikern aus dem Kreis der Annales-Schule. Auf der tschechischen Seite war Professor Husa der Ansprechpartner, der an seine alten Vorkriegskontakte mit Frankreich anknüpfte. Sein Engagement brachte auch konkrete Resultate für die wissenschaftliche Zusammenarbeit: Er verschaffte seinen Assistenten Stipendien für Studienaufenthalte und sein Lehrstuhl wurde mithilfe von Franzosen in das internationale Projekt zur Geschichte der Preise und Löhne miteinbezogen. Sogar Fernand Braudel kam nach Prag, aber soweit ich weiß, hielt er keine Vorträge an der Fakultät, sondern im Historischen Institut der Akademie. An diesen Kontakten rund um die Geschichte der Preise beteiligte ich mich nur sporadisch. Etwas näher kam ich nur dem Professor für Wirtschaftsgeschichte, genauer gesagt der Agrargeschichte, Slijcher van Bath, der ein spezialisiertes Jahrbuch herausgab und ein kleines Institut in Wageningen in den Niederlanden leitete. Mit den Franzosen kam ich im Gegensatz dazu in keinen tieferen Kontakt. Zum einen lag mir ihr Schwerpunkt fern, zum anderen konnte ich damals Französisch nur lesen.

Ich zog aber eine Lehre daraus. Obwohl wir nicht wirklich Geld übrighatten, nahmen meine Frau und ich diese schöne Sprache intensiv in Angriff. Nach einem intensiven Grammatikkurs kam jede Woche eine ältliche „Demoiselle" zu uns nach Hause, die ausschließlich Französisch mit uns sprach und uns das Briefeschreiben beibrachte. Die Ergebnisse ließen nicht lange auf sich warten und der Zeit- sowie Geldaufwand zahlte sich aus – insbesondere im Fall meiner Frau: Französisch war traditionell die internationale Sprache der Byzantinisten.

Komplett am Rande blieben verständlicherweise Kontakte mit Westdeutschland – immerhin ein Staat des Revanchismus und der antitschechischen Ressentiments. Es gab keine diplomatischen Beziehungen, geschweige denn ein Kulturabkommen. Ich traf ein paar westdeutsche Intellektuelle, als ich als Student deutsche Touristen durch Prag begleitete. Der Impuls zur Überwindung dieser Isolation kam von außen, von mehreren westdeutschen Professoren. Den ersten erfolgreichen Schritt machte Professor Maximilian Braun, ein Slawist aus Göttingen, dem 1962 die Teilnahme an der Sommerschule für Slawische Studien in Begleitung der Dozentin Irmgard Mahnken, eines Assistenten und einer Studentin genehmigt wurde. Daran war ich wieder als einer der Sekretäre beteiligt. Ab diesem Zeitpunkt besuchten die westdeutschen Bohemistikstudenten die Sommerschule jedes Jahr. Sie kamen in begrenzter Anzahl und als „Selbstzahler", wobei keiner danach fragte, wer für ihren Aufenthalt aufkam. Auch hatte sich kurz zuvor Professor Braun mit unserem Ministerium darauf geeinigt, dass in Göttingen ein Tschechisch-Lektor aus Prag auf Dauer tätig werden sollte. Das alles nahmen wir als eine Art Durchbruch wahr, als eine Tür, die einen Spalt weit geöffnet wurde.

Zu Gast in Marburg

Diese Tür öffnete sich auch für mich, obwohl ich damit gar nicht rechnete. Irgendwann im Sommer 1963 kam eine zahlreiche Studentengruppe der Universität Marburg zur Exkursion nach Prag. Sie wurde von Peter Scheibert, Professor für osteuropäische Geschichte geleitet, der schon früher zur Kontaktaufnahme mit dem Historischen Institut der Tschechoslowakischen Akademie der Wissenschaften, wahrscheinlich mit Josef Macek selbst, nach Prag gekommen war und nun auch das Universitätsmilieu kennenlernen wollte. Durch Zufall wurde ich ihm als Ansprechpartner empfohlen und ich wiederum hatte zufällig Zeit und konnte die Marburger Studenten durch Prag begleiten. Unterwegs gab es genug Zeit für Gespräche. Professor Scheibert und sein Kollege, der Dozent Gottfried Schramm, interessierten sich dafür, wie bei uns das Geschichtsstudium organisiert war und was eigentlich unterrichtet wurde. Ehrlich überrascht stellten sie fest, dass unsere Studienpläne bei weitem nicht so stark politisch indoktriniert waren, wie sie aufgrund ihrer Kenntnisse des Milieus an den Universitäten in der DDR erwartet hätten. Wir tauschten unsere Meinungen zur Geschichtswissenschaft aus und ich wurde nach dem Schwerpunkt meiner Forschung gefragt. Mein neues Thema – ein Vergleich der sozialen Struktur der Nationalbewegungen – fanden sie interessant, obwohl das damals eher noch ein Projekt in der Überlegungsphase war. Meine Idee, auch die Finnen in die Vergleichsstudie einzubeziehen, versetzte Scheibert in helle Begeisterung, da er seine Dissertation über die frühe finnische Wiedergeburt geschrieben hatte und die Finnen seine Lieblingsnation waren. Wir saßen dann den ganzen Abend in einer Bierstube und diskutierten über kleine Nationen sowie darüber, wie die vergleichende Analyse kausaler Zusammenhänge am besten angegangen werden könnte. Im Laufe des Abends rief der temperamentvolle Professor: „Herr Hroch, Sie müssen zu uns kommen!" Für mich war das ein spontaner, bierseliger Wunsch, wussten wir doch beide, dass die Annahme ausländischer Einladungen und Stipendien sowie die Bewerbung um westliche Stipendien von der Tschechoslowakei aus untersagt waren, besonders im Falle Westdeutschlands. Bald zeigte sich aber, dass er seinen Vorschlag ernst meinte und zudem wusste, wie er entgegen allen Vorschriften umzusetzen war.

Und so begann ein komplizierter Weg taktischer Operationen, die nicht etwa in Prag, sondern in Deutschland stattfanden. Scheibert dachte sich eine einfache List aus. Ich sollte von seinem Seminar für Osteuropäische Geschichte zu einem längeren Studienaufenthalt eingeladen werden, mit dem Ziel, Material für meine Habilitation zu sammeln. Das stimmte aber nicht: In Wirklichkeit beantragte Scheibert in meinem Namen ein Stipendium bei der Humboldt-Stiftung, von deren Existenz ich bis dahin keine Ahnung gehabt hatte. In der Einladung, die er mir nach Prag schickte, gab Scheibert an, dass sich in Marburg wichtige ausgelagerte Bestände der Preußischen Staatsbibliothek befänden, welche für mein Thema von einzigartiger Bedeutung seien – umfassende Literatur- und Quellenbestände zur Geschichte nicht nur der Nationalbewegungen, sondern auch der sozialen und wirtschaftlichen Verhältnisse im Baltikum sowie in Finnland. Insoweit war die Begründung wahrheitsgemäß. Aufgrund dieser Einladung stellte ich bei uns einen Reiseantrag. Für die Fakultätsleitung stellte das kein Problem dar, entscheidend war aber die Genehmigung des Ministeriums. Zugute kam mir da wahrscheinlich eine Tatsache, die mir ursprünglich unbekannt war: Bei Professor Scheibert an der Universität Marburg waren bereits früher zwei führende Mitarbeiter des Historischen Instituts der Tschechoslowakischen Akademie der Wissenschaften tätig gewesen, nämlich Josef Kočí, einer der politisch prominenten Historiker, und Josef Janáček, wenig prominent, dafür fachlich kompetenter. Ich war also nicht der erste.

Zu Komplikationen kam es, nachdem Scheibert quasi im Vorhinein mit der Humboldt-Stiftung die Erteilung meines Stipendiums vereinbart hatte. Achtsame Bedienstete der Stiftung forderten mich auf, Unterlagen zu meinem Studium, eine Kopie meines Diploms und selbstverständlich auch meine Personaldaten zu liefern. Solche Auskünfte zu geben, war aber bei uns explizit verboten, und ich erschrak sehr bei der Erinnerung an die jüngsten Unannehmlichkeiten, in die ich geraten war, weil ich dem Dozenten Schieche durch fiktive „Einladung" geholfen hatte. Deswegen wollte ich mich zuerst entschuldigen und alles widerrufen. Schließlich beschloss ich aber, es zu riskieren und schickte die Unterlagen heimlich ab – wer mir dabei half, weiß ich nicht mehr; es gab wohl einen Umweg über die DDR und die Operation war wahrscheinlich nicht sehr raffiniert. Die Unterlagen kamen jedenfalls an, weshalb ich das Stipendium erhielt. Die Humboldt-Stiftung genehmigte sogar meinen Antrag, meinen Aufenthalt in drei kürzere Abschnitte in den Jahren 1964–1966 aufzuteilen, da ich nicht wagte, mit einer zu langen Abwesenheit von der Fakultät zu provozieren. Darüber hinaus wollte ich meinen Lehrverpflichtungen nachkommen und reiste daher nur für die vorlesungsfreien Monate aus, also zweimal im Sommer und einmal in der Prüfungsperiode im Winter. Von den insgesamt 24 Monaten, auf die ich als Stipendiat Anspruch hatte, nutzte ich schließlich nicht einmal die Hälfte. Der Grund dafür waren nicht nur meine Verpflichtungen an der Fakultät, sondern auch die Rücksicht auf meine Frau, da wir damals schwer darunter litten, dass im Februar 1964 unser erstes Kind, ein Mädchen, tot geboren worden war. Wir wollten bald danach wieder unser Glück versuchen. Diesmal klappte es und unser Sohn David kam im September 1966 auf die Welt.

Ich nahm schließlich im Mai 1964 den Schnellzug in Richtung Frankfurt am Main, wo ich in einen Nahverkehrszug nach Marburg umsteigen musste. Dort wurde ich am Bahnhof von Scheiberts Assistenten, dem Mediävisten János Bak und dem Dozenten Akoš Paulínyi aus Bratislava abgeholt, die mich zur Untermiete in einem billigen Quartier am Stadtrand unterbrachten. János Bak war ungarischer Emigrant von 1956. Später entwickelte er sich zu einem bedeutenden Mediävisten, wurde unter anderem in Vancouver tätig und kehrte nach 1990 nach Budapest zurück. Akoš Paulínyi kannte ich schon und hielt ihn für einen der wenigen slowakischen Historiker mit europäischem Horizont. Leider entschied er sich nach 1968 für die Professur für Wirtschaftsgeschichte in Darmstadt, was für Bratislava ein großer Verlust war. Scheiberts zweiter Assistent war Tuomo Polvinen, ein Finne, der nach seiner Rückkehr in die Heimat Professor für Zeitgeschichte wurde. Ab und zu waren bei Scheibert auch amerikanische Historiker zu Gast. Dank des Seminars für Osteuropäische Geschichte landete ich also in einem sehr internationalen Milieu.

Die Humboldt-Stipendiaten hatten neben ihrer Forschungsarbeit offiziell keine weiteren Verpflichtungen. Es gab jedoch die inoffizielle Erwartung, dass sie beim Seminar des Professors mitwirkten, der ihre Einladung veranlasst hatte. In der Gruppe, die der gesellige Professor Scheibert leitete und zu der sein freundlicher Assistent Bak gehörte, war das nicht schwierig. Außerdem zählten zu den Seminarteilnehmern mehrere kluge und sehr sympathische Doktoranden sowie Studenten und Studentinnen, die bei Professor Scheibert ihre Dissertationen oder Diplomarbeitenarbeiten schrieben. Sie hatten vorher schon Vorlesungen von Dr. Kočí und Dr. Janáček besucht, also war ich nicht der erste Tscheche, dem sie begegneten, und peinliche rituelle Einführungsfragen, die auch später viele meiner Landsleute in Westdeutschland über sich ergehen lassen mussten – nach politischen Ansichten, dem Lebensstandard, der Vertreibung der Deutschen usw. – blieben mir erspart. Selbstverständlich kamen auch diese Themen zur Sprache, aber erst im Lauf der Zeit und bei zwanglosen gesellschaftlichen Unterhaltungen. Ich ging mit den jungen Historikern zum Mittagessen in die Mensa und nahm manchmal auch an dem regelmäßigen Kaffeeklatsch in den Seminarräumen teil. Eine neue und tatsächlich lehrreiche Erfahrung stellte für mich jedoch die Gelegenheit dar, eine von Scheiberts Vorlesungen zu besuchen und regelmäßig an seinen Seminaren teilzunehmen.

So konnte ich einen unmittelbaren Eindruck von der allmählich vergehenden Atmosphäre des traditionellen deutschen Universitätsbetriebs gewinnen. Das war zumindest mein Eindruck. Scheibert gehörte zu der Generation von Professoren, die sich in ihren Seminaren als unbeschränkte Patriarchen gerierten. Sein Verhältnis zu den Studenten war abgestuft – je nach dem, in welcher Phase des Studiums sie sich befanden. So hatten ältere Studenten bzw. die Doktoranden, die er individuell betreute, eine andere Stellung als jüngere Studenten, die bloß seine Vorlesungen besuchten. Eine solche Vorlesung sollte den Studenten nicht nur als Erkenntnisquelle und Denkanstoß dienen, sondern auch eine Art Erlebnis sein, welches natürlich stark von der rhetorischen Leistung abhing. In Scheiberts Fall konnte man beinahe von einer schauspielerischen Leistung sprechen. Zu Beginn der Vorlesung betrat der Professor den Hörsaal, nachdem ihm die Assistenten die Tür aufgehalten hatten. Dann legten die Assistenten die Bücher auf seinem Pult zurecht, welche er für das Verlesen von Zitaten benötigte. Zusammen mit den Doktoranden nahmen die Assistenten dann ihre Plätze in der ersten Reihe ein. Anfang und Ende der Vorlesung wurden von einem traditionellen Ritual begleitet: Die Studenten klopften auf die Bänke. Das alles war für mich ein Erlebnis, es kam mir wie eine Rückblende in alte Zeiten vor. Manche der dortigen Studenten hielten das aber ebenfalls für ein längst überlebtes feudales Relikt.

Die zweite neue Erfahrung im akademischen Milieu stellten für mich Scheiberts Seminare dar. Sie fanden „privatissime" statt, immer abends in der weitläufigen Wohnhalle seiner Villa, wo die Studenten frei auf den Sofas, Sesseln und Stühlen Platz nahmen. Unter den Teilnehmern waren nicht nur Doktoranden und Examenskandidaten, sondern auch gelegentlich eingeladene Gäste wie ich, Dozent Ákoš Paulínyi oder die intelligente Mediävistin Charlotte Warnke aus Gießen. Der erste Seminarteil war strikt fachlich fokussiert und ohne konkreten Zeitplan. Danach blieben gewöhnlich alle vor Ort und konnten sich frei unterhalten und sich erfrischen. Manchmal bestritt der Professor selbst den fachlichen Teil. Das erlebte ich einmal, als Scheibert eine Stunde lang über das Leben und die Einwohner des alten Vilnius, das heißt vor dem Krieg, sprach und seinen suggestiven Vortrag mit Dias illustrierte. Später erfuhr ich von den Doktoranden, dass hinter diesem Vortrag delikate Umstände standen, die nicht öffentlich angesprochen wurden. Scheibert soll während des Kriegs im Dienst des Außenministeriums als Berater in Litauen und Weißrussland tätig gewesen sein. Schmunzelnd machten sie mich auf die vielen Ikonen aufmerksam, welche die Wände seiner Villa schmückten und die er damals erworben haben soll. Erst lange nach meiner Marburger Zeit (und wahrscheinlich erst nach seinem Tod) wurde Scheiberts Verhältnis zum Nazi-Regime zum Gegenstand einer Kontroverse, wobei auch diese Ikonen eine Rolle gespielt haben sollen.

Ab und zu wurden zu den Lehrveranstaltungen oder zu Scheiberts Seminar ausländische Gäste eingeladen, um ihre Forschungsergebnisse zu präsentieren. Ich nahm an ein paar Vorlesungen teil, aber nur eine prägte sich mir tief und dauerhaft ein. Der Mediävist Janos Bak fand heraus, dass der slowakische Historiker Jozef Karpáty schon 1937 einen Aufsatz (oder ein Buch?) „Corona Regni Hungariae" veröffentlicht hatte, der sich mit der Symbolik der Kronen beschäftigte. Laut Bak war er damit auf originelle Weise und scharfsinnig den Arbeiten voraus, welche erst viel später zu diesem Thema in Deutschland erschienen. Bak gelang es, ihn in Bratislava aufzuspüren und einzuladen. Herr Karpáty reiste an und es zeigte sich, dass er zu jenen slowakischen Historikern zählte, welche die Universität hatten verlassen müssen, wahrscheinlich wegen ihrer Kollaboration mit dem Tiso-Regime. Er verdiente seinen Lebensunterhalt dann wohl als Dokumentator im Gesundheitswesen. Sehr unsicher und eintönig las er seinen vorbereiteten Text vor. In der Diskussion wurde dann klar, dass er innerhalb dieser zwanzig Jahre nicht nur den Kontakt zu seinem Fachgebiet verloren, sondern auch manches von seinem Forschungsgebiet sowie seinen eigenen Veröffentlichungen vergessen hatte. Er selbst war sich dessen bewusst und entschuldigte sich dafür. Er tat mir leid, wohl nicht nur mir.

Scheiberts Seminare machten nur einen Bruchteil meiner Gespräche mit Marburger Kollegen aus. Die markanteste Persönlichkeit von allen war Dozent Gottfried Schramm, der Sohn von Percy Ernst Schramm, einem der damals einflussreichsten deutschen Historiker. Dozent Schramm liebte wissenschaftliche Diskussionen, strotzte vor Ideen, die einen zum Nachdenken brachten und formulierte mit Begeisterung provozierende Thesen, welche er dann genauso begeistert während der Diskussion modifizierte. Die Gespräche mit ihm stellten ein intellektuelles Erlebnis sowie eine Inspiration dar. Er verließ Marburg leider bereits 1965, da er einen Ruf auf die Professur für „Neuere und Osteuropäische Geschichte" an der Universität Freiburg (Breisgau) bekam. Allerdings trafen wir uns auch danach und blieben in freundschaftlichem Kontakt, der später während meiner Gastdozentur an „seiner" Universität in Freiburg im Wintersemester 1968/69 an Intensität gewann.

Ich muss noch einen Aspekt erwähnen, in dem sich das Marburger und das Prager akademische Milieu deutlich unterschieden. Das waren die Gesprächsthemen im geselligen Leben. Junge Akademiker trafen sich, genauso wie bei uns, auch informell, bei Bier oder Wein, aber bei den Gesprächen kamen nie Alltagsdinge zur Sprache, wie etwa Fußballergebnisse, Straßenunfälle, die Gesundheit oder die Bemühungen um die Gunst eines der Mädchen (übrigens handelte es sich damals immer noch um ein fast ausschließlich männliches Milieu). Ich gewann den Eindruck, dass in dieser Gesellschaft die ungeschriebene Regel galt, dass keiner über Sport sprach, keine Witze erzählt wurden und das Privatleben der Kollegen nicht angesprochen wurde. Also ganz anders als bei uns. Wenn nicht über die Fragen diskutiert wurde, an welchen der eine oder andere gerade arbeitete, dann über neue Publikationen, aktuelle Aussagen oder Einstellungen einzelner Professoren, die Probleme der Universitäts- oder Studentenselbstverwaltung und selbstverständlich viel über Politik und darüber, wie sie von der Presse dargestellt wurde. Bis auf zwei oder drei Ausnahmen bekannte sich keiner zu einer konkreten politischen Partei. Stattdessen wurde ein kritischer Abstand zu allen Richtungen, explizit jedoch zur CDU gehalten. Es herrschte allgemeiner Konsens in der Abneigung gegenüber der UdSSR und der DDR auf der einen Seite und in der Ablehnung der amerikanischen Intervention in Vietnam auf der anderen Seite. Über das Fernsehprogramm war damals noch gar nicht gesprochen – zumindest unter den Akademikern. Das kam mir etwas snobistisch vor, aber zu dieser Zeit wusste ich noch nichts über die kulturellen Verhaltensmuster und den Habitus der Angehörigen des deutschen Bildungsbürgertums. Allerdings, wenn ich das damalige akademische Milieu in Marburg mit dem heutigen tschechischen akademischen Milieu vergleiche, empfinde ich eine Art Nostalgie nach jenem deutschen Snobismus der sechziger Jahre.

Das Universitätsmilieu war schon in jenen Jahren durch eine starke Polarisierung geprägt, da sich die Einstellungen der Studenten radikalisierten. Heute wissen wir, dass die „Studentenrevolte" von 1968 näher rückte. Aushänge und studentische Flugschriften wurden zum Medium der politischen Artikulation junger radikaler Sozialisten, junger Sozialdemokraten, junger Liberaler und sogar junger Christdemokraten, die da ihre Kritik an den Verhältnissen in der damaligen Bundesrepublik zum Ausdruck brachten. Es gab fast gar keine nationalistischen, geschweige denn revanchistischen Meinungen. Übrigens war es auch üblich, dass deutsche Kollegen beim Gespräch mit mir irgendwann ihre kritische Einstellung gegenüber den Sudetendeutschen und den Revanchisten zum Ausdruck bringen wollten. Das alles ist allerdings meine Erfahrung aus den humanistischen Fächern, wo verächtlich darüber gesprochen wurde, dass die Jura- oder Medizinstudenten nach wie vor traditionellen Burschenschaften beitraten und deren Bräuche pflegten.

Das intellektuelle Klima bei den Historikern in Marburg unterschied sich von dem in Prag auch in einem anderen Aspekt – in Bezug auf die Interdisziplinarität. Studenten und Doktoranden im Fach Geschichte besuchten gewöhnlich auch Vorlesungen in Politologie, Soziologie oder Philosophie und tauschten ihre Eindrücke und Erkenntnisse darüber aus. Das galt auch umgekehrt. Einige Studenten benachbarter Fächer beteiligten sich auch an Seminaren im Fach Geschichte. So bekannte mir drei Jahrzehnte später Egbert Jahn, ein deutscher Professor für Politologie, den ich von Scheiberts Seminaren kannte und für einen Geschichtsstudenten gehalten hatte; er kam als Politologe zu uns zu Gast.

Ich hatte nicht genug Zeit, um von dieser Interdisziplinarität zu profitieren. Ich hätte das für Zeitverschwendung gehalten. Die einzige Ausnahme bildete meine Teilnahme an einigen Doktorandenseminaren des Politologieprofessors Wolfgang Abendroth, der als unorthodoxer Marxist galt. Ich konnte mich selbst davon überzeugen, dass es auch in der kapitalistischen Welt möglich war, Marxist zu sein und gleichzeitig das sowjetische Modell abzulehnen und die DDR zu verurteilen. Auch wenn sich Scheibert vom Marxismus mehrfach ausdrücklich distanzierte, lag diese Weltanschauung vielen seiner Studenten nicht fern. Oder es wurde einfach für „salonfähig" gehalten, als ein legitimer methodologischer Standpunkt. Es ging jedoch nicht um jenen Broschüren-Marxismus, welcher offiziell in den sowjetischen Satellitenstaaten proklamiert wurde, sondern stand dem nahe, wie ich den Marxismus für mich selbst selektiv „revidierte". Ich fand also bestätigt, dass in Deutschland die Ansicht präsent war, zu der ich schon seit dem Ende der fünfziger Jahre neigte – dass es möglich und notwendig ist, den Marxismus als Erkenntnismethode, für die Analyse historischer Prozesse, beziehungsweise als Bezeichnung für eine politische Doktrin deutlich voneinander zu unterscheiden. Aufgrund einer solchen Differenzierung schienen mir manche Thesen von Marx akzeptabel. Humorvoll übertreibend sage ich manchmal, dass erst mein Aufenthalt in der BRD mich dazu brachte, den Marxismus als Methode historischer Analyse bewusst anzuwenden und mich dazu zu bekennen, ohne das Gefühl zu haben, dass ich das nur aus Vorsicht oder sogar aus Karrieregründen tat.

Die Habilitation

Allerdings hatte mein Aufenthalt in Marburg ja eigentlich nur einen Zweck, nämlich an der Habilitation zu arbeiten. Deswegen beteiligte ich mich nur in dem Maße am akademischen Geschehen, wie es mir gesellschaftlich notwendig und fachlich interessant erschien. Die meiste Zeit verbrachte ich im Forschungsraum der Bibliothek und sogar im Magazin der ausgelagerten Preußischen Königlichen Bibliothek, das ich dank einer Ausnahmegenehmigung betreten durfte. Die Genehmigung dazu hatte Professor Scheibert vermittelt. Übrigens war der ihm freundlich gesinnte Bibliothekar ein Ukrainer. So konnte ich direkt in den Regalen nach zeitgenössischen politischen Pamphleten, Statistiken oder Gutachten zur Situation der Nationalbewegungen im Baltikum suchen, welche im Auftrag der Regierung des Kaiserreichs beobachtet wurden, da sie diese Region wie auch Finnland für ihre Interessensphäre hielt. Dank dieses Zugangs bekam ich ausreichende Informationen über die Wirtschaft, die sozialen Verhältnisse sowie die Bildungssituation im Baltikum und in Finnland. Um meine Literaturkenntnisse zu ergänzen, besuchte ich ab und zu die Bibliothek des Herder-Instituts, das seinen prächtigen Sitz direkt neben dem Schloss am oberen Rand der Stadt hatte. Damals war das noch eine Institution, bei der auch einige mutmaßliche Nazi-Forscher über Osteuropa, zum Teil auch Sudetendeutsche ihre letzte Zuflucht fanden. Man empfing mich dort verständlicherweise anders als an der Universität – halbherzig, aber korrekt. Durch Zufall bekam ich mit, dass es zwischen dem Prager Historischen Institut der Akademie und dieser „revanchistischen" Institution schon lange einen lebhaften Bücheraustausch gab.

Dank meines Marburger Aufenthalts knüpfte ich mehrere wichtige Kontakte, auf die ich bei meiner Habilitation zurückgreifen konnte. Professor Scheibert lud im

September 1965 etwa fünfzehn Historiker aus dem Osten sowie dem Westen nach Marburg ein, um über die Nationalitätenfrage in der Revolution 1848 zu diskutieren. Der Hauptinitiator und Moderator der Konferenz war Gottfried Schramm. Sein Motto lautete, dass statt großer Kongresse und Konferenzen mit mehreren Sektionen und Dutzenden von Referaten besser Diskussionsforen mit höchstens zwanzig Teilnehmern organisiert werden sollten, wo keine Referate verlesen werden, vielmehr aufgrund von vorab gelieferten Texten Meinungen ausgetauscht werden sollten. So nahm er wahrscheinlich jene Form wissenschaftlicher Kommunikation vorweg, welche heutzutage wohl *Workshop* genannt wird. Die Diskussionen waren gelungen und sie waren für mich wie auch für Gottfried Schramm ein intellektueller Genuss. Im Zusammenhang mit seinem Schlusswort ist sein Versuch, ein Bonmot zu prägen, erwähnenswert: Hier hatten sich Historiker von beiderseits des Eisernen Vorhangs getroffen, aber bei den Diskussionen über konkrete historische Fragen verliefen die Konfliktlinien eben nicht parallel zur Grenze zwischen den politischen Systemen, sondern quer durch beide „Lager". Das fand ich später immer wieder inspirierend – wenigstens als Vision.

Eine kleine Episode bestätigt Schramms Bemerkung. Die Professorin Aira Kemiläinen, eine finnische Historikerin und Diskussionsteilnehmerin, bat mich nach dem ersten Konferenztag darum, ihr einen Tipp zu geben, wie man erkennen könne, wer Marxist sei und wer nicht. In der Diskussion konnte sie sich nicht an dem Ost-West-Klischee orientieren. Für mich war die Begegnung mit ihr aber aus einem anderen Grund wichtig. Als ich ihr erzählte, woran ich arbeitete, freute sie sich darüber, dass ich auch die Finnen in meinen Vergleich einbezog. Zur Sozialstruktur der finnischen Patrioten hatte ich bereits einschlägige Quellen zur Verfügung und ich benötigte jetzt eher Angaben zum Kontext. Sie beriet mich, empfahl mir weitere Literatur und auch Quellen zur räumlichen Struktur der Bewegung und vermittelte den Kontakt zu anderen Experten. Darüber hinaus schenkte sie mir ihr gerade veröffentlichtes, auf Englisch verfasstes Buch über den Nationalismus, das unverdient in Vergessenheit geriet, obgleich es etlichen gefeierten Thesen angelsächsischer Autoren mindestens um ein Jahrzehnt vorausgewesen ist. Die Arbeit lieferte den Beweis insbesondere dafür, wie wichtig die Tatsache ist, dass die Begriffe „Nation" und „Nationalismus" im Englischen, Französischen und Deutschen, obgleich aus dem Lateinischen stammend, historisch bedingt unterschiedlich konnotiert waren und sind.

Von dem Stipendium konnte ich etwas Geld zur Seite legen, um an dem Weltkongress für Wirtschaftsgeschichte in München im Sommer 1965 teilnehmen zu können, als ich gerade den zweiten Abschnitt meines Stipendiums bezog. In einer der Sektionen hielt die estnische Historikerin Leida Loone ein Referat. Ich wandte mich mit der Bitte an sie, mir einen Rat zu geben, wie man Daten über die Sozialstruktur der estnischen Patriotengruppen erheben könnte. Lächelnd teilte sie mir mit, dass gerade an diesem Thema bei ihnen eine junge Historikerin arbeite. Hilfsbereit gab sie mir ihre Adresse und ich eröffnete dann (zur Sicherheit erst von Prag aus) einen Briefwechsel mit einer Kollegin namens Ea Jansen, die zu dem Zeitpunkt zwei Aufsätze mit Ergebnissen ihrer Forschungen zur Sozialstruktur der Spender für den Ausbau der ersten estnischen Mittelschule publiziert hatte. Sie schickte mir ihre Aufsätze und fügte eine Übersetzung aller estnischen Schlüsselbegriffe bei. Ich hatte noch ergänzende Fragen, mit denen ich mich versichern wollte, dass ich den Verlauf der estnischen Nationalbewegung richtig interpretierte. Bereitwillig und ausführlich beantwortete sie meine Fragen. Dank unserem Kontakt entschloss ich mich, eine Quellenbasis für die estnische Nationalbewegung zu erstellen, und knüpfte eine Brieffreundschaft, die jahrzehntelang bestand und auch die Grundlage für meine späteren Kontakte zu Historikern im freien Estland legte.

Vergeblich suchte ich nach ähnlichen Kontakten in Lettland und als ich mich mehr mit der sowjet-lettischen Literatur vertraut gemacht hatte, beschloss ich, die Letten nicht in die Untersuchungen einzubeziehen. Gerade um die Mitte der sechziger Jahre wurde dort nämlich eine demagogische politische Kampagne „gegen die Idealisierung der junglettischen Bewegung" gestartet, welche die lettische Nationalbewegung als reaktionär und „bürgerlich nationalistisch" abstempelte und dadurch deren historische Untersuchung praktisch tabuisierte. Es blieben also nur die Litauer, und hier kam mir wieder ein Zufall zugute, eigentlich waren es sogar zwei. Im ersten Fall ging es um einen Zufall nur insofern, als in Deutschland einer der führenden litauischen Vorkriegshistoriker (und ehemaliger Minister) namens Zenonas Ivinskis als Professor an der Universität in Bonn tätig war. Die Initiative lag hier bei mir. Ich kontaktierte ihn per Brief; er stimmte einem Treffen zu und ich machte mich also auf den Weg nach Bonn. Er widmete mir etwa zwei Stunden und einen Tchibo-Kaffee für 20 Pfennig und korrigierte dabei einige meiner Vorstellungen über die litauische Nationalbewegung; vor allem bestätigte er meine Vermutung, dass sich keiner der litauischen Historiker für die soziale Struktur und die räumliche Verteilung des Milieus der Patrioten interessiert habe. Ihm kam das eigentlich auch gar nicht wichtig vor: Den Kern der Nation bildeten Bauern und auf meine Frage, warum die Städte nicht beteiligt waren, antwortete er: „Städte hielten wir für *chujowe*" (auf Deutsch wohl *beschissen*). In diesem Zusammenhang brachte er mit großer Selbstverständlichkeit auch seine Abneigung gegen die Juden zum Ausdruck, es hatte aber wenig Sinn, mit ihm darüber zu streiten. Von entscheidender Bedeutung für mich war sein wertvoller Ratschlag: Namen und biographische Daten über alle Patrioten sind in der litauischen Enzyklopädie verzeichnet, welche die litauischen Exulanten in den USA herausgaben. Seine Unterstützung ging nach unserem Treffen weiter – er schickte mir eine vollständige Liste der Männer, welche sich aktiv an der Nationalbewegung beteiligt hatten, was für mich sehr hilfreich war.

Was Umfang und Qualität der Beiträge angeht, stellte diese Enzyklopädie (und stellt bis heute) ein bewundernswertes Denkmal des litauischen Patriotismus dar. Es blieb nichts anderes, als die mehr als zwanzig Bände Seite für Seite durchzublättern, wobei mir das Namensverzeichnis von Professor Ivinskis als erste Orientierung diente. Aber wie würde ich im Litauischen weitere Patrioten identifizieren und deren Beruf und Herkunft bestimmen? Hier spielte ein zweiter Glücksfall eine Rolle. Eine Studentin aus Göttingen, Helena Grauduschus, nahm 1964 auf Einladung von Professor Braun an der Prager Sommerschule für Slawische Studien teil. Sie stammte aus einer litauisch-deutschen Familie, der es in den fünfziger Jahren gelungen war, aus der Sowjetunion zu emigrieren. Durch Zufall war die litauische Enzyklopädie in der Universitätsbibliothek Göttingen vorhanden, wo sie studierte. Ich fuhr also hin und verbrachte mehrere Tage im Forschungsraum, mühselig blätternd und übersetzend. Darüber hinaus brachte mir Frau Grauduschus ein paar Grammatikregeln und Wörter bei, die ich benötigte, um mich in dem litauischen Text orientieren zu können und die Berufe, die Bildungswege, die Art des patriotischen Engagements und den Herkunfts- und Aufenthaltsort der Patrioten zu identifizieren.

Dank meinen Studienaufenthalten in der BRD konnte ich also Daten zu drei weiteren Nationalbewegungen erheben. Die Erkenntnisse über die tschechische und die norwegische Bewegung ergänzte ich schließlich auch durch Informationen über die Slowaken, und zwar dank Ján Hučko, einem Kollegen aus Bratislava, der mit grenzenloser Akribie biographische Daten über die Patrioten sammelte. Anstoß für seine Forschung war das Bestreben, ähnliche Daten über die slowakische Nationalbewegung zu erheben wie ich über die Tschechen. Dann mussten nur noch die Ergebnisse interpretiert und vor allem der Weg zu einem sinnvollen und überzeugenden vergleichenden Ansatz gefunden werden. Ich dachte Schritt für Schritt durch, welche Prozesse eigentlich zu rekonstruieren sind, damit man nicht bloß Aussagen darüber machen kann, worin die Unterschiede und die Gemeinsamkeiten der Bewegungen beruhen. Ich erwartete, dass mir die komparative Methode dabei helfen würde, tiefere Kausalitäten zu entdecken und die Faktoren zu identifizieren, welche die Integration der Bürger zu einer nationalen Gemeinschaft jeweils beförderten oder auch hemmten. Im Hintergrund stand meine Überzeugung, dass es hier eine gewisse Ordnung zu entdecken gab, eine bestimmte Regelhaftigkeit der Prozesse, die unabhängig voneinander verliefen und zugleich auf das gleiche Ergebnis zuliefen. Heute kann ich wohl zugeben, dass diese Herangehensweise von der marxistischen Konzeption der Geschichte inspiriert war. Übrigens erkannten das westeuropäische Rezensenten der deutschen sowie der englischen Version des Buchs und es scheint sie nicht gestört zu haben. Ebenso wenig wie es Hunderte oder sogar Tausende Autoren gestört hat, die das Buch bis heute zitieren.

Es war notwendig, in den zu vergleichenden Prozessen der Nationsbildung analoge, also überzeugend vergleichbare Zeitabschnitte zu identifizieren, wobei es sehr auf die je spezifischen Entscheidungen ankam, sich der Nationalbewegung anzuschließen. Vorerst handelte es sich also um die Zeitphasen der nationalen

Agitation. Dabei waren zwei Meilensteine zu erkennen. Als ersten Meilenstein bestimmte ich den Anfang der nationalen Agitation und als zweiten dann den belegbaren Erfolg dieser Agitation bei den Massen der Bevölkerung. So teilte ich die Nationalbewegung in drei Phasen auf: gelehrte Phase (A), Agitationsphase (B) und Massenphase (C). Dabei ahnte ich nicht, dass meine Periodisierung, aus welchem Grund auch immer, weltweit ein lebhaftes Interesse bei Forschern auf dem Gebiet des Nationalismus und der Nationalbewegungen wecken würde. Bis heute stellt diese Periodisierung den meistzitierten Teil der Forschungsergebnisse meiner Habilitationsschrift dar.

Die Periodisierung ermöglichte mir, die einzelnen Schritte des Vergleichs, das heißt die Anwendung der komparativen Methode zu konzipieren. Da ich inzwischen schon über eine ausreichende Datenbasis für die einzelnen Nationalbewegungen verfügte, konnte ich beginnen, die Habilitationsschrift zu verfassen. Dies war dann nur noch eine Sache der Formulierung und der Konzentration. Beides lief reibungslos und der Seitenumfang wuchs schnell, sodass ich bald von Professor Scheiberts Angebot Gebrauch machen konnte, meinen Text zu lesen. Das Thema fand er anscheinend interessant, beim Lesen war er aufmerksam und kritisch, was mir ermöglichte, an zahlreichen Stellen die Formulierungen zu präzisieren und Fehler oder Ungereimtheiten zu korrigieren. Es störte ihn gar nicht, dass ich von abweichenden, in seinen Augen unkonventionellen methodischen Ansätzen ausging. Über seinen Gesamteindruck konnte ich mich freuen. Er meinte, sinngemäß formuliert: „Wir wussten eigentlich schon immer oder setzten zumindest voraus, dass die Intelligenz bei der Bildung kleiner Nationen eine entscheidende Rolle spielte. Sie fanden dafür aber überzeugende Belege sowie entsprechende kausale Erklärungen und trugen gleichzeitig zur Entdeckung der Eigenart jeder einzelnen Nation bei." Es tat mir andererseits leid, dass er meine so sorgfältig entwickelte komparative Methode selbst als eine Art unwichtiges intellektuelles Spiel betrachtete. Oder genauer gesagt gefielen ihm unter den Ergebnissen meines Vergleichs gerade diejenigen Einsichten, welche zur Bestätigung der Einzigartigkeit einzelner nationaler Phänomene beitrugen. In der Tat realisierte ich erst ein paar Jahrzehnte später, nachdem ich darauf von späteren Rezensenten hingewiesen wurde, dass mein Vorgehen tatsächlich bahnbrechend war. Im Nachkriegseuropa war ich wahrscheinlich der erste Historiker, der die Courage hatte, die komparative Methode konsequent zum Zweck einer verallgemeinernden Untersuchung verschiedener historischer Prozesse anzuwenden – mit dem Ziel, die allgemein wirksamen Umstände und Faktoren bei den Nationsbildungsprozessen zu bestimmen. Obwohl dieses Vorgehen dem traditionellen Historiker Scheibert fernlag und er mich vor den Risiken warnte, ermutigte er mich zur Fortsetzung der Arbeit und vor allem zu ihrer Veröffentlichung.

Das Schreiben ging mir leicht von der Hand und die erste Textfassung war schon Ende 1966 fertig. Allerdings war ich noch nicht mit der Auswahl der Vergleichsobjekte zufrieden. Immer dringlicher wurde mir bewusst, dass in der Auswahl der verschiedenen Nationalbewegungen, die eine Art Sonde in die europäische Geschichte war, eigentlich Westeuropa fehlt. Deswegen überlegte ich, wie meine Auswahl in Richtung Westen zu erweitern wäre. Es schien sehr verlockend, die irische Nationalbewegung hinzuzunehmen, aber da wäre ich lange unterwegs gewesen. Zudem fehlten mir entsprechende Kontakte. Katalonien kam für mich sprachlich und insbesondere politisch nicht in Frage, die bretonische Bewegung war wiederum zu spezifisch, also blieb nur noch die flämische Bewegung.

Hier kam mir die Tatsache zugute, dass mir ein flämischer Historiker, der an dem internationalen Forschungsprojekt zur Geschichte der Preise und Löhne beteiligt war, einen Kontakt nach Gent vermittelte. Zum Glück waren für uns damals die Zugfahrten nach Westeuropa sehr billig, also konnte ich den zweiwöchigen Aufenthalt in Belgien aus meinen Ersparnissen von dem Humboldt-Stipendium finanzieren. Ich hatte schon als Student im letzten Studienjahr gelernt, Niederländisch zu lesen, als ich die niederländischen Berichte und die Verhandlungen der Generalstände über die Kooperationsmöglichkeiten mit Wallenstein und seine Ostseepolitik in den Jahren 1629/30 entzifferte. Ich verbesserte dann meine Kenntnisse weiter, indem ich die niederländische Literatur zum Ostseehandel las. Es gab zum Glück nur wenig Literatur zu meinem Thema. Das Kapitel über die Flamen fügte ich dann der fast fertigen Habilitationsschrift hinzu und es ging auch in die Buchfassung ein. Erst zwei Jahrzehnte später erfuhr ich von Professor Lode Wils, wie gut es bei den flämischen Historikern ankam, dass ich ihre Nationalbewegung als gleichwertig neben der tschechischen und der norwegischen behandelte, obwohl die Flamen zu jener Zeit in Belgien selbst sowie in Westeuropa mit einer gewissen Verachtung als reine „Regionalisten" bezeichnet wurden.

Als ich gerade dabei war, das Manuskript meiner Habilitationsschrift fertigzustellen, bekam der Lehrstuhl das Angebot, einen Text in der Reihe *Acta Universitatis Carolinae – Monographia* zu veröffentlichen. Es waren sogar Finanzmittel für die Übersetzung des Bands eingeplant. Jemand von einem anderen Lehrstuhl hatte nämlich im letzten Moment sein Manuskript nicht eingereicht und die Redaktion benötigte dringend einen Ersatztext, um die Haushaltmittel bis zum Jahresende ausschöpfen zu können. Der Lehrstuhlleiter schlug vor, meine Habilitationsschrift mit einzubeziehen und der Redaktionsrat war einverstanden. Das Problem bestand jedoch darin, dass der Umfang der Bände in der Reihe auf höchstens 200 Seiten beschränkt war, mein Manuskript umfasste aber etwa 500 Seiten einschließlich der Anmerkungen. Innerhalb der kurzen Frist, binnen welcher mein Text beim Übersetzer eingereicht werden sollte, war es unmöglich, einen neuen kürzeren Text zu verfassen. Deswegen entschloss ich mich zu einem riskanten, radikalen Schnitt: Ich ließ fast den gesamten darstellenden Teil weg – also die Beschreibung des Verlaufs der einzelnen Nationalgeschichten – und ebenso das ausführliche theoretische Kapitel, das sich mit der Literatur auseinandersetzte. Erhalten blieben also nur das Einführungskapitel zur Methodologie, die Tabellen mit den Angaben über die Sozialstruktur, die Karten zur räumlichen Struktur und, das Wichtigste, der letzte Teil, in dem all diese Informationen ausführlich vergleichend interpretiert und ausgewertet wurden. Das Risiko zahlte sich aus, mein Buch wurde Anfang 1969 veröffentlicht und bald erschienen ein paar sehr positive deutsche Rezensionen. Darüber, wie dann die erweiterte englische Buchfassung zustande kam, die bei Cambridge University Press erschien, ist in einem ganz anderen zeitlichen Zusammenhang zu berichten.

Als „Spion" unterwegs

Die entspannten Jahre konzentrierter Arbeit bereiteten mir Freude, konnten mich jedoch weder aus dem Kontext der Zeit herauslösen noch von dem politischen System befreien. Mein Aufenthalt in Westdeutschland blieb keine Angelegenheit zwischen mir und meinen deutschen Kollegen, sondern wurde, zum Glück nur ganz am Rande, auch von gewissen zeitgenössischen Institutionen registriert und beobachtet. Vor meiner Abreise nach Marburg erschien ein Mann bei mir, der sich mit dem Namen Dukát vorstellte und mich um ein Treffen bat. Er sagte, er arbeite für das Außenministerium, im Institut für internationale Beziehungen. Sie hatten angeblich über meine Reise nach Westdeutschland erfahren und hätten eine Bitte an mich. Neben der offiziellen Berichterstattung wüssten sie nichts über die inneren Verhältnisse in der BRD, da unsere Republik mit dieser keine diplomatischen Beziehungen unterhalte und die Mitarbeiter unserer Militärmission in Frankfurt am Main, welche für diese Aufgabe zuständig waren, unfähig seien. Sie sprächen nicht mal richtig Deutsch. Es wäre also willkommen, wenn ich einen Bericht über die dortigen Verhältnisse lieferte. Hochmütig fragte ich, was passieren würde, wenn ich etwas Anderes schrieb als das, was in unseren Zeitungen stand. Lächelnd erwiderte er, dass es eben der Zweck sei, die Wahrheit über die tatsächliche Lage in Deutschland herauszufinden. Ich glaube, dass ich mich damals geschmeichelt fühlte, und es fiel mir auch auf, dass ich kurz davor zufällig Dr. Šnejdárek getroffen hatte, den gebildeten und allgemein respektierten Direktor jenes Instituts, der übrigens nach der Okkupation im August emigrierte und eine Professur in Paris erhielt. Wir hatten ein sehr freundliches und herzliches Gespräch, obwohl ich ihm bis zu diesem Zeitpunkt nicht begegnet war und wir uns gar nicht persönlich kannten. Er schien bei dieser Begegnung angedeutet zu haben, dass er sich darauf freue, zu erfahren, welche Eindrücke ich aus der BRD mitbringen würde. Das Treffen mit dem Genossen Dukát kam mir in diesem Kontext logisch vor, aber weiter dachte ich nicht darüber nach.

Erst während meines Aufenthalts in Deutschland fand ich heraus, dass sich die dortige politische Realität doch noch mehr als ich dachte von der propagandistischen Darstellung unterschied, welche unsere Presse lieferte, und dass viele im deutschen akademischen Milieu ein ehrliches Interesse am Kontakt mit uns hatten. Da sagte ich mir, dass ich die Gelegenheit nutzen sollte, die Mythen über die feindlichen deutschen Imperialisten und Revanchisten zu korrigieren, mit denen wir an jeder Ecke konfrontiert wurden. Ich nahm an, dass es dadurch einfacher würde, die Notwendigkeit einer Vertiefung der Kontakte mit deutschen Historikern zu begründen. Einmal merkte ich gegenüber Professor Scheibert beiläufig an, dass ich bei uns darüber berichten wolle, wie ganz anders alles in der BRD sei, und er reagierte typisch, indem er fröhlich ausrief – nur zu! Später sagte er mir zwei-, dreimal bei irgendeinem interessanten Anlass: „Vergessen Sie nicht, darüber zu berichten!" Übrigens erfuhr ich nun, beim Schreiben dieser Zeilen, dass Scheibert Mitglied einer geheimen Beratergruppe war, die für die Bonner Regierung Informationen über die Verhältnisse in den „östlichen" Ländern sammelte. Ich erinnerte mich daran, wie er nach meinen Kollegen fragte sowie nach dem Geschehen bei uns. Wenn ich mir vorstelle, was ich ihm alles zu diesem Thema gesagt haben mag, dann denke ich, dass die Informationen, die er von mir über die politischen Verhältnisse bei uns bekam, präziser und wertvoller waren als meine absichtlich verzerrende Berichterstattung über die politische Stimmung in der BRD.

Als ich nach Prag zurückkehrte, meldete sich Genosse Dukát bei mir und ich setzte mich an die Schreibmaschine. Ich tippte an einem oder zwei Abenden mehrere Seiten, auf denen ich meine Eindrücke vom Aufenthalt systematisch darlegte. Ich bemühte mich, es fast wie eine wissenschaftliche Analyse aussehen zu lassen, sodass meine Informationen glaubwürdig erschienen. Meiner Vermutung nach war gerade bei dieser Form nicht zu erkennen, wo ich etwas verschwieg und wo ich wiederum absichtlich Halbwahrheiten vermittelte. So konnte ich meine Darstellung des akademischen Milieus zweckmäßig stützen und eine völlig andere Vorstellung von der BRD vermitteln als unsere Presse. Mein Ziel war auch, eine möglichst genaue Analyse der Aktivitäten der NPD zu liefern, ohne diese zu dämonisieren und ihre Bedeutung aufzubauschen. Im Gegensatz dazu lieferte ich, glaube ich, einen gehörig modifizierten Überblick über die studentischen politischen Organisationen und Aktivitäten. Ich fühlte dabei eine Art Genugtuung, dass ich, obwohl Nicht-Experte, in ein paar Stunden und sozusagen nebenbei eine wesentlich bessere Analyse der deutschen Verhältnisse lieferte, als sie irgendeiner der gut bezahlten Experten jenes Instituts in einem Monat hervorbrachte. Ich kannte übrigens einige von ihnen vom Studium und hielt nichts von ihren fachlichen Qualitäten.

Ich kann mich nicht an den genauen Zeitablauf erinnern, aber nach einiger Zeit fragte Genosse Dukát an, ob wir uns wieder treffen könnten. Es war kurz vor meiner nächsten Reise in die BRD. Bei diesem Treffen schmeichelte er mir und versicherte, dass mein Bericht bei seinen „Chefs" gut angekommen sei und dass sie sich auf den nächsten freuten. Dabei machte er natürlich irgendwie klar, dass diese Chefs zum Auslandsgeheimdienst gehörten. Ich muss wahrscheinlich deutlich schockiert gewesen sein. Auf meine Frage, warum er das erst jetzt sage, erwiderte er humorvoll, dass wir doch keine Spione hätten. Dann versicherte er mir bereits wieder ganz ernst, dass man schließlich nicht von mir verlange, irgendwo eine Bombe zu legen oder jemanden zu denunzieren. Dass es ihnen gerade um die politische Stimmung gehe. Gleichzeitig sprach er dabei an, dass sie wüssten, wie ich es nach Marburg geschafft hatte, aber dass das für sie kein Problem darstelle. Da wurde ich unsicher, ich erinnerte mich nämlich an die Affäre Schieche und traute mich nicht, die nächste Zusammenarbeit abzulehnen. Ich entschied mich deswegen, dass ich – obwohl der Empfänger jemand anderer war, als ich dachte – auch weiterhin Wahres und zweckmäßige Desinformationen vermischen würde.

Nach dem zweiten Aufenthalt schrieb ich nur noch ein paar Seiten mit allgemeinen Überlegungen, ich denke, es ging dabei um die Verhältnisse im akademischen Milieu und darum, wo es Interesse am Kontakt mit uns gab und wo wiederum nicht. Mir kam es wichtig vor, besonders ausführlich über einige Institutionen zu berichten, mit denen unsere wissenschaftlichen Institutionen eine Zusammenarbeit eingehen könnten. Allmählich wurden die Bedingungen für Reisen in die BRD nach 1965 liberalisiert und ich redete mir ein (und möglicherweise begründet), dass meine Berichte vielleicht einer der Anstöße zu solchen Lockerungen waren. So geriet beispielsweise auf einmal das Verbot in Vergessenheit, deutsche Stipendien anzunehmen. Infolgedessen bildeten die Tschechoslowaken innerhalb von drei Jahren die größte Gruppe unter den Stipendiaten der Humboldt-Stiftung. Zudem war ich der Überzeugung, dass Deutschland – so weit schon durch Entnazifizierung und Demokratisierung verwandelt – nach wie vor ein Nachbarland blieb, mit dem das Schicksal des tschechischen Volkes verbunden und gleichzeitig verflochten ist. Es war also erforderlich, darüber möglichst viel zu wissen, unabhängig davon, welche Regierung oder welches politische System momentan bei uns am Ruder war.

Der joviale Genosse Dukát wurde von einem jüngeren und schneidigeren Genossen namens Adler abgelöst, welcher sich sehr wichtig machte. Das war allerdings in der Zeit, als ich meine Stipendienaufenthalte in der BRD bereits abgeschlossen hatte. Es gab also keine Gesprächsanreize mehr, zumindest kann ich mich neben allgemeinen Gesprächen über Politik an kein anderes Thema mehr erinnern. Er fragte nach den deutschen Verhältnissen und ich berichtete das, was ich dem „Spiegel" oder anderen Presseorganen entnahm. Zwei- oder dreimal interessierte er sich für die deutschen Studenten, die zu uns zum Studium kamen, aber die kannte ich meistens gar nicht. Dann meldete er sich nach einiger Zeit wieder bei mir, im Frühling 1968. Er gab sich als Reformbefürworter aus und erzählte mir quasi vertraulich über Bemühungen, den Nachrichtendienst von der Staatssicherheit auf das Amt des Ministerpräsidenten übergehen zu lassen. Er hätte wohl gerne etwas über die Verhältnisse an der Fakultät erfahren, aber ich sagte durchaus ehrlich, dass ich mit dem politischen Geschehen dort nicht vertraut sei, da ich mich mit anderen Angelegenheiten beschäftige und oft unterwegs sei. Nach einer längeren

Pause meldete er sich plötzlich wieder, an der Schwelle zur „Normalisierung", aber das gehört in ein anderes Kapitel.

2.5 Freudige Erwartungen und neue Horizonte

An dieser Stelle muss das schon oft Thematisierte nicht noch einmal umfassend beschrieben werden: das hochgestimmte und elektrisierende Entspannungsgefühl in der Gesellschaft, die anregende und motivierende Stimmung, für die wohl am besten der Begriff fröhliche Unzufriedenheit passt. Es ging um die Erfahrung oder eher die Vision der Freiheit einerseits (wie auch immer relativ) und andererseits um die Erkenntnis, dass die Bedingungen dafür eingetreten waren, dass man sich für die Erhaltung oder die Vertiefung dieser Freiheit einsetzen konnte. Und auch das Bewusstsein, dass sich das regierende Establishment vor dieser Freiheitsvision fürchtete, dass „sie" nicht dahinterstanden. Es steckte also eine Spannung darin, es gab Widerspruch, der die Aktivität, Kreativität und Produktivität anregte und stärkte, da es schien, dass die Freiheitsbestrebungen Aussicht auf Erfolg hatten. Es ist manches Fundierte darüber geschrieben worden, wie sich bereits seit Mitte der fünfziger Jahre und vor allem in den Sechzigern die Spannungen zwischen den „revisionistischen" Intellektuellen und dem Parteiapparat, der potenziell wie auch real einschüchternde Machtmittel in der Hand hatte, deutlich verschärften. Ich fand also Gefallen an dem damals gerne zitierten Gedanken von Georg Lukács, der mit bezeichnender Übertreibung behauptete, dass große Werke der Dichtung aus gesellschaftlichen Spannungen und Widersprüchen, aus dem Widerstand gegen die Mächtigen, gegen „die da oben", entstehen …

Die gesamtgesellschaftliche Stimmung – sowohl die fröhlich positive als auch die negative – spiegelte sich immer auch im Leben an der Fakultät wider. Seit Anfang der sechziger Jahre hatte die Partei immer intensiver um neue Mitglieder geworben und das war nicht einmal an mir vorbeigegangen. So wurde die absolute Mehrheit der Lehrenden in den humanistischen Studiengängen von Mitgliedern der KPČ gebildet. Die Philosophische Fakultät als Ganze wurde dadurch zu einem institutionellen Symbol des Widerstands und zu einem der Brennpunkte der Opposition gegen den Machtapparat. Dieser hatte allerdings nicht vor, nachzugeben, und bemühte sich, unter Berufung auf die Prinzipien der Parteidisziplin sowie des „demokratischen Zentralismus", die unzufriedenen Parteimitglieder an der Fakultät unter Kontrolle zu halten. Unter dem Schutzschirm der Fakultät voller Parteimitglieder konnten sich zudem Studenten kritisch mobilisieren, und zwar nicht nur im akademischen Milieu, sondern auch im öffentlichen Raum …

Im Schlepptau der großen Politik

Die Zeithistoriker stellten mit Sicherheit bald fest, inwieweit die brodelnde Oppositionsstimmung an der Fakultät von außen angeregt war, anders gesagt, inwieweit die dortigen Parteirebellen unabsichtlich zu „nützlichen Idioten", also zu Instrumenten der Machtinteressen einer bestimmten Clique an der Machtspitze wurden. Mit Sicherheit spiegelte die Unruhe an der Fakultät bis zu einem gewissen Grad die Machtkämpfe innerhalb des Apparats der KPČ wider. Und es ist die Frage, wie eng die Fakultätsvertreter, und zwar nicht nur die „politischen", sondern auch die seriösen Wissenschaftler, mit dem Reformflügel der Partei in Verbindung standen. Das alles ging an mir vorbei, genauso wie an den meisten frisch aufgenommenen Parteimitgliedern an unserer Fakultät. Natürlich konnten wir nicht übersehen, dass der Dekan Mitglied des Zentralkomitees der KPČ war. Er war von seinen ehemaligen, politisch profilierten Studenten umgeben, die sicherlich ihre Freunde an der Parteihochschule sowie in höheren Parteiorganen hatten. Aber das war in groben Zügen alles. Über den Rest konnten wir nur spekulieren.

Ich war zwar nicht in die hohe Politik eingeweiht, hatte aber immer mehr mit Studenten zu tun. Aus meiner Perspektive von „unten" nahm ich die studentischen politisierenden Aktivitäten und Ausdrucksformen politisch non-konformer, also „falscher" Ansichten anders wahr, als „die da oben". Sie schienen mir nicht die Ursache, sondern eher ein Katalysator zu sein für die Unruhe, die Unzufriedenheit und die Gegensätze, welche nach 1965 immer häufiger in der Gesellschaft zu beobachten waren. Dabei wurde betont, dass die studentischen Wandzeitungen zwar kritisch seien, aber keinesfalls staatsfeindlich. Man versuchte zum Beispiel auch, die alte Tradition der im Mai stattfindenden studentischen Umzüge („Majáles") zu beleben. Diese Majáles-Feiern machten sich über alles Mögliche lustig, und es ist verständlich, dass die Politik von Spott nicht verschont blieb. Als die Studenten der Philosophischen Fakultät bei dem Umzug den Journalistikstudenten zuriefen: „Soll dein Sohn zum Lügner werden, dann soll er Journalist werden!", erwiderten diese: „Willst du zu Haus' einen Popen? Mach den Sohn zum Philosophen!" Hinter dieser Übertreibung steckten zwar politische Ansichten, es kam jedoch auf die Interpretation an, ob sie als Spaß oder als Systemkritik, also als umstürzlerisch und parteifeindlich abgestempelt wurden.

In letzterem Sinn, also als umstürzlerisch und staatsfeindlich, wurden jene studentischen Äußerungen von unseren unmittelbaren Parteioberen interpretiert – den Genossen aus dem Bezirks- oder Stadtapparat. Sie kritisierten die Fakultätsleitung, dass sie so etwas dulde, und verlangten von den Lehrenden – also insbesondere von der Parteiorganisation, einzugreifen oder, in der zeitgenössischen Terminologie: zu ermitteln und „Konsequenzen zu ziehen". Es galt das Axiom, dass die Lehrenden die Verantwortung für ihre Studenten trugen, und zwar nicht nur für deren fachliche Leistungen (die allerdings die Funktionäre des Apparats nicht besonders interessierten), sondern auch und vor allem für ihre politischen Haltungen. Als seien Studenten unmündige Subjekte, deren „Erziehung" möglich wie auch notwendig sei. Wem „nutzten" ihre merkwürdigen Aktivitäten? Dem Klassenfeind? Meiner damaligen Vermutung nach spukte in Köpfen der Apparatschiks immer noch die klassische These Stalins herum, dass sich mit den Erfolgen des Sozialismus der Klassenkampf verschärfe. Diese These sahen die immer noch überdauernden Stalinisten im Geschehen an der Fakultät bestätigt.

Angesichts ihrer Eingriffe in das politische Leben an der Fakultät (falls davon überhaupt die Rede sein konnte) stellten wir unablässig Überlegungen darüber an, wie die Studenten geschützt bzw. verteidigt werden konnten. Bei den Sitzungen wurde kaum mehr über etwas Anderes gesprochen. Es waren die Studenten, die bestimmte Themen aufwarfen, und es waren die Lehrenden, die diese Themen bei der Verteidigung der Studenten weiterentwickelten und umsetzten. Der Fakultät gelang es, dem Druck von „oben" erfolgreich standzuhalten, als die Apparat-Funktionäre verlangten, die „Initiatoren" des studentischen Kritizismus seitens der Parteiorganisation zu entlarven und zu bestrafen. Und überhaupt bestanden sie auf Maßnahmen, mit denen die Studenten politisch diszipliniert und „erzogen" werden sollten. Damit ging die Forderung einher, dass die Fakultät darüber berichten sollte, wie die „politisch-erzieherische" Arbeit mit den Studenten umgesetzt wurde. Dieser Forderung konnten die Ausschüsse der Parteiorganisation noch am leichtesten durch Vollzugsmeldungen voller leerem Geschwätz nachkommen. Diese defensive Haltung reichte allerdings einigen begeisterten Parteikritikern nicht aus; sie wollten erreichen, dass der Parteiapparat seine Einstellung veränderte.

Für uns unerfahrene Parteimitglieder bedeutete das, lange Diskussionen anhören zu müssen, bei denen die Spitzenfunktionäre der Fakultätsorganisation die „Apparat-Instruktoren" davon zu überzeugen versuchten, dass die Studenten mit ihrer Kritik an den Mängeln unserer Gesellschaft grundsätzlich richtiglagen, und wenn man nach „Verantwortung" frage, dann müsse die unbefriedigende politische und wirtschaftliche Lage des ganzen Landes in Betracht gezogen werden. Oft störte es sie gar nicht, dass bei der Sitzung überhaupt keine Vertreter des Apparats anwesend waren. Sie meinten in ihrer Aufrichtigkeit als Parteimitglieder, ihre neue Wahrnehmung und neue Interpretation der politischen Wirklichkeit verteidigen und verbreiten zu müssen. Das hieß für sie auch, an die Macht zu kommen. Wieder kämpften sie für etwas, das sie als die einzige Wahrheit betrachteten. Ich vermutete damals, dass es bei manchen unter ihnen um das ehrliche Bekenntnis zu dem politischen Durchblick ging, zu dem sie gerade heranreiften. Sie wollten ihre Genossen aus dem Apparat für diese Wahrheit gewinnen und konnten nicht verstehen, wenigstens die meisten von ihnen, dass das vergebliche Mühe war und dass sie mit ihren großartigen rhetorischen Leistungen oftmals bloß Öl ins Feuer gossen. Zu den meisten hatte ich kein Vertrauen, womit ich möglicherweise einigen von ihnen Unrecht tat, aber das war der Grund, warum ich mich nicht an den Diskussionen beteiligte. Ich war außerstande, mich als einer von ihnen zu fühlen. Obwohl ich doch mit ihnen meist einer Meinung war.

Das war jedoch nicht der einzige Grund. Ich hatte gewisse Hemmungen, weil ich mich schüchtern fühlte und gleichzeitig keine Erfahrung in der Politik hatte. Ich hatte keine stalinistischen Sünden und Irrtümer aus den Fünfzigern auf dem Gewissen, die ich hätte wiedergutmachen müssen. Realistisch sagte ich mir, warum soll ich jemanden überzeugen, der nicht überzeugt werden will? Warum provozieren, wenn sich der andere seiner Wahrheit und insbesondere seiner Allmacht sicher ist? Warum die Vertreter und Mitgestalter des Regimes mit der Wahrheit konfrontieren, wenn ich dieses Regime weder entworfen noch aufgebaut hatte, sondern bloß hineingeschleudert worden war? Übrigens interessierten sich die Köpfe der Reformbewegung nicht besonders für die Meinungen von uns politisch unerfahrenen und vor allem bedeutungslosen Parteimitgliedern. Sie hielten uns nicht mal für richtige Kommunisten. Wenigstens da lagen sie nicht falsch.

Schließlich wurde ich aber gegen meinen Willen in dieses politische Gebrodel hineingezogen. Als früheres Mitglied des Jugendverbandes, besser gesagt, als überaltertes Mitglied seines Fakultätskomitees, wurde ich nun von meinen älteren und politisch bewanderten Kollegen in irgendeine Kommission beim Bezirkskomitee der KPČ in Prag-Altstadt zur Arbeit mit Studenten entsandt. Die studentische Organisation des Tschechoslowakischen Jugendverbands erhielt nämlich eine wesentlich größere Autonomie. Auch deren Funktionäre wurden „zur Verantwortung" gezogen, waren aber in der Lage – zumindest im Bezirk Prag 1 (Altstadt) – sich nachdrücklich zu verteidigen. Ich nahm an ein paar Sitzungen teil und versuchte eine andere Taktik als die der frontalen Konfrontation zu verfolgen, so wie es auch die politischen Matadore an der Fakultät taten. Unerwartet schnell erwies sich diese Taktik als erfolgreich, wenn auch nur zeitweise … Ich hielt es für überflüssig, mit den auftrumpfenden Machthabern zu polemisieren.

Dazu wäre ich übrigens auch nicht in der Lage gewesen, da ich ihre Pseudosprache nicht beherrschte. Ich entschied mich für eine Ausweichtaktik. Ich sagte, ja, Genossen, wir müssen unsere politische Arbeit verbessern, unsere Jugend bringt ihre Unzufriedenheit mit den Mängeln auf ungeschickte Weise zum Ausdruck, diese Mängel bestehen aber wirklich. Die Jungen sind eben zu temperamentvoll. Wir müssen uns bemühen, alle Studenten an Bord zu holen, und Erklärungen anbieten, einen Weg zu ihnen finden usw. Ich verstand, dass sie genau das hören wollten und sich dann beruhigen würden, zumindest zeitweise und auf den ersten Blick, da sie mir sowieso nicht glaubten. Übrigens war ich nicht der Einzige, der diese besänftigende Argumentation wählte. Es war mir klar, dass eine derartige Ausweichstrategie nur zeitweilige Erfolge versprach und dass die „oben" bald die Geduld verlieren und konkrete Maßnahmen zur „Disziplinierung" der Studenten von uns fordern würden. Aber bevor sie gegen unsere Schummelei eingreifen konnten, kam der Januar 1968, als Alexandr Dubček an die Spitze der Partei gewählt wurde. Damit begann eine echte Verunsicherung und Herausforderung für den für uns verantwortlichen lokalen Parteiapparat.

Inzwischen hatte im Laufe des Jahres 1967 der Zerfall der Fakultätsorganisation der KPČ begonnen – jedenfalls im Fach Geschichte. Ältere, politisch erfahrene Mitglieder, und zwar nicht nur die ehemaligen Stalinisten, hörten auf, an den Sitzungen teilzunehmen, und wenn doch, dann wiederholten sie ihre Redeübungen, deren Thesen alle (zumindest anscheinend) zustimmten, die aber keine Konsequenzen zeitigten. Aus dieser Krise fand sich jedoch bald ein Ausweg, besser gesagt: Ihren Akteuren öffnete sich eine neue Perspektive in der sog. großen Politik.

Im Januar 1968 fanden die Neuwahlen der Parteifunktionäre an der Fakultät statt und erfahrene Genossen entledigten sich wieder der Spitzenfunktionen. Der Bezirksapparat geriet inzwischen ins Schwanken und wagte es nicht, in Personalangelegenheiten einzugreifen, weshalb mehrere populäre Parteikritiker wieder die Leitung der Fakultätsorganisation übernehmen durften. Ihr Interesse an der Arbeit in den Parteifunktionen änderte sich nämlich radikal: Begeistert stürzten sich die meisten in Debatten, welche sich allmählich radikalisierten. Ich hatte dafür damals wahrscheinlich eine voreingenommene Erklärung. Ich unterstellte ihnen, die Lage ausnutzen zu wollen, in der ein neuer politischer Umsturz und ein Austausch der politischen Führungsriegen bevorzustehen schien. So mochte es ihrer weiteren Karriere zugutekommen, auf den Sieg des „Reformkommunismus" zu setzen. Unter den Siegern zu sein, brachte die Chance mit sich, Macht, das heißt einen günstigeren Platz an der Sonne zu erlangen. Für den Machtkampf war entscheidend, sich nicht nur zu profilieren, sondern sich auch in Bruderschaften von Leuten zu organisieren, die sich aufgrund ihrer Ansichten und ihrer gemeinsamen Vergangenheit nahestanden. Mich lockte das politische Engagement aber nicht und eine politische Karriere noch weniger. Ich hatte dafür keine Zeit. Übrigens rechnete ohnehin niemand mit mir und meinesgleichen bei dem großen Kampf, weshalb ich hier sowieso keinen Platz hätte einnehmen können. Das machte mir nichts aus, eher genoss ich die Tatsache, dass ich keiner Gruppierung angehörte und angehören wollte, keinem Klüngel, der politische oder andere Positionen anstrebte. Ganz im Gegenteil, ich freute mich über die zusätzliche Zeit für meine Arbeit und meine Familie.

Als meine Hauptaufgabe verstand ich nach wie vor den Hochschulbetrieb und die wissenschaftliche Arbeit. Es war kein Fachidiotentum, dass ich in der politischen Lockerung eine Chance für unsere Arbeit als Hochschullehrer sah. Eine Chance für eine weitere Verbesserung unserer Angebote für die Studenten. Ich fand es schon früher richtig, für jedes Jahr eine fakultative Vorlesung aus einem anderen Bereich anzubieten – und zwar nicht nur entsprechend meinem je aktuellen Forschungsschwerpunkt, sondern auch zu Themen, die mir interessant und wichtig für die Horizonterweiterung der Studenten erschienen. Und so hielt ich Vorlesungen zu ganz verschiedenen Themen – Ostseehandel, Nationalbewegungen, aber auch Herausbildung und Bedeutung öffentlicher Meinung und die Entwicklung und gesellschaftliche Rolle des historischen Romans. Meinen Aufenthalt in Marburg nutzte ich, um Material für die Analyse des Themenangebots im Geschichtsstudium an westdeutschen Universitäten zu sammeln. Das war für mich im Hinblick auf das Geschichtsbewusstsein deutscher Akademiker von Interesse. Allerdings blieben meine Themen nach wie vor marginal. Meine Vorlesungen besuchten verständlicherweise nur wenige Studenten, mich freute ihr Interesse.

Als lehrender Assistent erntete ich einen ersten Erfolg: Meine fakultative Vorlesung zu den nationalen Bewegungen in Europa erschien einer der Studentinnen so interessant, dass sie mich um ein Thema für ihre Diplomarbeit bat. Sie verliebte sich in die Waliser und ich kannte durch Zufall auch einen der Historiker in Wales. Ich verschaffte ihr einen Austauschaufenthalt (1967 war das schon erlaubt), sie machte in Wales einen guten Eindruck, lernte Grundlagen des Kymrischen und bearbeitete in ihrer Diplomarbeit den Kampf um Kymrisch als Unterrichtssprache an den Grundschulen am Ende der 1840er Jahre. Nach der erfolgreichen Verteidigung der Arbeit kehrte sie nach Wales zurück und schrieb mir im September 1968 einen Brief, in dem sie sich für alles bedankte und sich zugleich verabschiedete, weil sie nach der sowjetischen Invasion nicht mehr in die Heimat zurückkehren wollte. Dann meldete sie sich noch an Weihnachten mit der Nachricht, dass sie mithilfe eines berühmten britischen Bohemisten, Sir Cecil Parrot, eine Stelle an der Universität Lancaster gefunden hatte, wo sie Tschechisch und tschechische Landeskunde unterrichtete. Danach hörte ich nichts mehr von ihr, wollte sie jedoch an dieser Stelle als meine erste Diplomandin erwähnen.

Wenn am Lehrstuhl für Allgemeine Geschichte fachliche Angelegenheiten zur Sprache kamen, wurde viel über die Möglichkeiten diskutiert, wie eine Synthese der Weltgeschichte zu verfassen wäre. Obwohl das ohne konkrete Ergebnisse blieb, waren diese Diskussionen lebendiger, insbesondere deswegen, weil sich einige neue, sehr begabte und für grundsätzliche Überlegungen über die Geschichte begeisterte Doktoranden beteiligten. Ihr historisches Allgemeinwissen und ihr inneres Bedürfnis, sich wissenschaftlich zu engagieren, imponierten mir. Für mich war das ein Anzeichen für eine Umorientierung der Lehrstuhlarbeit in Richtung Wissenschaft. Was ich bisher vermisst hatte …

Der Nachbarlehrstuhl für Tschechoslowakische Geschichte war in dieser Hinsicht viel weiter. Während der sechziger Jahre wurde da an Forschungsprojekten gearbeitet, welche die Intensität des wissenschaftlichen Lebens erheblich steigerten, und weit über den Lehrstuhl selbst hinaus Anklang und Resonanz fanden. Der Lehrstuhl veranstaltete öffentliche Diskussionen über die Wirtschaftsgeschichte des 16. Jahrhunderts und über das innovative Entwicklungspotenzial in der böhmischen Gesellschaft. Neu stand die historische Demografie im Fokus, aber das Projekt zur vergleichenden Geschichte der Preise und Löhne war noch umfangreicher. Am Lehrstuhl stand dabei die Türe für alle offen und so konnte auch ich von den Diskussionen dort manches mitnehmen.

Der plötzliche Tod von Professor Husa im Jahr 1965 bedeutete für das Fach sowohl menschlich als auch politisch einen schweren Verlust und wirkte sich insbesondere auf die internationalen Kontakte aus. Sein Forschungsprojekt drohte zum Stillstand zu kommen, ging aber dann doch weiter und erhielt eine neue, quasi institutionelle Grundlage an der Schwelle zu den siebziger Jahren.

Václav Husa war es nach und nach gelungen, den Ruf eines „politischen" Professors loszuwerden. Er war allmählich von einem großen Teil der Fachöffentlichkeit außerhalb der Fakultät respektiert worden, auch wenn sein eigener Beitrag zur Wissenschaft eher bescheiden blieb. Nach seinem unerwarteten Herztod entstand an den beiden Lehrstühlen Nervosität und Unsicherheit: Wer würde sein Nachfolger? Damals wurden die Lehrstuhlleiter nicht in einem Auswahlverfahren bestimmt, nicht einmal vom Dekan ernannt. Vielmehr wurde irgendwo im Zentralkomitee der Partei entschieden, dass František Graus den Lehrstuhl leiten sollte; zwar hatte er an der Fakultät angefangen, war aber 1953 in die Leitung des neu errichteten Historischen Instituts der Tschechoslowakischen Akademie der Wissenschaften gewechselt. Einige fürchteten sich vor ihm oder mochten ihn nicht, weil er seit Anfang der fünfziger Jahre den Ruf einer dogmatischen und autoritären Person hatte. Andere positionierten sich gegen ihn wegen seiner Freundschaft mit Josef Macek, dem politisch einflussreichen und deswegen gefürchteten Direktor des Historischen Instituts der Akademie. Es war zu befürchten, dass eine quasi direkte Abhängigkeit von der Akademie der Wissenschaften entstehen würde. Bald wurde aber klar, dass diese Befürchtungen grundlos waren. Graus zeigte sich als gefälliger, freundlicher und wissenschaftlich engagierter Chef, der sich in das Fakultätsmilieu einlebte. Obwohl er zu uns Jüngeren im persönlichen Kontakt Abstand hielt, interessierte er sich für unsere wissenschaftliche Arbeit und unterstützte uns dabei. Seine immer lebhafteren Kontakte mit westlichen – vor allem deutschen – Historikern nutzte er zur Vermittlung von Studienaufenthalten für „junge" Kollegen. In den Jahren nach 1966 war das bereits möglich.

Die Wissenschaft befreit sich

Der reibungslose Verlauf der Begutachtung meiner Habilitation und vor allem der Vorbereitung ihres stark beschnittenen Textes zur Publikation deutete im Laufe des Jahres 1967 darauf hin, dass sich in der akademischen Stimmung etwas bewegt hatte. Offene Kritik an der Konzeption Stalins störte niemanden mehr, keiner nahm an meinen positiven Kommentaren über den revisionistischen Austromarxisten Otto Bauer Anstoß, keiner wies darauf hin, dass ich anstatt von Klassenkampf von sozialen Gegensätzen sprach, dass ich den „bürgerlichen Nationalismus" nicht kritisierte und nicht einmal erwähnte. Dabei sah ich mich selbst als Historiker, der in seiner Analyse inspiriert war durch die marxistische Methode in jenem während meines Aufenthalts in Marburg modifizierten Sinn. Es ging wohl um einen sehr „revisionistischen" Ansatz.

Übrigens war ich nicht der erste meiner Generation, der sich damals habilitierte. Etwas früher wurden zwei Parteimitglieder zu Dozenten, kurz nach mir dann drei weitere frische Parteimitglieder. Die Parteimitgliedschaft war, zumindest im Fach Geschichte, weiterhin „conditio sine qua non". Das kam mir schon damals als eigenartiges Paradox vor: Die Fakultät, welche in politischer Opposition zur Parteileitung stand, erhielt trotzdem Mittel für neue Lehrstellen, konnte höhere Quoten beim Numerus clausus für die Neuaufnahme von Studenten durchsetzen und bekam auch neue Habilitationen sowie Professuren genehmigt. Für mich gab es nur die einzige logische Erklärung, dass die Fakultät da „oben", bei den hohen Parteifunktionären über mächtige Unterstützer verfügte. Und dass Dekan Kladiva die Finger im Spiel hatte.

Die Revision des dogmatischen Marxismus sowie der bisherigen Auffassungen vom Sinn der Geschichte kam nun bei uns auf den Tisch. Darüber hinaus wurden schweigend die Nicht-Marxisten toleriert, solange sie sich nicht auf Politik einließen. Eine deutliche Auswirkung dieses Schubs war für mich die Tatsache, dass mein Freund Bedřich Loewenstein eine Stelle im Historischen Institut der Akademie bekam. Er selbst kommentierte das so, dass die Institutsleitung sich dadurch ein Alibi verschaffte, dass sie einen Nicht-Marxisten einstellte. Das war leicht übertrieben, da schon früher eine ganze Reihe von Historikern im Institut tätig war, welche ein Bekenntnis zum Marxismus nicht einmal vortäuschten. Es kam nur darauf an, dass sie sich nicht dagegen äußerten.

Nun ging es nicht mehr bloß um kritische Glossen und provokative Stichelei-en, mit denen die Zeitschrift *Geschichte und Gegenwart* eine unbestreitbare und verdiente Aufmerksamkeit erregte. Stattdessen waren es ernsthafte Überlegungen, die manchmal nicht mal vor einer so fundamentalen Kehrtwende haltmachten, wie sie uns Mitte der sechziger Jahre von František Graus demonstriert wurde. Mir erschienen seine neuen Ansichten widersprüchlich. Einerseits konnte ich seiner Vorstellung grundsätzlich nicht folgen, wonach die Allgemeine Geschichte eine Art einfache Erzählung darstellen sollte, deren Raison d'être darin bestand, die allgemei-ne Geschichte mit „tschechischen Augen" zu betrachten und als Hintergrund oder Inspiration für die tschechische Geschichte fruchtbar zu machen. Das kam mir zu eindimensional und einfach vor. Im Gegensatz dazu lag mir seine Ansicht sehr nahe, dass wir die Nationalgeschichte auf neue Weise als Teil des allgemeineren, übernationalen Kontextes betrachten müssen. Genauso nachdrücklich begrüßte ich seine Meinung, dass zur nationalen Vergangenheit nicht nur die positiven, „fortschrittlichen", sondern auch die negativ konnotierten Ereignisse und Prozesse gehören.

Aus diesem Grund nahm ich im Frühjahr 1967 gerne sein Angebot an, einen Beitrag zu einem Sammelband zu liefern, der neue Auffassungen der tschechischen Geschichte präsentieren sollte. Der Titel sollte „*Unsere lebende und tote Vergangenheit*" lauten. Das Angebot wurde mir von Dušan Třeštík, der mit Graus damals eng zusammenarbeitete, übermittelt. František Graus verfasste für uns eine konzeptionelle Einleitung zu dem Sammelband. Sie enthielt übrigens kein Bekenntnis zum Marxismus, wie es bisher üblich gewesen war. Ich stimmte nach unserem Gespräch seiner Vorstellung zu, dass es darum gehen sollte, eine Diskussion hervorzurufen und neue Ansichten und Arbeitshypothesen als Inspiration für die weitere Forschung zu bieten. Das waren eigentlich Ziele, die viele von uns schon früher verfolgt hatten, wenn auch eher im populärwissenschaftlichen Bereich.

Das Thema meines Beitrags sollte die nationale Wiedergeburt sein und für mich bedeutete das die Gelegenheit, der breiteren tschechischen Fachöffentlichkeit einige der Einsichten zu unterbreiten, zu denen ich in meiner Habilitationsschrift gelangt war. Der Titel meines Aufsatzes würde heute bei den postmodernen Konstruktivisten gut ankommen: „Patrioten ohne Nation". Als Motto wählte ich eine Strophe von Jan Kollár, in der es am Ende heißt: „Wir spielen auf einem Klavier, das noch keine Saiten hat." Entsprechend war der Aufsatz selbst konzipiert, der eine heute nicht besonders originelle, aber im damaligen Kontext unübliche und provozierende Sicht bot. Das galt auch für die meisten anderen Beiträge: Die weitere Arbeit an der nationalen Geschichte sollte verantwortungsvoll durchdacht werden. Am markantesten waren jedoch die kritischen und innovativen Ansichten, die der Bandherausgeber in seiner Einleitung darlegte. Der Sammelband *Unsere lebendige und tote Vergangenheit* erschien Anfang 1969 im Verlag Svoboda, zu einer Zeit, als die Bürger, darunter auch die potenziellen Leser, andere Sorgen hatten, weshalb es keine besonders starke Resonanz in der Fachöffentlichkeit gab. Mit der anbrechenden „Normalisierung", nach Graus' Emigration, wurde die restliche Auflage angeblich entsorgt. Die Erinnerung an das Buch blieb jedoch in den Köpfen und wurde nach dem Jahre 1990 wieder wach.

Bald nach der Abgabe meiner Habilitationsschrift machte ich mich mit Begeisterung an die Arbeit an der Cromwell-Biographie. Nach dem aufreibenden Kopfzerbrechen über komparative Ansätze und nach der Interpretation der Analyseergebnisse bezüglich der Sozialstrukturen der Nationalbewegungen empfand ich es nun als eine Erleichterung und Entspannung, über einen leibhaftigen Menschen und sein Schicksal sowie über seine geistige Welt zu erzählen.

Es ging mir jedoch nicht nur um eine interessante Erzählung. An Cromwells Leben und seinem dramatischen Kampf um die Veränderung Englands fand ich ein Problem besonders interessant, das mir auch in Bezug auf die Gegenwart aktuell erschien: Inwieweit können Meinungsfreiheit und autoritäre Regierung Hand in Hand gehen? Als wichtiges und auch für uns bedeutsames Element des revolutionären Brodelns, dessen Protagonist Cromwell war, betrachtete ich den Kampf der

Leveller um die Demokratie, ihre Suche nach einem Weg zur stärkeren Beteiligung der Bürger an den politischen Entscheidungsprozessen. In diesem Zusammenhang stellte sich die Frage nach den unvermeidlichen Risiken von Bestrebungen, die Menschen dazu zu zwingen, sich im Einklang mit den edlen Prinzipien der Moral zu verhalten und zu handeln. Ebenso faszinierend war der psychologische Aspekt des Ganzen, welcher sich aus Cromwells Reden und Briefen erschließen ließ – wie wichtig ist der Glaube, dass der Mensch den Willen Gottes und die durch ihn bestimmte Mission erfüllt, wie aber verwandelt die Macht den Menschen und sein Verhalten, auch wenn er überzeugt ist, den gottgefälligen Prinzipien weiterhin treu zu bleiben?

Es wurde verständlicherweise nicht erwartet, dass ich eine bahnbrechende wissenschaftliche Monographie lieferte. Es sollte ein populärwissenschaftliches Buch werden, und mir lag daran, es lesbar zu gestalten. Außerdem nahm ich mir etwas vor, was ich für die Qualität jeder populären Darstellung wichtig hielt und bis heute wichtig halte: Nicht nur eine ordentlich recherchierte und dokumentierte Darstellung der Fakten zu liefern, sondern auch eigene Deutungen und Interpretation anzubieten, wo es um universelle Probleme und Zusammenhänge der historischen Entwicklung geht. Das Thema lag mir nahe, da die Geschichte von Cromwells Weg zur Macht sich für eine Analyse anbot, wie die Notwendigkeit, Stabilität und Ordnung zu sichern, auf der einen Seite, und das Bestreben, Meinungsvielfalt und Toleranz zu gewährleisten, auf der anderen Seite in Einklang gebracht werden konnten. Das traf sich mit meinen Überlegungen über die ideale Gesellschaft, in der die Politik der „Weisen" die Tür für Meinungsfreiheit, künstlerisches Schaffen sowie religiöse Selbstbestimmung offenhalten würde, ohne dass daraus ein Kampf um politische Macht und persönliche Vorteile resultierte. Wohl auch deswegen ging mir das Schreiben leicht von der Hand und ich gab das Manuskript noch im Jahr 1967 ab. Das Buch erschien schon im Frühjahr 1968 und wurde angeblich auch von einigen Politikern zur Kenntnis genommen, die darin Anregungen oder Lehren für die damaligen Umwälzungen sahen.

Zu diesem Zeitpunkt wartete bereits eine andere Aufgabe auf mich, die ich für wichtiger für unser Fach und meine weitere Tätigkeit an der Fakultät hielt. Dozentin Alice Teichová, Leiterin des Geschichtslehrstuhls an der Pädagogischen Fakultät, hatte den Staatlichen Pädagogischen Verlag von der Notwendigkeit überzeugt, ein umfangreiches Lehrbuch für Weltgeschichte vom Altertum bis zur Gegenwart herauszugeben. Sie teilte das Gesamtwerk in, so glaube ich, sieben Zeitabschnitte ein und wandte sich unter etlichen anderen auch an mich mit dem Angebot als Autor an Abschnitten über die Geschichte der Neuzeit, also des 17. bis 19. Jahrhunderts mitzuarbeiten. Sie kannte mich aus früheren Diskussionen über die Konzeption des Geschichtestudiums sowie als Verfasser der Skripte, die ich einige Jahre davor publiziert hatte. Das war eine Herausforderung. Ich hatte nun, zusammen mit zwei anderen Kollegen am Lehrstuhl, die Möglichkeit, genau das umzusetzen, worüber am Lehrstuhl für Allgemeine Geschichte jahrelang diskutiert worden war. Ich war mir natürlich der Tatsache bewusst, dass sich ein Lehrbuch wesentlich von jener Synthese unterschied, über welche wir auf den Lehrstuhlsitzungen sprachen. So musste in unseren Texten der traditionellen Erzählung der politischen Geschichte viel Raum gegeben werden, obwohl ich Mühe hatte, die Darstellung dann organisch durch Kapitel zur Kultur- sowie Sozialgeschichte zu ergänzen. Das Resultat fand ich nicht besonders befriedigend und ich sagte mir, dass dies nur eine Art Vorbereitung auf die echte originelle Synthese darstellte. Ich ahnte nicht, dass ich einen Text verfasste, den die Studenten mindestens die folgenden zwei Jahrzehnte lang benutzen würden. Es gelang uns, die ersten beiden Teile der Geschichte der Neuzeit noch im Frühjahr des Jahres 1968 im Manuskript fertigzustellen. Dozentin Teichová – als ob sie geahnt hätte, dass die politische Lockerung nicht besonders lange dauern würde – kümmerte sich schnell um positive Rezensionen, dank derer der Text vom Ministerium für Schulwesen als Lehrbuch für pädagogische, aber faktisch auch für philosophische Fakultäten genehmigt wurde. Und so ging das Lehrbuch bereits 1969 in Druck, bevor sich das Normalisierungssystem der ideologischen Kontrolle konsolidiert hatte.

Frühling in Prag

Die Streitereien zwischen der Fakultät und den „übergeordneten Organen", die sich heutzutage vielleicht wie Stürme im Wasserglas ausnehmen, waren eigentlich das Einzige aus dem Parteigeschehen, was mir vor dem Januar 1968 bekannt war. Ich ahnte nicht, dass irgendwo an den höchsten Stellen des Parteiapparats und an der Parteihochschule, die ich, intellektuell hochmütig, verachtete und die mich deswegen nicht interessierte, zielgerichtete und wohl auch gut gemeinte Bestrebungen in Gang kamen, dem Sozialismus eine neue Konzeption und eine neue Gestalt zu verleihen, oder wie man schon damals und auch später sagte – „ein menschliches Antlitz". Die Absetzung des Präsidenten Antonín Novotný und weitere personelle Veränderungen in der Parteileitung bedeuteten für mich viel mehr als eine freudige Überraschung, einen ersten Schritt zu den beabsichtigten grundlegenden Veränderungen. Allerdings verstand ich bald, dass das Anzeichen für Neugestaltung der Verhältnisse waren, auf die wir kaum Einfluss nehmen konnten, die aber von uns begrüßt und ernst genommen werden mussten, da sie unser Leben wesentlich erleichtern konnten.

All die Ereignisse beobachtete ich damals zusammen mit meiner Frau und vielen anderen Kollegen nicht als Akteur, sondern als Außenstehender, unter anderem auch deswegen, weil ich, wie schon erwähnt, keiner der Gruppierungen und Interessengemeinschaften angehörte, welche sich innerhalb wie außerhalb der KPČ formierten. Wir besuchten etliche öffentliche Versammlungen, wo mal sehr sympathische Redner und mal wiederum jene hysterischen Genossen zu Wort kamen, vor denen wir uns als Studenten vor fünfzehn Jahren zu Recht gefürchtet hatten. Manchmal ließen die fanatisch glühenden Augen und die Gefühlsausbrüche einen Hauch des neu entstandenen alten Glaubens an die einzige Wahrheit spüren: Manche Redner nämlich kritisierten die KPČ genauso flammend und wütend, wie sie einst, zu stalinistischen Zeiten, als sie sich mit derselben Partei noch identifizierten, den „Klassenfeind" angegriffen hatten. Diesmal lösten sie mit ihren Auftritten keinen Schrecken aus, sondern provozierten allenfalls die misstrauische Frage, ob ihnen wieder nur der Machterhalt am Herzen lag. Und dadurch wirkten sie eher unglaubwürdig.

Die sich überstürzenden Ereignisse sind vielfach geschildert worden und ich wüsste dem nichts Wesentliches hinzuzufügen. Ich ergänze nur ein paar Erinnerungen an bestimmte Situationen an der Fakultät, bei denen ich doch persönlich beteiligt war. Es gab eine Initiative zur Gründung eines unabhängigen Verbands der akademischen Intelligenz. Ich erinnere mich nicht mehr, wie er heißen sollte, dafür habe ich bis heute die Gründungssitzung an der Philosophischen Fakultät vor Augen. Nach einer vielseitigen und sachlichen Diskussion über die Notwendigkeit eines solchen Verbands, die in der vollbesetzten Großen Aula stattfand, wurde die Leitung gewählt. Schaute man darauf, wer welche Namensvorschläge einreichte, dann war klar, dass die alten Parteikader mit einer eigenen Kandidatenliste antraten. Ich konnte der Versuchung nicht widerstehen und schlug den Mediävisten Jiří Kejř vor, den ich persönlich zwar kaum kannte, ihn aber als wissenschaftliche Persönlichkeit und noblen Menschen schätzte. Ich begründete meinen Vorschlag schlicht mit dem Argument, dass er kein Parteimitglied sei, weshalb seine Wahl ein symbolisches Signal wäre. Im Saal erhob sich lautes Gemurmel (eher freudig zustimmend als ablehnend) und Dr. Kejř wurde tatsächlich gewählt. Später wurde er deswegen mit Sicherheit denunziert und möglicherweise machte er mir deshalb auch Vorwürfe. Das war meine erste und gleichzeitig einzige aktive Beteiligung an den Ereignissen des Prager Frühlings.

Die anderen beiden Episoden spielten sich ebenfalls in der Fakultätsaula ab. Aus irgendeinem Grund berief die Fakultätsleitung dort eine Versammlung ein, auf der über ein Programm diskutiert werden sollte. Möglicherweise war eine Fakultätsvariante des „Aktionsprogramms" der Partei gemeint. Die Sitzung wurde vom Dekan Kladiva geleitet und es gab viele und lange Redebeiträge über die politische Lage, die Strategie, welche die Fakultät im Kampf (gegen wen?) wählen sollte, über die Außenpolitik und andere wichtige Angelegenheiten. Auch ich meldete mich zu Wort und ich erinnere mich dabei eigentlich nur an meine nachdrückliche Aufforderung, dass uns auch und vielleicht vor allem die Konzeption des Studiums und das Verhältnis zu den Studenten am Herzen liegen sollten, ebenso wie die Demokratisierung der Verhältnisse an der Fakultät selbst sowie an den Lehrstühlen. Der Dekan pflichtete mir bei, aber die Diskussion verlief weiter in derselben Richtung: Es wurde über die große Politik gesprochen. Das war mein zweiter und letzter öffentlicher Auftritt im Laufe des Prager Frühlings. Als ich zum dritten Mal an der Versammlung in der Fakultätsaula teilnahm, blieb ich stumm. Es ging um die Sitzung, auf der die Fakultät ihren Präsidentschaftskandidaten vorschlagen wollte. Eine Gruppe von Assistenten setzte sich nachdrücklich für Eduard Goldstücker ein – mit dem Kommentar, dass dieser sicher eine geringe Chance habe, aber ihn vorzuschlagen eine symbolische Geste wäre. Es überraschte mich, dass diese Idee nicht viel Anklang im Saal fand. Ich sah meinen Eindruck bestätigt, dass auch gebildete Menschen manipulierbar sind.

Ich hatte damals den Eindruck, der vielleicht begründet war, dass sich innerhalb der wenigen Monate im öffentlichen Raum sehr viel bewegte. Die Menschen auf der Straße wirkten fröhlich und hatten keine Angst, in Gruppen zusammenzustehen und zu diskutieren. Die Wohlhabenderen und Gebildeteren aus Prag begannen, die Reisefreiheit zu nutzen, es wurden Initiativen in Betracht gezogen, welche heute zivilgesellschaftlich genannt würden (vielleicht war es schon damals so). Und natürlich wurden die Politiker beurteilt – die älteren sowie die neu kommenden. Riesigen Anklang fand die Ankündigung, mit den Rehabilitierungen ernst zu machen, ebenso die folgenden Nachrichten, dass die Rehabilitierungen der in den 1950er Jahren zu Unrecht Verurteilten bereits im Gange war. Wir vermuteten freilich, dass sich das Wichtigste hinter den Kulissen abspielte und dass die Presse nicht alles erfuhr. Von einer Studienkollegin, deren Mann bei der Staatsanwaltschaft arbeitete, erfuhr ich, dass z. B. die Mitglieder der Untersuchungskommission zu dem geheimnisvollen Selbstmord von Außenminister Jan Masaryk keinerlei Informationen weitergeben durften. Gleichzeitig war mir klar, dass mit der Eröffnung des Themas der Rehabilitierungen besonders die Spitzenfunktionäre der fünfziger Jahre Grund zu Befürchtungen hatten, da die Presse nach den Verantwortlichen fragen würde. Man vermutete mit Recht, dass viele von ihnen noch wichtige Machtpositionen hielten. Was würden sie tun, wenn sie durch Enthüllungen über ihre Beteiligung an den stalinistischen Prozessen in die Enge getrieben würden? Würden sie sich freiwillig zurückziehen? Oder zur Gewalt gegen „Klassenfeinde" greifen?

Die zeitgeschichtliche Forschung hat vielleicht schon untersucht, was sich die Menschen damals, im Frühjahr 1968, unter Freiheit vorstellten. Vielleicht kann ich meine Eindrücke wiedergeben. Natürlich gab es Presse ohne Zensur, natürlich Reisefreiheit, natürlich das Ende der ideologischen Gängelung. Und gleichzeitig Freiheit als Chance für eine Menge verschiedenster Kulturaktivitäten. All das blieb jedoch innerhalb der Grenzen des gegebenen wirtschaftlichen und eigentlich auch politischen Systems. Sowohl an unserem Wohnort als auch an der Fakultät wurde weiterhin damit gerechnet, dass wir eine reformierte, aber doch sozialistische Gesellschaft bleiben würden, obwohl einige damit ein Problem hatten. Erstaunlicherweise sehnten sich nicht einmal meine seit eh und je antikommunistischen Eltern nach der Wiedereinführung des Kapitalismus. Mein Vater hatte eine einfache Lösung: Man sollte die kommunistische Partei abschaffen und alles wird gut.

Meinen Verwandten vom Lande war die Wiedergutmachung alten Unrechts aus der Zeit der Kollektivierung wichtiger als etwa die Presse- oder Reisefreiheit. Da stand die Rückkehr der aus ihren Dörfern vertriebenen reichen Bauern („Kulaken") an erster Stelle. Als ich aber meine Cousine und meinen Cousin fragte, ob sie ihre Bauernhöfe zurückbekommen wollten, erwiderten sie spontan, dass sie sich nicht nach der alltäglichen Schufterei von Sonnenaufgang bis Sonnenuntergang zurücksehnten. Sie hatten sich schon an den Urlaub gewöhnt, den Achtstundentag und daran, dass sie sich nicht mehr vor Dürre oder Frostschäden fürchten mussten. Außerdem: Wo hätten sie die Gespanne und Maschinen hergenommen? Ungeachtet der jämmerlichen Löhne war für sie die Arbeit in der landwirtschaftlichen Genossenschaft, verbunden mit der Bewirtschaftung eines eigenen kleinen Grundstücks, immer noch die bessere Alternative. Übrigens stellte für sie damals die hochmechanisierte Landwirtschaft, so wie wir sie heute kennen, etwas völlig Unerreichbares und eigentlich auch Unvorstellbares dar.

Der Frühling in Paris

Paris galt und gilt wohl bis heute als Mekka der Byzantinisten. Als meine Frau, damals Mutter eines achtzehnmonatigen Sohns, dank Professor Graus ein Stipendium für einen zweimonatigen Aufenthalt in Paris bekam, überlegte sie nicht lange. Die Großeltern kümmerten sich um den Sohn David und sie reiste bei nächster Gelegenheit Anfang April 1968 ab. In der Zeit ließen sich Reisen in den Westen ziemlich leicht organisieren, es reichte der Nachweis, dass man über finanziellen Mittel für den Auslandsaufenthalt verfügte. Auch ich nutzte bald diese Umstände und beantragte die Reise aufgrund der Bestätigung meiner Frau, mir im Mai einen einwöchigen Aufenthalt in Paris zu finanzieren. Alles kam dann aber doch ein wenig anders. Im April spitzte sich die politische Lage in Frankreich dramatisch zu, es begann eine Massenbewegung gegen de Gaulle, eine Bewegung von Gewerkschaften und Studenten, die im Mai in einem Generalstreik kulminierte. Niemand in Prag konnte Auskunft darüber geben, ob die Züge nach Paris gestrichen würden oder nicht. Nach mehreren Tagen des Wartens und mehreren erregten Telefonaten entschied ich mich, das Risiko einzugehen. Ich fuhr bis nach Mainz, wo es eine Übernachtungsmöglichkeit im Institut für Europäische Geschichte gab. Da waren viele tschechische Stipendiaten und ich hoffte darauf, dort vielleicht etwas zu erfahren. Ich wollte möglichst nah an der französischen Grenze sein. Nach zwei oder drei Tagen bestieg ich den Paris-Express, ohne etwas erfahren zu haben. In Saarbrücken blieb der Zug jedoch stehen und es kam die Ansage, dass die Reise nicht weitergehen würde. Zum Glück saß in meinem Abteil eine junge Dame mit demselben Problem: Sie musste nach Paris. Sie unterrichtete Deutsch am Pariser Goethe-Institut und wir einigten uns schnell darauf, zusammen zu trampen. Sie brachte ihren weiblichen Charme und ihr perfektes Französisch ein und ich spielte die Rolle eines männlichen Beschützers. Die Fahrer waren verständnisvoll und hilfsbereit und so kamen wir relativ leicht bis an den Stadtrand von Paris, wo wir uns verabschiedeten. Ich fuhr dann weiter per Anhalter ins Zentrum, wo meine Frau in einer winzigen, billigen Pension unweit des Pantheons wohnte.

Das Paris jener Tage, genauer gesagt sein Zentrum, war fantastisch. Da die öffentlichen Verkehrsbetriebe streikten, waren die Straßen voller Autos und die Gehsteige voller Menschen. Für Leute ohne Auto war der Weg zu Fuß die einzige Option. Glücklicherweise war es von der Rue de Tournefort, wo wir wohnten, nicht weit zum Zentrum des Geschehens. Nicht nur die Bibliotheken, sondern auch die Galerien waren geschlossen, also konnte man weder arbeiten noch etwas Kulturelles erleben. Als Ersatz für Wissenschaft und Kulturprogramm fanden wir aber eine andere sinnvolle Beschäftigung – die Beobachtung des politischen Geschehens und die Teilnahme an öffentlichen Diskussionen. Zudem bedeutete das für uns eine großartige Gelegenheit, unser Französisch zu verbessern. Als organisierter und intellektueller Teil des politischen Brodelns wurden Diskussionen veranstaltet, die jeden Abend im Théatre de l'Odéon stattfanden. Die Themen waren chaotisch gemischt, aber enorm interessant. Für mich war von besonderem Interesse, dass Zeitungs- und Fernsehjournalisten darüber sprachen, wie die Medien die Öffentlichkeit manipulierten.

Dabei traf die Kritik auch sie selbst: Ein Diskutant erklärte, dass er nicht mal richtig wahrgenommen habe, wie sehr er eigentlich dem Regime diene. Er schilderte, wie er allmählich zur Erkenntnis gekommen war, dass er nicht nur die Kommentare, sondern auch die Informationswahl einseitig, wenn auch guten Gewissens, zugunsten der bestehenden Regierung de Gaulle gestaltete. Unter den Diskutanten waren auch Universitätsangehörige, Lehrer sowie Studenten, und selbstverständlich auch Schauspieler. Die Meinung, dass das Geld die Medien und die öffentliche Meinung regiere, wurde wohl von allen geteilt. Unterschiedlich waren eher die Ansichten darüber, inwieweit das Geld und das Kapital auch die gesamte Politik beherrschten. Die Studenten kritisierten den von der Klassenzugehörigkeit abhängigen Zugang zum Studium: Ein armer Student hatte nur geringe Chancen, ein Studium abzuschließen, und falls es ihm doch gelang, gab es nur begrenzte Berufschancen, da es ihm an den notwendigen sozialen Kontakten fehlte. In dieser Hinsicht, so meinten wir, waren unsere Studenten besser dran.

Den fundamentalen Unterschied zwischen den Diskutierenden sah ich darin, dass einige den Gaullismus verurteilten und ihn stürzen wollten, während andere das gesamte kapitalistische System verwarfen. Allerdings bedeutete das durchaus nicht, dass die Kritiker des Kapitalismus gleichzeitig das sowjetische System befürworteten. Solche Stimmen, wie etwa „die Sowjetunion – unser Vorbild!" – wurden überhaupt nicht laut, obwohl sicher auch französische Kommunisten im Plenum anwesend waren. Wenn die Außenpolitik zur Sprache kam, wurde der Grundton von jenen Diskutanten bestimmt, welche gleichermaßen ablehnend gegen den sowjetischen Kommunismus wie gegen den amerikanischen Hegemonismus (man gebrauchte auch den Begriff Imperialismus) Stellung nahmen. Ich stellte da also das Gleiche fest wie zwei Jahre zuvor in Marburg: Auch eine sehr radikale Kapitalismuskritik war keineswegs gleichbedeutend mit einem positiven Verhältnis zum sowjetischen (also auch unserem) „sozialistischen" System. Diese Einstellung lag mir immer näher. Deswegen, wenn auch nicht nur deswegen, hielt ich es für gefährlich irreführend, wenn manche unserer Journalisten und Intellektuellen den französischen oder deutschen Demonstranten verächtlich vorwarfen, dass sie den „Sozialismus" einführen wollen, den wir gerade loswerden wollten. Manchmal steckte bewusste Demagogie dahinter, meistens eher eine bedauernswerte Uninformiertheit.

Während die Diskussionen im Odéon moderiert und irgendwie „zivilisiert" wurden, verliefen die Diskussionen auf dem Innenhof vor der Universität Sorbonne, die von den Studenten besetzt war, ganz spontan. Es bildeten sich Trauben von Diskutierenden, unter denen die verschiedenen Gruppen ganz einfach zu identifizieren waren: Anarchisten mit schwarzen Schals, rotgekleidete Trotzkisten – auf den ersten Blick Hippies, die aber doch eloquent auf dem Niveau von Hochschullehrern argumentierten sowie Männer mittleren Alters in Arbeitermonturen. Es gab möglicherweise mehr junge, aber auch zahlreiche graue Köpfe. Damals konnte ich in Paris noch die in der Literatur oft erwähnte Tatsache beobachten, dass die „beiden Frankreichs" auch anhand der Kleidung zu erkennen waren. Immer wenn ich vulgäre und primitiv argumentierende Diskussionen auf unseren Straßen höre, erinnere ich mich an die erregten, manchmal sogar leidenschaftlichen, aber immer kultivierten Diskussionen auf dem Innenhof der Sorbonne. Die Meinungsgegensätze wurden höflich ausgedrückt, ohne Geschimpfe und Beleidigungen. Das gesamte französische Schulsystem zielte übrigens traditionell darauf ab, den Angehörigen der französischen Nation das Reden zu lehren und ihre nationale Sprache zu pflegen. Damals realisierte ich, dass diese Noblesse zur französischen nationalen Identität gehört: Auch wenn uns Meinungsbarrikaden trennen, bleiben wir kultivierte Franzosen, denn wir sollen ein Vorbild für die ganze zivilisierte Welt sein. Ich weiß nicht, ob das bis heute der Fall ist.

Bezüglich der Relevanz der Diskussionsthemen hatte ich den Eindruck, dass es in der damaligen tschechischen Diskussion eigentlich um partielle, spezifisch tschechische Angelegenheiten ging – im Vergleich zu den Fragen, über die in den Straßen des damaligen Paris räsoniert wurde. Da wurde über die Wiedergeburt der Gesellschaft und der Welt gestritten und die Stimmung war von der Sehnsucht nach dem Anbruch eines großen, heute würde man sagen globalen Wandels geprägt. Diese Pariser hatten das Gefühl, unter dem Druck eines historischen Moments zu stehen, sie wurden von der Illusion beherrscht, der „Welt" ein Signal zu etwas Wesentlichem geben zu müssen. Es kam mir manchmal so vor, als ob sie geglaubt hätten, dass es an der Zeit für eine Neuauflage der Großen Revolution sei. Möglicherweise war das nur eine Sache ihrer revolutionären Selbststilisierung. Ich konnte es da vor dem Sorbonne-Gebäude selbst mehrfach hören: Die Welt erwartet etwas von uns, genauso wie damals, wir müssen eine große Veränderung durchsetzen … wir sind so oder so der Welt verpflichtet. Es herrschte eine mitreißende, sehr ansteckende Stimmung und ich vermutete, dass ungefähr so die revolutionäre Begeisterung im Paris des Jahres 1789 in die Welt kam. Ich fühlte mich etwas unbehaglich in meiner Konfektionsbekleidung unter den herumstehenden Studenten, welche die Welt verändern wollten, und besorgte mir deshalb wenigstens eine Pfeife, um mehr wie ein Intellektueller auszusehen.

In einem Teil des Innenhofs hatten einzelne revolutionäre Gruppen und Parteien ihre Bücherstände aufgestellt. Die Aktivisten boten ihre Druckschriften an, während sie bereitwillig ihr Programm erklärten. Es gab dort auch einen Stand der Kommunistischen Partei Frankreichs. Er erfreute sich keines sonderlichen Zuspruchs. Ich wusste, dass die kommunistische Partei einen kritischen Abstand zu dem revolutionären Brodeln wahrte, also ging ich auf den jungen Mann am Tresen zu und fragte ihn nach den Gründen. Ich erinnere mich nicht mehr an seine Antwort, im Gedächtnis blieb mir aber das weitere Gespräch. Als er erfuhr, dass ich aus der Tschechoslowakei kam, nahm er die Haltung eines Schülers an, der einen auswendig gelernten Text aufsagt, und teilte mir im Ton eines Ausbilders mit, dass jede kommunistische Partei das Recht auf ihren eigenen nationalen Weg habe. Anders gesagt, wir stimmen euch nicht zu, belehren aber auch nicht.

Die französischen Kommunisten waren sich anscheinend in ihrer Haltung zum Pariser Frühling nicht einig. Mir wurde das beim Gespräch mit der Professorin Hélène Ahrweiler bewusst, der Prorektorin der Sorbonne und Byzantinistin, die mit meiner Frau in freundschaftlicher Beziehung stand. Sie war damals angeblich noch Mitglied der Kommunistischen Partei Frankreichs und sympathisierte offen mit den Ereignissen bei uns, aber als ich sie nach ihrer Stellungnahme zu den aktuellen Erschütterungen und den studentischen Revolutionären in Paris fragte, erwiderte sie kategorisch in dem Sinn, dass die Radikalen nicht siegen dürften. Wenn sie siegten, würden die Amerikaner in Frankreich intervenieren. Und sie fügte noch etwas hinzu über Unverantwortlichkeit und über die große Zahl der anwesenden Provokateure. Einige Wochen später erinnerte ich mich an ihre Mahnung, als ich eine ähnliche Gefahr für Prag befürchtete. Angeblich trat sie nach dem August 1968 aus der kommunistischen Partei aus und wurde später für einige Zeit Beraterin von Präsident Mitterrand.

Durch Zufall war ich gerade zu dem Zeitpunkt in Paris, als dort zwei riesige Demonstrationen mit Hunderttausenden von Teilnehmern stattfanden. Die erste wurde von den Gewerkschaften als Demonstration von Pariser Arbeitern organisiert. Sie zogen langsam über den Boulevard Saint-Germain, selbstbewusst in nahe aneinander marschierenden Reihen, in irgendwelcher grauer, unauffälliger Bekleidung. Es gab meist weder Musik noch Geschrei, ab und zu skandierten sie irgendwelche Slogans und einige trugen Transparente. Bald danach fand die Demonstration zur Unterstützung de Gaulles statt. Auch auf der Place de la Concorde und den Champs Élysées versammelten sich Zehntausende elegant gekleideter Herren und noch eleganterer Damen. Einige Männer erschienen in malerischen Uniformen, die Veteranen mit ihren Auszeichnungen an der Brust, mit einer Menge historischer Fahnen. Die Musikkapellen spielten mit Elan, natürlich auch die Marseillaise. Der Umzug bewegte sich frei, unorganisiert. Ich fand ihre Stimmung eher fröhlich, aber möglicherweise war das eher ein Ausdruck ihrer Kampfbereitschaft. Die Spaltung der damaligen französischen, oder besser gesagt der Pariser Gesellschaft, also jenes „doppelte Frankreich", konnte nicht besser als durch diese zwei Demonstrationen repräsentiert werden.

Mehr als drei Jahrzehnte später kam ich anlässlich der Verteidigung der Dissertation einer meiner Doktorandinnen kurz nach Paris. Als das offizielle Programm zu Ende war, machte ich mich ins Zentrum auf und wurde durch reinen Zufall wieder zum Zeugen einer großen Demonstration. Über den Boulevard Saint-Germain marschierte ein Umzug, der für die Rechte der „Minderheiten" eintrat und den eine laute, wilde Kolonne von bunten allegorischen Wagen dominierte, die für die Gleichberechtigung der Homosexuellen demonstrierten. Daneben waren die wenigen schweigend marschierenden Gruppen mit den Fahnen der Anarchisten und der Guevaristen kaum zu bemerken. Diese Demonstration illustrierte mir anschaulich, wie sehr sich die Zeiten geändert hatten. Und insbesondere, wie sich das politische Spektrum entwickelt hatte, das sich als „die Linke" bezeichnete.

Das Geld wurde uns schnell knapp. Unter Druck kann man aber gewöhnlich auch das Unmögliche möglich machen. Meine Frau organisierte sich einen Platz in einem privaten Reisebus, der in die Schweiz fuhr. Ich blieb nicht lange allein zurück; mich rettete Professor Pierre Jeannin, ein Wirtschaftshistoriker, den ich von den alljährlichen Tagungen des Vereins für Hansische Geschichte in Deutschland kannte. In diesem Jahr fand die Tagung an Pfingsten in Göttingen statt, wohin er mit dem Auto fuhr. Mir gelang es, ihn trotz all der Streiks und Verkehrsunterbrechungen in Paris zu finden, und er nahm mich gerne mit.

Am Vorabend der Katastrophe

Beim Ordnen meiner alten Korrespondenz und kleineren Notizen erinnere ich mich wieder daran, dass sich meine Einstellung gegenüber den Prager Ereignissen nach meiner Rückkehr aus Paris etwas veränderte. Bis dahin war ich ein Beobachter, der sich bereitwillig mit dem Aktionsprogramm der KPČ vertraut machte und natürlich mit Begeisterung den Fall der unbeliebten Regimevertreter verfolgte. Selbstverständlich freute ich mich über die Abschaffung der ideologischen Kontrolle und ihrer Instrumente, wie der Zensur oder der Einschränkung des Vereinslebens. Auch die Durchsetzung weiterer bürgerlicher Freiheiten war schwer zu übersehen.

Ich besorgte mir also blitzschnell eine Dauerausreisegenehmigung und konnte es genießen, ohne erniedrigende Anträge und Meldungen ins Ausland aufzubrechen. Anfangs waren das aber immer noch solche positiven Veränderungen, welche von „ihnen" eingeführt wurden und von denen ich profitierte, ohne mich mit deren Urhebern zu identifizieren. Unter dem Eindruck der Pariser Diskussionen gelangte ich jedoch zur Überzeugung, dass es eigentlich auch in Prag tatsächlich um etwas Neues ging, was bis zu einem gewissen Grad meinen naiven utopischen Vorstellungen aus der Jugend entsprach. Da ging es um eine Gesellschaft, in der weder Geld noch Diktatoren herrschten, sondern der Weg zu Humanität und Bildung geöffnet wurde. Einfacher gesagt, ich fing an, mich als Teil dieser Ereignisse zu sehen, also mich mit der Bewegung zu identifizieren, welche „Prager Frühling" genannt wurde. Allerdings blieb ich weiterhin ganz unbeteiligt an der Gestaltung dieser Bewegung und ihres Programms.

Daraus ergab sich aber, dass ich auch die Perspektive der Veränderungen, welche die politischen Anführer des „Prager Frühlings" anstrebten, mit anderen Augen sah, und ich begann, mir Sorgen zu machen. Das gründete nicht nur in der Befürchtung, die gerade gewährten Freiheiten wieder zu verlieren. Für mich bedeutete das vielmehr auch, dass eine bedeutende historische Chance für einen positiven Systemwandel auf dem Spiel stand. Heutzutage ist es wahrscheinlich nicht mehr so wichtig, wann genau diese historische Chance „demokratischer Sozialismus" genannt wurde.

Meine Befürchtung war, dass die schlimmste Gefahr von außen drohte. Im Gegensatz zu den ehemaligen Stalinisten war meine Jugend nicht durch blinde Liebe und blindes Vertrauen zur Sowjetunion und ihrer kommunistischen Partei geprägt gewesen. Jeder kritisch denkende Leser der Geschichte der KPdSU(b), unseres Grundlehrbuchs in Studienzeiten, war mit Sicherheit immun gegen Illusionen über Stalin und das sowjetische System. Dazu reichte auch das Wenige aus, was ich – auch dank meines Aufenthalts in Marburg – über die politischen Prozesse der dreißiger Jahre erfahren und lesen konnte. Es war nicht schwierig zu schlussfolgern, dass in der UdSSR jetzt diejenigen an der Macht waren, welche zu den „alles entscheidenden Kadern" des Komsomol gehört hatten, durch welche Stalin die verhafteten und ermordeten alten Bolschewiken damals ersetzt hatte. Wie konnte jemand annehmen, dass diese zulassen würden, dass ihre Vergangenheit in Zweifel gezogen oder gar untersucht würde? Darüber hinaus war ich dank meiner alljährlichen Aufenthalte in der DDR ziemlich gut mit den dortigen Verhältnissen vertraut und wusste, dass sogar einfache SED-Mitglieder die Befürchtungen ihrer Führung teilten, dass der tschechische „Revisionismus" auch für ihre Bevölkerung ansteckend sein könnte. Die machthabenden DDR-Kader wussten sehr gut, dass die dynamische Entwicklung unserer Beziehungen mit den Universitäten sowie anderen Institutionen in Westdeutschland (die sie sorgsam beobachteten) im Endeffekt auch gegen sie gerichtet war.

Wir diskutierten über all das mit unseren westdeutschen Kollegen, darunter am häufigsten mit Gottfried Schramm, der öfters nach Prag pendelte. Wir spekulierten über ein ideales politisches Modell, das unter der gegenwärtigen Parteiführung durchgesetzt werden könnte. Meiner Erinnerung nach schlug Schramm, halb im Scherz, vor, dieses System auf der demokratischen Konkurrenz zweier kommunistischer Parteien aufzubauen, da nicht einmal die reformistische Führung der KPČ erneut eine freie Konkurrenz ganz verschiedener politischer Parteien zulassen würde. Und vor allem für die sowjetische Führung würde das gar nicht in Frage kommen. Für mich war Schramm mit seinen Ansichten über die politische Situation sehr ernst zu nehmen, denn ich hatte die Information, dass er Mitglied des breiteren Beraterkreises von Willy Brandt war. Er definierte den Ansatz der deutschen Ostpolitik metaphorisch mit dem Grundsatz „das Brett soll man an der Stelle bohren, wo es am dünnsten ist". Mit jener dünnsten Stelle war natürlich die Tschechoslowakei gemeint. Er verbarg nicht, dass das Programm, die Wissenschaftsbeziehungen mit uns und Polen auszubauen, darauf zielte, die DDR zu isolieren.

Eines dieser Gespräche, die wir während seines Aufenthalts in Prag im Juli 1968 führten, ist erwähnenswert. Beim gemeinsamen Nachdenken darüber, was wohl auf uns zukomme, sprach Schramm einen Satz aus, den ich mir oft wiederholt und deswegen fast wörtlich in Erinnerung habe. Es ist nie möglich, zuverlässig vorherzusehen, was passiert, aber in eurer heutigen Lage ist eins mit absoluter Sicherheit vorauszusagen: Falls die Sowjets in euer Land einfallen, macht der Westen keinen Finger für euch krumm. Seine warnende Voraussage erfüllte sich unmittelbar danach. Und er fügte noch hinzu: „Richte es ihnen aus." In dieser Hinsicht lag er falsch. Ich kannte „sie" nicht, hatte niemanden, dem ich „das" hätte ausrichten können, und ich vermutete zudem, dass keiner so eine Warnung ernst nehmen würde. Ich selbst nahm sie aber ernst. Letztendlich sagte ich bei unseren Diskussionen mehrmals: „Stecht dem Bären nicht in den Bauch", ich erinnere mich aber nicht, dass jemand mir in der allgemeinen Euphorie zugestimmt hätte.

Es kam mir unverantwortlich vor, dass einige Journalisten und Historiker zu wetteifern schienen, wer es wagte, den schärferen, provokanteren Text über die Verbrechen des Sowjetregimes zu verfassen. Etwas in diesem Sinn schrieb ich auch in einer kleinen Glosse für die Zeitschrift *Geschichte und Gegenwart*. Aus meiner Sicht verhielten sie sich wie kleine Jungs, von denen jeder den Ball höher und höher werfen will. Bereits damals vermutete ich, dass bei manchen hinter ihrem zweifelhaften Mut eher ein unterbewusstes Vertrauen, wenn nicht Relikte der alten Liebe, für die Sowjetunion steckte: Dass sie uns eigentlich mögen und deswegen kritisieren, aber uns schließlich nicht wehtun wollten. Übrigens interpretierte ich die spätere hysterische Reaktion mancher ehemaliger Stalinisten auf die sowjetische Invasion psychologisch als Ausdruck verschmähter Liebe.

2.6 Das Ende der Hoffnungen

Heute weiß jeder, dass die Intervention im August 1968 allgemein ein Umbruch in unserer Geschichte war. Auch wir, die es am eigenen Leib erfuhren, hatten an diesem Morgen den Eindruck, dass alles zu Ende geht und alles im Handumdrehen in die „Nachfebruarzeit" zurückkehrt. Werden sie uns zur Wiederholung der fünfziger Jahre zwingen? Allerdings war das nicht der Fall, es folgte weder ein Zerfall der Infrastruktur noch ein totaler Zusammenbruch der Wirtschaft. Auch keine Massenverfolgungen. Nach der Rückkehr der tschechoslowakischen Delegation aus Moskau schienen die Dinge nach dem großen Zusammenprall wieder in Richtung des Frühjahrs zu steuern. Es durfte weiterhin gereist werden und man konnte internationale Beziehungen pflegen, die Zensur wurde nicht wiedereingeführt, es wurden kritische Filme gezeigt und es existierte keine Parteikontrolle. Allmählich wurden jedoch kleine Änderungen durchgesetzt, welche als unheilverkündende Vorboten der weiteren Entwicklung zu verstehen waren. Es blieb jedoch immer noch ein gewisser Hoffnungsfunke. Wir wissen heute, dass das nur Schein war. In einem Bereich mehr, im anderen weniger. Alle Hoffnungen gingen dann erst Ende 1969 tatsächlich zu Ende. Die Zeit davor, welche mit der Okkupation eingeleitet wurde, ist schwer systematisch und auf allen Ebenen zu fassen. Es wurde an jedem Arbeitsplatz sowie von jedem Einzelnen etwas unterschiedlich wahrgenommen. Ich kann jedenfalls behaupten, dass damals nicht nur in meiner Umgebung, sondern auch im öffentlichen Raum noch im Lauf des Jahres 1969 weiter der Geist der sechziger Jahre spürbar war.

Sommerschule durch die Invasion abgebrochen

Nach einem kurzen Familienbesuch auf dem Lande kehrte ich Anfang August nach Prag zurück, um die Funktion des Chefsekretärs in der Sommerschule für Slawische Studien zu übernehmen. Damals stand an deren Spitze Professor Antonín Dostál, Slawist und Dozent für Altkirchenslawisch, ein alter Herr, der vor allem respektiert werden und seinen Frieden haben wollte. Ich erinnere mich nicht daran, warum ich damals das Angebot überhaupt annahm. Ich wollte vielleicht erleben, wie die Sommerschule, bei deren Neuanfang ich vor zehn Jahren tätig gewesen war, unter den neuen politischen Umständen funktionierte. Und ich wollte mich wohl auch nach drei Jahren harter Arbeit und Einsamkeit am Schreibtisch in der Gesellschaft junger Menschen zerstreuen. Die Organisationsarbeit stellte für mich immer eher ein Vergnügen als eine Belastung dar.
    Die Liberalisierung des akademischen Lebens sowie des Kontakts mit dem Ausland war auch in der Sommerschule zu spüren – an ihrem Geist und in ihrer Teilnehmerstruktur. Die Teilnehmerzahl war immer noch beschränkt, zum einen aufgrund der Kulturabkommen, zum anderen aufgrund der Quoten, welche das

Ministerium für Schulwesen für private Interessenten und gleichzeitig Selbstzahler aus den „westlichen" Ländern setzte (eventuell übernahm die Aufenthaltskosten deren Universität). Diese Quoten, normalerweise sehr beschränkt, wurden für den Sommer 1968 wesentlich erhöht, weshalb auch die Anzahl der Teilnehmer aus Westeuropa, insbesondere aus Deutschland und aus den USA viel höher lag als zuvor. Die Liberalisierung spiegelte sich natürlich nicht nur in der entspannten Atmosphäre, sondern auch und vor allem in den deutlich politisierten Gesprächen. Nicht einmal die sehr apolitischen Philologen konnten das aktuelle Geschehen übergehen.

Die Sommerschule organisierte für ihre Teilnehmer jedes Jahr ganztägige Exkursionen in Tschechien und diesmal wurden sogar drei Busse gebraucht. Das bedeutete einen großen Aufwand, drei Programmvarianten je nach Inhalt und Zeitaufwand zu planen, aber schließlich war alles gut vorbereitet. Ich beschloss, im Studentenwohnheim zu übernachten, um die Abreise am Morgen organisieren zu können. In der Nacht wurde ich ständig von Lärm geweckt, es hörte sich nach schweren Lastwagen an, und ich war genervt, vor dem anstrengenden Tag nicht richtig ausschlafen zu können. Bald wurde klar, dass das eine unbegründete Befürchtung war, denn die Exkursion fiel aus. Gegen fünf Uhr morgens wurde in den Gängen erregt geschrien und gewehklagt. Sie besetzten uns! Für den nächtlichen Lärm waren keine Lastwagen verantwortlich gewesen, sondern die Flugzeugverbände der „brüderlichen Hilfe". Was ich befürchtet und teilweise auch erwartet hatte, mir aber wie auch immer nicht hatte zugeben wollen, wurde Wirklichkeit. Obwohl ich wohl etwas weniger überrascht war als die meisten anderen, war das ein furchtbares Erlebnis. Ich rief sofort meine Frau an und wir verabredeten, wie wir Kontakt halten konnten, da ich in Prag bleiben musste, um mich der Sommerschule zu widmen. Durch Zufall war ich als Einziger aus der Leitung im Studentenwohnheim anwesend und wurde deswegen zum Ansprechpartner für alle Teilnehmer. Sie fragten, wie es weiterginge, aber ich wusste genauso wenig wie sie. Erst im Lauf des Tages kam die stellvertretende Direktorin, die am anderen Ende von Prag wohnte. Der Direktor selbst ging aber nicht ans Telefon, war überhaupt nicht zu erreichen und traf erst nach einigen Tagen im Sekretariat der Fakultät ein. Später erfuhr ich, dass er letztlich emigrierte.

Beim Frühstück war die schlimmste Aufregung vorbei und ich wurde über die Lage informiert. Einzelne nationale Gruppen berieten sich über das Vorgehen und zeigten bezeichnend unterschiedliche Reaktionen. Die Amerikaner und Amerikanerinnen versammelten sich gleich nach dem Frühstück und brachen ohne Abschied in Richtung Botschaft auf. Tschechische studentische Begleiter registrierten, dass einer der amerikanischen Studenten, ein gewisser Herr Eidlin, der seine häufigen Besuche bei der amerikanischen Botschaft nicht verhehlte, schon vor Mitternacht das Studentenwohnheim verlassen hatte. Die italienischen Studentinnen erklärten feierlich, dass sie nicht abreisen, sondern beim tschechischen Volk in seiner schwierigen Situation bleiben wollten. Ähnlich, obwohl nicht so pathetisch, war die Reaktion der französischen Studenten. Die Westdeutschen konnten sich auf nichts einigen. Einige verlangten erregt, bis zur Grenze gefahren zu werden, andere erklärten, bleiben zu wollen. Zudem kam am zweiten Tag nach der Invasion der Freund einer Studentin mit dem Auto aus Deutschland und erzählte darüber, wie problemlos er die Grenze überschritten hatte und auch weiter auf den tschechischen Straßen unterwegs gewesen war. Die Teilnehmer aus der DDR waren offensichtlich entsetzt und hielten zerknirscht und schweigend zusammen. Einige machten unter vier Augen leise klar, damit nichts zu tun zu haben. Die sowjetischen Teilnehmer verschwanden genauso wie die Amerikaner – ohne Abschied. Nur der Leiter der bulgarischen Gruppe blieb und verkündete, dass die sozialistische Hilfe wirklich notwendig sei und wenn jemand widersprach, ließ er sich auf ein Gespräch ein, um ihn zu überzeugen. Später gab er angeblich der Fakultät die Namen der Tschechen bekannt, die mit der Invasion nicht einverstanden waren. Solche Anzeigen landeten allerdings in jener Zeit – bildlich gemeint – im Abfalleimer.

Bald zeigte sich aber, dass sich die Befürchtungen des ersten Tags nicht bestätigten, die Grenzen blieben tatsächlich offen. Auch die Züge fuhren irgendwie weiter und zum Bahnhof war es nicht weit, also konnten wir innerhalb von vier Tagen die Abreise aller Teilnehmer vorbereiten, natürlich mit Ausnahme der amerikanischen und der sowjetischen Gruppe, die sich in ihre Botschaften zurückzogen. Diese Zeit verbrachten weder wir, die Organisatoren, noch unsere Gäste, die Teilnehmer, mit Reisevorbereitungen und Packen, sondern wir gingen durch die Straßen Prags. Als ich meine alten Terminkalender ordnete, stellte ich fest, dass ich in den ersten beiden Tagen kurze Notizen darüber machte, was wir sahen. Auch wenn sie keine bahnbrechenden Informationen beinhalten, können sie ein interessantes Zeugnis liefern. Ich führe sie hier unverändert an.

Mittwoch den 21.8.
Beim Rundfunk und am Wenzelsplatz 7.30–9.00
- Besetzung des Rundfunks
- erste Warnschüsse – über dem Rundfunk
- Sturm am unteren Wenzelsplatz
- erste Diskussionen unten bei den Panzern

Beim Rundfunk nochmal mittags
- neue Durchfahrt von Panzern, mit Jungen besetzte Straßenbahn
- Durchbruch durch die Barrikaden
- die zweite Barrikade – Busse
- Auto und Panzer in Brand
- Gezielte Schüsse?
- verletzter Junge in der Balbín-Straße
- Nationalmuseum – Fassade

Wenzelsplatz, Demonstration – Trauer, die Internationale
Diskussion mit den Soldaten am Ufer
Donnerstag den 22.8.
stürmische Nacht vom Mittwoch auf Donnerstag – Schießen am Karlsplatz
Wird es eine Demonstration geben?
Mittags voller Wenzelsplatz, Gerüchte über Provokation, Chinesen auf
unserer Seite?
Schießen, Opfer
Nachmittags mit Franzosen.: Wenzelsplatz, Karlsplatz
leerer Wenzelsplatz – geräumt
Gebäude der Zeitung Lidová demokracie (Volksdemokratie) beschossen
(ohne Grund)

Im Lauf der nächsten beiden Tage wurde die Evakuierung des Studentenwohnheims Budeč vollendet und ich konnte wieder zu meiner Familie fahren. Wir verfolgten dann die weiteren Ereignisse im Rundfunk, gespannt wartend auf die Nachrichten aus Moskau. Als die entscheidende Information kam – dass die tschechoslowakische Delegation der Okkupation schriftlich zugestimmt hatte – war ich wieder in Prag und konnte durch Zufall im Zentrum die Reaktionen der Menschen auf den Straßen mit eigenen Augen beobachten. Vor der Nachricht über die „Kapitulation" erinnerte der Auflauf auf dem Wenzelsplatz an eine Kundgebung zur Unterstützung der KPČ. Ich hatte den Eindruck, dass, wenn in diesem Moment freie Wahlen stattgefunden hätten, Dubčeks Partei eindeutig gewonnen hätte. Sobald aber die Nachricht über die Moskauer Kapitulation veröffentlicht wurde, demonstrierten dieselben Bürger mit großer Wut nicht nur gegen die „Verräter", die den Vertrag unterschrieben hatten, sondern auch gegen die KPČ.

Ich gebe zu, unmittelbar danach Erleichterung gefühlt zu haben, dass es zu keinem Blutvergießen gekommen war. Die Worte Smrkovskýs, der das Vorgehen der Delegation erläuterte, hörten sich überzeugend an. Für mich war das Resultat einer realistischen Abwägung, die das Kräfteverhältnis in Betracht zog. Als ob die dilettantischen Köpfe des Prager Frühlings endlich verstanden hätten, dass sie mit niemandem in der Welt rechnen konnten. Die Tatsache, dass uns der Westen vollständig, auf Gnade und Ungnade den „Verbündeten" auslieferte, wurde mir allerdings erst später völlig klar, als Anfang September aus dem Westen Informationen besonders über die studentischen Solidaritätsbekundungen und über die Proteste der Institutionen und Intellektuellen kamen. Und auch darüber, dass manche Politiker die Invasion verbal verurteilten. Somit ging Schramms Prophezeiung aus unserem Gespräch im Juli in Erfüllung: Die westlichen Regierungen machten keinen Finger krumm, da sie kein Interesse daran hatten, die gerade eingeleitete „Entspannungspolitik" – die Verbesserung der Beziehungen zur Sowjetunion kaputt zu machen. Einige Jahre später kam ich dank Miroslav Polreich, einem

Spitzendiplomaten in den USA, dessen Frau an unserem Lehrstuhl arbeitete, an glaubwürdige Informationen über die Details der absolut zynischen Stellungnahme der USA zu der sowjetischen Okkupation. Er wurde nach 1969 gefeuert und fühlte sich möglicherweise deswegen nicht so ganz an seine Schweigepflicht gebunden.

Zu dieser Zeit bestätigte sich auch meine Vermutung, dass hinter dieser Gleichgültigkeit des Westens nicht nur die Befürchtung stand, dass die Invasion das Interesse westlicher Politiker an der Annäherung mit den Sowjets gefährdete. Es gab noch Grundsätzlicheres, was zu einem gewissen Maße mit meiner Pariser Erfahrung übereinstimmte. Die Sowjetinvasion machte es unmöglich, zu testen, ob der „Sozialismus mit menschlichem Antlitz", heute demokratischer Sozialismus genannt, eine Alternative nicht nur zum sowjetischen, sondern auch zum kapitalistischen System bieten mochte, dessen Werte in jener Zeit auch die eigenen Bürger in Zweifel zogen, sogar in den USA. Das Ende des Prager Frühlings stellte also eine besonders gute Nachricht für das westliche Establishment dar, weil es die definitive Vernichtung einer für zahlreiche, mit dem Kapitalismus unzufriedene Bürger im Westen akzeptablen Alternative bedeutete, welche den sowjetischen „realen Sozialismus" ablehnten. Darüber hinaus mussten sich die westlichen Politiker an der Beseitigung dieser Gefahr gar nicht beteiligen: Dafür sorgte ihr Erzfeind selbst – die Sowjetunion. Durch die Invasion in die Tschechoslowakei gelang es den Sowjets, ihr Konzept des „realen Sozialismus" auch in den Augen jenes Teils der Weltöffentlichkeit zu kompromittieren, welcher unser System für reformierbar hielt. In einer der August-Debatten in den Straßen sagte ich polemisch zu einem sowjetischen Unteroffizier, dessen Gesicht mir intelligent vorkam: „Ihr helft den schlimmsten Reaktionären der Welt!" Er blickte nachdenklich irgendwohin zum Horizont und antwortete „Kann sein", und schwieg.

Im Frühling 1968 hatte der Prager Rundfunk eine Serie von Vorträgen über Schlüsselereignisse der tschechischen Geschichte gestartet. Sie luden mich ein, meine Überlegung über den Verlauf des böhmischen Ständeaufstands in den Jahren 1618–1620 darzulegen. Es handelte sich um eine sehr kritische Einschätzung. Ich legte dar, wie schlecht der Aufstand vorbereitet gewesen war, und zwar nicht nur innerhalb des Landes, sondern auch international, da die böhmischen Radikalen ganz Europa – auch das potenziell anti-habsburgische Europa – vor vollendete Tatsachen stellten. Am Ende konstatierte ich, dass es sich um einen Aufstand politischer Dilettanten gehandelt hat, die leichtsinnig das Schicksal des ganzen Landes und des Volks riskierten (und in Katastrophe führten). Daran konnte die Tatsache, dass sie noble Absichten verfolgten und manche dafür den höchsten Preis zahlten, nichts ändern. Als diese Rundfunkserie später publiziert werden sollte und ich die Korrektur las, stutzte ich: Da steht eigentlich auch meine Meinung über unsere glühende Gegenwart! Wohl nur mit dem Unterschied, dass unsere Dilettanten keinen so hohen Preis bezahlen mussten und dass die Konsequenzen ihrer Niederlage nicht zwei Jahrhunderte, sondern glücklicherweise nur zwei Jahrzehnte dauerten …

Zwischen Prag und Freiburg

Bei einer unserer Begegnungen im Jahr 1967 hatte mir Professor Schramm das Angebot gemacht, für ein Semester zu ihm nach Freiburg zu kommen und Vorlesungen zu halten. Ich stimmte gerne zu. Während seines Besuchs im Juli des folgenden Jahres einigten wir uns schon auf konkrete Details – Termine, das Thema der Vorlesung und der Seminare, Unterkunft. An den Tagen unmittelbar nach der Sowjetinvasion schien der ganze Plan hinfällig zu sein. Schramm, der sich zu Beginn der Invasion in Brünn aufhielt, ermunterte mich, nicht aufzugeben; die Einladung stehe und bestimmt würde ich bald ausreisen dürfen. Auch diesmal lag er richtig. Ich befürchtete aber, dass eine Abreise in den Septemberwochen wie eine Flucht aussehen würde. Keiner wusste zudem, wie lange die Grenze offenbleiben würde.

Schließlich kümmerte ich mich also um den administrativen Abschluss der Sommerschule und brach Mitte Oktober nach Freiburg auf, um rechtzeitig zu Semesterbeginn dort zu sein. Als ich zum ersten Mal das Universitätsgelände betrat, erwartete mich dort eine aufgewühlte Stimmung, die ganz anders war als die in Prag, wo nach dem Schock vom August eine ängstliche Stille herrschte. Mit der Rückkehr der Studenten aus den Semesterferien begann in Freiburg nämlich die deutsche „Studentenrevolte", oder besser gesagt, deren Fortsetzung. Im Gegensatz zu den Mai-Ereignissen in Paris richteten sich die studentischen Aktionen hier – und nicht nur in Freiburg – eher auf eine innere Umgestaltung der Universität und auf die Demokratisierung der Regeln des akademischen Umgangs. Erst irgendwo im theoretischen Hintergrund ging es um das, was in Paris als erstrangig galt: die Absicht, das bestehende System, die Welt zu verändern. In der überfüllten Aula trafen sich mindestens einmal wöchentlich Studenten und Angehörige des akademischen Mittelbaus. Hier wurde zum Beispiel das Konzept der „Drittelparität" erdacht – der Grundsatz, dass der akademische Senat, der an der Universitätsleitung beteiligt war, je zu einem Drittel aus Professoren, Mittelbauvertretern und Studentenvertretern bestehen sollte. An der Spitze der Verhandlungen standen Schramms Assistenten, besonders der später bei uns in Prag gut bekannte Ralph Melville, immer mit einem roten, elegant über die Schulter geworfenen Schal.

Neben den Diskussionen auf Universitätsebene gab es auch Proteste in den einzelnen Studiengängen. Diese verliefen von Fall zu Fall unterschiedlich. Besonders dramatisch war die Lage bei den Studiengängen, die von konservativen Professoren geleitet wurden, etwa bei der Germanistik. In der Geschichte gab es ruhige und sachliche Diskussionen, vor allem deswegen, weil hier Professoren den Ton angaben, welche die Studenten nicht a priori verurteilten oder lächerlich machten, sondern sich auf eine ernsthafte Diskussion mit ihnen einließen und einige ihrer Argumente teilten. Allerdings gab es unter den Studenten eine radikale Minderheit, die diese Professoren, zu denen auch Schramm zählte, für gefährlichere Gegner als die Konservativen hielt, weil sie ihnen demonstrierten, dass sie mit ihren radikalen Forderungen offene Türen einrannten. Deswegen wurden sie von den Studenten grob als „Scheißliberale" gebrandmarkt. Auch im Fach Geschichte herrschte jedoch eine gereizt angespannte Stimmung, was eine kleine Episode aus meiner Erfahrung illustrieren kann. Auf Einladung des studentischen Historikervereins sollte ich einen Vortrag zum Nationalismus halten und als ich mich bei der Begrüßung des Publikums auf das Rednerpult stützte, geriet dieses ins Schwanken. Mürrisch rief ich aus: „Hier wackelt alles!", worauf im Auditorium spontan gebrüllt und stürmisch applaudiert wurde. Das war die erfolgreichste Botschaft meines Vortrags, die angeblich auch später unter den Studenten kursierte.

Die studentische Unruhe konzentrierte sich nicht nur auf die Universitätsverhältnisse und Studienfragen. Es wurde auch mit freier Liebe experimentiert, über die Notwendigkeit oder Nicht-Notwendigkeit einer Revolution diskutiert und gegen den Vietnamkrieg protestiert. All das bekam ich allerdings nur vom Hörensagen mit. Die Studentenschaft war zudem stark segmentiert. Während man im Fach Germanistik von beleidigenden und skandalösen Studentenauftritten gegen die Professoren hörte, unternahmen die Geschichtsstudenten keine persönlichen Attacken. Zumindest diejenigen nicht, mit denen ich in Kontakt kam und die sich in ihrem Verhalten und Auftreten privat sowie bei Sitzungen und öffentlichen Diskussionen nicht besonders von unseren Studenten unterschieden. Möglicherweise nur dadurch, dass es unter ihnen mehr langhaarige und hippiemäßig gekleidete Studenten gab.

Als Gastdozent, der nicht aus den Universitätsmitteln (wohl eher vom DAAD) bezahlt wurde, musste ich kein Stundenpensum erfüllen. Es reichten eine Vorlesung und ein Seminar wöchentlich. In der Vorlesung behandelte ich naheliegender Weise die europäischen Nationalbewegungen, und zwar nicht nur deren Verlauf, sondern ich versuchte auch, sie zu analysieren. Von K. W. Deutsch inspiriert, bemühte ich mich in der Abschlussvorlesung darum, die Nationsbildungsprozesse in mathematische Modelle umzusetzen. Bei den Studenten kam das gut an, trotzdem wagte ich nie, diese Analyse zu publizieren. Es kamen etwas über dreißig Studenten, für mehr hätte der Hörsaal ohnehin nicht Platz geboten. Es freute mich, dass die Teilnehmerzahl im Lauf des Semesters nicht zurückging, wie es (nicht nur) bei uns meistens der Fall ist.

Das Seminar leitete ich zusammen mit Professor Schramm. Wir verglichen den Charakter, die Programme und die Strategien zweier Nationalbewegungen im 19. Jahrhundert – der tschechischen sowie der polnischen im preußischen Teilungsgebiet. Die meiste Zeit nahm jedoch das Zwiegespräch zwischen mir und Professor Schramm in Anspruch. Das Seminar war angeblich ein Erfolg und einer der Teilnehmer, später Professor für Osteuropäische Geschichte, Hans-Henning Hahn, wiederholte in meiner Anwesenheit öfters, dass er sich aufgrund der Teilnahme an eben diesem Seminar für seine eigene Schwerpunktbildung auf demselben Gebiet entschieden habe. Die Freiburger Studenten waren im Vergleich zu den Pragern aktiver, meldeten sich öfter zu Wort, zögerten nicht, ihre Meinung zu sagen, aber ihr historisches Wissen und ihre Allgemeinbildung waren nicht besser als die der tschechischen Studenten. Vielleicht eher umgekehrt. Im Unterschied zu Marburg gelang es mir hier jedoch nicht, mit den Studenten so eine unmittelbare und freundschaftliche Beziehung aufzubauen. Das lag sicher daran, dass ich nicht mehr einer von ihnen war, so wie in Marburg, sondern ihr Lehrer.

Nicht nur Freiburg

Die Unsicherheit und die sich wiederholenden Diskussionen zum Thema „Wie geht es denn weiter?" schufen kein optimales Klima für konzentriertes Forschen. Ich bereitete meine Vorlesungen und Seminare gründlich vor, aber die Bibliothek betrat ich nur selten und verfolgte stattdessen lieber die Diskussionen über eine Demokratisierung der akademischen Welt. Daneben verbrachte ich viel Zeit damit, mich um Neuigkeiten aus Prag zu bemühen und die Vorträge vorzubereiten, die ich außerhalb von Freiburg hielt. Zu einem Vortrag lud mich der Heidelberger Professor Werner Conze ein, den ich bereits kannte. Er hoffte, mit meiner Hilfe eine dauerhafte Zusammenarbeit mit tschechischen Historikern anzubahnen – ungeachtet der Okkupation. Ich bemühte mich darum, aber die Zeit der freien Auslandsreisen war bald vorbei und der einzige Erfolg bestand darin, dass der damalige Doktorand und spätere bedeutende Prager Historiker Otto Urban zu einem langfristigen Studienaufenthalt nach Heidelberg kommen konnte. Weitere Kontakte, falls es welche gab, wurden dann von ihm vermittelt. Aus reiner Neugier nahm ich die Einladung zu der regelmäßigen Konferenz in Bad Wiessee an, die vom Collegium Carolinum veranstaltet wurde, obwohl es thematisch um die Zeitgeschichte gehen sollte. Vielleicht aus diesem Grunde blieb mir von der Konferenz kein besonderer Eindruck.

Von größerer Bedeutung für meine Zukunft waren allerdings zwei Begegnungen mit Historikern in Köln. Dort hielt ich im Februar einen Vortrag im Seminar von Professor Schieder, auf Einladung seines Assistenten Hans Lemberg. Das war der Sohn von Eugen Lemberg, den ich kurz vorher besucht hatte, um ein Gespräch mit ihm für die Zeitschrift *Geschichte und Gegenwart (Dějiny a současnost)* vorzubereiten. Daraus ergab sich eine Einladung zu einer Konferenz, die, glaube ich, im April 1969 von Schieders Doktoranden organisiert wurde und auf der ich zum allerersten Mal Gelegenheit hatte, einem internationalen Publikum „live" die Ergebnisse meiner Habilitationsschrift zu präsentieren und mein inzwischen erschienenes Buch vorzustellen. Ich erinnere mich gerne an diese Konferenz, es wurde lebhaft und informell diskutiert, ich knüpfte Kontakte, die auch die Normalisierungszeit überdauerten. Mein Beitrag kam, für mich unerwartet, außerordentlich gut an und wurde zuerst in dem Konferenzband und einige Jahre später sogar in einem Reader zur Problematik des „Nationalismus" abgedruckt, den Professor Winkler herausgab. Zu Schieders Doktoranden und Assistenten, mit denen ich bekannt wurde und mich gut verstand, gehörten damals neben Hans Lemberg auch Hans-Ulrich Wehler, der spätere Mitbegründer der Bielefelder Schule, und Otto Dann, später Professor in Köln, mit dem ich in den Neunzigern gut befreundet war und ein erfolgreiches internationales Forschungsprojekt leitete. Wehler beeindruckte damals die Tatsache, dass ich K. W. Deutsch kannte und seinen Beitrag schätzte – das waren zumindest seine Worte. Wichtig und lehrreich waren für mich ebenso die Gespräche mit Mirjana Gros, später Professorin in Zagreb, bei denen ich erstmals Gelegenheit hatte, die komplizierte nationale Frage bei den Südslawen „live" zur Diskussion zu stellen. Einige Jahre später bat sie mich um einen Aufsatz für eine kroatische historische Zeitschrift und noch weitere 20 Jahre später schrieb sie das Vorwort zur kroatischen Übersetzung meines Buchs.

Eigentlich waren meine ausländischen Kollegen mit den Ergebnissen meiner Arbeit dank der deutschen Übersetzung besser vertraut als das tschechische Publikum, was sich auch bald zeigte. Hans Mommsen schlug mir vor, Material für eine Überblicksdarstellung der Theorien und Diskussionen über den Nationalismus beizusteuern, welcher in der mehrbändigen Enzyklopädie „Sowjetsystem und demokratische Gesellschaft" erscheinen sollte. Aus dem von mir gelieferten Material suchte er sich das aus, was er für geeignet hielt. Ich erhielt auch einen Vorschlag aus Tallinn, einige meiner Ergebnisse zu publizieren. Eric Hobsbawm schrieb mir im Frühjahr 1970, dass er mein Buch schätze, und bot mir an, die Resultate meiner Analyse der Nationalbewegungen in einem Aufsatz für *Past and Present* zusammenzufassen. Einen solchen Aufsatz zu schreiben, bedeutete für mich so viel Prestige und eine solche Herausforderung, dass ich mir etwas Bedenkzeit erbat, übrigens auch wegen meiner schwachen Englischkenntnisse. Um eine Übersetzung bezahlen zu können, musste ich zuerst etwas Geld zurücklegen. Ein paar Monate danach war es jedoch schon zu spät, da das Verbot kam, ohne vorherige Genehmigung durch tschechische politische Stellen im Westen zu publizieren.

Zusammenarbeit mit Golo Mann

In der Zeit, als ich in Freiburg meine Vorlesungen hielt, begann auch mein mehrjähriger Kontakt mit Golo Mann, dem Sohn von Thomas Mann, der eigentlich die einzige prominente Persönlichkeit war, die ich näher kennenlernte, weshalb diese Episode einen separaten Abschnitt verdient. Mit „prominenter Persönlichkeit" meine ich eine Persönlichkeit, deren Berühmtheit und Tätigkeit weit über den Rahmen der zukünftigen Geschichtswissenschaft hinausging. Der erste Kontakt mit Golo Mann fiel zwar in die Zeit meines Aufenthalts in Freiburg, aber unsere Zusammenarbeit dauerte noch zwei weitere Jahre, bis sie durch die Normalisierung abgebrochen wurde.

Irgendwann im Frühjahr 1968 hatte Professor Polišenský beiläufig erwähnt, dass er Golo Mann getroffen habe, der damals Material für eine große Monographie über Wallenstein sammelte und mich angeblich gerne kennenlernen würde. Ich legte keinen Wert darauf, weil für mich das Studium Walleinsteins ein abgeschlossenes Kapitel war. Später erfuhr Golo Mann davon, dass in Freiburg gerade jener junge Tscheche als Gastdozent tätig war, welcher angeblich vor zehn Jahren seine Diplomarbeit über das erste Generalat Wallensteins geschrieben hatte. Allerdings kannte er meine Adresse nicht, ließ aber im Historischen Seminar der Freiburger Universität nach mir fragen. Und so stand ich eines Nachmittags im Dezember persönlich vor dem Mann, über den ich wusste – neben der Tatsache, dass er Sohn des großen Schriftstellers war – dass er irgendwann um die Mitte der sechziger Jahre aus Protest gegen den fortlebend Nazismus und Antisemitismus in der BRD öffentlich auf seine Professur an einer deutschen Universität verzichtet hatte.

Ich schien wohl etwas nervös oder unsicher, was er bemerkte und mich dermaßen freundlich ansprach, dass ich fast eingeschüchtert war. Er fragte mit Interesse nach meinen Eindrücken von Deutschland und von der Universität, wollte meine Meinung zur studentischen „Revolution" hören, erkundigte sich aber vor allem nach meiner Forschungsarbeit bezüglich des ersten Generalats Wallensteins. Als ich ihm erzählte, wie ich die vielen Faszikel der Kanzlei Wallensteins einen nach dem anderen durchgegangen war und Regesten dazu angefertigt hatte, zeigte er sich ehrlich erfreut und bat mich um meine Notizen. Ich hatte kein Problem damit, da ich ja schon fest entschlossen war, nicht zu diesem Thema zurückzukehren, obgleich ich eine Menge von ungenutzten Exzerpten hatte. Schließlich schlug er mir vor, ihn zu einem Besuch bei seinen Freunden zu begleiten. Das war ein junges Ehepaar, Intellektuelle, die offensichtlich mit der anbrechenden kritischen Welle der Studentenrevolte sympathisierten. Ich fand es eigenartig, dass sich Golo Mann so gut mit ihnen verstand, da ich bei unserem Gespräch kurz zuvor den Eindruck gewonnen hatte, dass er eher konservativ eingestellt war. Ich begriff das etwas später: Sie teilten die kritische Sicht auf die deutsche soziale und politische Wirklichkeit, wobei es einstweilen gar nicht darum ging, welchen Ausweg sie aus dieser Situation sahen. Hier war es mit der Übereinstimmung vorbei, was beiden Seiten klar war, und es wurde nicht über die Zukunft gestritten.

Golo Mann meldete sich sofort nach seiner Rückkehr nach Zürich wieder und schlug vor, dass ich und eventuell auch meine Frau nach dem Semesterabschluss in Freiburg für eine Woche in sein „bescheidenes Haus" in einem italienischen Kanton der Schweiz kommen könnten, wo ich dann meine Archivnotizen für ihn übersetzen könnte. So stiegen wir eines Morgens Ende Februar in Zürich in seinen großen Citroën und brachen in Richtung Alpen auf. Es war unsere erste Reise durch die Alpen. Ich ging meine überwiegend handschriftlichen Notizen bzw. Regesten aus der Korrespondenz durch, übersetzte sie dabei ins Deutsche und er nahm das auf Tonband auf. Obwohl ich nicht ganz eine Woche bleiben konnte, wurde alles Wesentliche aufgenommen. Golo Mann nutzte dann meine Notizen tatsächlich häufig in seiner Monographie und verwies darauf etwas kurios in den Fußnoten: „Mitteilung Dr. Hroch".

Er stellte mir natürlich auch das Konzept seines Buchs vor. Immer wieder betonte er, dass er sich nicht als Historiker im eigentlichen Sinn des Wortes sehe und weder vorhabe, unbekannte Fakten aus dem Leben Wallensteins aufzudecken noch eine erschöpfende populärwissenschaftliche Darstellung zu verfassen, obwohl ihm möglichst hohe Genauigkeit am Herzen lag. Einmal stöhnte er: „Schade, dass sich der Historiker nichts ausdenken darf." Er wollte ein lebendiges Bild einer Persönlichkeit sowie ihrer Umgebung zeichnen, ergänzt durch eigene Vermutungen und Kommentare des Autors. Einerseits wollte er eine für die Leser ansprechende und zugleich historisch exakte Erzählung liefern, andererseits sollte es sich nicht um eine fiktionale, literarisierte Geschichte handeln. Hier sah er den Unterschied zu André Maurois oder Stephan Zweig. Für mich war das von großem Interesse, da wir kurz zuvor in Prag darüber diskutiert hatten, wie eigentlich gute, hochwertige Populärliteratur aussehen sollte. Ich konnte einige seiner fertigen Kapitel einsehen und fand die Texte fesselnd sowie beeindruckend. Es war ein bemerkenswertes, meisterhaft geschriebenes, ideenreiches und gleichzeitig gut lesbares Werk. Die Kombination von kritisch geprüftem wissenschaftlichem Text mit Kommentaren und weiterführenden Überlegungen des Autors, welche über den Rahmen der behandelten Epoche hinausweisen, stellen ein einzigartiges Genre dar. Nicht nur aufgrund seiner Originalität ist es bedauernswert, dass das Werk nicht ins Tschechische übersetzt wurde. Auf Tschechisch kann man nur ein Unterkapitel lesen, eine kleine Episode „Wallenstein mit vierzig Jahren", die ich für eines der letzten Hefte der Zeitschrift *Geschichte und Gegenwart* (vor deren Verbot) übersetzte. Das war eine außergewöhnlich anstrengende Aufgabe, da ich dem stilistischen Niveau des Originals wenigstens halbwegs nahekommen wollte.

Wiederholt kamen die Verhältnisse in der Bundesrepublik Deutschland zur Sprache – es ging dabei nicht nur um Politik, sondern auch und vor allem um die Verhaltensmuster der Menschen, ihre Stereotype und die Tabus, welche sie einhielten. Das brachte Golo Mann wohl auf die Idee, dass ich einen Essay über das gegenwärtige Deutschland aus der Perspektive eines Ausländers für die Zeitschrift *Neue Rundschau* verfassen sollte, deren Redaktionsrats er angehörte. Ich nahm das Angebot gerne an und stellte im Juni 1969 meinen Text fertig. Tatsächlich wurde er nach mehreren Monaten in stilistisch hervorragend überarbeiteter Form publiziert (mir war klar, von wem), allerdings ohne Nennung des Autors. Die Redaktion ersetzte ihn mit der Glosse, dass sie unter den heutigen unsicheren politischen

Verhältnissen den Autor, der in der Tschechoslowakei lebte, nicht kompromittieren wollte.

Ich traf mich mit Golo Mann ein paar Monate später wieder. Auf seinen Vorschlag erhielt ich von Professor Beck, dem Leiter des Seminars für Osteuropäische Geschichte die Einladung, einen Vortrag an der Universität Zürich zu halten. Es war eigentlich meine erste öffentliche Vorlesung an einer Universität im Ausland und sie fand viel positive Resonanz. Viel später hat mir Professor Andreas Kappeler, der zuerst in Köln und dann in Wien tätig war, erzählt, dass er damals als Student der Züricher Universität aufgrund meines Vortrags zu der Entscheidung kam, sich auf das Studium der Nationalitätenfragen in der Geschichte Osteuropas zu spezialisieren. Nach dem Vortrag ging ich abends zusammen mit Professor Beck und Golo Mann zum Essen in ein Restaurant, dessen Charakter sich angeblich seit der Zeit, als hier W. I. Lenin während seiner Züricher Emigration Stammgast gewesen war, nicht verändert hatte. Es war kein besonderes bürgerliches Plüsch-Etablissement, eher still und dunkel. Sehr kleinbürgerlich.

Ich konnte nach dem Vortrag noch zwei weitere Tage bleiben und so auch die Einladung annehmen, die Villa der Familie Mann im Züricher Vorort Kilchberg zweimal zu besuchen. Einmal war ich zum Mittagessen eingeladen und wurde von Golo Mann seiner Mutter vorgestellt. Die berühmte Frau Katja war eine sehr alte, zierliche, nette und witzige Dame, sehr stolz auf ihre physische wie psychische Kondition. Sie fragte mich einmal, ob ich schon einer derart alten Dame begegnet sei. Es wurde „böhmisch" gegessen – wohl als Ausdruck der Aufmerksamkeit für mich, ihre Haushälterin stammte aus Tschechien. Während der Konversation beim Mittagessen und anschließendem Kaffeetrinken hatte ich den Eindruck, als ob ich mich für einen Moment in Thomas Manns Roman *Zauberberg* befände. Es wurde kaum über Alltagsdinge geredet, sondern über allgemeine Themen. Ich kann mich nur konkret erinnern, dass eins der Themen, über welches Sohn und Mutter quasi scherzhaft stritten, die Frage war, welcher der beiden Begriffe „Rahm" und „Sahne" eine schönere Bezeichnung für die cremige Flüssigkeit darstellt – mit Beispielen aus der Literatur. Oder es ging um die Vorzüge und Mängel des Norddeutschen und des Süddeutschen. Zur Sprache kamen auch die Überlegungen über die Besonderheit des schweizerischen Nationalcharakters im Vergleich mit dem deutschen. Als wir alleine waren, beschwerte sich Golo Mann im Scherz darüber, dass seine Mutter geizig sei: Sie war die Alleininhaberin der Urheberrechte ihres Ehemannes und gab nur ungern Geld aus den Honoraren, das sich auf ausländischen Konten befand, an ihre längst erwachsenen Nachkommen weiter, ohnehin nur dann, wenn ihr der Zweck bekannt war. Erst später, als ich wieder in Prag war, erfuhr ich von Golo Mann, dass meine Besuche in der Kilchberger Villa davon überschattet waren, dass im Obergeschoss seine todkranke Schwester lag …

Der Verlag äußerte den Wunsch, dass das Wallenstein-Buch um einige Abbildungen ergänzt würde, weshalb Golo Mann im Frühjahr 1970 eine Reise nach

Prag plante. Schließlich schob er seinen Besuch auf. Im Frühjahr 1971 wurde es aber ernst, da der Verlag angeblich kategorisch darauf bestand, das Buch auf der Frankfurter Buchmesse im Herbst vorzustellen. Golo Mann lamentierte in seinen Briefen darüber, dass ihm das Schreiben schon zu viel werde. Schließlich kam er im Sommer mit seinem eigenen Auto und einem Fotografen, der gleichzeitig sein Fahrer war. Meine Aufgabe war es, die Kontakte zum Denkmalschutz und einigen Museen zu vermitteln. Die meisten Objekte schauten sie sich dann selbständig an.

Die erste Ausgabe seines Wallenstein-Buchs erschien tatsächlich im Herbst 1971 und hatte bei den Lesern viel Erfolg. Die Reaktion der Presse war jedoch unterschiedlich. Nicht nur Historiker kamen in Verlegenheit, da sie sich nicht sicher waren, um welches Genre es sich eigentlich handelte. Sogar Augstein selbst, der Herausgeber des *Spiegel*, lieferte eine ironisierende kritische Rezension. Golo Mann tat sich schwer damit und bat mich darum, mich kritisch zu seinem Wallenstein-Bild zu äußern. Im Gegensatz zu anderen Historikern war ich von seinem Ansatz begeistert, es entsprach nämlich meiner Vorstellung über die Verarbeitung der Vergangenheit, die mich bei meinem Buch über Cromwell angeleitet hatte: Die Leistung bestand in der Reflexion und der Interpretation selbst, nicht in der Faktenwiedergabe. Für mich war es unproblematisch, dass ich im Vergleich zu Golo Mann Wallensteins historische Rolle eher nüchterner sah. Allerdings entdeckte ich eine ganze Reihe kleiner Irrtümer, welche er aus meinen Notizen übernommen hatte. In dieser Hinsicht war die Anmerkung über die Karlsbrücke, welche von zahlreichen Heiligenfiguren gesäumt wird, am erheblichsten. Diese Statuen stammten nämlich erst aus der Zeit nach dem Dreißigjährigen Krieg. Er bedankte sich und antwortete, dass er diese Fehler bei der zweiten Auflage beheben würde, ich überprüfte allerdings nicht, ob er das auch tat. Nach diesem Aufenthalt in Tschechien publizierte er noch einen Bildband zu Wallenstein, in dem sich das deutsche Fernsehen Anregungen für eine umfassende Dokumentation über Wallenstein holte. Dazu bedurfte es aber nicht mehr meiner Hilfe, weshalb unser Kontakt abbrach. Es blieb mir aber ein Stapel Briefe. Als ich sie nach so vielen Jahrzehnten unter meinen Papieren aufstöberte, war ich überrascht, welch intensiven Austausch wir innerhalb der relativ kurzen Zeit hatten.

Was tun? Emigration als Alternative

Als Tschechen in Freiburg waren wir verständlicherweise nicht völlig von unseren Familien und Freunden isoliert, obwohl die Möglichkeiten des Internets noch in weiter Ferne lagen. Es kamen Briefe, ab und zu wurde telefoniert und manchmal kam jemand und brachte Neuigkeiten. Es ging um keine besonders aufregenden Neuigkeiten und ohne die sporadischen Nachrichten über personelle Veränderungen hätte mancher denken können, dass sich die Lage in der Republik quasi stabilisierte. Ich besuchte mindestens zwei öffentliche Vorträge über den Prager

Frühling an der Universität – einen von einem ehemaligen Prager Journalisten, den anderen von einem Redakteur von „Radio Free Europe". Ich erinnere mich nicht mehr an ihre Namen, nur daran, dass vor allem der Journalist aus Prag den Verlauf des Prager Frühlings als zielbewussten Kampf um die Umsetzung einer klaren demokratischen Agenda darstellte. Die beiden betonten, dass bei uns jetzt die bewusste Stille vor dem Sturm herrsche und dass sich jederzeit alles verändern könne. So ist es verständlich, dass manche tschechischen Kollegen aus meiner Umgebung bald ins Grübeln darüber kamen, was eigentlich sinnvoller wäre: zurückzukehren oder sich eher auf die Emigration einzustellen, solange noch Zeit war.

Einer davon war Milan Hauner, Doktorand an unserem Lehrstuhl in Prag, der für einige Zeit nach Freiburg gekommen war, entweder durch meine Vermittlung oder dank der Initiative von jemand anderem. Er bemühte sich um ein Stipendium und blieb nach seiner Abreise mit mir in schriftlichem Kontakt. Was die Rückkehr angeht, obwohl sich die Frage nur theoretisch stellte, gingen unsere Ansichten auseinander. Ich schrieb, dass ich doch eine gewisse Verantwortung für das fühlte, was zu Hause geschah, auch für mein Fach und dessen Zukunft; er antwortete, dass er keine solche Gefühle habe und wenn ja, könne er für sein Volk immer noch mehr im Ausland leisten als zu Hause. Er rechnete damit, dass in Prag nichts Gutes auf ihn zukommen würde. Milan Hauner zählte zu denjenigen, die sich verständlicherweise bedroht fühlten und Pro und Kontra einer Rückkehr in die Heimat gründlich abwogen. Andere, besonders František Graus, wussten von Anfang an, dass ihr öffentliches politisches Engagement gegen die Invasion nicht übersehen werden würde, und entschieden sich deswegen ohne Zögern für das Ausland.

Als Gastdozent in Freiburg begegnete ich jedoch noch zwei weiteren tschechischen Kollegen mit zwei weiteren, unterschiedlichen Motivationen für den Weg in die Emigration. In Freiburg suchte (und fand) ein Bohemist Zuflucht, der in Prag eine gute Stelle am Institut der Akademie der Wissenschaften hatte und nicht politisch engagiert war, weshalb er sich nicht vor Repressalien fürchten musste. Er gab ohne Zögern zu, dass im Westen zu bleiben für ihn insbesondere ein gutes Leben und „Freiheit" bedeutete. Er bat unter anderem Professor Schramm um Hilfe, der ihm eine Stelle als Lektor für Tschechisch vermittelte, jedoch seine wissenschaftlichen und intellektuellen Qualitäten nicht besonders hoch schätzte. Daher lehnte er es später ab, ihn bei seiner Habilitation zu unterstützen. Es fanden sich aber andere weichherzige Professoren und so konnte er sich innerhalb von zwei Jahrzehnten in der BRD zum Professor für Slawistik hocharbeiten – bei uns nach 1989 sehr anerkannt, obgleich er nur ein einziges Buch verfasst hat.

Der dritte Weg in die Emigration war eigentlich atypisch, aber umso interessanter. Es war der Fall von Otakar Nahodil, eines Dozenten, vielleicht auch Professors für Ethnologie. Wie bereits erwähnt, gehörte er zu den eifrigsten und gefürchtetsten Gegnern der „bürgerlichen" Akademiker in den Säuberungen, die nach dem „Februar" 1948 an der Philosophischen Fakultät vorgenommen wurden. Wissenschaftlich in der Sowjetunion sozialisiert, zählte er in den Fünfzigern zu denen, welche Angst um sich herum verbreiteten. Dank seiner politischen Position missbrauchte er seine Stellung dermaßen auffällig, dass das nicht einmal bei einem solchen Parteikader toleriert werden konnte. Er wurde abberufen, aus der Partei ausgeschlossen (ich erwähnte schon, dass es bei derselben Sitzung geschah, als ich in die Partei aufgenommen wurde), sowie gerichtlich verurteilt. Nach einigen Jahren, um die Mitte der sechziger Jahre, emigrierte er und ich erfuhr in Freiburg, dass er an der Pädagogischen Hochschule in Lörrach, unweit von Freiburg, unterrichtete. Irgendwann im Winter 1968 fragte mich Professor Schramm, ob ich den ehemaligen Hochschullehrer an der Prager Philosophischen Fakultät kenne, welcher in der BRD politisches Asyl beantragt hatte. Die für das Antragsverfahren zuständigen Behörden suchten nach Personen, die seine Behauptung bestätigen könnten, dass er bereits vor 1968 in Prag aus politischen Gründen verfolgt worden sei und deswegen nach der Sowjetinvasion nicht zurückkehren könne. Ohne zu zögern, kam ich dieser Bitte nach und schrieb das, was ich wusste, also dass er zwar seine Funktionen verloren hatte, jedoch nicht aus politischen Gründen. Nie zuvor, nicht mal in privaten Gesprächen, hatte ich im Ausland über Landsleute etwas gesagt, was sie politisch diskreditieren würde. Mir kam es unangemessen vor, Informationen zu verbreiten, die sich nicht widerlegen ließen und gegen die sich keiner wehren konnte. In diesem Fall machte ich jedoch eine Ausnahme, wohl zum ersten und zum letzten Mal.

In der Korrespondenz an der Schwelle zum Jahr 1969 waren meine Überlegungen über eine mögliche Emigration noch rein theoretisch. Da ahnte ich noch nicht, dass es ein halbes Jahr später nicht mehr nur um Theorie gehen würde, sondern um die sehr konkrete Frage: Gehen oder bleiben. Im Spätsommer 1969 wurde ich zu einer Konferenz in der Nähe von Göttingen eingeladen. Ich sagte zu, weil ich die Möglichkeit nutzen wollte, da die als „permanent" deklarierten Ausreisebestimmungen aus der Zeit des Prager Frühlings jetzt nur bis Oktober galten. Rein zufällig war damals Professor Schramm anlässlich des siebzigsten Geburtstags seines Vaters, eines bedeutenden Mediävisten, in Göttingen unterwegs und lud mich zu der Feier ein. Dort wurde ich nicht nur seinem Vater, sondern auch seinem Cousin und Kollegen aus Göttingen, Professor von Thadden, vorgestellt. Dabei kamen natürlich die Verhältnisse bei uns zur Sprache, sie wussten zwar einiges, aber erfuhren viel mehr von mir. Wohl mit diesen Informationen, wohl im Einklang mit einer vorigen Absicht fragten sie mich, ob ich es noch schaffen würde, zu emigrieren, genauer gesagt meine Familie nach Deutschland zu bringen. Ohne mit meiner sofortigen Antwort zu rechnen, begannen sie zu überlegen, welche Stelle an welcher Universität zu finden wäre – dass beispielsweise in Göttingen bald etwas frei werden würde. Ich verhehlte nicht, dass mich ihre Frage überraschte, und zeigte mich einigermaßen ratlos. Sie sagten, dass ich mich mit meiner Frau beraten sollte. Nach meiner Rückkehr besprach ich die Angelegenheit ernsthaft mit meiner Frau. Sie freute sich zuerst ganz spontan, aber ihre Begeisterung erlahmte, als wir in Betracht zogen, was all das für sie, unsere Eltern und insbesondere für unseren dreijährigen Sohn bedeuten würde. Meine damals zögerliche Einstellung zur Emigration war mit Sicherheit teilweise durch jenes Verantwortungsgefühl geprägt, über welches ich bereits geschrieben habe. Allerdings spielte im September auch der Eindruck eine Rolle, dass uns, den einfachen Hochschullehrern ohne prominentes Engagement in der Politik und dem öffentlichen Geschehen, nicht das Risiko drohte, hinausgeworfen zu werden. Da lagen wir falsch. Diese Bedrohung nahm konkrete Konturen erst dann an, als im Oktober die freie Ausreisemöglichkeit aus der Tschechoslowakei widerrufen wurde.

Was tun? Die Übernahme von Verantwortung als einzige Alternative

Die Entscheidung zu bleiben, fiel uns also zu dieser Zeit, im Herbst 1969, nicht besonders schwer. Schon nach ein paar Monaten wurde klar, dass wir uns auf einen Weg gemacht hatten, auf dem wir vor weitere, viel schmerzhaftere Entscheidungen gestellt wurden. Es ist schwierig, für andere zu sprechen. Ich war aber sicherlich nicht der Einzige, dem die Invasion im August mit ihren Konsequenzen in der Zeit der „Normalisierung" nicht nur schwere Entscheidungen und Prüfungen abverlangte, sondern für den das vor allem einen Wendepunkt in der Wahrnehmung des Sinns der eigenen Arbeit und der eigenen Rolle in der Gesellschaft darstellte. Die „Normalisierung" brachte einen Wendepunkt im Lebensstil und im Wertesystem des Alltags mit sich. Während der sechziger Jahre hatte ich die Überzeugung gewonnen, ein guter Wissenschaftler und Hochschullehrer werden zu können. Mir war also bewusst, dass ich die Zeit sowie die sich bietenden Chancen nutzen musste, einer guten Sache zu dienen.

Spätestens um 1960 fing ich an, meine Forschungsarbeit im Bereich der allgemeinen Geschichte als konkrete persönliche Aufgabe, als meine Mission, zu betrachten, mit der meine ursprüngliche Absicht aus studentischen Zeiten in Erfüllung gehen sollte: einen Beitrag zur Wiederherstellung und Erhaltung traditioneller Werte und Verpflichtungen gegenüber unserer nationalen Kultur, deren Teil auch die Wissenschaft war, zu leisten. Die Zukunftsvision diente als unglaublich wichtiger Orientierungspunkt sowie als starke Motivation. Zugleich spielte ich in jenen sechziger Jahren mit dem Gedanken, dass vielleicht doch eine Kultivierung des Systems, welches ich in den Fünfzigern als unabwendbaren Anstieg des Barbarismus betrachtete, in Frage kommen könnte. Zweifelnd gelangte ich langsam zu der Meinung, dass dieses System die Garantie sozialer Gerechtigkeit und der Sicherheit für die Menschen mit freier kultureller und wissenschaftlicher Tätigkeit verbunden werden kann. Ich hatte den Eindruck, heute hört sich das naiv an, dass der Beitrag zur Erfüllung eines solchen Ideals etwas Verzicht wert ist. Deswegen hielt ich nichts davon, mein Leben mit Vergnügungen und nichtigen Erlebnissen zu verbringen, und konzentrierte mich stattdessen auf die Arbeit, obwohl ich dadurch meine Familie und insbesondere die Erziehung meines Sohnes vernachlässigte. Zweitens nutzte ich deswegen meine Ersparnisse aus dem Humboldt-Stipendium für die Anschaffung neuer Fachliteratur – deutscher, aber auch englischer und französischer – um meine Hausbibliothek erweitern zu können, als Grundlage für meine Vorlesungen und Seminare, das hieß aber auch zum Nutzen der teilnehmenden Studenten. Drittens knüpfte ich deswegen gezielt Kontakte mit westeuropäischen Kollegen, um ein gewisses Kontaktnetzwerk für die Zukunft zu schaffen, auf welches unser Fach sowie meine Kollegen und eventuelle Studenten zugreifen könnten.

Nach dem August 1968 war alles anders, alle Hoffnungen zerschlugen sich, es blieb aber gleichzeitig ein Funken Hoffnung für die Zukunft. Gerade wegen dieser Zukunft, wenn auch nicht nur für sie, entschied ich mich, nicht wegzugehen, sondern zu bleiben. Aber wie weit entfernt lag diese Zukunft eigentlich? Auch wer das selbst erlebt hat, kann sich schwer diese Gefühle ins Gedächtnis rufen, und ich wage zu behaupten, dass derjenige, der das nicht erlebt hat, es nie verstehen wird, und es ist sinnlos, sich um solches Verständnis zu bemühen. Es ist möglich, die Details der Ereignisse und die äußeren Zusammenhänge zu erläutern. Die inneren Zusammenhänge, der Gemütszustand, widersprüchliche Stimmungen und Gefühle – das kann man kaum vermitteln. Zudem darf nicht pauschalisiert werden: Viele von uns reagierten in mancher Hinsicht gleich, unsere Gefühle waren allerdings in manch anderer Hinsicht unterschiedlich, sei es durch individuelle Lebenserfahrungen, sei es durch Weltanschauung und Denkweise bedingt.

Im Nachhinein kann ich rekonstruieren, dass ich die Perspektive und deswegen auch teilweise die Illusionen über den Nutzen und den Sinn meiner Arbeit – als Wissenschaftler wie als Lehrender – verlor. In meinem Fall spielten bei der Entscheidung Existenzängste vorerst noch keine Rolle. Den grundsätzlichen Wendepunkt bedeutete für mich damals allerdings die Tatsache, dass gerade das Entscheidende verloren ging: jene optimistische Vision, die Hoffnung auf eine Veränderung des Systems. Heute würde man wohl sagen: die Hoffnung auf die Umsetzung einer demokratischen Version des Sozialismus. Es kam natürlich nicht in Frage, die Augen vor der Zukunft zu verschließen – doch wollte man immer noch nicht hinnehmen, dass es um eine Zukunft ohne Hoffnung gehen sollte. Ebenso wenig kam in Frage, die tragische Realität der Okkupation zu ignorieren. Zwanghaft drang jene grauenhafte Perspektive der Sowjetisierung immer wieder in unsere Überlegungen und Gespräche ein – jenes „mit der Sowjetunion auf ewige Zeiten", unter Umständen, welche ich für eine stalinistische Wiedergeburt hielt. Wir sprachen damals gewöhnlich, wohl mit gewisser Übertreibung über die kommende neue Zeit als eine Analogie zur „Zeit der Dunkelheit", das heißt die Zeit der geistlichen Unterdrückung und materiellen Verfalls, welche bei uns auf die Schlacht am Weißen Berg von 1620 folgte. Lohnte es sich unter solchen Umständen, auf die ohnehin wenigen angenehmen Seiten des Lebens zu verzichten?

All die Entbehrungen im Privatleben, all die Jahre harter Arbeit – das schien nun eine fast vergebliche Anstrengung gewesen zu sein. Ich bereute nicht, so viel Zeit in meine wissenschaftliche Arbeit investiert zu haben, die sich angesichts der beiden erfolgreichen Buchpublikationen als fruchtbar erwiesen hatte. Ich blieb im Lande, weil ich weiterhin unsere tschechischen Studenten unterrichten wollte. Allerdings veränderte sich die Gesamtperspektive und ich gab ohne größere Überlegung meinen bisherigen Lebensstil auf, den man als spartanisch und arbeitsbesessen bezeichnen könnte. Das Geld, das ich mit den Vorlesungen in Freiburg verdient hatte, wurde diesmal nicht, wie damals in Marburg, für Bücher ausgegeben, sondern für einen Gebrauchtwagen und eine größere Wohnung, wo unser Sohn bereits sein eigenes Zimmer bekam. Und es kam noch ein Fernseher hinzu. Ich fing an, so zu leben und zu denken wie jedes andere Mitglied der europäischen akademischen Gemeinde und wurde gleichzeitig mehr oder weniger spontan Teil der normalisierten oder sich normalisierenden Konsumgesellschaft.

3. Die schwierigen Jahre

Die Lebensetappe zwischen dem vierzigsten und sechzigsten Lebensjahr gilt üblicherweise als der Höhepunkt, der produktivste Abschnitt im Leben des Einzelnen. Das mag vielleicht auch statistisch nachweisbar sein. Allerdings wird nicht immer mit bedacht, dass es auch auf die äußeren Umstände ankommt, wie die Karten gemischt werden. Und das war bei meiner Generation der Fall. Die meisten von uns erlebten ihre produktivsten Jahre in einer Zeit, die den Spielraum gnadenlos einschränkte, innerhalb dessen man freie Entscheidungen treffen konnte. Dafür, diesen Spielraum zu nutzen oder eventuell zu erweitern, mussten wir mit Lüge und Selbstdemütigung bezahlen – paradoxerweise umso mehr, je mehr Verantwortung wir zu tragen hatten. Die Vorstellung von eigener Verantwortung war mehrdimensional und von der individuellen Einstellung und der Position abhängig: Verantwortung für die laufende Arbeit, für das Fachgebiet, für die Studenten, für die Familie, für die nationale Bildung und Kultur. Nicht einmal die erzwungene, erniedrigende Loyalität bot immer eine Garantie, in vernünftigen materiellen Bedingungen leben und sich der bisherigen oder anderen sinnvollen Tätigkeiten widmen zu können.

Die zwei Jahrzehnte, die gewöhnlich als „Normalisierung" bezeichnet werden, obwohl sie im Gegenteil vom „normalen" Leben weit entfernt waren, stellten in meinem Leben ein Kapitel dar, das sich dermaßen von den vorherigen wie auch von den folgenden Jahrzehnten unterschied, dass es an dieser Stelle erforderlich ist, meine Erzählung entsprechend anzupassen. Selbst der Terminus „Normalisierung", den die neuen Machthaber einführten, wollte demonstrieren, dass die früheren Jahre – also die vor 1969 – als eine „abnormale" Zeit betrachtet werden sollen. Die Diktatur des Proletariats (das heißt des Parteiapparats) sollte wiederhergestellt werden, die „Rechtsopportunisten" und vor allem deren Ideen aus dem öffentlichen Leben getilgt, fast alle führenden Positionen neu besetzt; alle Bürger sollten ihre positive Haltung zum neuen Regime deklarieren. Die Kunst, Kultur sowie geistes- und sozialwissenschaftliche Forschung wurden durch die erneuerte und neu geregelte Zensur kontrolliert. Diese Normalisierungsrealität war insofern spezifisch, als es fast keine Dynamik gab und sich entsprechend nur wenig im Laufe der Zeit veränderte. Deswegen kann hier von einer chronologischen Erzählung abgesehen werden. Angemessener erscheint es, die Erinnerungen nach den Umständen und dem Charakter der Tätigkeiten zu sortieren, an denen ich beteiligt war. Erstens wird es notwendig sein, die Verhältnisse an der Fakultät zu charakterisieren, mit denen sich gleichzeitig politischer Druck sowie Restriktionen in unser aller Leben einschlichen. Die Fakultät bildete den Rahmen für meine Hauptbeschäftigung – die Arbeit mit den Studenten im Fach Geschichte, die sich nicht nur auf Vorlesungen und Seminare beschränkte. Dazu kam noch die Auseinandersetzung mit dem Druck von außen in Bezug auf den Inhalt und die Struktur der Lehre. Die dritte Komponente stellte die wissenschaftliche und die publizistische Tätigkeit dar. Schließlich kann auch die Erinnerung an die Auslandskontakte von Interesse sein, die ich trotz der Normalisierungseinschränkungen weiterhin pflegen konnte.

Eins war jetzt ganz anders – die Perspektive, aus der ich mich mit der Normalisierungsrealität arrangierte. Bisher hatte ich die Rolle eines möglichst unauffälligen Beobachters gespielt, der versuchte, am Rand zu bleiben und das Geschehen im Zentrum, das er kaum beeinflussen konnte, von außen zu betrachten. Diese Haltung verringerte logischerweise mein Verantwortungsgefühl. Nun wurde ich aber zu einem der Akteure des Geschehens im Fach, einem Akteur, der bereits seinen Teil an Verantwortung trug, auch wenn er nicht stark oder bedeutend genug war, um die Grundparamater dieses Geschehens zu bestimmen. Deswegen ist es einigermaßen schwierig, die Betrachtung zu objektivieren und dadurch zwischen den Eindrücken des Beobachters und den Zielen oder die Motivationen des Akteurs genau zu unterscheiden.

Die Ursache für die Veränderung meines Blickwinkels war, dass ich weiterhin Mitglied der KPČ blieb. Aus der heutigen Sicht derjenigen, die die Zeit nicht erlebt haben, aber das Ende der Geschichte kennen, bedeutete das so etwas wie die Billigung eines verbrecherischen Regimes. Allerdings war das aus der damaligen Sicht der Zeitgenossen (das heißt der meisten), die kaum irgendein Licht am Ende des Tunnels sehen konnten, eine logische Konsequenz ihrer Entscheidung, in der besetzten Heimat zu bleiben und nicht zu emigrieren. Es war eine Zeit, in der die weitere Tätigkeit an der Fakultät, genauer gesagt im Fach Geschichte, die Mitgliedschaft in der Partei zur Bedingung hatte; die Entscheidung, sich nicht der „Überprüfung" der politischen Zuverlässigkeit zu unterziehen, führte automatisch zum Verlust der Stelle, zum Verlust des „Arbeitsbuchs", wie manchmal gesagt wurde. Zur Information für die Uneingeweihten: Im Herbst 1969 wurde die Parteiorganisation an der Philosophischen Fakultät aufgelöst, womit alle Lehrenden de facto parteilos wurden. Damit wurde die ganze Fakultät für ihre Haltung während des Prager Frühlings bestraft. Sie sollten sich um die Wiederaufnahme in die Partei bewerben. Unter den gegebenen Umständen war es selbstverständlich, dass sich beinahe alle ehemaligen Parteimitglieder an den beiden Lehrstühlen für Geschichte zur Überprüfung meldeten. Keine Anmeldung hieß nämlich nach der Satzung, automatisch aus der Partei ausgeschlossen zu werden. Das war die höchste Parteistrafe und so bestraft zu werden bedeutete, nicht nur die Universität verlassen zu müssen, sondern auch jegliche Chance auf einen vernünftigen Arbeitsplatz außerhalb der Universität oder der Akademie der Wissenschaften zu verlieren. Die mildere Parteistrafe war „gestrichen" zu werden. Theoretisch sollte man in diesem Fall zur Masse der Parteilosen gehören. Praktisch blieb das auf Dauer als Stigma haften.

Alle wurden dann zu den Überprüfungen eingeladen. Die Entscheidung darüber, wer zugelassen wurde und wer nicht, wurde jedoch geheim getroffen, irgendwo auf uns unbekannten Ebenen des Parteiapparats und unter Mitwirkung einiger Angehöriger des „gesunden Kerns" der sich „normalisierenden" Partei. Es dauerte mehrere Monate. Verschiedenste Gerüchte machten die Runde, genauso Spekulationen darüber, wie viel Prozent der ehemaligen Mitglieder wieder in die Partei aufgenommen werden sollten. Unter diesen Gerüchten gab es auch eine Information, welche mich betraf: Professor Říha, einer der führenden „Normalisierer", unterstützte angeblich meine Mitgliedschaft in der KPČ und damit auch meine weitere Tätigkeit an der Fakultät.

Als ich die erste Version dieser Erinnerungen an die Normalisierungsjahre schrieb, versuchte ich, die Gründe zu rekapitulieren, die mich zur Anmeldung veranlasst hatten. Aber als ich dann den Text mit den Augen derjenigen las, die die heutigen Vorurteile und Urteile teilen, wurde mir klar, dass mich vor ihnen nichts rechtfertigen würde. Ihre Urteile stehen im Voraus fest und schließen jede Erklärung aus. Welche Argumente sind an dieser Stelle plausibel? Dass es schließlich darum ging, das Niveau der Lehre im Fach Geschichte wenigstens teilweise zu erhalten? Dass es um die Kontinuität des Fachs Allgemeine Geschichte ging? Und dass es auch darum ging, sich nicht von denjenigen in Grund und Boden stampfen zu lassen, von denen ich selbstgefällig annahm, dass sie mir fachlich nicht das Wasser reichen konnten? Dass es darum ging, Wege zu suchen, um den gefährdeten Kollegen zu helfen und wenigstens etwas von der Fakultät zu retten, die nun, zwanzig Jahre nach dem Februar 1948, durch die zweite Säuberungswelle dezimiert wurde? Aber wer von der heutigen jungen Generation versteht die Bedeutung der kulturellen Kontinuität, wem von ihnen liegt die Erhaltung und die Pflege der politisch nicht nutzbaren humanistischen Fächer am Herzen?

Es gehört irgendwie zu den neuen Stereotypen unserer Gesellschaft, dem Nächsten schlechte Absichten zu unterstellen. Schließlich, welche meiner damaligen Überlegungen und Motive kann ich belegen? Das einzige Schriftliche, das sich erhalten hat, sind verschiedene rhetorisch aufgebauschte Phrasen, die wir zweckgerichtet formulierten, wenn es notwendig war, etwas Nützliches zu begründen oder zu verteidigen. Soweit diese Texte erhalten sind, werden sie leider für eine wahrheitsgetreue und authentische Darstellung der Wirklichkeit gehalten, und sogar auch als Zeugnisse der wahren, echten Gesinnung. Das wäre aber ein tragischer Irrtum. Wenn ich keine überzeugenden Beweise für die Begründung meiner damaligen Entscheidungen liefern kann, bleibt mir nichts Anderes übrig, als einige objektiv belegbare Konsequenzen zu erwähnen, welche die weiterlaufende Parteimitgliedschaft für mein Leben mit sich brachte. Es sollen hier sowohl positive wie auch negative Konsequenzen erwähnt werden.

Ich konnte weiterhin am Lehrstuhl für Allgemeine Geschichte unterrichten, als im Jahre 1968 ernannter Dozent. Möglicherweise konnte deswegen auch meine Frau

weiter an der Fakultät bleiben, obwohl sie aus der Partei verwiesen („gestrichen")
wurde.

Ich konnte mich an den (oft kontroversen) Verhandlungen über die Konzeption
des Geschichtestudiums beteiligen, und zwar nicht nur an der Karlsuniversität,
sondern an allen Hochschulen. Dabei gelang es uns, die bestehende Struktur und
hoffentlich auch das Studienniveau zu erhalten und die Gefahr zu minimieren, dass
unser Fach auf die Lehre der Zeitgeschichte und der Geschichte der Arbeiterbewegung zusammengestaucht wurde, wie von der Parteispitze eigentlich vorgesehen.

Aufgrund der Tatsache, dass ich nicht der einzige mit dieser Einstellung war,
konnte das Geschichtsstudium an der Philosophischen Fakultät in Prag sowie
anderswo ein bestimmtes Niveau halten, zumindest was die allgemeine und die
tschechoslowakische Geschichte des Mittelalters und der Neuzeit angeht. Ich konnte
mich auch einer Reihe hervorragender Studenten widmen, auch wenn vielen wegen
der politischen Hindernisse die Türen zu einer beruflichen Laufbahn im Fach
verschlossen blieben.

Ich konnte mich zusammen mit vielen anderen positiv „Geprüften" dafür einsetzen, dass der Druck der höheren Instanzen auf die „Gestrichenen" und deswegen
vom Rauswurf bedrohten Kollegen gemildert wurde und schließlich auch ganz
aufhörte. Das lässt sich anhand der jährlich publizierten Listen der Lehrkräfte der
Philosophischen Fakultät belegen.

Ich konnte fachliche sowie populärwissenschaftliche Aufsätze und Bücher publizieren, sei es als Autor oder als Leiter eines Autorenkollektivs, und ich konnte
als Rezensent oder Zweitgutachter einigen Kollegen bei der Durchsetzung ihrer
Veröffentlichungen helfen.

Als Parteimitglied konnte ich es mir erlauben, dem Druck zu widerstehen, meine
Forschung auf „politisch relevante" Themen umzuorientieren. Das konnten sich
die Parteilosen kaum leisten.

Während der zwanzig Jahre der Normalisierung wurde mir etwa zehnmal die
Genehmigung erteilt, Einladungen zu Vorträgen oder zur Teilnahme an Konfe-
renzen im nichtsozialistischen Ausland anzunehmen, unter der Voraussetzung,
dass die Reise- und Aufenthaltskosten von den Veranstaltern getragen wurden.
Aufgrund der Kulturabkommen konnte ich dreimal zu einem je zweimonatigen
Forschungsaufenthalt ins Ausland reisen. Jeder Aufenthalt erlaubte mir, wertvolles
Material für eine neue wissenschaftliche Publikation zu sammeln.

Das waren unbestreitbare Vorteile, dank denen ich zu einem jener Historiker
wurde, welche pauschal – mal mehr, mal weniger zu Recht – als „privilegiert"
bezeichnet werden. Im Gegensatz zu den meisten publizierte ich jedoch nie etwas,
was die Partei, das System oder die Praxis des „realen Sozialismus" oder seiner
Vertreter verherrlicht hätte. Bis zum Beginn der „Perestroika" erlebte ich weder
Beförderungen in meiner Karriere noch übte ich eine politische oder staatliche
Funktion aus.

Allerdings, wie man sagt, für alles muss man bezahlen. Was kosteten mich also diese Vergünstigungen?

Ich entfremdete mich einem großen Teil, wenn nicht sogar der Mehrheit meiner Freunde, die ich als Folge dann verlor. Da es mir widerstrebte, mich privat mit den Normalisierungskadern zu treffen, blieben meine persönlichen Kontakte mit den gleichaltrigen Historikern sehr begrenzt. Das wurde bis zu einem gewissen Grade kompensiert durch die Zuneigung oder die Freundschaft meiner Studenten, die mir näherstanden, genauso wie die meiner ehemaligen Mitschüler am Gymnasium.

Die Parteimitgliedschaft bedeutete für mich ein gewisses Kainszeichen, weswegen ich mich aus einem gewissen Schamgefühl auch bemühte, meine Kontakte außerhalb der Fakultät einzuschränken, mich lieber zu isolieren und, soweit nicht notwendig, gesellschaftliche Veranstaltungen zu meiden. An wissenschaftlichen Konferenzen nahm ich nur dann teil, wenn ich eingeladen wurde (und das geschah nicht selten). Ich wollte nicht in den Verdacht geraten, jemanden ideologisch „beaufsichtigen" zu wollen oder gar zu denunzieren.

Die herrschende Atmosphäre der Angst und des generellen Argwohns hatte zur Folge, dass ich insbesondere im Lauf der siebziger Jahre die meiste Zeit an der Fakultät in Lüge und Verstellung verbringen musste. Eigentlich rechnete ich auch bei der Lehre unterbewusst damit, dass einer der Studenten auf meine eventuell abweichlerischen politischen Ansichten anderswo aufmerksam machen könnte. In dieser Hinsicht waren meine „gestrichenen" parteilosen Kollegen aber in der gleichen oder eher einer schlimmeren Lage.

Im Unterschied zu diesen Kollegen musste ich meine Zeit mit der Teilnahme an Parteiveranstaltungen und anderen Sitzungen verschwenden und dem endlosen Strom von Geschwätz und Floskeln zuhören. Es war oft nicht möglich, diese Sitzungen im Halbschlaf an sich vorbeiziehen zu lassen, weil es hier und da um wichtige Verhandlungen ging, bei denen es auf Widerstand gegen verschiedenste Drohungen und auf ständige Umsicht und eventuelle Diskussionsbereitschaft ankam. In den zwanzig Jahren waren das in der Summe Hunderte, oder eher Tausende Stunden, die ich viel nützlicher hätte verbringen können.

Jedes Parteimitglied hatte die Pflicht, irgendeine Funktion wahrzunehmen. Angesichts der Tatsache, dass ich nicht das Vertrauen der „Wahren" genoss, wurde ich bis Mitte der achtziger Jahre zum Glück eher mit marginalen, unpolitischen Funktionen betraut, wie etwa als Mitglied in der Kommission für Umwelt oder für die Maifeiern, als Lohnreferent im Ausschuss der Gewerkschaft, später auch mit verschiedenen Fortbildungen.

Zum Schluss muss noch erwähnt werden, dass das Kainszeichen nach 1989 öffentlich wurde, und in gewisser Hinsicht geriet ich jetzt in eine ähnliche Situation wie die „gestrichenen" Kollegen in der Periode davor. Ich musste verantwortungsvolle Funktionen abgeben und durfte mich nicht an der weiteren Entwicklung der institutionellen Strukturen des Fachs beteiligen. Darüber will ich mich aber auf keinen Fall beschweren, ganz im Gegenteil. Ich wurde den Druck der Verantwortung los und gewann mehr Zeit für meine wissenschaftliche Arbeit, für die Teilnahme an internationalen Konferenzen und Projekten sowie für die Tätigkeit an ausländischen Universitäten und konnte auf diese Weise von der internationalen Anerkennung meiner Forschungen profitieren. Und es bedeutete auch mehr Zeit für meine Studenten. Das allerdings nur ganz kurz, in den zehn Jahren bis 2000, als die Leitung der Philosophischen Fakultät das Arbeitsverhältnis mit mir beendete. Ich halte es für verständlich, dass ich aus der Sicht der neuen Machthaber für die Zeit bezahlen musste, in der ich die Vorteile und „Privilegien" der Parteimitgliedschaft genossen hatte. Es ist schwer, die Vermutung zu belegen, dass dahinter auch persönliche Rache steckte, Neid oder vielleicht auch das Ziel, jemanden loszuwerden, der für allzu hohe fachliche Ansprüche stand, den jetzt antretenden, politisch neu gefärbten Hochstaplern im Wege war.

In den folgenden Kapiteln versuche ich also, genauso wie im vorigen Teil, meine Leitperspektive für diese Erinnerungen beizubehalten – das heißt die Ereignisse so zu rekonstruieren und darzustellen, wie ich sie selbst in jener Zeit beurteilte. Ich scheue mich nicht, meine Fehlurteile und Fehlentscheidungen einzugestehen, sei es in Bezug auf Menschen, auf das Fach oder auf die damaligen politischen Verhältnisse.

3.1 Die Fakultät lebt weiter

Ich war damals nicht der Ansicht – und genauso sehe ich das auch noch heute – dass die Hauptaufgabe oder gar die Mission der Philosophischen Fakultät im „Kampf gegen den Kommunismus" bestand und dass das als Grundkriterium für ihre Beurteilung verwendet werden sollte. Die Philosophische Fakultät hatte seit eh und je den Auftrag, in guten Zeiten optimale Bedingungen für die dort vertretenen wissenschaftlichen Disziplinen zu bieten und in schlechten Zeiten zumindest die Kontinuität ihrer fachlichen Standards zu sichern. Ich betrachtete und betrachte auch heute diese Institution als Teil und gleichzeitig Traditionsträger der nationalen Bildung. Das heißt jedoch nicht, dass sie demütig politische Aufträge akzeptieren und umsetzen oder bereitwillig allem zustimmen sollte, was die kommunistischen Machthaber verlangten. Die humanistischen Fächer waren zu schwach, um sich dieser Macht frontal entgegenzustellen. Immer gab es jedoch bestimmte Möglichkeiten, sinnlose und/oder gefährliche politische Anordnungen zu umgehen oder zu boykottieren. Ich war jedoch der Überzeugung, dass dieser Widerstand und, wenn man so will, auch der „Kampf" nie so weit gehen sollte, dass damit das Wesentlichste aufs Spiel gesetzt würde: die Existenz der Fächer und die Existenz derjenigen, welche sich bemühten, als Garanten jener Tradition von Wissenschaft und Bildung zu wirken.

Die Last der Normalisierung

Die Säuberungen, von denen die Fakultät an der Schwelle zur Normalisierung nicht verschont blieb, werden in unserer Erinnerung gewöhnlich mit der Etablierung einer neuen, verlässlichen Parteiorganisation in Verbindung gebracht. Das ist so nicht ganz richtig. Die rechtswidrige, politisch motivierte Auflösung der Arbeitsverträge stellte keine einmalige Aktion dar, sondern verlief in drei Wellen, welche ich aber heute im Rückblick nicht mehr genau zeitlich einordnen kann. Die erste wurde formell auf Entscheidung von Professor Karel Galla, dem von der Partei neu installierten Dekan, durchgeführt. Er konnte jedoch nicht einfach beliebig Menschen entlassen. Wir alle dachten damals, dass er bestimmten Anweisungen folgte, aufgrund von Namenslisten, die er von dem schon „normalisierten" Parteiapparat erhielt. Opfer wurden die Hauptprotagonisten der politischen Ereignisse vor sowie nach dem August 1968. Sie erzählten, mit welcher Genugtuung Galla das ganze Verfahren durchführte: Er lud die Kollegen einzeln ein, führte dann mit jedem ein sehr menschliches und freundschaftliches Gespräch und teilte ihnen zum Schluss mit, dass es ihm leidtue, aber er müsse … Im Vergleich zu dem, was folgte, gab es in dieser ersten Säuberungswelle relativ wenige Betroffene, die über ihren Rauswurf wirklich überrascht gewesen wären. Im Fach Geschichte waren das damals nur drei Kollegen, die sich vor allem außerhalb der Fakultät öffentlich engagiert hatten.

Die zweite Welle der Säuberungen war schon perfider konzipiert und zielte direkt ins Zentrum der Fakultät und der Lehrstühle. Dekan Galla beauftragte die Lehrstuhlleiter, die in der Zwischenzeit auch größtenteils neu ernannt worden waren, ihm mitzuteilen, mit wem sie an ihrem Lehrstuhl weiterhin rechneten und mit wem nicht, also für wen sie sich politisch verbürgen könnten. Anders gesagt, sie sollten die Namen weiterer Opfer benennen. Professor Říha antwortete eindeutig und nannte vier Namen, unter anderen auch meinen Lehrer, Professor Polišenský. Vergeblich versuchte ich, ihm das auszureden. Das Einzige, was ich wohl erreichte, war, dass Říha dem Dekan klarmachte, dass Polišenský weiter an der Fakultät bleiben solle, aber nicht als Historiker, sondern in einem anderen Fachbereich. Der Lehrstuhl für Geschichte der Arbeiterbewegung wurde komplett aufgelöst und die meisten seiner Mitarbeiter gekündigt. Der Lehrstuhl für tschechoslowakische Geschichte bekam einen neuen Lehrstuhlleiter, Václav Král, einen gefürchteten Normalisierer, der zuvor für die sehr harten Säuberungen in der Akademie der Wissenschaften verantwortlich gewesen war. Man erwartete das Schlimmste, aber zur allgemeinen Überraschung entließ er nur zwei Kollegen aus diesem Lehrstuhl, die aber in den anderen Fachbereichen der Fakultät vorläufig Zuflucht fanden.

Die dritte Säuberungswelle war die schändlichste von allen. Während sich die ersten beiden Wellen als direkte Repression seitens der neuen Staatsmacht erwiesen, die vom Dekan in jener Zwischenzeit repräsentiert wurde, als die Parteiorganisation an der Fakultät aufgelöst war, begann die dritte Welle erst nach der Etablierung der neuen Parteiorganisation, also nach den Säuberungen. Nun konnte die führende Rolle der Partei auch formell geltend gemacht werden. Die Parteiausschüsse wurden entsprechend im Rahmen des „demokratischen Zentralismus" beauftragt, alle diejenigen aus der Fakultät zu entlassen, welche in der „Krisenzeit" versagt hatten. Das ließ sich auch so auslegen, dass das alle ehemaligen Parteimitglieder betreffen sollte, die die Überprüfungen nicht bestanden und deswegen „gestrichen" worden waren. Zu dieser Kategorie gehörten die meisten, während die weniger zahlreichen aus der Partei Ausgeschlossenen schon bei der ersten Welle zum Ausscheiden gezwungen worden waren. In jedem Fach sollte die jeweilige Parteigruppe Tabellen erarbeiten, in denen die Lehrenden in vier Kategorien eingeteilt wurden: In der ersten Kategorie waren überprüfte Parteimitglieder, in der zweiten Kategorie die „seit eh und je" Parteilosen (soweit loyal, das heißt soweit sie ihre Zustimmung zur Okkupation bekundet hatten) sowie etliche „Gestrichene", die als zukunftsfähig bezeichnet wurden und gleichzeitig zu den Spitzenexperten zählten. Die dritte Kategorie umfasste die Mehrheit der Gestrichenen sowie diejenigen Parteilosen, welche als politisch nicht ausreichend reif bzw. loyal galten. Diese Kollegen sollten die Fakultät nach und nach verlassen, sobald Ersatz für sie gefunden wurde. Unter der vierten Kategorie sollten dann diejenigen erfasst werden, die die Fakultät sofort verlassen sollten, das heißt ohne auf Nachfolger zu warten. Schließlich blieb es nur bei der Erstellung der Tabellen – zumindest in den historischen Fächern. Mit einiger Genugtuung kann ich feststellen, dass die neu etablierten Parteigruppen an den historischen Lehrstühlen sich hinter ihre Kollegen in der dritten und der vierten Kategorie stellten, und zwar nicht nur jetzt, sondern auch später. Auch die Lehrstuhlleiter hatten anscheinend kein Interesse an weiteren Entlassungen. In der Zwischenzeit starb übrigens Oldřich Říha und Václav Král war zu intelligent, als dass er „seinem" Lehrstuhl weiterhin Lehrkräfte entzogen hätte, deren fachliches Niveau er sehr zu schätzen wusste und die für ihn keinerlei Gefahr darstellten.

An dieser Stelle halte ich es für wichtig zu betonen, dass die meisten Lehrenden, die die Parteiüberprüfungen bestanden, nicht mit dem Ziel in der Partei blieben, ihre Kollegen zu verfolgen und wegzudrängen, sondern ganz im Gegenteil: mit dem Ziel, möglichst vielen zu helfen und vor allem, möglichst viel vom Geist der sechziger Jahre zu bewahren. Allerdings klappte das nicht immer. In dieser Hinsicht war die Situation in den einzelnen Fächern sehr unterschiedlich. Wo aus der früheren Parteigruppe nur ein kleiner Kern oder auch niemand verblieb, wurde der Weg frei für neue Lehrstuhlleiter – „von außen" kommende fanatische Psychopaten. Das war bei dem Lehrstuhl für tschechische Literatur, bei der Germanistik und bei der Anglistik der Fall. Und dort ging es mit den Rauswürfen und der permanenten Erniedrigung weiter: Nicht nur bei den ehemaligen Parteimitgliedern, sondern auch bei den „Kernparteilosen", noch im Laufe der siebziger Jahre, aber manchmal sogar noch später. Das war möglicherweise auch anderswo der Fall.

Damit die Kollegen auf der Liste „der Nicht-Zukunftsfähigen" weiterhin an der Fakultät tätig bleiben durften, war es notwendig, die höheren Parteiorgane davon zu überzeugen, dass diese Kollegen doch ein gewisses „politisches Engagement" zeigten. Und zwar musste dies belegbar sein. Um solches Engagement konkret zu belegen, mussten irgendwelche Funktionen in Ausschüssen oder Kommissionen geschaffen und entsprechend benannt werden, damit sich das für die Parteiorgane hinreichend engagiert anhörte. Es ging besonders um die Gewerkschaften, bei denen die verschiedensten Kommissionen gerade aus diesem Grund wie Pilze aus dem Boden schossen. Außerdem war das die fast in Vergessenheit geratene, aber für diese Zwecke wiederbelebte Gesellschaft für Tschechoslowakisch-Sowjetische Freundschaft. Die Fakultät wurde nach 1970 in vier Sektionen aufgeteilt – die philosophische, die historische, die philologische und die pädagogische. Das bedeutete, dass sich die Zahl der entsprechenden Kommissionen vervierfachte – und entsprechend die Zahl der Funktionen, die als Beleg für das „Engagement" der „gestrichenen" Parteilosen dienen konnten. Diese Kommissionen und Ausschüsse berichteten routinemäßig über ihre nichtexistenten Aktivitäten oder über kleinere, zweckentsprechend aufgebauschte Veranstaltungen. Das kontrollierte zum Glück aber niemand.

Sicherlich war dieses Versteckspiel für akademische Standards eigentlich unwürdig, das war uns schon damals klar. Aber was war eigentlich an der ganzen Normalisierung überhaupt würdig? Als es um die Existenz von Menschen ging, musste die sachliche Wahrheit zurückstehen. Entscheidend war die Notwendigkeit, einer guten Sache zu dienen. Hier konnte nicht „für die Wahrheit" gelebt werden, sondern für die Menschen und damit für die Bedürfnisse des wissenschaftlichen Bereichs. Für gute Zwecke konnte eventuell auch betrogen werden, übrigens ging es nicht immer darum, leeres Stroh zu dreschen und zu verschleiern, einige dieser Veranstaltungen und Initiativen kamen gut an und waren relativ sinnvoll. Noch viele Jahre später wurde zum Beispiel an die obligatorischen „Fortbildungen für Parteilose" erinnert, die wir als Fachseminare mit interdisziplinären Themen organisierten.

Einen wichtigen Beitrag zu einer gewissen Beruhigung der Stimmung leistete die Ernennung eines neuen Dekans. Das war Václav Ráb, Professor für Philosophie aus der Parteihochschule, die wir spöttisch nach ihrer Adresse „Die Sorbonne in Vokovice" (am Rande von Prag) nannten. Ein einfacher Mensch, etwas zynisch, aber er lebte sich nicht in der Erniedrigung anderer aus. Möglicherweise litt er unter einem Minderwertigkeitskomplex, kompensierte ihn aber nicht durch Aggressivität, sondern durch eine Haltung des (vielleicht falschen) Respekts gegenüber den richtigen Wissenschaftlern. Als er zum Dekan ernannt werden sollte, hieß es, er habe den Auftrag zurückgewiesen, die politischen Säuberungen an der Fakultät fortzusetzen und die „Gestrichenen" zu entlassen. Im Lauf der Jahre traf ich ihn persönlich wahrscheinlich nur zweimal und habe von ihm dementsprechend nur einen sehr oberflächlichen Eindruck. Einmal erlebte ich ihn ganz engagiert für eine gute Sache – er stellte sich hinter uns, als Mitte der siebziger Jahre die Gefahr bestand, dass die Philosophischen Fakultäten zu Pädagogischen Fakultäten degradiert werden und künftig „nur noch" Lehrer ausbilden sollten. Es lohnt, sich diesem Konflikt an einer anderen Stelle ausführlicher zu widmen.

Der Dekan zeigte seine Bereitschaft, uns entgegenzukommen – so mein Eindruck – auch im Falle unseres Lehrstuhls für Allgemeine Geschichte. Nach dem Tod von Oldřich Říha im Jahr 1974 befürchteten wir am Lehrstuhl, dass ein Fanatiker von außen, eventuell aus der Parteihochschule, unser neuer Chef werden würde. Das geschah zum Glück nicht. Mit Zustimmung des Dekans durfte Professor Charvát den Lehrstuhl kommissarisch leiten, der aber zu dieser Zeit schon weit im Rentenalter war. Zu seiner Nachfolgerin wurde Dozentin Alena Závadová ernannt, Absolventin der Moskauer Universität mit dem Schwerpunkt russische Geschichte des 19. Jahrhunderts. Wir vermuteten, dass sie sich für die Lehrstuhlleitung besonders dadurch qualifizierte, dass ihr Mann sich nach 1970 in eine führende Position in der Wissenschaftsabteilung des Zentralkomitees der KPČ hocharbeitete. Sie blieb bis zur samtenen Revolution am Lehrstuhl und ging sofort danach auf eigenen Wunsch in Rente.

An der wissenschaftlichen Arbeit hatte sie kein Vergnügen, was sich in einer Art wissenschaftlicher Trägheit am Lehrstuhl niederschlug. Sie hatte ein paar Favoriten, die, wie es schien, als ihre Zuträger fungierten. So hatte sie alles unter Kontrolle, aber sie schadete niemandem absichtlich. Sie ließ uns in Frieden arbeiten und zeigte guten Willen und ihre Hilfsbereitschaft, soweit es nicht um Schwierigkeiten politischer Art ging. Mit gewisser Umsichtigkeit war sie auch bereit, sich hinter die Lehrstuhlmitarbeiter zu stellen, wenn diese kleinere politische Probleme hatten.

Auch wenn die Gesamtstimmung an der Fakultät mit Dekan Ráb allmählich ruhiger wurde, sorgte ab und zu Karel Angelis, fanatischer Normalisierer, Prodekan und Pädagogikprofessor, für Aufregung, der als Kaderverstärkung aus Hradec Králové (Königgrätz) an die Fakultät kam. Die Mitarbeiter in den historischen Fächern hatten Glück, weil sie von Angelis toleriert wurden, wahrscheinlich vor allem deswegen – meinem Eindruck nach – weil Dozent Petráň seinem Wunsch nachkam, eine Geschichte der Philosophischen Fakultät zu schreiben. Damit verbesserte Petráň logischerweise seine politische Position, während der politisch installierte Genosse Prodekan seine Identifikation mit der Fakultät demonstrieren konnte. Auch Dekan Ráb, obwohl ebenfalls zur politischen „Verstärkung" gehörend, identifizierte sich während dieser Zeit aufrichtig mit der Fakultät.

Die leichte Entspannung der Verhältnisse und die Milderung der Schikanen dauerten jedoch nur bis 1977. Dann wurden die „Habichte" nicht nur auf der staatlichen Ebene, sondern auch in der Fakultät wieder wach, weil sie die landesweite Kampagne gegen die Charta 77 zur weiteren Schikane gegen Wehrlose nutzen konnten. Und wieder kamen Vorwürfe, dass die Fakultät nicht in der Lage sei, sich mit ihrer Vergangenheit „auseinanderzusetzen" und die Normalisierung „zu vollenden", dass sie bei den Säuberungen nicht konsequent genug vorgegangen war, weshalb hier noch immer zu viele aus der Partei Gestrichene arbeiteten. Auch in den historischen Fächern verschärfte sich die Lage zeitweise, aber ich hatte den Eindruck, dass wir wesentlich besser dran waren als einige andere Fächer. Es hieß, dass Dekan Ráb die Radikalen neutralisierte und sich um eine ruhige Stimmung bemühte. Vielleicht deswegen bekamen wir von der ganzen Kampagne rund um die Charta an der Fakultät viel weniger mit als landesweit; deshalb erinnere ich mich nicht mehr daran, ob irgendwelche Versammlungen stattfanden und in welcher Form. Es machten verschiedene Gerüchte die Runde, wie etwa: Innenminister Obzina habe geschrien: „Genossen, wenn wir nicht sofort etwas unternehmen, unterschreibt bald die halbe Republik die Charta."

Im Lauf der siebziger Jahre wurden nicht nur Lehrende, sondern auch Studenten Opfer von Schikanen. Das erfuhren wir allerdings gewöhnlich nur dann, wenn es einen direkten Zusammenhang mit unserem Fach gab – und das war nicht oft der Fall. Als Beispiel erwähne ich den Fall des Studenten Oldřich Tůma, des späteren Direktors des Instituts für Zeitgeschichte. Es handelte sich um einen Studenten, der bei meiner Frau Byzantinistik studierte, und deswegen kann ich mich gut daran erinnern. Die ganze Affäre verlief in zwei Akten. Der erste spielte sich eigentlich außerhalb des Fachs ab und meine (unsere) Informationen darüber kamen ausschließlich aus zweiter Hand. Tůma machte angeblich am schwarzen Brett einen Aushang zu einer Studentenversammlung, die sich für bessere Reisemöglichkeiten ins Ausland einsetzen sollte. Einige sagten, dass es gar nicht zu der Versammlung kam, weil die Staatssicherheit eingriff. Andere sagten, dass es deshalb keine Versammlung gab, weil niemand dazu erschien. Wie auch immer, Tůma wurde von der Universität verwiesen und der Lehrstuhl, genauer gesagt dessen Parteigruppe wurde für ihre schlechte politisch-erzieherische Arbeit gerügt. Nachträglich registrierte ich noch eine dritte, ziemlich unglaubwürdige Version, die unter unseren Studenten kursierte. Demnach war Tůma auf eine Provokation der Staatssicherheit hereingefallen, angeblich auf Veranlassung einiger Genossen, denen es nicht gefiel, dass sich an der Fakultät schon wieder eine „Liberalisierung" abzeichnete. Der zweite Akt folgte etwa vier Jahre später, in den Jahren 1979/80, und betraf mich diesmal direkt. Dozentin und Lehrstuhlleiterin Závadová überbrachte mir die Nachricht, dass der Dekan angeblich nach einem Gespräch mit Oldřich Tůma zu der Entscheidung gelangt sei, dass der Student doch sein Studium an der Fakultät abschließen dürfe. Es ging, wenn ich mich nicht täusche, eigentlich nur noch um das Staatsexamen und die Verteidigung der Diplomarbeit. All das allerdings nur unter der Voraussetzung, dass der Lehrstuhl bereit war, sich für ihn politisch zu verbürgen. Das war eine beliebte Floskel, die in der Tat bedeutete, dass das Studium unter der Aufsicht eines politisch zuverlässigen Lehrenden, also eines Parteimitglieds beendet werden sollte. Diese Aufgabe konnte meine Frau als aus der Partei

Gestrichene also nicht übernehmen, und so sprach Závadová mich an. Natürlich stimmte ich zu und wurde zum Betreuer einer Diplomarbeit im Fach Byzantinistik, selbstverständlich nur pro forma. Ich erinnere mich nicht daran, jemals mit „meinem" Diplomanten irgendetwas besprochen zu haben. Dieser zweite Akt hatte noch ein pittoreskes Nachspiel. Einige radikale Genossen hatten sich anscheinend ganz strikt gegen die Entscheidung des Dekans wegen der Rückkehr Tůmas an die Fakultät ausgesprochen, was zu einem Kampfauftritt eines der „Habichte" auf der nächsten Fakultätsplenarsitzung führte. Er machte auf die gefährlichen Anzeichen des Liberalismus und der nachlassenden politischen Wachsamkeit in der Fakultätsleitung aufmerksam. Als Beispiel führte er die Wiederaufnahme eines bestimmten ungenannten Studenten an, der allein schon durch sein „anstößiges Aussehen" den wahren Kommunisten hätte signalisieren müssen, dass er an der Fakultät nichts zu suchen hatte (Tůma trug damals einen riesigen marxartigen Vollbart). Derartige Auftritte wurden aber zu dieser Zeit nur noch als leere Gesten wahrgenommen. Einige meinten, dass dieser Ausfall gegen mich gerichtet gewesen sei, doch war ich allzu unbedeutend. Eher steckte ein Angriff gegen den Dekan dahinter, über den man sagte, dass er zum „liberalen Lager" gehörte. Die Kritik an der unzureichenden Wachsamkeit konnte von jemandem aus dem Apparat des Zentralkomitees veranlasst worden sein, wo der Dekan garantiert zahlreiche Feinde hatte.

Das Fakultätsgeschehen seit dem Ende der siebziger bis zur Mitte der achtziger Jahre verschwimmt in meinem Gedächtnis in eine nebelhafte Etappe, in der mit einer gewissen Trägheit die Rituale der Normalisierung weitergingen – Gewerkschaftssitzungen, Rechenschaftsberichte, Parteisitzungen, Fortbildung der Parteilosen usw. Es war schlicht und einfach eine Zeit, wo vieles und gleichzeitig doch nichts passierte, wo man obligatorisch mitmachte und gleich lieber alles wieder vergaß. Ab und zu gab es Nachrichten, dass einer der Kollegen seitens seines Lehrstuhlleiters oder eines der Spitzenfunktionäre der KPČ an der Fakultät schikaniert wurde, all das aber außerhalb der historischen Fächer.

Allerdings lässt sich der Alltag an der Fakultät nicht nur auf die Normalisierungsrituale reduzieren. Allem zum Trotz bot das Fakultätsmilieu viel Raum für zwischenmenschliche Kontakte und gegenseitiges Kennenlernen sowie einfache Vergnügungen, wie etwa Winteraufenthalte in den Bergen, Erkundungsreisen und Studentenexkursionen innerhalb der Republik oder Sommerreisen mit den Kindern ans bulgarische Meer. Das wurde meistens von der Gewerkschaftsorganisation veranstaltet, genauso wie die Weihnachtsvorstellungen für die Kinder, der Internationale Frauentag, Rentnerbegegnungen und wahrscheinlich manches mehr. Unsere Lehrstühle organisierten ebenfalls vorweihnachtliche Begegnungen und feierten die runden Geburtstage ihrer Mitarbeiter – egal ob Parteimitglieder oder Parteilose. All das spielte sich in einer friedlichen und freundschaftlichen Atmosphäre ab, hatte aber dennoch mit der spontanen Heiterkeit bei den Treffen in den sechziger Jahren nichts gemeinsam. Es waren nämlich immer Menschen dabei, denen wir, möglicherweise zu Unrecht, misstrauten. Spontanität ohne Vorsicht hatte also nur bei Treffen unter Freunden außerhalb der offiziellen Strukturen ihren Platz, egal ob an der Fakultät oder anderswo. Und da waren meine Frau und ich oft dabei. Es freute mich sehr, dass mir, obwohl Parteimitglied, die parteilosen Kollegen vertrauten und mich ohne Angst bei sich aufnahmen.

Zu einer gewissen Unruhe und Aufregung kam es nach dem Tod von Václav Král im Jahre 1983. Wir, vor allem die Kollegen am Nachbarlehrstuhl, befürchteten, dass als Nachfolger nun ein Parteikader von außen kommen oder aber einer von Králs Mitarbeitern installiert werden würde, die, wie man wusste, scharf auf die Ernennung waren. Das war jedoch nicht der Fall. Erstaunlicherweise setzte sich eine Initiative von unten durch: Der Lehrstuhl, genauer gesagt die Parteigruppe schlug einen eigenen Kandidaten vor – Professor Vratislav Čapek, der ursprünglich als Didaktiker für den Geschichtsunterricht von der Pädagogischen Fakultät an unseren Lehrstuhl gekommen war. Er stand kurz vor der Rente und trat als ruhiger, toleranter Chef auf, der niemanden in seiner wissenschaftlichen Arbeit behinderte und gleichzeitig niemanden dazu zwang. Stattdessen lag ihm insbesondere die Didaktik und Methodik des Unterrichts am Herzen. Es gab Gerüchte, dass er irgendwelche alten politischen Sünden aus der Vor-Februarzeit mit sich trug, er versuchte jedenfalls nicht, seine Vergangenheit mit übertriebenem politischen Eifer zu kompensieren. Im Rückblick scheint seine Ernennung durch eine Initiative „von unten" bereits eine gewisse Lockerung signalisiert zu haben, welche bald die „Perestroika" brachte.

Wie ich auf die Perestroika hereinfiel

Die Zeit der Entspannung, die erst nachträglich als Perestroika bezeichnet wurde, fing unauffällig an, wie es oft bei solchen politischen Transformationen der Fall ist. Im Gegensatz zum Prager Frühling lässt sich diese Etappe nicht nach konkreten personellen oder institutionellen Veränderungen periodisieren. Zumindest nicht in der Tschechoslowakei, im Unterschied zu Polen oder Ungarn. Für mich persönlich wurde dieser Schub deutlich signalisiert durch eine Reportage des sowjetischen Fernsehens, das für die „befreundete Armee" auf unserem Territorium sendete. Ich verfolgte ab und zu seine Berichterstattung, weil es mir in jener Zeit, Mitte der achtziger Jahre, ausführlicher und vielleicht auch objektiver als das tschechische Fernsehprogramm vorkam. Eines Tages wurden da Bilder von der Ankunft irgendeines sowjetischen Vertreters auf irgendeinem inländischen oder ausländischen Flughafen ausgestrahlt. Solche Szenen gingen normalerweise an uns vorbei, diesmal aber weckte etwas meine Aufmerksamkeit. Dieser hochrangige sowjetische Funktionär entsprach so gar nicht den geläufigen Vorstellungen. Er war gut gekleidet, relativ jung und schlank und vor allem: er sprach ohne ein Manuskript in der Hand, aus dem Stegreif, und als ich ein bisschen zuhörte, bemerkte ich, dass er nicht die üblichen Floskeln gebrauchte. Als ob er kein sowjetischer Apparatschik sei. Ich wusste nicht, wer das war, aber dachte mir: Hier passiert etwas, etwas bewegt sich. Bald erfuhr ich auch seinen Namen – es war Gorbatschow.

Zu diesem Zeitpunkt schienen auch an der Fakultät langsam bessere Zeiten anzubrechen. Dieser Eindruck einer Lockerung lässt sich heute kaum in Worte fassen; so bleibt mir nur, auf indirekte Indikatoren zu verweisen. Das Gefühl der Existenzbedrohung verging – zumindest an unseren beiden Lehrstühlen. Auch wurden die sogenannten Qualifizierungspläne revidiert, das heißt die Möglichkeit der Habilitation wurde liberalisiert und so konnten auch die „gestrichenen" Lehrenden einbezogen werden. Bis dahin stand dieser Weg eigentlich nur den Parteimitgliedern offen – und auch nicht allen. Auch ich wurde am Lehrstuhl für Allgemeine Geschichte unter den Kandidaten für eine Professur gelistet. Als ich damals irgendwo gefragt wurde, warum ich kein Professor sei, obgleich ich das als Parteimitglied schon längst sein sollte, sagte ich im Scherz, dass die Professoren an der Fakultät für mich keine adäquate Gesellschaft darstellten. Sie waren nämlich durchweg Professoren, die aufgrund ihrer politischen Verdienste ernannt worden waren, ohne irgendeine wissenschaftliche Leistung erbracht zu haben. Nach Václav Králs Tod gab es an den historischen Lehrstühlen sogar keinen einzigen Professor mehr. Inzwischen wurde allen, auch der Fakultätsleitung, die Unhaltbarkeit dieser Situation bewusst – schon aus rein institutionellen Gründen. Wahrscheinlich deswegen war man bereit, meine mangelhaften politischen „Verdienste" hinzunehmen und meine Kandidatur zu empfehlen. Zugleich konnten jetzt auch die „engagierten" parteilosen Kollegen als Kandidaten für Professuren oder Dozenturen vorgeschlagen werden.

An dieser Stelle ist anzumerken, dass es nach den damals geltenden Regeln de facto nicht möglich war, dass sich jemand allein auf eigene Initiative um eine Professur oder Dozentur bewarb. Die Beförderung musste vom Lehrstuhl ausgehen, das heißt vom Lehrstuhlleiter, nach Absprache mit der Parteigruppe. Zuerst musste dieser Vorschlag aber bei den vorgesetzten Organen „konsultiert" werden – wahrscheinlich beim Stadtkomitee oder sogar beim Zentralkomitee der KPČ. Auf diesem Weg wurde auch ich als Kandidat für eine Professur vorgeschlagen. Die grundsätzlich erforderliche Fachqualifikation für eine Professur stellte das sogenannte große Doktorat dar, also der Titel DrSc., den ich aufgrund meiner Publikationen über das 17. Jahrhundert problemlos erwarb. Allerdings ist hinzuzufügen, dass von dieser Voraussetzung bei allen jenen Professoren abgesehen wurde, welche zuvor für ihre Verdienste um die Normalisierung ernannt worden waren. Auf den Anforderungen der politischen Profilierung wurde hingegen bestanden: Der Vorgeschlagene musste mindestens eine „Wahlfunktion" vorweisen können. Die Mitgliedschaft in der KPČ an sich reichte für eine Ernennung also nicht mehr aus.

So eine „Wahlfunktion" hatte ich bis Anfang der achtziger Jahre nie wahrgenommen. Um dieses Kriterium zu erfüllen, wurde mir deshalb eine Position im
Fakultätsausschuss der Gewerkschaften zugeteilt, wo ich mich mit dem Bereich
Arbeit und Löhne befassen sollte. Damit hatte ich kein Problem, da ich wusste, dass
diese Organisation etwas Konkretes für die Menschen tat und greifbare Ergebnisse
lieferte. Im Ausschuss lernte ich wunderbare Menschen kennen, von denen wahrscheinlich alle so wie ich zu dem Zweck „gewählt wurden", irgendeine Funktion
zu erlangen, um ihre Chance auf einen Qualifizierungsaufstieg zu verbessern. Sie
zählten zu den Besten in ihrem Fachgebiet und es war kein Zufall, dass die meisten
von ihnen nach dem November 1989 Funktionen in der Fakultäts- und Lehrstuhlleitung übernahmen. Ich machte mir die Mühe, eine fakultätsweite Umfrage zu dem
Verhältnis zwischen Arbeitspensum und Lohn durchzuführen. So entstand eine
ausführliche Dokumentation, in der ich auf die eklatanten Vergütungsunterschiede
nicht nur zwischen den einzelnen Lehrstühlen, sondern auch innerhalb von diesen
hinwies. Aus dieser Dokumentation ließ sich manches Interessante herauslesen: Belege von Nepotismus, politische Begünstigung sowie persönliche Benachteiligung
seitens der Lehrstuhlleiter. Ich erinnere mich nicht daran, wie diese Ergebnisse
dann weiter behandelt wurden, weil ich diese Funktion nur etwas über ein Jahr
innehatte. Aber ich behielt das Material, ich fand es unter meinen Papieren, also
passierte höchstwahrscheinlich nichts.

Es stellte sich nämlich heraus, zumindest wurde es mir so mitgeteilt, dass die
Mitgliedschaft im Fakultätsausschuss der Gewerkschaften von den übergeordneten
Organen nicht als ausreichendes politisches „Verdienst" anerkannt wurde. Deswegen sollte ich noch eine Funktion außerhalb der Fakultät wahrnehmen. Sie
wollten mich unterstützen und setzten mich in eine andere „Wahlfunktion" ein.
Ich wurde zum Beauftragten für die Hochschulen bei dem Bezirkskomitee der
Schulgewerkschaften für den Bezirk Prag 1 – Stadtmitte. Auch hier landete ich in
illustrer Gesellschaft. Der Unterschied zum Fakultätsausschuss bestand allerdings
darin, dass hier eigentlich gar nichts getan wurde. Die Sitzungen waren eher ein
gemütliches Beisammensein in guter Gesellschaft. Zur Illustration: Ein anderes
Ausschussmitglied für die Karlsuniversität war Dozent Cepl, späterer Mitverfasser
der heutigen tschechischen Verfassung; in der Kommission für Hochschulen, die
ich „leiten" sollte, saß wiederum Dr. Musil, später Richter am Verfassungsgericht.
Wir trafen uns ein, zweimal pro Semester und ich wollte dieser verschwendeten
Zeit wenigstens irgendeinen Sinn abgewinnen. Daher übernahm ich das Ressort für
die Sozial- und Wohnungssituation der jungen Hochschullehrer und Doktoranden.
Es ging um den notorischen Mangel an Wohnraum. Ich verfasste mindestens zwei
ausführliche Berichte, einer der beiden landete sogar auf dem Tisch des Vorstands
des Bezirkskomitees der KPČ Prag 1. Ohne Wirkung, wie zu erwarten war. Ich
hatte aber Vergnügen daran, sie zu nerven, den Floh im Fell zu spielen und auf
die ganze Heuchelei aufmerksam zu machen – auf den Widerspruch zwischen

den offiziellen Aussagen zur Förderung der Jugend einerseits und der kompletten Gleichgültigkeit gegenüber ihren Lebensbedürfnissen andererseits. Dank diesem sehr kurzen Kontakt mit dem Parteiapparat in Prag 1 gelangte ich zu der Einsicht, dass die Grundeinstellung der Mitglieder in jener Zeit, Mitte der achtziger Jahre, nicht etwa durch ideologische Festigkeit geprägt wurde, sondern durch ein erhebliches Intelligenzdefizit und dementsprechende Komplexe. Einige kompensierten diese Tatsache durch Aggressivität, andere durch vorgetäuschtes Wohlwollen und gleichgültige Passivität, die man sowohl als Routiniertheit als auch als Toleranz interpretieren konnte. Und falls sich unter ihnen ein intelligenter Kopf finden ließ, veranlasste ihn wahrscheinlich sein Selbsterhaltungstrieb, nicht aus der Reihe zu tanzen. Alles das war von Perestroika weit entfernt.

Eine kurze, aber peinliche Episode meines Perestroika-Engagements stellt die Zeit dar, als ich 1988/89 als Prodekan tätig war. Der neue Dekan Professor Vaněk, Leiter des Lehrstuhls für Soziologie, war zu diesem Zeitpunkt erst seit kurzem an der Fakultät, hatte nichts Nennenswertes geschrieben und was ich ab und zu über ihn hörte, klang reichlich seltsam. Da er an der Fakultät fast niemanden kannte, nahm ich an, dass ihm die Prodekane durch das Fakultätskomitee der KPČ vorgeschlagen wurden. Die Stelle des Prodekans für internationale Beziehungen wurde frei und man sprach mich an. Zuerst konnte ich meine Absage gut begründen, da ich 1987 noch in Bielefeld meine Arbeit an einem Projekt über die Entstehung des Bürgertums und der Zivilgesellschaft zu Ende brachte. Allerdings gelangte ich später, in einer gewissen Euphorie, zu der Überzeugung, dass es wieder möglich sein würde, die wissenschaftlichen Kontakte mit dem (westlichen) Ausland zu vertiefen, so wie in den sechziger Jahren, und ich nahm diese Funktion 1988 an. Zu dieser Zeit waren die strengen Regelungen für Ausreisen ins „feindliche" Ausland schon deutlich verwässert und ich sah hier eine Gelegenheit.

Schon nach ein paar Sitzungen der Fakultätsleitung wurde mir allerdings klar, dass ich mir übertriebene Illusionen gemacht hatte. Zwar liberalisierten sich die Reisemöglichkeiten wirklich, an der Fakultät wurden schon seit ein paar Jahren auch den „gestrichenen Parteilosen" Reisen in den „Westen" problemlos genehmigt. Wo man aber an harte Grenzen stieß, waren die Finanzen. Der Dekan hatte nichts dagegen, dass ich jedem Interessenten die Reisegenehmigung erteilte, wenn es um Einladungen seitens irgendeiner westlichen Institution ging – einer Universität, einem wissenschaftlichen Institut oder einer Bildungseinrichtung, welche die Reise- und Aufenthaltskosten trug. Er hatte auch nichts dagegen, ausländische Gäste einzuladen oder auch Privatreisen der Studenten zu genehmigen. Alles jedoch unter der Bedingung, dass es die Fakultät nichts kostete.

Unsere Lehrstühle waren damals bei ihren eigenen Initiativen stark eingeschränkt. Dazu ein Beispiel. Ein Kollege aus der Theaterwissenschaft informierte mich über die Möglichkeit, den berühmten Autor Umberto Eco zu einem Vortrag nach Prag einzuladen; angeblich hatte er das mit ihm schon abgesprochen. Ich versicherte ihm, dass ich seine Idee zwar großartig fände, leider aber keine Finanzmittel dafür bekommen würde. Daran scheiterte es. Ich befürchte, dass der Kollege das gar nicht glaubte. Das war übrigens nicht der einzige Fall. Und so blieb es bei der Genehmigung der Auslandsreisen für unsere Lehrenden und Studenten. Darüber hinaus war ich für den offiziellen Empfang einiger Besucher aus dem Ausland durch das Dekanat zuständig. Die Fremdsprachenkenntnisse des Dekans waren, so glaube ich, nicht besonders gut, weshalb ich ihn bei den meisten ausländischen Besuchern vertreten musste. Das lag aber meinen Vorstellungen von den Aufgaben eines Prodekans ganz fern, es bedeutete für mich einen gewaltigen Zeitaufwand, weshalb ich nach einem Weg suchte, die Funktion wieder loszuwerden. Schließlich brachte das Geschehen im November 1989 die Lösung.

Die späten achtziger Jahre waren bei mir nicht nur beruflich, sondern auch privat ziemlich turbulent. Meine Mutter erlitt 1987 in der Hektik der Weihnachtsvorbereitungen einen Herzinfarkt und war nach der Rückkehr aus dem Krankenhaus dermaßen schwach, dass sie meine Hilfe benötigte – zuerst nur gelegentlich, ab Ende des folgenden Jahres aber ständig. So war ich die ersten Monate werktags immer zwischen meiner und ihrer Wohnung und der Fakultät unterwegs. Dieses Tempo war aber nicht durchzuhalten, weshalb ich nach einiger Zeit zu ihr zog, in die Familienwohnung meiner Jugend, die nur etwa zwanzig Minuten von meinem Arbeitsplatz entfernt war.

In meinen alten Papieren fand ich einen Ordner mit Fragebögen und Ergebnissen einer Untersuchung, die ich wahrscheinlich für die einzige nützliche Leistung während meiner Tätigkeit als Prodekan (außer der Ausreisegenehmigungen) halten könnte. Es waren die Unterlagen für die Erstellung einer Systematik der Fächer und deren Personalausstattung an der Philosophischen Fakultät. Ich kann mich nicht mehr erinnern, ob es sich um eine Aufgabe handelte, mit der die Hochschulen von oben beauftragt worden waren, oder um meine eigene Initiative. Schon als Gewerkschafter hatte ich kritisiert, wie ungleich die Lehrstellen unter den einzelnen Fächern verteilt und wie ungleichmäßig die Qualifizierungsstrukturen an den einzelnen Lehrstühlen waren. Das war, bzw. es sollte, der Beginn der Wiederherstellung des normalen Stands der Qualifizierungsstrukturen sein, nachdem zwei Jahrzehnte lang sämtliche Habilitationen und Professuren beinahe eingestellt gewesen waren. Ich präsentierte die Ergebnisse dem Dekan, aber er zeigte sich nicht wirklich interessiert. Es war ihm eigentlich egal und er wollte die Unterlagen nicht einmal entgegennehmen.

Das eine Jahr, das ich in der Fakultätsleitung verbrachte, bedeutete für mich eine wichtige Erfahrung. Bald kam ich zur Erkenntnis, dass Dekan Vaněk kein besonderes Interesse an der Liberalisierung, das heißt an wirklichen Veränderungen hatte. Und falls er überhaupt über Veränderungen sprach, hatte er dabei die Steigerung seiner Popularität und, wie damals gemunkelt wurde, die Verbesserung der Chancen für seine Kandidatur für das Rektoramt im Auge. Auch uns traute er nicht.

In den regelmäßigen Sitzungen seines Kollegiums, das heißt mit uns Prodekanen, stellte er keine politisch relevanten Fragen zur Diskussion, wie zum Beispiel die Ermittlung der Studenten, die wegen ihrer Teilnahme an den Demonstrationen auf dem Wenzelsplatz angezeigt worden waren. Solche Angelegenheiten besprach er informell, nur mit den führenden Parteifunktionären. Im Kollegium wurde uns dann nur das Resultat mitgeteilt.

Im Laufe des Jahres 1989 verfolgte ich nicht – und konnte auch nicht verfolgen – wie sich die Verhandlung über meine Professur entwickelte. Deshalb war ich eigentlich überrascht, als Anfang Oktober 1989 die Einladung zur Verleihung des Professorentitels in der historischen Aula im Karolinum kam. Ich war unter den etwa dreißig Eingeladenen und es ging wahrscheinlich um die letzte Urkundenverleihung, welche am Ende des realen Sozialismus in Prag stattfand. Es war bezeichnend, dass die Bildungsministerin, die die Urkunden übergeben sollte, uns mehr als eine halbe Stunde warten ließ. Eine Entschuldigung hielt sie nicht für erforderlich.

In dieser Zeit, eigentlich zeitgleich mit dem Ende meiner kurzen Prodekanstätigkeit, traf ich zum ersten (und zum letzten) Mal in meinem Leben einen der staatlichen Machthaber persönlich. Das war am Anfang des Wintersemesters 1989, als der Dekan den Genossen Štěpán, den berüchtigten Sekretär des Zentralkomitees der KPČ, zur Besichtigung der Fakultät und zur Teilnahme an der Kollegiumssitzung einlud. Zwar kam ich nicht persönlich mit ihm ins Gespräch, konnte ihn aber mit meinen eigenen Augen aus der Nähe beobachten. Sowenig ich von ihm hielt, wie wohl jeder, war die Wirklichkeit noch viel schlimmer als die Erwartung. Schon sein Aussehen sowie seine Art, sich zu äußern, waren abstoßend, der Inhalt seiner Äußerungen entsprechend. In dem engen Kreis von etwa zehn Leuten, die er anscheinend für die „Unsrigen" hielt, machte er keinerlei Anstalten, sich irgendwie zu verstellen oder seine Argumentation anzupassen. Es kamen keinerlei Floskeln über die Arbeiterklasse oder den Sozialismus vor, wie es bei den älteren Generationen der Politiker üblich war, geschweige irgendeine selbstkritische Reflexion. Stattdessen ging es um pures Machtdenken, mit geradlinigen Stellungnahmen: Wir sind diejenigen, die hier herrschen, wir wollen unsere Macht behalten und wir werden mit niemandem über Zugeständnisse verhandeln. Bloß keine Kompromisse. Jemand erwähnte den damals allgemein bekannten Rundfunkauftritt von Miloš Zeman (späterer Ministerpräsident und Präsident Tschechiens) über den Niedergang des Bildungsniveaus bei uns. Den Auftritt bezeichnete Štěpán als konterrevolutionäre Marginalie und sagte: „Damit werden wir uns zu helfen wissen. Das lassen wir nicht zu, das erlauben wir nicht …" Und Dekan Vaněk nickte dazu servil. Falls ich nach meinem Jahr in der Fakultätsleitung noch irgendwelche Illusionen über potenzielle Reformen hegte, verlor ich diese nach diesem Treffen vollständig. Ich sagte mir, dass ich mich von dieser Funktion irgendwie befreien musste.

Durch Zufall ließ die Gelegenheit dazu gar nicht lange auf sich warten. Nach der Pensionierung von Vladimír Elznic, des unfähigen, aber aggressiven Leiters des Lehrstuhls für Germanistik und Nordistik, wurde ein Nachfolger für ihn gesucht. An diesem Lehrstuhl gab es zwar eine Reihe hervorragender Experten, aber darunter kein Parteimitglied, was die Voraussetzung für eine führende Funktion darstellte. Helena Kadečková, meine Mitschülerin vom Gymnasium und Freundin meiner Frau, hatte die Idee, dass ich diese Funktion übernehmen könnte, da ich schon die Geschichte der skandinavischen Länder unterrichtete und eigentlich auch einen Kurs mit Seminar zur deutschen Geschichte anbieten könnte. Für uns war diese Idee am Anfang nur ein Scherz, sie kam aber irgendwie bei der Fakultätsleitung an. Ich erbat mir etwas Bedenkzeit und besprach das mit Dozent Skála, mit dem ich schon seit der Studienzeit eine freundschaftliche Beziehung hatte. Er war Linguist und führender Experte in seinem Fach und dementsprechend vollkommen für diese Funktion qualifiziert. Aus unserem Gespräch erinnere ich mich an seinen Schlüsselkommentar: „Du bist zwar in der Partei, aber sonst ein anständiger Mensch, mach das." Ich behielt mir also beim Dekan vor, nicht zum Leiter ernannt zu werden, sondern nur provisorisch mit der Lehrstuhlleitung beauftragt zu werden, bis sich ein qualifizierter Nachfolger finden würde. Und so bekam ich die Verfügung, dass ich ab 1. Oktober „vorläufig mit der Leitung des Lehrstuhls für Germanistik beauftragt werde".

Selbstverständlich blieb ich auch weiterhin am Lehrstuhl für Allgemeine Geschichte tätig. Zwar bedeutete das keine Flucht vor Dozentin Závadová, wie damals angeblich gesagt wurde. Das Milieu in der Germanistik fand ich aber menschlich angenehmer als die merkwürdig gespannte Stimmung in der Allgemeinen Geschichte. Ich wurde dort mit Freuden begrüßt, aber ich machte mir in dieser Hinsicht keine Illusionen: Das war vor allem die Freude darüber, dass der bisherige Chef Elznic weg war. Ich ahnte gar nicht, was in einem Monat auf uns zukommen würde, und ich nahm meine Position ernst. Ich beauftragte die Lehrstuhlmitarbeiter, sich bis zur nächsten Sitzung Gedanken darüber zu machen, womit sie sich in ihrer Forschung beschäftigen wollten und wie sie ihre Lehre konzipierten. Ich machte Dr. Stromšík den Vorschlag, an den Lehrstuhl zurückzukehren. Er war an der Schwelle der Normalisierung entlassen worden und arbeitete nun als Redakteur bei dem Literaturverlag Odeon. Er wollte es sich überlegen. Das war mein letzter Einsatz als Lehrstuhlleiter. Es fand keine Sitzung mehr statt und in wenigen Tagen war alles anders. Dann verfolgte ich nur noch gemeinsam mit den Studenten und den Germanistikdozenten die Novemberereignisse. Ich unterschrieb natürlich im Namen des Lehrstuhls eine Erklärung zwecks ihrer Unterstützung und nahm an ihren Sitzungen teil. Gleichzeitig übermittelte ich aber dem Dekan meine Rücktrittserklärung, da es für meine Stellvertreterfunktion als Lehrstuhlleiter der Germanistik keine Begründung mehr gab. Zum selben Zeitpunkt wurde ich allerdings in die revolutionäre Charade im Fach Geschichte hineingezogen, welche nach einigen kleineren Peripetien in Folgendes mündete: Nach dem Rücktritt von Dozentin Závadová wurde ich sowohl von den Studenten als auch von den Lehrenden zum neuen Lehrstuhlleiter für Allgemeine Geschichte gewählt.

3.2 Studium und Studenten

Zwar sieht die Situation heute etwas anders aus, aber zu meinen Zeiten an der Philosophischen Fakultät war das Leben dort, genauso wie an jeder Schule oder Hochschule, durch die ständige Interaktion zwischen Kontinuität auf der einen Seite und Veränderung auf der anderen Seite geprägt, also zwischen dem relativ konstanten Team der Lehrenden und den jährlich wechselnden Studentenkohorten. Jedes Jahr verließ der älteste Jahrgang die Fakultät, während ein neuer dazu kam. Die Abgehenden nahmen ihre Erfahrungen und Erinnerungen an die Personen mit, die den Neukommenden völlig fremd waren. Jede Veränderung auf der Seite der Lehrenden bleibt im kollektiven Gedächtnis der Studenten gerade solange, wie sie studieren. Die Studenten, die im Herbst 1968 mit dem Studium begannen, bekamen mit, wie einige ihrer Dozenten im Laufe der Zeit verschwanden, erinnerten sich aber an ihre Gesichter und ihre Namen. Die 1970 kommenden Studenten kannten allenfalls noch die Namen, sei es aus Erzählungen oder aufgrund der noch verbliebenen Namensschilder an den Türen. Die Studenten, die 1975 kamen, kannten größtenteils nicht einmal mehr die Namen. So kurz ist das Gedächtnis der Universität. Die beiden Ufer – die Lehrenden und die Studenten – stehen in einer spezifischen Verbindung zueinander, die den Sinn der Beziehung ausmacht: Der Inhalt des Studiums, anders gesagt das, was die Lehrenden den Studenten vermitteln sollen.

Lehrende und Studenten gehen, das Fach bleibt

All den Turbulenzen, Säuberungen sowie Veränderungen in den zwischenmenschlichen Beziehungen zu Trotz wurden nach wie vor ungefähr die gleichen Grundkurse unterrichtet, Proseminare gehalten, fakultative Vorlesungen und Seminare angeboten. Nur die Namen der Lehrenden blieben nicht komplett gleich, genauer gesagt: Es verschwanden einige Namen, wurden aber nicht durch neue ersetzt. Dank einer gewissen Trägheit durften im Fach Geschichte aufgrund der Vereinbarung mit dem Ministerium aus dem Jahr 1968 mehr Studienplätze angeboten werden. Dank dieser Trägheit erfolgte die Studienplatzvergabe, die Festlegung des *Numerus clausus*, auch unter der Führung Gustáv Husáks nicht nur 1969, sondern auch im folgenden Jahr, ohne Berücksichtigung der „Kaderprofile", das heißt ohne politische Überprüfung. Die neuen Machthaber waren zu diesem Zeitpunkt noch immer mit dem Machtkampf innerhalb des Parteiapparats beschäftigt und hatten keine Zeit, jemanden damit zu beauftragen, neue Spielregeln für die Auswahl der Bewerber in den humanistischen Fächern festzulegen. Dasselbe galt auch für die Studieninhalte: Keiner nutzte seine Macht, um in die Studienpläne einzugreifen oder zu kontrollieren, was in den Vorlesungen und Seminaren gesagt wird. Allerdings bedeutete das nicht gleich die vollständige Freiheit der Lehre. An der Fakultät wurde schon 1969 eine Studentengruppe eingerichtet, die sich als Stütze der Normalisierung verstand und den Namen Lenins trug. Zwar hatte sie nur ganz wenige Mitglieder, war aber offenbar dennoch in der Lage, den Lehrenden Unannehmlichkeiten zu bereiten. Es kam vor, dass sie sich über die feindliche Einstellung eines Lehrenden gegenüber der neuen Parteiführung beschwerten. Solche Denunziationen gab es an der Fakultät tatsächlich, ich kenne aber keinen einzigen Fall aus den historischen Fächern. Die Lage bei uns änderte sich jedoch schon ab Herbst 1970, als bereits „aufgeklärte" Erstsemester kamen, die einen studentischen „sozialistischen Jugendverband" gründeten. Ich selbst kam 1971 mit der neuen Wirklichkeit in Berührung, als sich ein solcher Student an mich wandte, um seine Kommilitonen anzuschwärzen. Konkret empörte er sich über deren falsche politische Einstellungen. Mit Zuträgern hatte ich damals keine Erfahrung. Ich erinnere mich nicht mehr an meine Reaktion, ich wies ihn jedoch unmissverständlich aus meinem Büro. Mein Auftritt sprach offenbar für sich, denn er erschien nicht mehr bei mir. Später wurde er zu einem erfolgreichen Wissenschaftler. Wir gehen grußlos aneinander vorbei, ich weiß, dass er weiß, dass ich weiß ...

Abgesehen von dieser Unannehmlichkeit konnte ich mich über die neu kommenden Studentenjahrgänge nicht beschweren. Das war wahrscheinlich der Tatsache zu danken, dass es viele Studienanfänger gab und gleichzeitig noch keine Kaderauslese stattfand. Es kamen zahlreiche hervorragende Studenten, mit denen ich mit großer Freude diskutierte und arbeitete. Wie gewöhnlich orientierten sie sich meistens in Richtung tschechische Geschichte, mit einigen hatte aber auch ich Kontakt, und zwar nicht nur im Seminar im dritten Jahrgang, sondern auch im Diplomandenseminar, das ich damals als Habilitierter zum ersten Mal leitete. Bei der Vergabe der Diplomarbeiten strich ich im Voraus Themenstellungen zur Problematik der Nation. Allerdings behandelte die erste bei mir verteidigte Diplomarbeit die thematische Struktur der tschechischen historischen Novelle des Vormärz.

Schwerpunktmäßig blieb ich bei Themen der vergleichenden Geschichte und kehrte zur Problematik der historischen Belletristik zurück, die mich schon Mitte der sechziger Jahre interessiert hatte. Selbstverständlich ging es mir nicht um den ästhetischen Aspekt, sondern um den Einfluss der Texte auf die Gestaltung kollektiver Geschichtsbilder – theoretisch in Form einer kritischen Reflexion über das, was ich als Geschichtsbewusstsein bezeichnete. Diese kollektiven Bilder konnten aber auch die Gestalt vager mythologischer Vorstellungen über die Vergangenheit annehmen – als quasihistorisches Wissen. Diese Beschäftigung war für mich nicht allzu anstrengend, bedeutete aber in einer Zeit voller Stress eine Entspannung und eine Atempause für beide Seiten. Es gelang mir, für zwei sehr motivierte Studentinnen, die das Fach Geschichte mit Fremdsprachen kombinierten, im Rahmen der Kulturabkommen Studienaufenthalte in Frankreich bzw. Großbritannien zu vermitteln. Sowohl ihre als auch andere Diplomarbeiten fielen so gut aus, dass ich beschloss, einen Sammelband zur Problematik des historischen Bewusstseins herauszugeben. Den Kern bildeten Analysen der Inhalts- und Ideenstruktur der französischen, britischen und tschechischen Belletristik – alles aus der ersten Hälfte des 19. Jahrhunderts. Das stellte also einen Ansatz zu einem konkreten synchronen Vergleich dar. Anfangs war mir nicht einmal bewusst, dass es sich bei aller Unvollkommenheit der theoretischen Grundlagen den Bedingungen der Normalisierung zum Trotz, um ein bahnbrechendes Projekt handelte. Das wurde mir erst aufgrund der Reaktionen der tschechischen und polnischen Kollegen klar. Dies motivierte mich dazu, die Problematik des historischen Bewusstseins weiterhin als Thema in meinen Seminaren und auch in einigen Vorlesungen zu behandeln, auch wenn das nie im Zentrum meiner Forschungsinteressen stand.

Bei den Prüfungen der unteren Jahrgänge galt ich als anspruchsvoller Prüfer, ein „böser Mann", vor allem bei den sogenannten Zwischenprüfungen, die das Studium in zwei Hälften teilten. Ohne dass das faktisch so bezeichnet wurde, gab es im Fach Geschichte schon damals ein zweistufiges Studium. Die erste Stufe, heute Bachelor genannt, wurde durch diese Prüfung quasi abgeschlossen. Es war also notwendig, hohe Ansprüche zu setzen. Allerdings fand ich es wichtiger, das Niveau der Proseminare, der Einführung in das Fach Geschichte, hoch zu halten. Die Proseminare hielt ich für überaus wichtig und es tat mir leid, dass ihnen in den sechziger Jahren immer weniger Aufmerksamkeit gewidmet wurde. Ich vermutete aber, dass man sich in den sechziger Jahren nicht mehr davor fürchten musste, den Studenten die Theorie hinter den Überlegungen zu den Arbeitsmethoden des Historikers nahezubringen. Ich fing an, alte Handbücher zur historischen Methode zu lesen, angefangen mit Ernst Bernheims „Lehrbuch der Historischen Methode und der Geschichtsphilosophie", besorgte mir auch – teilweise bereits in Marburg – ein paar neuere Studien. Ich getraute mich nicht, alle interessanten Ansätze zu übernehmen. Manche Arbeiten und Ansichten konnte man jedoch als kompatibel mit dem Marxismus bezeichnen und ich versuchte, sie auch nach 1970 nach und nach in die Lehre zu integrieren. Allgemein gesagt, die engagiert geführten Proseminare hatten sowohl für die Studenten als auch für die Lehrenden Bedeutung, denn sie ermöglichten es dem Lehrenden, vier Semester lang in unmittelbarem Austausch mit den Studenten zu sein. So war es möglich, sie zu kritischer Reflexion über historische Einsichten anzuleiten und ihnen eine Vorstellung von eigentlicher wissenschaftlicher Arbeit zu vermitteln, ihre Ausdrucksfähigkeit zu verbessern und ihr logisches Denken zu unterstützen. Mit etwas Einfallsreichtum war es möglich, die Studenten in die eigene Forschung miteinzubeziehen.

Ausgezeichnete Studenten in der Sackgasse

Ich hatte Glück. Meine ersten Proseminare Anfang der siebziger Jahre wurden von Studenten besucht, mit denen die Arbeit Vergnügen machte. Zu dem ersten von mir geleiteten Proseminar kamen Studenten und Studentinnen, die das Fach Geschichte mit Fremdsprachen kombinierten, weshalb man ihnen auch die Lektüre fremdsprachiger Literatur zumuten konnte. Im zweiten Jahr musste sich für mein Proseminar (man konnte nicht wählen) auch eine Gruppe von Studenten mit der Fächerkombination Geschichte und „politische Ökonomie" einschreiben. Diese Gruppe bestand – bis auf zwei Ausnahmen – aus begabten und sympathischen Studenten, die sich für Geschichte interessierten und keine Abneigung gegen Wirtschaftsgeschichte hatten – wohl aufgrund der Nähe zu ihrem „Nebenfach". Im zweiten Studienjahr kamen wir uns näher und im dritten Jahr nahmen sie auch an meinem Seminar teil, wo wir ein Arbeitsteam bildeten. Genauer und weniger emphatisch ausgedrückt: Sie hatten Lust, zusammen zu arbeiten, und ich sah darin eine Gelegenheit, auf die Problematik des Ostseehandels zurückzukommen. Ich verfügte über genug Kopien ausländischer Quellen, darüber hinaus konnten wir auch die internationale Fernleihe nutzen. Heutzutage würde mir kaum jemand glauben, dass wir an der Diskussion über Statistiken, Handelsvolumen und Handelspraktiken echte Freude hatten. Die Proseminare bedeuteten aber natürlich noch mehr als das. Es wurde auch über quantitative Methoden nachgedacht oder eher quantitative Verfahren und deren Einsatz im Fach Geschichte. In diesem Bereich lernte ich meinerseits manches von ihnen.

Wir beschlossen, uns für den damals bereits wieder ins Leben gerufenen und massiv unterstützten Wettbewerb für studentische wissenschaftliche Arbeiten anzumelden. Meine Studenten reichten als Team eine Arbeit zur Anwendung quantitativer Methoden bei der Handelsgeschichte der Frühen Neuzeit ein und wurden Sieger in der Fakultätsrunde. Deswegen konnten sie dann auch an der landesweiten Runde in Olmütz und Prag teilnehmen und erreichten zwei Jahre hintereinander den ersten Platz. Ich war als Jurymitglied dabei und hatte somit die Gelegenheit, „von innen" zu beobachten, wie einige aufgeklärte Genossen zähneknirschend anerkennen mussten, dass die engagierte Arbeit meiner Studenten hochwertiger war als manche der anderen Arbeiten zu konjunkturellen Themen aus der Zeitgeschichte. Man muss zugeben, dass bei unserem Erfolg auch ein „Modeargument" eine gewisse Rolle spielte. Das war die Tatsache, dass für Teamarbeit oder die kollektive Arbeit damals intensiv geworben wurde. In dieser Hinsicht gingen wir also mit dem Geist der Zeit. Mit dem Erfolg stieg mein Selbstbewusstsein und ich brachte die Studenten dazu, ihre Arbeit zu vertiefen und sich soweit auf die Fragen der Quantifizierung zu konzentrieren, dass ein Aufsatz daraus entstehen konnte, den ich Professor Říha für die *Tschechoslowakische Historische Zeitschrift* übermittelte. Der Aufsatz wurde gedruckt, was Jaroslav Purš, der im Rahmen der Normalisierung zum Professor ernannt worden war (obgleich er nie an der Fakultät gelehrt hatte), etwas irritierte. Er hielt die quantitative Forschung und die Wirtschaftsgeschichte überhaupt für seine alleinige Domäne, sein Monopol. Das ließ er mich spüren und ich ignorierte das, was sich als Fehler herausstellte. Als er nur wenige Jahre später Direktor des Historischen Instituts wurde, war es für meine Studenten kaum mehr möglich, bei ihm eine Doktorandenstelle zu bekommen.

An der Fakultät erfreuten sich meine Studenten dank ihrer Erfolge auch außerhalb des Lehrstuhls einer gewissen Popularität und wurden zur Mitarbeit an einem durch den Staat finanzierten wissenschaftlichen Projekt eingeladen. Wie kam es dazu? Anfang der siebziger Jahre begann die Debatte über die Förderung der Wissenschaft und die Notwendigkeit ihrer Planung. Wie es in der „normalisierten" wissenschaftlichen Kommunität üblich war, erhielten die Lehrstühle von oben den Auftrag, einen wissenschaftlichen Plan zu erstellen – wir würden heute sagen: Projekte, „Forschungspläne", einzureichen. Die meisten Lehrstuhlleiter reagierten mit irgendwelchen leeren Deklarationen, aber ich fand es schade, die sich bietende Gelegenheit nicht für etwas Vernünftiges zu nutzen. Daher versuchte ich, Josef Petráň dazu zu bewegen, das Forschungsprojekt zur Lohn- und Preisgeschichte zu reaktivieren, an dem er selbst noch unter der Leitung des verstorbenen Professors Husa gearbeitet hatte. Ich erinnere mich nicht mehr daran, über welche Kanäle der Antrag lief. Das Entscheidende war, dass das Projekt genehmigt wurde, obgleich das Thema politisch keine Relevanz hatte. Es wurden für das Projekt sogar neue Mittel für die Vollzeitstelle einer Dokumentaristin sowie für studentische Hilfskräfte zugewiesen. Auch meine Studenten wurden dank ihres Interesses an der Quantifizierung für die Anfertigung von Exzerpten, die Datenerfassung und andere Hilfsarbeiten herangezogen. Dazu eine Anmerkung: Josef Petráň war ein „gestrichenes" Parteimitglied und arbeitete unter Václav Král, seinem Lehrstuhlleiter, der als „Normalisierer" die Entlassung vieler Historiker zu verantworten hatte. Wie konnte es sein, dass er für ein derart apolitisches Projekt überhaupt grünes Licht gab? Meine Erklärung war, dass er jetzt, nach dem Ende der Säuberungen, sein Profil als Unterstützter seriöser Wissenschaft verbessern wollte. Er war intelligent genug, um den Unterschied zwischen Wissenschaft und Pseudowissenschaft zu erkennen – jedenfalls im Prinzip.

Aber das war nur die eine Seite der Geschichte. Man muss andererseits fragen, wie es weiterging? Was trugen die wenigen hervorragenden Studenten zur weiteren Entwicklung unserer Wissenschaft bei? Die Antwort darauf ist unerfreulich. Während damals der Spielraum für die Forschung relativ groß war – wir durften, mit Ausnahme der Zeitgeschichte, unsere Themen ziemlich frei wählen – gab es sehr enge und klare Grenzen in Bezug auf die künftigen Berufschancen der Forscher: Nur Parteimitglieder konnten auf eine Stelle an der Fakultät hoffen. Und davon gab es wenige. Die besten meiner Studenten, konkreter gesagt: Die besten Studentinnen aus dem ersten und dem zweiten Diplomseminar hatten deshalb bestenfalls

Aussichten auf eine Stelle am Gymnasium oder in der Dokumentation. Und auch
da taten sie sich nicht gerade leicht. Wenn man von Verbrechen des Kommunismus
spricht, sollte auch zur Sprache kommen, wie viele junge Talente sich gar nicht
entfalten konnten, keine Chancen geboten bekamen und schlicht verschwendet
wurden. Sie wurden nicht verfolgt; doch beschnitt ihnen das System die Flügel und
gab ihnen keine Chancen. Das bedeutete nicht nur eine persönliche Tragödie für die
Betroffenen. Es stellte auch (und meiner damaligen Überzeugung nach vor allem)
einen Verlust für die tschechische Wissenschaft dar, dessen Folgen wir noch zwei
Jahrzehnte nach der Wende zu spüren bekamen. In den ersten Jahren nach 1968
zählten zu den verlorenen Talenten diejenigen, welche zwar den Universitätsab-
schluss machten und über ausgezeichnete Qualifikationen und Studienergebnisse
verfügten, aber keine (oder doch nur sehr beschränkte) berufliche Aussichten hatten. Nach 1971 kam es jedoch noch zu einer weiteren, massiveren Vergeudung von
Talenten und zu einer noch brutaleren Beschädigung junger Menschen. Die Parteiorgane erarbeiteten jetzt verbindliche Richtlinien für das Aufnahmeverfahren.
Diese Richtlinien hatten sowohl einen restriktiven, exkludierenden als auch einen
positiv diskriminierenden Aspekt. Kinder aus den Familien, in denen ein Elternteil
aus der Partei ausgeschlossen worden war, hatten keine Chance (wohl bis auf einige
wenige Ausnahmen). Kinder aus den Familien von „Gestrichenen" hatten zwar
geringe Chancen, konnten aber doch ab und zu einen Studienplatz erlangen, vor
allem, wenn sie ein positives Gutachten des Parteikomitees am Wohnort vorweisen
konnten, oder wenigstens ein Elternteil über ein gutes Kaderprofil verfügte. Im Gegensatz dazu sollten Bewerber aus den ausgewiesenen kommunistischen Familien
vorrangig aufgenommen werden. Darüber hinaus sollte die soziale Herkunft in
Betracht gezogen werden. Es ging um die Regelung, dass ein bestimmter Anteil der
zu vergebenden Studienplätze den Töchtern und Söhnen mit sogenannter prole-
tarischer Herkunft vorbehalten sein sollte. Allerdings war dieses Kriterium nicht
eindeutig, wenn die Bewerber zur Generation der Enkelkinder von eventuellen
„Klassenfeinden" gehörten, deren Kinder aber schon in die Produktion geschickt
worden waren. In diesem Fall wies die Generation der Enkel und Enkelinnen keine
„bürgerliche" Herkunft mehr auf. Dank der Ironie des Schicksals konnten sie sogar
von positiver Diskriminierung betroffen werden: Sie wurden genauso begünstigt
wie die Kinder aus richtigen Arbeiterfamilien.

Bei der Studienplatzvergabe zählten letztlich jedoch die Resultate der Aufnahmeprüfungen als entscheidendes Kriterium. Es wurde zuerst schriftlich und anschließend mündlich geprüft, wobei die mündlichen Prüfungen gewöhnlich eine
Woche dauerten. Für uns, die Mitglieder der Aufnahmekommissionen, war es
frustrierend, Studenten oder Studentinnen vor uns zu haben, die sich sowohl im
schriftlichen als auch in dem mündlichen Teil sehr gut schlugen und ihre Befä-
higung für das Geschichtestudium unter Beweis stellten, um dann einen Eintrag
über ein „gestrichenes" Elternteil in ihrer Anmeldung zu sehen. Wir erstellten

unsere Rangliste ausschließlich aufgrund der Leistungen der Bewerber; sie wurde dem Vorsitzenden der Hauptkommission vorgelegt. Dort wurde die letztgültige Entscheidung über die Aufnahme getroffen. Manchmal wurde unsere Liste einfach übernommen, manchmal aber wurde einer gestrichen und ein anderer wiederum höher eingestuft. Ich war nie Kommissionsvorsitzender, musste aber einmal einen indisponierten Vorsitzenden vertreten und konnte deswegen selbst beobachten, wie es in der Hauptkommission zuging. Die Sitzung wurde von Dekan Ráb geleitet, der vorab schon seine Vorbehalte gegen unsere Liste geäußert hatte, ebenso wie seine Absicht, sie zu überprüfen. Das war beleidigend – als ob wir korrupt gewesen wären. Er schaute sich die Unterlagen auf seinem Tisch an und suchte offenbar nach den Kandidaten, die auf unserer Rangliste fehlten. Danach fragte er nach ein paar Namen, für die es auf der Liste „keinen Platz gab" – so als ob er unserer Entscheidung misstraute. Ich hatte schlicht den Eindruck, dass er auf seinem Tisch eine eigene Liste von Bewerbern hatte, die er auf Auftrag von oben entweder aufnehmen oder ablehnen sollte. Die nicht Aufgenommenen hatten aber das Recht, Einspruch einzulegen, was oft zum Ziel führte. Mit Sicherheit spielten hier irgendwelche Interventionen eine Rolle, die sowohl politisch als auch persönlich motiviert sein konnten. In dieser Vermutung wurde ich durch die Tatsache bestärkt, dass ungefähr bis Mitte der siebziger Jahre regelmäßig Studenten und Studentinnen auch dann einen Studienplatz bekamen, wenn sie nicht Mitglieder des Sozialistischen Jugendverbandes waren. In diesen Fällen gab es wahrscheinlich immer außergewöhnliche Umstände. Ein Beispiel war wohl die Enkelin von Professor Charvát, ähnlich ein Student, für den ein bestimmter Parteifunktionär bei Professor Říha intervenierte, der angeblich mit Říha während der Okkupation im Gefängnis gewesen war. Er argumentierte, dass es sich um einen hervorragenden, begabten Studenten handele. Dieser Student wurde tatsächlich aufgenommen und gehört bis heute zu den Schlüsselfiguren unserer Geschichtswissenschaft.

Mit den Studenten zum „Praktikum" nach Warschau

Ungeachtet all der geschilderten Umstände war ich letztlich froh darüber, mit etlichen wissenschaftsbegeisterten und intelligenten Studenten zusammenarbeiten zu können und wollte ihnen möglichst viel vermitteln. Das bedeutete, die entsprechenden Voraussetzungen für ihr fachliches Reifen zu schaffen. Ich wollte deswegen nach Wegen suchen, wie sie ihren Horizont erweitern konnten, und ich hatte dabei die Idee, ihnen zumindest einen kurzen Aufenthalt im „befreundeten Ausland" zu ermöglichen, wo sie weitere Kenntnisse erwerben konnten. In der gegebenen Situation bot sich lediglich Polen als ein mögliches Land an. Als die Studenten im vierten Studienjahr waren, stellte ich den Antrag, für das obligatorische „Betriebspraktikum", das normalerweise in einem der tschechischen Archive stattfand, für die Studenten mit Seminaren zur Allgemeinen Geschichte alternativ einen Studienaufenthalt im Ausland zu genehmigen. Das Ziel war, mit der bei uns nicht zugänglichen Fachliteratur zu arbeiten und dortige Experten zu konsultieren. Meine polnischen Freunde begrüßten diese Idee begeistert. Sie organisierten für uns eine Unterkunft im Studentenwohnheim sowie den Zugang zu der außergewöhnlich umfangreichen Bibliothek des Historischen Seminars und der Universitätsbibliothek Warschau. Die Prager Fakultät übernahm die Reisekosten und stellte etwas Taschengeld zur Verfügung, was auch bei den Praktika in den tschechischen Archiven üblich war. Natürlich konnte ich dieses Angebot nicht ausschließlich auf die Studenten meines Seminars reduzieren und lud auch weitere Interessenten ein, die sich in anderen Seminaren ebenfalls mit ähnlichen Themen beschäftigten, um schließlich eine Teilnehmerzahl von acht zu erreichen.

Es war ein voller Erfolg. Für jeden Studenten fand ich einen Ansprechpartner unter den polnischen Kollegen, damit sie ihre Diplomarbeiten besprechen konnten. Die Interaktion war manchmal nur formell, öfters bedeutete sie aber sowohl einen Ertrag für die Studenten als auch ein Vergnügen für die polnischen Kollegen. Die Studenten mussten sich auf eigene Faust irgendwie verständigen. Ich blieb dabei meinem Bonmot treu, dass „Polnisch nur eine merkwürdige Version des Tschechischen ist", und das bewährte sich. Soweit die Studenten daran Interesse hatten, verließen sie Warschau mit der Fähigkeit, elementar auf Polnisch zu kommunizieren und polnische historische Texte zu verstehen. Und ganz wichtig: Sie hatten Zugang zu Literatur zum Thema ihrer Diplomarbeiten oder Seminararbeiten. Die Abende verbrachten die Studenten gemeinsam und luden mich dazu ein, was ich gerne annahm, wenn ich nicht irgendwo zu Besuch war. Ich kontrollierte gar nicht, wie sie den Tag verbrachten, wusste aber sehr wohl, dass sie nicht zuletzt mit der Literatur beschäftigt waren, welche bei uns unzugänglich, genauer gesagt verboten war. Die Verhältnisse in Polen waren damals schon ziemlich liberal. Für mich und wohl auch für die meisten Studenten bedeutete der Kontakt mit den Polen und mit der polnischen akademischen Welt eine willkommene Atempause.

Im Jahr 1975 machten wir uns erneut auf den Weg. Theoretisch hätten die jüngeren Studenten teilnehmen sollen, aber ich missbrauchte meine Position, um vorrangig wieder meine fünf Studenten mitzunehmen, die den Kern der Gruppe bildeten, und erst danach sprach ich weitere Interessenten unter meinen jüngeren Studenten an. Gewiss war das eine fragwürdige Diskriminierung, aber die Bevorzugten verdienten das und ich war sicher, dass sie das Beste aus dem Aufenthalt machen würden. Zum Glück gab es keine Kontrolle. In diesem Jahr verließen meine Studenten zwar endgültig die Fakultät, aber die Reisen nach Warschau gingen weiter, da es mehr als genug Interessenten gab. Ich bezeichnete das für mich als Aufenthalte ideologischer Diversion.

Später war ich wohl nur noch zweimal dabei, weil nur sehr wenige Diplomanden meine Seminare besuchten. Meistens kümmerte sich eine der ehemaligen Teilnehmerinnen, Luďa Klusáková, meine Diplomandin und zu jener Zeit schon Assistentin am Lehrstuhl, um die Organisation der Reisen, später auch Karel Kubiš. Er ließ sich als einziger „meiner" Studenten zum Eintritt in die Partei überreden und konnte deswegen an der Fakultät bleiben und bis zum Anfang des neuen Millenniums treu zu mir stehen. Mit der polnischen Bewegung Solidarność (Solidarität) und der Verhängung des Kriegsrechts war es mit dem freien Reisen nach Polen vorbei und infolgedessen auch mit unseren Exkursionen zwecks ideologischer „Diversion". Es ist bezeichnend, dass die ganze Zeit niemand darauf hinwies, dass die Reisen nach Warschau eigentlich mindestens zur Hälfte eine Camouflage waren. Und falls das jemand doch dachte, wurde das weder laut gesagt noch der Leitung gemeldet.

Der Kampf um die Erhaltung des fachlichen Niveaus

Im Laufe der ersten Normalisierungsjahre erfolgten so gut wie keine ideologiebedingten Veränderungen in den Studienplänen für das Fach Geschichte. Die einzige Ausnahme bildete der neu eingeführte Kurs zur Geschichte der Arbeiterbewegung. Statt inhaltlicher Veränderungen wurde die Anzahl der Unterrichtsstunden in den für alle Fächer obligatorischen Kursen in (marxistisch-leninistischer) Philosophie und politischen Ökonomie erhöht. Ich weiß nicht, ob die Lehrstuhlleiter unter Druck von außen standen, den Inhalt des Studiums anzupassen.

Diese Bedrohung ließ aber nicht besonders lange auf sich warten. Aufgrund eines Beschlusses des Zentralkomitees von 1973 oder 1974 sollte die Rolle der Pädagogischen Fakultäten gestärkt und deren Zuständigkeiten erweitert werden, die bis dahin lediglich die Ausbildung der Grundschullehrer, die sog. erste und zweite Stufe, umfassten. Stattdessen sollte ein einheitliches System der Lehrerausbildung geschaffen werden. Man verwendete, soweit ich mich erinnere, den Begriff „Gesamtlehrer", der sowohl auf der zweiten als auch der dritten Stufe unterrichten sollte und an dessen Ausbildung sich die Pädagogische wie die Philosophische Fakultät beteiligen sollten. Die Gleichschaltung des Studiums schien plötzlich sehr nahe.

Wer würde sich wem anpassen? Die Philosophische und die Pädagogische Fakultät erhielten die Weisung, dass sich die Vertreter der einzelnen Lehramtsfächer auf einheitliche Studienpläne einigen sollten. Als Plattform dazu wurde eine neue Kommission geschaffen. Ich wurde zum Vertreter unserer Fakultät ernannt, möglicherweise auf meinen eigenen Wunsch. Unsere Studienpläne waren ziemlich unterschiedlich. An der Pädagogischen Fakultät gab es keine Einführung in das Studium, auch keine thematisch orientierten Seminare. Das Prinzip der zusätzlichen fakultativen Veranstaltungen für Interessierte war da überhaupt nicht präsent; fakultative Vorlesungen gab es nur vereinzelt. Grundidee des Studiums war, den Studenten die Faktographie und vor allem die Didaktik zu vermitteln. Entsprechend sah die Personalstruktur der Pädagogischen Fakultät aus – an den Lehrstühlen für Geschichte gab es im Vergleich zur Philosophischen Fakultät viel weniger Lehrende.

Wir, die Vertreter der Philosophischen Fakultät, wollten nicht auf die fachlichen Anforderungen und den wissenschaftlichen Aspekt unserer Lehrpläne verzichten. Wir argumentierten damit, dass die Absolventen möglicherweise eine Stelle im landeskundlichen Bereich in ihrer Region suchen oder am Gymnasium unterrichten würden. Wir bestanden darauf, dass die Wissenschaft traditionell ihren Platz an der Universität hatte. Die Vertreter der Pädagogischen Fakultät argumentierten wiederum mit der geringen Anzahl der Lehramtsstudenten, da lagen sie richtig. Allerdings brachten sie auch politische Argumente vor: Sie wiesen darauf hin, dass in unserem Vorlesungsangebot vergleichsweise viel weniger Stunden der Zeitgeschichte gewidmet waren und wir stattdessen die Geschichte des Mittelalters und der Frühen Neuzeit allzu stark betonten. Es lag daher nahe, dass sie einen möglichst großen Anteil an Zeitgeschichte in ihren Studienplänen behalten wollten. Tatsächlich fehlte es an der Pädagogischen Fakultät oft an Experten für die ältere Geschichte. In einer der angespannten Diskussionen präsentierte jemand aus Pilsen eine perfide Konstruktion: Den Höhepunkt der Menschheit stelle doch schließlich der Sozialismus dar und die Geschichtswissenschaft habe die Aufgabe, die Bürger im Sinne dieser sozialistischen Gesellschaft zu erziehen. Deshalb solle der Geschichtsunterricht die Geschichte des Sozialismus in den Vordergrund stellen, und zwar mindestens zur Hälfte des gesamten Unterrichtspensums. Letztlich wusste ich, dass die Unterrichtspläne in der DDR nach diesem Prinzip gestaltet waren. Alles sollte sich der politisch-erzieherischen Aufgabe der Geschichte unterordnen. Übrigens wird heute das Gleiche mit einer politisch ganz unterschiedlichen Begründung verlangt. Damals war es möglich, mit der Gesetzmäßigkeit der Geschichte und den „fortschrittlichen" Traditionen (wie dankbar waren wir für das Hussitentum!) dagegen zu argumentieren, und dieser Ansatz bewährte sich. Wir waren insofern erfolgreich, als wir die Struktur unserer Lehrpläne verteidigen konnten. Die Pädagogische Fakultät konnte hingegen die bei uns praktizierte Anzahl der Unterrichtsstunden für ältere Geschichte in gewissem Maß reduzieren. Die Vereinbarung war aber ziemlich elastisch.

Der nächste Streit drehte sich um die Frage, wie viel Raum der Allgemeinen Geschichte, das heißt den verschiedenen Regionen oder Kontinenten, gegeben werden sollte. Dazu gab es zwei Anforderungen von oben: erstens eine stärkere Konzentration auf die Geschichte der sozialistischen Länder – also der UdSSR und ihrer Satellitenstaaten, und zwar auch in der älteren Geschichte. Konkret sollte es auf eine Fifty-Fifty-Relation zwischen „Ost" und „West" hinauslaufen. Hier griffen wir zu einem Trick: Auch die DDR und somit die Geschichte Deutschlands wurde dem Pensum für die sozialistischen Länder zugeschlagen. Zweitens sollte dem Unterricht zur Zeitgeschichte mehr Raum gegeben werden. Aber alles ist relativ – damals war der Stundenanteil für die Zeitgeschichte mit Sicherheit niedriger als heute.

Für uns bedeutete es wahrscheinlich die schwierigste Aufgabe, das Fortbestehen unserer Praxis des historischen Proseminars im Umfang von vier Semestern zu verteidigen, was es an den Pädagogischen Fakultäten praktisch nicht gab. Oft hatte man dort gar keine Ahnung davon, was das eigentlich war und was da unterrichtet werden sollte. Aus diesem Streit gingen wir aber als Sieger hervor, zumindest auf dem Papier. Die Vertreter der Pädagogischen Fakultät waren mit dem Proseminar und dessen Einführung ins Studienprogramm einverstanden, behielten sich aber das Recht vor, selbst über die Anzahl der Unterrichtsstunden zu bestimmen – wieder im Blick auf den Lehrkräftemangel. Was die Lehrinhalte anging, erarbeitete ich ausführliche Pläne, je für die einzelnen Wochen. Das nahm sich sehr pedantisch aus und war auch nur für die Augen der ideologischen Bewacher gedacht. Es war mir klar, dass sich kaum jemand daran halten würde. In der Summe mussten wir jedoch Zugeständnisse hinnehmen – das betraf die Stundenzahl für fakultative Vorlesungen und Seminare, da die Didaktik und die Pädagogik mehr Stunden bekamen.

Schließlich war es leider offensichtlich, dass – trotz der Erhaltung der Grundkonturen des Studiums – das Lehramtsstudium an der Philosophischen Fakultät an Niveau einbüßte. Zu einem gewissen Grad wurde dies dadurch ausgeglichen, dass wir das inzwischen abgeschaffte Studium der Geschichte als einziges Fach wiedereinführen durften, wo wir selbstverständlich über den Inhalt selbst bestimmen konnten. Jedes Jahr wurde der Fakultät eine Quote von etwa zehn Studenten zugeteilt, die im Rahmen dieses Studienprogramms für eine „wissenschaftliche" Laufbahn vorbereitet werden sollten. Aufgrund der Tatsache, dass wir nun eigentlich zwei Studienpläne hatten, wurde das Arbeitspensum der Lehrkräfte beinahe verdoppelt, was eventuelle reformbedingte Entlassungen praktisch ausschloss. Die Reform sah natürlich keine personelle Erweiterung der Lehrstühle vor. Wenn ich mich aber richtig erinnere, begrüßten alle die erhöhte Arbeitsstundenzahl, weil wir erwarteten, dass vor allem die sorgfältig ausgewählten und besonders motivierten Studenten in Geschichte als Hauptfach eine qualifizierte Stellung bekommen würden. Diese Erwartung erfüllte sich in den ersten Jahren nach der Reform tatsächlich, aber bleiben wir zunächst noch bei den diesbezüglichen Verhandlungen.

Alles wurde durch die Anforderung kompliziert, dass die Veränderungen auch für die Slowaken akzeptabel sein sollten. Darüber hinaus verfügten diese in den Verhandlungen über eine wichtige Position, weil man ihnen für die ganze Republik die Leitlinienkompetenz für das Fach Geschichte zugesprochen hatte. Das war unter anderem deswegen misslich, weil die Slowaken den Verhandlungsort paritätisch wechseln wollten, weshalb wir zu jeder zweiten Sitzung nach Bratislava fahren mussten. Besonders paradox wurde es später, in der zweiten Verhandlungsphase rund um die Reform, als wir den Auftrag bekamen, neue Hochschullehrbücher zu erarbeiten. Diese sollten weniger umfangreich sein als die sechsbändigen Lehrwerke vom Ende der sechziger und dem Anfang der siebziger Jahre. Wir kamen nach

Bratislava, um dort über die Lehrbücher zu beraten, aber fast alle Autoren und alle Leiter der Autorenkollektive waren Tschechen. Das war kein tschechischer Hochmut, sondern entsprach den slowakischen Wünschen. Sie wollten einfach, dass wir uns um die Abfassung der Lehrbücher kümmerten, besonders im Fall der Studieneinführung und der Allgemeinen Geschichte der Neuzeit. Beides wurde schließlich zu meiner Aufgabe.

Obgleich es uns gelang, in der Theorie die Latte der fachlichen Ansprüche in unserem Fach hoch zu halten, war es schwierig, diese Ansprüche für die Lehre praktisch umzusetzen. Teilweise lag das an der Atmosphäre unter den Lehrenden, teilweise auch an der sinkenden Motivation bei den Studenten. Das war ein Umstand, auf den ich keinerlei Einfluss hatte. Zu einem erheblichen Teil lag es am veränderten Profil der Gymnasien, wo der Anteil der humanistischen Fächer zu Gunsten der „praktischen" Fächer erheblich reduziert wurde. Dies wirkte sich sehr schnell auf das Niveau der Studenten aus, die sich an der Fakultät bewarben. Hinzu kam, dass die Stundenzahl für das sogenannte allgemeine Grundstudium erhöht wurde, indem als neue Pflichtvorlesungen der sog. wissenschaftliche Kommunismus und der wissenschaftliche Atheismus eingeführt wurden und die Stundenzahl für Philosophie erweitert wurde. Zum Glück konnten wir zumindest die Regel durchsetzen, dass die Geschichtsstudenten im Rahmen des Grundstudiums auf die Prüfung in der Geschichte der internationalen Arbeiterbewegung verzichten durften.

Das alte/neue Studienmilieu

Seit Mitte der siebziger Jahre existierten an unserem Lehrstuhl also eigentlich zwei Studiengänge parallel: ein Studienprogramm mit zwei Hauptfächern für künftige Lehrer und ein „wissenschaftliches" Studienprogramm mit nur einem Hauptfach. Ich fand den Unterschied zwischen den jeweiligen Studenten nicht besonders markant; vielleicht gab es unter den „Lehrern" (von denen viele ohnehin nicht Lehrer wurden) einen größeren Anteil solcher, welche nicht allzu motiviert waren, weil sie sich vor allem nicht für Geschichte, sondern für das andere Fach interessierten. Natürlich waren die Gruppen unterschiedlich groß – in dem Programm mit einem Fach gab es, wie gesagt, nur etwa zehn Studenten pro Jahrgang, in dem mit zwei Fächern hingegen lag die Quote des Numerus clausus dreimal höher. Das Lehramtsstudium Geschichte wurde vor allem mit Tschechisch oder Russisch oder auch Latein kombiniert, aber auch mit Nicht-Lehramtsfächern wie Ethnographie oder Philosophie.

Seitdem man das Fach Geschichte ohne Kombination eingeführt hatte, wurden dessen Studenten zum Schwerpunkt meiner Lehrtätigkeit. Ich hielt hier ein Proseminar sowie Vorlesungen zur allgemeinen Geschichte. Ich bot aber auch fakultative Seminare an, an denen auch die Studenten mit Geschichte als Nebenfach teilnehmen konnten. Selbstverständlich war ich an den Kommissionsprüfungen nach dem fünften Semester und bei den Abschlussprüfungen beteiligt. Anfangs gab es tatsächlich eine Reihe hervorragender Studenten, die mit Begeisterung arbeiteten. Die meisten von ihnen entschieden sich jedoch später für die tschechoslowakische Geschichte und nur selten für die allgemeine Geschichte, und Letztere interessierten sich meistens nicht für meinen Themenbereich, sondern für die Zeitgeschichte. Aus diesem Grund hatte ich in den achtziger Jahren sehr wenige Diplomanden und Diplomandinnen, dafür aber meistens Spitzenstudenten, mit denen ich mich sowohl während ihres Studiums als auch nach seinem Ende gut verstand. Allerdings gelang es mir nie wieder, derart kreative Arbeitsgruppen zusammenzubringen wie zu Anfang der siebziger Jahre, also solche Studenten, die sich mit Problemen in aller Gründlichkeit beschäftigt hätten. Das gelang mir erst Mitte der achtziger Jahre, als ich ein Seminar und auch Vorlesungen zum Geschichtsbewusstsein ankündigte. Thematisch handelte es sich also um eine Art „Comeback", diesmal aber mit dem Fokus auf tschechische Geschichte. Ähnlich wie fünfzehn Jahre zuvor verdienten es die Hausarbeiten aus diesem Seminar ebenfalls, in einem Sammelband veröffentlicht zu werden, dessen Beiträge die Rolle der historischen Belletristik während der Jahrzehnte, in denen sich das nationale Geschichtsbewusstsein formierte, also etwa im zweiten Drittel des 19. Jahrhunderts, analysierten.

Meinem Eindruck nach hatten die meisten Studenten seit dem Ende der siebziger Jahre kein besonderes Interesse an ihrem Fach, und es fiel mir schwer, mit ihnen in Kontakt zu kommen. Das lag aber möglicherweise auch an mir, da ich immer weniger Vergnügen an den Vorlesungen hatte; sie wurden allmählich zu einer gewissen Routine. Diese unbefriedigende Situation konnte ich mit einem informellen Seminar ausgleichen. Es war insofern ganz informell, dass es nirgendwo ausgeschrieben war und weder Noten noch Scheine vergeben wurden. Das Seminar wurde überwiegend von jenen meinen Studenten besucht, die das Studium bereits abgeschlossen hatten oder gerade dabei waren. In den ersten Semestern bildeten vor allem meine Studenten aus den siebziger Jahren den Kern der Gruppe und unser Fokus lag – entsprechend ihrem Interesse an Quantifizierung – auf den Methoden historischer Forschung. Als Anregung diente uns das gerade erschienene Buch über die Methoden der historischen Arbeit, mit dessen Autor, dem polnischen Historiker Jerzy Topolski, ich schon seit den sechziger Jahren befreundet war. Bei uns galt er jedoch als „Revisionist", weswegen es gar nicht in Frage kam, sein Buch zu übersetzen. Das kleine Büchlein über die historischen Methoden, das ich als Skript publizierte, stellte allerdings keinen Auszug aus Topolskis Werk dar, ganz im Gegenteil – in manchem gingen unsere Ansichten auseinander.

Nach 1980 änderte sich der Teilnehmerkreis in meinem informellen Seminar ziemlich; es kamen weitere Doktoranden hinzu, oder in Wahrheit, meistens Doktorandinnen. Auf unserem Programm standen teilweise Diskussionen und Informationen über neue Publikationen oder neue Strömungen in der Geschichtswissenschaft. Es wurde auch über die laufenden Arbeiten der Teilnehmer berichtet, meistens also Dissertationen. Ebenso kamen mehrere Interessierte, die keine Doktoranden waren, und sie waren willkommen. Wir trafen uns jeden Mittwoch am frühen Abend und diese Begegnungen bedeuteten für mich eigentlich die einzige Gelegenheit zu einem echten Gespräch über Geschichte, historische Erkenntnis und deren Schwierigkeiten. Es stellte für mich logischerweise auch das einzige Element im Lehrbetrieb dar, das frei von Routine war – ein Lichtblick kreativen Denkens im Normalisierungstrübsinn, wo es kaum jemand wagte, seine Meinung zu äußern ...

Am Ende der achtziger Jahre gelang es mir, die Teilnehmer für die Idee zu gewinnen, gemeinsam eine politische Geschichte Europas zu schreiben, die sich nicht auf die Ereignisgeschichte, sondern auf Probleme konzentrieren sollte. Im Seminar diskutierten wir über die einzelnen Kapitel. Und dann kam der November 1989. Zu diesem Zeitpunkt war zwar mehr als die Hälfte der Texte fertig, aber das Seminar löste sich auf, fast alle waren mit neuen Problemen beschäftigt. Die Texte habe ich immer noch, es ist ein ordentliches Konvolut von Manuskripten. Erst später erfuhr ich, dass mein Seminar bei einigen Genossen an höherer Stelle unter Verdacht stand. Was passierte da wohl? Doch schon die Liste der Teilnehmer bzw. der Teilnehmerinnen, auf der auch Frau Klusaková, die Enkelin des Präsidenten Ludvík Svoboda, war, schloss jeglichen Verdacht auf antistaatliche Unterfangen aus.

Im Gegensatz dazu war ein anderes Seminar, das ich seit der Mitte der achtziger Jahre ebenfalls inoffiziell veranstaltete, der Obrigkeit zu Recht verdächtig. Es war dem Geschichtsbewusstsein gewidmet und wurde neben meinen Diplomandinnen, die sich mit dieser Problematik beschäftigten, immer öfter auch von Kollegen aus der Fakultät sowie von außerhalb besucht. Ich lud auch einige Experten ein, die an der Fakultät nicht unterrichten durften. Leider führten wir weder Protokolle noch Präsenzlisten oder Diskussionsaufnahmen. Auch mit diesem Seminar war es mit dem November 1989 vorbei.

Im Laufe jener zwanzig Normalisierungsjahre hatte ich nicht besonders viele Diplomanden und Diplomandinnen, aber die Quantität wurde ausreichend durch Qualität kompensiert. Mit etwas übertriebenem Stolz sagte ich mir manchmal, dass aus meinem inoffiziellen Seminar nach 1990 vier Professorinnen hervorgegangen sind, zwei davon freilich Professorinnen für Politologie. Allerdings taten sich meine Studenten und Studentinnen im Historischen Institut in der Vorwendezeit schwer. Keiner der Studenten, die auf meine Empfehlung für ein Praktikum in die Abteilung für Allgemeine Geschichte kamen, blieb lange. Innerhalb von ein oder zwei Jahren wurden sie mit der Begründung entlassen, dass ihnen ein entsprechendes methodologisches (anders gesagt politisches) Niveau fehle. Ich fühlte mich geschmeichelt, als ich in diesem Zusammenhang von dem Kommentar des Stellvertretenden Institutsdirektors erfuhr, dass er darin einen Beleg sehe, wie schlecht ich meine Studenten politisch und methodologisch erzog. Das war aber gerade mein Ziel – dass meine Studenten lernen sollten, selbständig zu denken und sich primitiven Dogmatikern entgegenzustellen. Auf der anderen Seite hatte ich ein schlechtes Gewissen, dass sie eigentlich wegen mir schlechte Berufsaussichten im Bereich der Wissenschaft hatten. Anders war es im Falle des Orientalischen Instituts. Dessen Direktor und ursprüngliche Historiker Jaroslav Cézar, der meine fachliche Tätigkeit schätzte, lud mich manchmal zu Verteidigungen ein und war bereit, meinen Studenten eine Stelle im Institut anzubieten. Er schickte sogar einige Semester lang seine Doktoranden in mein Mittwochsseminar. Die Schwierigkeit bestand aber darin, dass die außereuropäische Geschichte da nicht behandelt wurde. Ich fühlte mich dafür nicht hinreichend kompetent.

Die Chancen auf eine wissenschaftliche Karriere wurden jedoch durch bestimmte, allgemein geltende Richtlinien deutlich reduziert. Diesen entsprechend stand die Tür zur „Aspirantur" im Bereich der Sozialwissenschaften nur denjenigen offen, welche entweder schon Parteimitglieder waren oder aber im Laufe der fraglichen drei Jahre voraussichtlich in die Partei aufgenommen würden. Diese „Parteiperspektive" konnte wirklich nur in Einzelfällen vorgetäuscht werden. Gewöhnlich wurde nämlich jeder Bewerber von der „Kaderabteilung" überprüft. Vor oder während der Aufnahmeprüfung fragte der/die für das politische Profil der Mitarbeiter zuständige Referent oder Referentin, ob der Bewerber oder die Bewerberin der Partei beitreten wolle. Wenn jemand besonders prinzipienfest war und negativ antwortete, waren seine Chancen gleich null.

Nach meiner damaligen Ansicht konnten wir diesem Druck nur dadurch widerstehen, dass wir die begabten Studenten „perspektiv machten", wie es im Parteijargon hieß. Also dadurch, dass wir sie vom Eintritt in die KPČ überzeugten. Dabei ging es gar nicht mehr darum, der Partei und der Politik ergeben zu sein. Das Beitrittsverfahren wurde im Laufe der achtziger Jahre immer stärker zur Formalie, so als ob es nur um eine unvermeidliche Komplikation gegangen wäre. Andererseits sank gleichzeitig die Zahl der Studenten, die bereit waren, diesen Preis für eine mögliche (und keineswegs garantierte) Aspiranten-Stelle (in der heutigen Sprache Doktorandenstelle) an der Fakultät oder in der Akademie der Wissenschaften zu zahlen.

Die traurige Bilanz dieser Politik wurde in der Nachwendezeit sichtbar. Ein beträchtlicher Teil derjenigen, welche dank ihres Parteieintritts eine Stelle an der Fakultät oder der Akademie der Wissenschaften erhielten, bestanden die Evaluierung ihrer wissenschaftlichen Leistungen nach dem Jahr 1990 nicht und mussten ihre Stelle aufgeben. Auf der anderen Seite konnte sich nur selten einer der begabten Studenten bzw. Absolventen, welche aufgrund ihres Kaderprofils während der Normalisierung chancenlos gewesen waren, nach 1990 an den führenden Positionen in der Wissenschaft durchsetzen. Das waren insbesondere diejenigen, welche unter den Bedingungen der Normalisierung den Kontakt mit der Wissenschaft nicht verloren. Sie arbeiteten als Mitarbeiter in wissenschaftlichen Instituten, als Archivare oder Museumsfachleute, sie konnten forschen und publizieren, also den Kontakt mit dem Fach durchaus halten, bekamen aber bis zum Ende der achtziger Jahre keine Gelegenheit zur wissenschaftlichen Weiterqualifikation und zu einer akademischen Karriere. Das waren nicht so viele, manche von ihnen gehören jedoch noch heute zu den bedeutenden Historikern.

3.3 Wissenschaft unter den alten/neuen Bedingungen

Im Fach Geschichte bedrohte die Normalisierung vor allem, aber nicht nur die Zeitgeschichte. „Von oben" kam eine nicht ganz eindeutige, aber umso gefährlichere Direktive. Die Geschichtswissenschaft solle politisch engagiert sein. Die alte/neue Gefahr hieß diesmal nicht „Positivismus", wie vor zehn Jahren, sondern „Szientismus" – verstanden als „einseitige" Betonung des wissenschaftlichen Charakters der Wissenschaft. In der Praxis der Säuberungen bedeutete das, dass man zu Gunsten der durch den Verlust ihres Postens bedrohten Kollegen wenig erreichte, wenn man mit dem Hinweis auf ihre wissenschaftlichen Leistungen argumentierte. In der historischen Forschung selbst bedeutete es, dass der Historiker seinen Forschungsgegenständen und -ergebnissen einen politischen Gegenwartsbezug geben sollte. Das hieß für mich, dass die weitere Arbeit an der Bildung kleiner Nationen dadurch bedroht war, dass sie in den engen Rahmen der simplen offiziellen Lehre vom bürgerlichen Nationalismus und proletarischen Internationalismus hineingezwängt würde. Übrigens, einer der politisch „Eingeweihten" bezeichnete mein Thema als typisch für die sechziger Jahre. Das klang wie eine gutgemeinte Warnung. Unter solchen Umständen hatte ich keine Lust, weiterzumachen.

Von den Kreuzrittern zum Ostseehandel

Diese Überlegungen wurden durch einen Zufall durchkreuzt. Herr Sixta, Redakteur des Verlags *Mladá fronta* (*Junge Front* – nicht mit der gleichnamigen Zeitung zu verwechseln!) sprach meine Frau mit der Frage an, ob sie, eventuell zusammen mit mir, ein Buch über die Kreuzzüge für die populäre Buchreihe *Kolumbus* schreiben würde. Der Titel sollte ursprünglich *Die Kreuzritter im Heiligen Land* lauten, was aber der Redaktion zu riskant vorkam, weswegen wir einen konformeren Titel finden sollten. Ohne Zögern stimmten wir dem politisch neutralen Titelvorschlag *Die Kreuzritter in der Levante* zu. Dieses Einlenken kann heute als Lehrbeispiel für die Wirkung von Selbstzensur gelten. Es handelte sich natürlich um ein mir ziemlich fernliegendes Thema, was ich aber begrüßte. Ich musste mich deswegen gründlich einlesen. Als die Expertin galt allerdings meine Frau, während ich eher für den Stil und den breiteren Kontext zuständig war. Aus verschiedenen externen

Gründen verzögerte sich das Erscheinen des Buchs zwar. Doch es kam sehr gut an und die hohe Gesamtauflage war schnell ausverkauft. Es wurde später ins Polnische übersetzt. Letztendlich wurde es in den neunziger Jahren mit gewissen Ergänzungen noch einmal publiziert, diesmal unter dem ursprünglichen Titel *Die Kreuzritter im Heiligen Land*.

Das bedeutete für mich jedoch nur eine kurze Atempause. Inzwischen zog ich in Erwägung, zur Problematik der Handelsbeziehungen zwischen Ost und West zurückzukehren. Der Entscheidungsprozess wurde wieder durch einen zufälligen externen Impuls beschleunigt. Helena Kadečková, meine Mitschülerin am Gymnasium und die Freundin meiner Frau, die an unserer Fakultät im Fach Nordistik unterrichtete, wies mich auf die Tatsache hin, dass das Bildungsministerium bereits zum zweiten Mal außerstande war, die Plätze für Studienaufenthalte zu besetzen, die im Rahmen des Kulturabkommens mit Dänemark zur Verfügung standen. Der Fakultät wurden nämlich vom Ministerium keine Quoten für Studenten des Fachs Dänisch zugeteilt und man konnte daher keine Kandidaten benennen. Gleichzeitig konnte sich aber jeder bewerben, für den das Studium oder die Forschung in Dänemark im Hinblick auf seinen Arbeitsschwerpunkt von Bedeutung war. Die Tatsache, dass Dänemark in der baltischen Handelspolitik eine Schlüsselrolle gespielt hatte und mir bis dahin nur die edierten dänischen Quellen bekannt waren, brachte mich schließlich dazu, einen Antrag einzureichen. Auf diesem Weg wollte ich mir Zugang zum dänischen Reichsarchiv verschaffen, um die Problematik des Ostseehandels während des Dreißigjährigen Kriegs zu vertiefen. Mit Erfolg: 1973 konnte ich für drei Monate nach Dänemark reisen. Allerdings handelte es sich um ein Studentenstipendium mit entsprechend geringer Bezahlung. Ich vegetierte da in irgendeiner jämmerlichen Pension, was mir aber nicht viel ausmachte. Nach einem Monat fanden meine dänischen Kollegen für mich ein Zimmer im Studentenwohnheim. Dank der Forschung im Reichsarchiv konnte ich meine Quellenbasis um zahlreiche Einsichten in die dänische Außen- und Handelspolitik erweitern. Darüber hinaus hatte ich Gelegenheit, den (nicht besonders umfangreichen) Aktenbestand zur „Pfälzischen Frage" einzusehen, also die Korrespondenz mit den pfälzischen Diplomaten und dem „Winterkönig" Friedrich V. selbst, die sich auf den böhmischen Ständeaufstand und dessen Konsequenzen bezog. In der Königlichen Bibliothek fand ich zudem die Literatur sowohl zu meinem Thema als auch zur Diskussion über die Krise des 17. Jahrhunderts, die mich schon in den sechziger Jahren beschäftigt hatte.

In Dänemark traf ich eine Reihe von Historikern, die sich für die Krise der feudalen Gesellschaft und den Übergang zum Kapitalismus interessierten. Ich hielt dazu einen Vortrag im Seminar von Professor Niels Steensgaard, den ich als Hauptreferent der Plenarsitzung zum Thema Krise des 17. Jahrhunderts auf dem Internationalen Historikerkongress von 1970 kennengelernt hatte. Das galt damals als eines der „großen Themen". Ich wurde auch zu einem Vortrag über diese Problematik an der Universität in Odense eingeladen.

Diese dänischen Begegnungen bestärkten mich in der Überzeugung, dass es sinnvoll wäre, wenn ich mich diesem Thema ausführlicher als in den sechziger Jahren widmen würde. Deshalb überzeugte ich sofort nach meiner Rückkehr aus Dänemark Josef Petráň von der Idee, dazu gemeinsam ein Buch zu schreiben, wobei er die Perspektive der tschechischen Geschichte darstellen sollte, ich dagegen den europäischen Kontext. Mit Erfolg, das Buch erschien 1975. Ich schickte es meinem Freund Schramm und er kümmerte sich – ohne mich zu fragen – darum, dass die Publikation auch in Deutschland entsprechend wahrgenommen wurde. Nach einigen Jahren erschien in Hamburg die deutsche Übersetzung.

Erst als wir mit unserem Buch fertig waren, nahm ich meine Exzerpte zu Handel und Politik an der Ostsee während des Dreißigjährigen Krieges wieder zur Hand, die ich aus Kopenhagen mitgebracht hatte. Und es ging los: mühsames Sortieren und Analysieren aller neuen Informationen. Ich konnte dabei endlich auch meine Exzerpte von meinem Austauschaufenthalt am Anfang der sechziger Jahre in Polen verwerten. Durch puren Zufall landete 1976 am Lehrstuhl ein Angebot der Redaktion der *Acta Universitatis Carolinae*. In der philosophisch-historischen Monographienreihe war unerwartet ein Manuskript ausgefallen und man suchte nach einem Ersatztitel.

Für die Verhältnisse der Normalisierung an der Fakultät war es sehr bezeichnend, dass sich an der ganzen Fakultät, oder genauer gesagt im philosophisch-historischen Bereich, niemand außer mir bewarb. Das heißt, dass kein anderer an einer umfangreicheren wissenschaftlichen Monographie arbeitete, die er zur Publikation hätte anbieten können. Lag das an einem Mangel an Talenten? So habe ich es damals verstanden. Einerseits fehlte es an den Lehrstühlen an jungen begabten Leuten, weil deren Kaderprofil den neuen politischen Anforderungen nicht entsprach. Andererseits gehörten die meisten älteren Lehrenden in die Kategorie der „Gestrichenen" und hatten daher kaum Chancen auf einen Karriereaufstieg und wenig Garantien für eventuelle Publikationsmöglichkeiten. In etlichen Fällen galt dies allerdings als Ausrede für fehlende Motivation. Auch ich arbeitete Anfang der siebziger Jahre eigentlich lieber an dem populärwissenschaftlichen Buch über die Kreuzritter. So war damals einfach die vorherrschende Stimmung; es fehlte an Motivation zu harter Arbeit, wie sie das Forschen mit sich bringt.

Ich konnte das Manuskript in kurzer Zeit liefern, weil ich die Ergebnisse meiner Doktorarbeit nur teilweise in Aufsätzen publiziert hatte. Es genügte, mein Dissertationsmanuskript um die Befunde aus den dänischen und polnischen Archiven zu ergänzen und vor allem um jene Einsichten zu bereichern, welche ich unlängst bei der Vorbereitung des Buchs über die Krise des 17. Jahrhunderts gewonnen hatte. Es fanden sich angeblich einige ideologisch reife Genossen im Redaktionsrat, die die Arbeit als typischen „Szientismus" abstempelten und sich deswegen kritisch gegen ihre Veröffentlichung äußerten. Doch sie mussten den Weg freimachen, weil kein anderes Manuskript zur Verfügung stand. Anschließend musste das Buch noch ins Deutsche übersetzt werden, womit ich aus Mitleid eine arme schweizerische Studentin der Bohemistik beauftragte. Ihre Übersetzung war aber dermaßen holprig, dass ich Herbert Langer, meinen Kollegen aus Greifswald, um Hilfe bat. Zwar redigierte er den Text aus purer Freundschaft umsonst, aber das verursachte immerhin eine weitere Verzögerung. Schließlich erschien das Buch über Politik und Wirtschaft an der Ostsee während des Dreißigjährigen Krieges erst 1978, doch pro forma wurde als Erscheinungsjahr 1975 angegeben. Und über eine drei Jahre alte Publikation zu schreiben, daran hatten die potentiellen Rezensenten verständlicherweise nur geringes Interesse. Reaktionen gab es also nur wenige. Wenn ich aber all die Wochen und Monate in Betracht ziehen würde, die ich in die Arbeit investiert habe, dann wäre es definitiv das Buch, das mich von allen meinen Büchern die meiste Zeit und Energie gekostet hat.

Die Revolution als historisches und theoretisches Problem

Es ist allgemein akzeptiert, dass gesellschaftliche Krisen und Revolutionen in ihren Wechselwirkungen zu sehen sind. Deswegen war es kein Zufall, dass der nächste Internationale Historikerkongress, der 1975 in San Francisco stattfand, die Revolution zu einem seiner Hauptthemen machte. An diesem Kongress nahm ich natürlich nicht teil, kam aber dank Professorin Aira Kemiläinen an die Papers aus den Sektionen zum Thema Revolution. Zufällig lud sie mich nämlich im folgenden Jahr nach Finnland ein. Bei den Papers aus San Francisco handelte sich um sehr anregende Texte, ich hatte aber das Gefühl, dass ich eine Reihe von Problemen besser hätte erläutern können, aufgrund der Einsichten in die Krisen, die den Revolutionen vorausgingen. Das ermunterte mich, wieder das Thema Revolutionen in Angriff zu nehmen. Dank meines Buchs über Cromwell wusste ich schon Einiges darüber, wollte aber diesmal die Revolutionen vergleichend, das heißt in viel breiterem Kontext analysieren. Ende der siebziger Jahre konnte ich abermals für zwei Monate „als Student" nach Dänemark aufbrechen und mich in die umfangreiche westliche, vor allem politologische und soziologische Literatur zum Thema Revolutionen einlesen. Erst dadurch lernte ich zu verstehen, dass die erfolgreiche kubanische Revolution die westliche und vor allem die angloamerikanische Welt in Schrecken versetzte und eine intensive Diskussion über die Ursachen und den Verlauf von Revolutionen angeregt hatte. Dieser Vielfalt der bei uns damals unbekannten Theorien widmete ich ein ausführliches Einleitungskapitel meines Buchs und bemühte mich abschließend um deren Systematisierung. Es war die einzige bei uns publizierte Übersicht der zeitgenössischen Revolutionstheorien.

Das Buch verfasste ich als eine vergleichende Darstellung, aus der sich eine Synthese sowie eine Typologie ergeben sollten. Ich sah mich in meiner früheren

Ansicht bestätigt, dass das gemeinhin akzeptierte Verständnis von Revolutionen zu revidieren sei. Schon längst betrachtete ich die Revolution als legitime, jedoch nicht die einzige Form einer tiefgehenden gesellschaftlichen Veränderung. Allerdings ging es dabei eher um eine intuitive Annahme, die sich mir erst jetzt bestätigte. Zudem wollte ich darauf hinweisen, dass zwischen einer politischen Revolution und den prozessualen gesellschaftlichen Veränderungen, die als soziale Revolution bezeichnet werden können, zu unterscheiden ist. Diese Ansicht stammt ursprünglich nicht von mir; ich übernahm sie von anderen Autoren, darunter sogar von einem sowjetischen. Es war eine ziemlich revisionistische These, weshalb ich mich bemühte, sie mit zahlreichen Zitaten der Klassiker zu untermauern. Trotzdem stellte diese Arbeit nur einen ersten Anlauf dar; ich sammelte umfangreiche empirische Daten, war aber nicht in der Lage, die Konzeption in allen Aspekten zu durchdenken. In meinem Buch blieb insbesondere ein abschließender Vergleich der Revolutionen unvollendet. Das lag teils an dem Mangel an Zeit, teils an fehlendem Mut, die Revision vollständig zu entwickeln.

Zuerst wurde mein Manuskript von einem der politisch profilierten Gutachter mit der Begründung abgelehnt, dass die „bürgerlich-demokratische" Revolution der Jahre 1905–1907 in Russland in dem Buch fehle. Ich füllte also zähneknirschend diese Lücke und der Publikation stand schließlich vor allem dank dem positiven Gutachten von Jan Galandauer nichts mehr im Wege. Er gehörte zu den ganz wenigen gebildeten und liberalen Mitgliedern des Instituts für Marxismus-Leninismus beim Zentralkomitee der KPČ. Ich bin bei Weitem nicht der Einzige, der ihm Unterstützung verdankt. Das Buch bringt mich heute in gewisse Verlegenheit. Es ging ja um ein politisch derart heikles Thema, dass es nicht ratsam schien, darüber unter den Bedingungen des realen Sozialismus ganz unabhängig nachzudenken und zu schreiben. Auf der anderen Seite stellt das bei uns den einzigen Versuch dieser Art dar. Eine Sonderstellung erreichte es auch in der Nachwendezeit, als die offene Revision des marxistischen Ansatzes nicht nur möglich, sondern auch erwünscht war. Unter diesen Umständen schien es wiederum als allzu konform. In den neunziger Jahren verschwand jedoch das Interesse an der Problematik der Revolutionen fast vollständig. Auch ich brach in eine vollkommen andere Richtung auf und kehrte zu diesem Thema später nur mit zwei kürzeren Aufsätzen zurück.

Wie ich von der angelsächsischen Welt „entdeckt" wurde

An der Schwelle zu den achtziger Jahren schien die Normalisierungsaufsicht über unsere Arbeit zu verebben. Ich entschloss mich daher, erneut das Thema Nationalbewegungen in Angriff zu nehmen. Der direkte Impuls dazu kam allerdings von außen: Es wurde das Interesse bekundet, meine *Vorkämpfer der nationalen Bewegung bei den kleinen Völkern Europas* auf Englisch in Großbritannien herauszugeben. Bereits in den siebziger Jahren bekam ich ein entsprechendes Angebot des

Verlags New Left Books. Ich wusste nicht viel über ihn, also informierte ich mich und fand heraus, dass der Verlag teils bei uns unbekannte, teils auch verbotene Autoren, wie etwa Leo Trotzki, publizierte. Die Zeitschrift *New Left Review* war bei uns in Zeiten der Normalisierung verboten und den Grund dafür verstand ich bei meinem Aufenthalt in Polen, wo sie ganz normal zugänglich war. Sie war ein Forum für alle denkbaren revisionistischen Ansätze, alle mit einem eindeutig anti-sowjetischen Hintergrund. Ich vermutete hinter der Initiative des Verlags Professor Eric Hobsbawm, der, wie schon erwähnt, mein Buch sehr positiv aufgenommen hatte. Ich schrieb ihm und erklärte, warum ich es nicht wagte, bei New Left Books neben solchen Persönlichkeiten wie Leo Trotzki zu publizieren. Er konnte das nachvollziehen und in der Folge wurde ich von dem Prestigeverlag Cambridge University Press angesprochen. Sie wandten sich mit dem Wunsch an mich, das Buch herauszugeben, und regten gleichzeitig an, dass ich den Text vor allem um Passagen über die Spezifika und den Charakter der einzelnen Nationalbewegungen ergänzen möge. Für diese Ergänzungen war eine bestimmte Wörterzahl vorgegeben. Ich machte mich also an die Arbeit und fügte mit Begeisterung weitere zehn bis zwanzig Seiten am Anfang jedes „nationalen Kapitels" hinzu.

Im Ausland zu publizieren war aber nicht einfach. Es war lediglich auf der Grundlage einer amtlichen Genehmigung und durch Vermittlung der staatlichen Agentur „Dilia" möglich. Ich sprach sie an, die Mitarbeiter waren hilfsbereit, wiesen mich aber darauf hin, dass ich eine Einwilligung meines Arbeitgebers benötige, die sich sowohl auf den Autor als auch auf die politische Konformität des Textes bezog. Das hätte ein Problem werden können, aber mir fiel ein Trick ein. Ich wandte mich an Dekan Ráb mit der Bitte, die Einwilligung zur Publikation im Ausland mit der Maßgabe zu unterschreiben, dass ich das Manuskript ergänzte (was ich auch tat) und es danach begutachten ließ (was ich nicht vorhatte). Die Entscheidung des Dekans lautete also, dass er der Publikation des Buchs zustimmte, mit dem Vorbehalt, dass das Manuskript noch begutachtet werden sollte. Als ich das ergänzte Manuskript bei der Agentur ablieferte, fragte die Sachbearbeiterin nicht mehr nach der Einwilligung der Universität und bemerkte eher am Rande „die Empfehlung des Arbeitgebers haben wir ja schon, oder?". Ich bestätigte das und hatte den Eindruck, dass die Empfehlung, die ich früher schon vorgelegt hatte, in ihren Augen ausreichte. So ging das Manuskript auf den Weg nach Cambridge, ohne jegliches Gutachten, also nicht ganz legal.

Zu meiner Rückversicherung machte ich mit dem Verlag Svoboda aus, diesem mein Manuskript über die Bildung europäischer Nationen zu liefern, in dem ich die Narrative der Nationalbewegungen zusammenfasste und auf diese Weise die darstellenden Anteile an meiner Habilitationsschrift zur Geltung brachte. Ich ver-mutete, dass ich damit zwei Fliegen mit einer Klappe schlagen könnte. Ich konnte endlich einen wesentlichen Teil meiner fast zwanzig Jahre alten Habilitationsschrift einer tschechischen Leserschaft präsentieren und mich gleichzeitig für den Fall rüsten, dass die Publikation im Ausland ohne entsprechende Genehmigung doch für viel Wirbel sorgen mochte. In dem Fall hätte ich behaupten können, dass es sich um die englische Variante meines tschechischen Buchs handelte.

Allerdings trat ein anderes Problem auf. Das Manuskript schien dem Verlag in Cambridge wiederum zu lang zu sein und es wurde mir mit der Bitte um Kürzung zurückgeschickt. Damals war es nicht so einfach, die Wörterzahl eines Manuskripts genau zu ermitteln. Und so musste ich viel aus meinen Ergänzungen streichen und das Manuskript erneut über die Agentur Dilia übermitteln. Dieses gekürzte Manuskript ist jedoch verloren gegangen. Es kam anscheinend nie in Cambridge an und sie hatten auch keine Kopie. Die Agentur behauptete, dass es auf tschechoslowakischer Seite keinerlei Verzögerungen gegeben habe, was ich aber nicht wirklich glaubte. So verging die Zeit und ich war ratlos. Die Kopie, die ich zu Hause hatte, war verständlicherweise tschechisch. Durch Zufall wurde ich ausgerechnet in dieser Zeit von der London School of Slavonic Studies zu einer Konferenz über Historiographie eingeladen, über die ich an anderer Stelle noch berichten werde. Schon von früher kannte ich Robert Pynsent, einen Bohemisten und Literaturkritiker, und erzählte ihm nach meiner Ankunft in London über meine Schwierigkeiten. Er kontaktierte jemanden bei dem Verlag in Cambridge und vereinbarte, dass ich dort vorsprechen und alles persönlich klären sollte. Und so besorgte ich mir für meine letzten Pfund (es war mein erster Aufenthalt in England) eine Hin- und Rückfahrkarte nach Cambridge und besprach direkt mit der Redaktion die weiteren Schritte. Glücklicherweise stellte sich heraus, dass der Übersetzter eine Kopie der ursprünglichen, längeren Version aufgehoben hatte. Er kopierte sie für mich und ich konnte sie an zwei Abenden in London nach den Wünschen des Verlags schnell kürzen. Wohl deswegen klingen die darstellenden Kapitelanfänge ziemlich holprig. Das Buch wurde im folgenden Jahr tatsächlich publiziert, unter dem Titel *Social Preconditions of National Revival of Smaller European Nations*. Damals ahnte ich nicht, dass dank der Tatsache, dass ich die letzten Pfund für das Zugticket nach Cambridge nicht gescheut hatte, gerade ein Buch erschien, das beinahe dreitausend Zitationen bekommen und eines der berühmtesten Bücher eines tschechischen Historikers im Ausland werden sollte.

Das stressreiche Erlebnis war also nicht umsonst. Das Buch weckte Interesse zuerst in den 70ern bei den deutschen, anschließend, am Ende der 80er Jahre, aber auch bei den anglophonen Historikern, und erhielt sehr positive Rezensionen. Für die Breitenwirkung sorgte Eric Hobsbawn, indem er drei Jahre später in seinem Buch *Nations and Nationalism* meine *Social Preconditions* im Literaturverzeichnis an allererster Stelle, außerhalb der alphabetischen Reihenfolge auflistete – mit der Begründung, dass das Buch „eine neue Ära" in der Erforschung dieser Problematik eingeleitet hätte. Bald danach kam das Jahr 1989, die Liberalisierung des Reiseverkehrs in den Westen und damit eine wachsende Anzahl von Einladungen zu ausländischen Konferenzen, Vorträgen an Universitäten und Sommerschulen. Das geht jedoch über den Zeitrahmen dieser Erinnerungen hinaus. Es ist immerhin bemerkenswert, dass die zweite Auflage des Buchs im Jahr 2000 in den USA im Verlag Columbia University Press publiziert wurde.

Für die Rezensenten war es kein Problem, dass ich zwei bedeutende Publikationen zum Thema Nationen und Nationalismus gar nicht zur Kenntnis genommen hatte, die zwei Jahre früher als mein Buch (1983) erschienen waren: die Bücher von Ernest Gellner und Benedict Anderson. Genauso unproblematisch schien die Tatsache, dass die Leitidee für mein Buch vor fast zwanzig Jahren entstand, meist wurde das gar nicht registriert. Für die Rezensenten galt es als „pathbreaking", dass ich die soziale Struktur der führenden Vertreter der Nationalbewegung analysierte, und dass ich die territorialen Unterschiede in den Erfolgen der nationalen Agitation festzustellen und zu interpretieren versuchte. Beeindruckend fanden sie den komparativen Ansatz sowie die Tatsache, dass ich mich denjenigen Nationen widmete, welche für die meisten Historiker in Westeuropa und umso mehr in den USA *terra incognita* waren. Es überraschte mich allerdings, dass es meine Periodisierung der Nationalbewegungen in drei Phasen (A-B-C) war, welche die größte Anerkennung fand. Ein großer Teil der Zitationen bezieht sich, denke ich, bis heute gerade auf diese Periodisierung. Das tat mir etwas leid, weil die Periodisierung damals für mich nur ein pragmatisches Instrument zur Anwendung der komparativen Methode war. Augenscheinlich war es ein guter Gedanke, weil sich dadurch der Weg zu einer tieferen Analyse der nationalen Bewegungen öffnete. Im Gegensatz dazu wurde viel weniger Aufmerksamkeit den Schlussfolgerungen meiner Arbeit geschenkt, zu denen ein mühsamer Weg geführt hatte und die ich für wirklich bahnbrechend und viel wichtiger hielt: die soziale Struktur der „Vorkämpfer" als Schlüssel zur Identifikation der entscheidenden mobilisierenden Faktoren der nationalen Bewegung. Aber so geht es in der Geschichte der wissenschaftlichen Forschung ... Die am aufwändigsten gewonnenen Einsichten müssen nicht schon deshalb zu den spektakulärsten oder den einflussreichsten werden, weil sie ein irgendwie finales Ergebnis, die Lösung eines Problems anbieten. Etwas provokant formuliert könnte man daraus die Lehre ziehen: Der Erfolg eines Werks hängt insbesondere von der tragenden Idee ab, von einer bahnbrechenden Idee, die den Weg für weitere Forschungen weist. Erst dann kommt die Bedeutung der neuen Fakten.

Erfolgreiche und weniger erfolgreiche Publikationen

Zu dem Zeitpunkt, als mein Buch erschien, hatte ich gerade eine andere, diesmal nicht besonders erfolgreiche Episode meiner wissenschaftlichen Tätigkeit hinter mir. In diesem Fall stand ein Impuls von außen am Anfang. Der Verlag Edition Leipzig fragte bei mir an, ob ich ein Buch über die Inquisition in der Zeit der Gegenreformation schreiben könnte. Ich willigte ein und beschloss, allzu selbstbewusst, eine neue Theorie der Gegenreformation zu erarbeiten. Da ich mich weder in der italienischen noch in der Kirchengeschichte gut auskannte, lud ich meine Kollegin, Dozentin Anna Skýbová, zur Mitautorschaft ein. Sie sollte sich mit der mittelalterlichen Vorgeschichte und mit der Rolle der Inquisition im frühneuzeitlichen Italien beschäftigen. Wir verfassten die Texte, besorgten die Illustrationen und übermittelten das fertige Manuskript dem Verlag, der sich auch um eine englische, französische und niederländische Ausgabe kümmerte. Das Buch kam bei den protestantischen Rezensenten sehr gut an, bei den katholischen etwas schlechter. Allerdings war ich nicht zufrieden, da es sich schließlich bloß um eine populärwissenschaftliche Kompilation handelte. Kein Beitrag, der das Bild der Gegenreformation irgendwie bereichert hätte. Ich war einfach nicht in der Lage, vielleicht außer einigen Hinweisen auf bisher unterschätzte Zusammenhänge, etwas Originelles zu liefern. Rückblickend bekenne ich mich ungern zu dieser Publikation. Mit gewissem Zynismus behauptete ich damals, dass es am allerschwierigsten sei, schöne Illustrationen zu finden. Vor allem dank dieser Bildausstattung wurde das Buch in der DDR angeblich für den Wettbewerb um das schönste Buch des Jahres nominiert.

Genauso ungern erinnere ich mich an die Zeit, die ich Anfang der achtziger Jahre mit dem Redigieren des zweibändigen Handbuchs der Daten zur Weltgeschichte verbrachte. Obwohl mein Anteil als Autor bei kaum zehn Prozent lag, ließ ich mich dazu überreden, die leitende Rolle zu übernehmen. Zum einen deshalb, weil der Parteiverlag *Svoboda* keinen Parteilosen mit einer derartigen Aufgabe betraut hätte, zum anderen auch deshalb, weil ich beim Verlag *Mladá fronta* schon ein kürzeres Handbuch dazu veröffentlicht hatte. Es war gut bezahlt und viele Kollegen, zum Teil auch solche, für die es sonst problematisch gewesen wäre, unter ihrem eigenen Namen zu publizieren, konnten hier etwas hinzuverdienen. Ich hatte kein gutes Gefühl dabei, als mir bewusst wurde, was eigentlich von den großen Träumen der sechziger Jahre über die Mitwirkung an einer ordentlichen Synthese der Weltgeschichte übrig geblieben war. Allerdings bekam ich dann mehrmals mit, wie nützlich das Handbuch war. Ich war aber schon damals der Meinung, und bin es heute umso mehr, dass das für mich pure Zeitverschwendung bedeutete.

Im Gegensatz dazu halte ich es für keine Zeitverschwendung, dass ich mich in dieser Zeit wieder zu einem anderen Genre umorientierte. Als ich das Material für das Buch über die Revolutionen sammelte, stieß ich auf eine Reihe von Persönlichkeiten, über die ich mich, zunächst aus purer Neugier, ausführlicher informierte. John Lilburn war mir schon aus der Zeit vertraut, als ich das Buch über Cromwell schrieb, Georg Forster galt für mich nur als Wissenschaftler, wobei ich nichts über das revolutionäre Ende seines Lebens wusste, und Filippo Buonarotti und Georg Büchner waren für mich eine Neuentdeckung. Gemeinsam war ihnen das Visionäre; sie träumten von einer besseren Gesellschaft, die sich jeder anders vorstellte, aber der gemeinsame Nenner war, dass es um „zu gewagte Träume", gänzlich utopische Gedanken ging und dass ihre Einstellungen für die meisten Zeitgenossen unverständlich und inakzeptabel waren.

Der ideologische Druck auf die politisch engagierte Geschichtswissenschaft ließ Anfang der achtziger Jahre allmählich nach. Gleichzeitig erweiterte sich der Spielraum, den sich die Redakteure oder eher die Manager der Verlage selbst zugestanden. Diesen Trend konnte man zum Beispiel bei der Politik des Verlags *Svoboda* beobachten, der jetzt auch „nicht-engagierte" Titel herausbrachte, so etwa das Verzeichnis der Burgen und Schlösser oder tschechische Chroniken. Auch die Herausgabe von (ins Tschechische übersetzten) Texten altgriechischer und römischer Autoren lebte weiter, allerdings nur bis Anfang der Neunziger. Der Verlag brachte zwei Texte von Otto Urban, der in den siebziger Jahren weder publizieren noch, für eine gewisse Zeit, unterrichten durfte. Bei den Lesern kam seine *Geschichte der tschechischen Gesellschaft 1848–1918* sehr gut an, aus der Perspektive der Forschung war aber seine originelle Analyse der wirtschaftlich-sozialen Entwicklung *Der Kapitalismus und die tschechische Gesellschaft* von größerer Bedeutung. Die Redaktion konnte die Veröffentlichung dieser Arbeiten gegen den Widerstand einiger einflussreicher Hüter der ideologischen Reinheit, wie etwa Jaroslav Purš, des Direktors des Historischen Instituts, durchsetzen. Da er die Publikation nicht verhindern konnte, wies er einen seiner Doktoranden an, eine denunziatorische Rezension des Buchs über den Kapitalismus zu schreiben, in der Urban unter anderem des Strukturalismus beschuldigt wurde, was übrigens stimmte. Es mehrten sich in dieser Zeit die Konferenzen, deren Organisatoren sich wissenschaftliche Ziele setzten, ohne Rücksicht auf deren politische (Nicht-)Aktualität.

Im Zeichen dieser liberalisierten Stimmung konnte ich zusammen mit einigen Kollegen vom Lehrstuhl für tschechoslowakische Geschichte drei Bände von Skripten publizieren, die den Studenten eine Einführung in die wissenschaftliche Arbeit bieten sollten. Inhaltlich ging es um die Klassifizierung der Quellen und die Grundsätze der Quellenkritik, um Heuristik und andere Techniken wissenschaftlichen Arbeitens. Mein Beitrag war den Methoden der Geschichtswissenschaft gewidmet. Hier bezog ich auch die Ergebnisse unserer Diskussionen mit den Studenten ein, über welche ich im vorigen Kapitel berichtet habe. Diese Diskussionen nutzte ich dazu, mein Verständnis der komparativen Methode zu vertiefen.

In der zweiten Hälfte der achtziger Jahre konzentrierte ich mich auf ein Thema, das ich für wichtig, notwendig und aktuell hielt – die Rolle der historischen Belletristik als Faktor der Gestaltung des historischen Bewusstseins der nationalen Gesellschaften zur Zeit der modernen Nationsbildungen, also im Laufe des 19. Jahrhunderts. Wir beschäftigten uns damit nicht nur bei jenen schon erwähnten informellen Abendseminaren, sondern auch in einer kleinen Gruppe im Diplomandenseminar. Dabei ergänzte auch ich die Ergebnisse meiner eigenen bisherigen Forschung. Es ging mir um eine Art Makroanalyse der thematischen Struktur der deutschen historischen Romane, die im Lauf des 19. Jahrhunderts erschienen. Das Ergebnis konfrontierte ich anschließend mit einer Mikroanalyse von zwei deutschen Familienzeitschriften aus der zweiten Hälfte des 19. Jahrhunderts. Was ich in einem Artikel dazu publizierte, stellte eigentlich nur einen Auszug aus dem umfassenderen Text dar, den ich Ende der achtziger Jahre im Rahmen des Projekts zum Thema „Verbürgerlichung" im Bielefelder Zentrum für Interdisziplinäre Forschung (ZIF) unter der Leitung von Professor Jürgen Kocka erarbeitete. Das Projekt zielte darauf ab, die Wege zum bürgerlichen Denken und zur bürgerlichen Gesellschaft in ausgewählten Ländern West- und Osteuropas zu vergleichen. Das wohl fünfzig Seiten umfassende Manuskript blieb aber im deutschen Original als internes Dokument in Bielefeld und wurde nie publiziert. Ich vermutete, dass der Text immer noch zu roh war, und wollte weiter daran arbeiten, kam nach 1989 jedoch nie mehr dazu. Wie schon angemerkt, sattelte ich aufgrund der internationalen Resonanz wieder auf die Problematik der Nationalbewegungen und des Nationalismus um.

Die letzte Arbeit „auf Bestellung"

Seit meiner Studentenzeit waren die Studienprogramme immer mehr oder weniger stark reglementiert gewesen. Die meisten Kurse waren obligatorisch, genauso wie alle Prüfungen und die Termine, zu denen sie abgelegt werden mussten. Als Student konnte man ab dem fünften Semester das Seminar und einige Vorlesungen wählen. Mit der Zeit wuchs der Anteil der fakultativen Kurse, aber der grundlegende Proporz der einzelnen Perioden blieb erhalten. Daher schien mir das Prinzip der obligatorischen Studienpläne als eine Selbstverständlichkeit. Das Studium im Fach Geschichte war vor allem auf die künftigen Gymnasiallehrer zugeschnitten. Daher war es logisch, dass die Kenntnisse der Absolventen „enzyklopädisch" sein sollten, und daraus ergab sich zwangsläufig die Frage, welchen Umfang diese Kenntnisse haben sollten. Und ebenso die Frage, wie sie den Studenten vermittelt werden sollten. Unter den revolutionären Umständen nach dem Februar 1948 war es undenkbar, die „bürgerliche" Fachliteratur zu empfehlen. Stattdessen sollten Übersetzungen der sowjetischen Lehrbücher verwendet werden, aber selbst die der Partei ergebenen Lehrenden waren sich einig, dass das nur eine Übergangslösung für ganz kurze Zeit sein konnte. Ich erwähnte schon unsere Versuche, den Studenten lehrbuchartige Texte als Skripten anzubieten. In den sechziger Jahren wagten wir dann schon zu behaupten, dass es der Fakultät unwürdig sei, das Studium auf Lehrbuchkenntnisse zu begrenzen. Daher galt die erste Lehrbuchserie aus den Jahren 1967 bis 1974, an der ich mich beteiligt hatte, offiziell als Unterrichtsgrundlage für Pädagogische Fakultäten.

Die unter der Normalisierung von oben angeordnete Vereinheitlichung der Studienprogramme an allen Hochschulen, über die ich im vorigen Kapitel berichtet habe, sollte durch eine neue Serie von vereinheitlichten Lehrbüchern unterstützt werden. Die Kommission, in der ich die Geschichtslehrstühle der Prager Philosophischen Fakultät vertrat, erhielt Anfang der achtziger Jahre vom Ministerium den Auftrag, diese Lehrbücher zu erarbeiten. Sie sollten ein „Kompendium" der wesentlichen Informationen für die Studenten liefern und kürzer gefasst werden als jene, inzwischen zehn Jahre alte Serie, die als unangenehme Erinnerung an den Prager Frühling galt. Schon deswegen, weil Alice Teichová, die an der Spitze des Unternehmens stand, nach Großbritannien emigriert war. Wie es bei allen Emigranten der Fall war, sollte auch ihr Name vergessen werden, das heißt aus dem öffentlichen Raum verschwinden.

Als sich die Kommission in Bratislava traf, um über die neue Aufgabe zu beraten, zeigte es sich, dass die slowakischen Kollegen sich nur für ihre eigene slowakische Geschichte als kompetent erklärten. Angeblich hatten sie weder für die allgemeine Geschichte noch für die Einführung in das Studium der Geschichte eigene Experten. Dafür sollten die tschechischen Kollegen die Verantwortung übernehmen. Und die tschechischen Kollegen meinten, dass ich das Autorenkollektiv für die Einführung zusammenstellen und leiten sollte. Dabei sollte die Einführung als erster Band der Reihe erscheinen. Dann erklärte sich doch eine slowakische Kollegin bereit, das Kapitel über marxistisch-leninistische Methodologie zu schreiben. Das nahm ich mit Erleichterung an, da mir klar war, wie schwierig es wäre, für obligatorische Kapitel einen tschechischen Autor zu finden. Es zeigte sich jedoch, dass diese Autorin nicht einmal zum Verfassen eines solchen ideologischen Kapitels wirklich in der Lage war. Allerdings war ihr Ehemann Mitglied des Zentralkomitees der Slowakischen Kommunistischen Partei und ich wagte es nicht, ihren Text abzulehnen. Alle anderen Autoren waren höchst qualifiziert und lieferten zuverlässig ihre Kapitel, sodass ich das fertige Manuskript dem Prager Pädagogischen Verlag termingerecht übergeben konnte. Als man in der Redaktion das „methodologische" Kapitel gelesen hatte, wurde es für primitiv befunden und es gab niemanden, der bereit gewesen wäre, es ins Tschechische zu übersetzen. Offiziell war die Begründung einfach: Es handelt sich ja um ein Lehrbuch für beide Nationen. Einige Zeit, nachdem die Einführung erschienen war, kam die Kommission erneut zusammen und ihr Vorsitzender, der slowakische Historiker Cambel, begann die Beratung mit einer emotionalen, verärgerten Attacke an meine Adresse: „Sie haben uns zu Dummköpfen gemacht!"

Ich hielt die Arbeit an den Lehrbüchern unter den damaligen Umständen für nützlich, betrachtete sie aber nie als wissenschaftliche Leistung. Es war in meinen Augen keine Zeitverschwendung und es freut mich, dass diese Einführung immer noch hier und da zitiert wird. Bis heute schäme ich mich, dass ich damals nicht den Mut gefunden hatte, das primitive „methodologische" Kapitel abzulehnen. Vor fünfzehn Jahren publizierte eine Gruppe junger Historiker einen Sammelband, in dem die zentralen Konzepte und Termini des historischen Arbeitens definiert wurden. Sie erinnerten dabei daran, dass meine Einführung fünfundzwanzig Jahre zuvor erschienen war, aber zugleich deuteten sie an, dass die gegenwärtige Geschichtsforschung, jedenfalls jene Strömung, welche sie vertraten, nach neuen Wegen suchte und eine neue Methodologie brauchte.

Neben der Einführung in das Studium wurde ich zusätzlich mit der Aufgabe betraut, das Lehrbuch zur Geschichte der Neuzeit zu konzipieren und dessen Redaktion zu übernehmen. Im Gegensatz zur Einführung nahm das viel mehr Zeit in Anspruch, weil es nicht einfach war, den Mitautoren aus der Reihe meiner Kollegen am Prager Lehrstuhl für Allgemeine Geschichte die Texte abzuringen. Das Lehrbuch wurde schließlich Ende der achtziger Jahre herausgegeben, noch rechtzeitig. Im Falle der allgemeinen Geschichte des Mittelalters, die von Jaroslav Kudrna aus Brünn redigiert wurde, kam es zu einer noch wesentlicheren Verzögerung. Das Manuskript wurde zwar abgegeben, aber kurz danach kam der November 1989 und als sich der Staatliche Pädagogische Verlag auflöste, gab es keine Publikationsmöglichkeit mehr. Zudem gab es kein Bedürfnis mehr, Lehrbücher für Geschichtsstudenten zu schreiben.

Das letzte Buch, das ich noch am Ende des realen Sozialismus schrieb, war eine Abhandlung über die Bedeutung der Französischen Revolution für Europa. Der Auftrag des Verlags kam ziemlich spät, darüber hinaus war ich zu diesem Zeitpunkt noch mit dem oben erwähnten Bielefelder Projekt beschäftigt. Damit der Text rechtzeitig zum 200-jährigen Jubiläum der Revolution erscheinen konnte, benötigte ich angesichts des Zeitdrucks Hilfe und sprach deswegen Vlasta Kubišová, meine ehemalige Studentin und Frau meines Kollegen, mit der Bitte an, ein paar Kapitel über den Verlauf der revolutionären Ereignisse zu schreiben. Schon zehn Jahre früher hatte mich die Idee beschäftigt, die Auswirkungen der Französischen Revolution zu vergleichen – als ich an der Synthese der bürgerlichen Revolutionen in Europa arbeitete. Auch in diesem Fall spielte das Phänomen der Ungleichzeitigkeiten eine Rolle. Noch wesentlicher war aber die Idee, zweierlei Perspektiven zu kombinieren: die Anwendung der komparativen Methode und den Ansatz des Kulturtransfers. Der geplante Termin anlässlich des zweihundertsten Jahrestags im Sommer 1989 wurde sowohl von uns als auch von der Redaktion beinahe perfekt eingehalten, trotzdem erwies sich der kleine Rückstand von wenigen Monaten als schicksalhaft. Das Buch kam in der Nachwendezeit in die Welt, als unser aller Aufmerksamkeit woandershin gerichtet war. Es ist deswegen kein Wunder, dass es nur ganz wenig Resonanz in der Fachöffentlichkeit fand, und, soweit ich weiß, keine einzige Rezension erschien. Den Umständen zum Trotz wurden die 14.000 Exemplare anscheinend verkauft, falls sie nicht im Rahmen der antikommunistischen Revolutionsbeschimpfung vernichtet wurden. Die Grunderkenntnisse fasste ich in einer Gelegenheitsstudie zusammen, die in Deutschland erschien, aber auf Tschechisch konnte ich meine Schlussfolgerungen erst 2016 präsentieren, also ein Vierteljahrhundert später, in meinem letzten Buch *Hledání souvislostí* (*Auf der Suche nach den Zusammenhängen*).

Welches Schicksal erwarteten meine Bücher aus der Zeit der Normalisierung? Ich hatte verständlicherweise viel mehr veröffentlicht als in den zwanzig Jahren zuvor. Die tschechischen Titel waren zwar schnell vergriffen, trotz Auflagen von mehreren Tausend Exemplaren, gerieten aber, laut Google Scholar, mit Ausnahme der Einleitung in das Studium, beinahe komplett in Vergessenheit. Ich freute mich darüber, dass noch in den neunziger Jahren meine Bücher über die Nationalbewegungen und über die Bürgerlichen Revolutionen als Lektüreempfehlung für die Studenten gelistet waren. Es war aber nachvollziehbar, dass auch sie im Laufe der Zeit veralteten. Das ist das Schicksal der meisten wissenschaftlichen Werke. Es genügt, mich daran zu erinnern, wie ich als Student die Bücher wahrnahm, welche in der Zeit der Ersten Republik, also 20 bis 30 Jahre früher erschienen waren. Wie viele umwälzende Ereignisse und Veränderungen standen zwischen mir und jener Zeit? Nur das eine Buch, jenes über *Social Preconditions*, das ins Deutsche und Englische übersetzt wurde, wird bis heute, also mehr als fünfzig Jahre später, im Ausland gelesen und zitiert. Allerdings ist das eine seltene Ausnahme. Darüber hinaus wurde es im Ausland eher von Politologen und Soziologen als von Historikern entdeckt. Nach 1990 publizierte ich weniger Bücher als in der Zeit der Normalisierung, sie scheinen aber eine längere Lebensdauer zu haben. Ich weiß nicht, inwiefern auch das eher dem Interesse der Nicht-Historiker zu verdanken ist.

3.4 Die Isolation von der internationalen Wissenschaft überwinden

Vor kurzem erschien eine Publikation von Gesprächen über die Bemühungen, die Kontakte zwischen West und Ost aufrechtzuerhalten unter dem Titel „*Grenzgänger und Brückenbauer*" (Wallstein 2019). Ich wurde dazu von deutschen Kollegen eingeladen. Und zwar als einziger Tscheche, was zwar für mich erfreulich, aber mit Sicherheit unangemessen war. Der wahre Kern dieser Übertreibung liegt darin, dass ich mich bemühte, die Kontakte mit den ausländischen, vor allem den westdeutschen Kollegen weiterzupflegen, welche ich im Laufe der wenigen Jahre vor der „Normalisierung" geknüpft hatte. Für diese Kontinuität war es natürlich von entscheidender Bedeutung, dass auch die andere Seite daran Interesse hatte. Es ging dabei nicht um politische, sondern um wissenschaftliche Kontakte, obwohl auch die Wissenschaft rückblickend damals ihre politischen Nebenwirkungen hatte. Nach einiger Zeit stellte sich heraus, dass meine Publikationen auch bei mehreren weiteren, insbesondere jüngeren Kollegen Aufmerksamkeit weckten, die mich nicht einmal persönlich kannten. Ich versuchte gleichzeitig, mich weiter der Arbeit im Bereich der allgemeinen Geschichte zu widmen, wofür Forschungsaufenthalte in ausländischen Bibliotheken oder Archiven notwendig waren.

Die Kontakte mit dem Westen gehen gedämpft weiter

Die drohende Verfolgung aller derjenigen, welche Kontakte in die BRD hatten, wurde in den Instituten der Akademie der Wissenschaften Realität, während es an der Fakultät erstaunlicherweise nur bei den Drohungen blieb. Das war wahrscheinlich der Grund dafür, warum ich mich etwas erleichtert fühlte. Meine Kontakte mit ausländischen Kollegen brach ich also nicht ab, auch wenn sie sich meistens auf indirekte Kontakte und in überwiegendem Maße auf Korrespondenzverkehr beschränkten. Die Mehrheit hatte verständlicherweise weiterhin Interesse daran, die Kontakte aufrechtzuerhalten. In den sechziger Jahren wurden die Tschechen, oder in der damaligen Sprache die Tschechoslowaken, zu einem Teil des europäischen Raums – nicht nur dadurch, dass viele von uns ins Ausland kamen, dort Bekanntschaften schlossen und entdeckten, wie die europäische Wissenschaft aussah. Außerdem, und nicht weniger wichtig, war dies eine Zeit, in der manche Gebildeten im Westen sowohl tschechoslowakische Künstler als auch Wissenschaftler kennen und schätzen lernten. Wir wurden wahrgenommen und ernstgenommen, unsere Arbeit weckte immer häufiger Interesse. Wir waren für sie, oder zumindest für einen wesentlichen Teil von ihnen, kein farbloser Satellitenstaat und bloßer Teil des Sowjetblocks mehr, sondern eine Nation mit eigenständiger Kultur und Bildung. Das galt auch für die Geschichtswissenschaft, wenngleich in geringerem Maße als für die Kunst und Kultur. Dank des Geschehens im August 1968 wurde dieses Interesse logischerweise umso intensiver. Weder die Normalisierung noch das Verbot von Kontakten mit den westdeutschen Institutionen der „Ostforschung", das an der Fakultät und somit auch am Lehrstuhl gleich im Jahre 1970 verhängt wurde, konnten diesen Trend aufhalten.

Es war möglich, Reisen ins „feindliche" Ausland zu untersagen, es war möglich, den bekannten westeuropäischen Historikern Einreisevisa zu verweigern, soweit sie die Invasion im August 1968 öffentlich verurteilt hatten. Allerdings war es kaum möglich zu verhindern, dass ausländische Studenten und Doktoranden aufgrund der Kulturabkommen oder auf eigene Kosten zu Forschungen in Archiven und Bibliotheken zu uns kamen. Ich weiß nicht, ob es andere Kollegen genauso sahen, aber ich war bestimmt nicht der Einzige, für den diese Studenten wichtig für die Wahrung der Kontinuität zu der Zeit vor dem August 1968 waren. Dank ihnen konnte ich den Kontakt mit den Kollegen aufrechterhalten, die ich während meiner Aufenthalte in der BRD kennenlernte und mit denen ich zum Teil auch Freundschaften geknüpft hatte. Öfters waren das eben Doktoranden jener Kollegen. Andere meiner Prager Kollegen pflegten auf diese Art und Weise wiederum die Kontakte zu ihren amerikanischen, britischen oder französischen Kollegen.

Einige der ausländischen Studenten legten langfristige Grundlagen für einen dauerhaften Kontakt und für die Zusammenarbeit mit der jüngeren Generation unserer Historiker. Einen von ihnen lernte ich näher kennen – den Amerikaner Gary Cohen, dessen Studie zur Problematik nationaler Identifikation um die Wende des 19. zum 20. Jahrhundert bis heute anerkannt und häufig zitiert wird. Insbesondere aber Ralph Melville, ein Doktorand von Professor Schramm, den ich während meiner Gastdozentur in Freiburg kennengelernt hatte, stand mir sehr nahe. Des Weiteren war da zum Beispiel Hugh Agnew, ein bescheidener, schüchterner Doktorand, der später eine sehr sorgfältige Dissertation über die frühe tschechische Wiedergeburt publizierte. In Prag gab es noch weit mehr, aber manche waren fachlich unauffällig oder sie beschäftigten sich mit solchen Epochen der tschechischen Geschichte, bei denen ich ihnen nicht viel Unterstützung bieten konnte. Die Schlüsselperson bei diesen Kontakten war Jan Havránek, der zwar an der Fakultät nicht lehren durfte, aber eine privilegierte Position als unangreifbarer Experte im Archiv der Karlsuniversität einnahm, wohin man ihn versetzt hatte. Jedes Mal, wenn ich ihn an seinem Arbeitsplatz besuchte, saß in seinem Büro ein interessanter Ausländer, und zwar nicht nur Doktoranden. Manche von ihnen erinnern sich dankbar an diese Begegnungen, bei denen sicherlich nicht nur wissenschaftliche Themen zur Sprache kamen.

Mit den Besuchen der jungen Historiker aus dem Westen konnten die Bestrebungen des Regimes, die Kontakte einzuschränken, allerdings nur teilweise umgangen werden. Persönliche Kontakte mit älteren Historikern waren in den ersten Jahren der Normalisierung fast gar nicht möglich. Ich erinnere mich zumindest an niemanden, der sich bei uns an der Fakultät länger aufgehalten hätte. Die bereits erwähnte Verpflichtung, persönlichen Kontakt zu westdeutschen Kollegen in Prag bei der Fakultätsabteilung für „Sonderaufgaben" zu melden, hatte im Laufe der gesamten siebziger Jahre zur Folge, dass wir solche Kontakte lieber mieden.

Es gab aber andere Wege, wie zum Beispiel die Teilnahme an internationalen Tagungen in einem der sozialistischen Länder. Für mich bot sich diese Gelegenheit durch die Tagungen, die weiterhin jährlich von der Filiale des Hansischen Geschichtsvereins in der DDR organisiert wurden und an denen auch Historiker aus dem Westen teilnahmen. Ab und zu kamen auch Treffen in einem anderen Land in Frage. So kam etwa mein Freund Schramm 1973 für zwei Tage zu mir nach Kopenhagen, als ich dort den Forschungsaufenthalt absolvierte, über den ich an anderer Stelle schon berichtet habe. Er wollte sich nach der Situation der Kollegen an der Fakultät erkundigen, auch nach der allgemeinen Stimmung in Prag und den Verhältnissen hinter den Kulissen der Prager Politik und Wissenschaft (soweit ich überhaupt etwas über die politischen Hintergründe wusste). Wir verständigten uns unter anderem darüber, wie wir unter den neuen, ungünstigen Bedingungen weiterhin Kontakt halten könnten. Mit einer ähnlichen „Spähmission" kamen damals auch junge Historiker der schwedischen Universität Lund zu mir nach Kopenhagen. Einer von ihnen war Kristian Gerner, später anerkannter Professor und Experte für osteuropäische Geschichte, den ich danach noch mehrmals traf.

Schwieriger tat man sich mit Reisen ins westliche Ausland. Hier kann ich natürlich nur über meine eigenen Erfahrungen sowie die meiner Frau sprechen. Als ich, wie erwähnt, von den beiden schwedischen Historikern zu einem Vortrag nach Lund eingeladen wurde, wagte ich nicht, das Angebot anzunehmen, da meine Reisegenehmigung lediglich für den Aufenthalt in Dänemark galt. Dagegen konnte ich einige Jahre später die Einladung zu Vorträgen nach Finnland in vollen Zügen genießen. Die Einladung hatte Professorin Kemiläinen vermittelt, die ich aus Marburg kannte. Sie wurde über das Ministerium eingereicht und fiel unter das Kulturabkommen über den Austausch von Universitätslehrern. Dank der Professorin war mein deutsches Buch in Finnland gut bekannt – sie hatte eine sehr positive, ausführliche Rezension geschrieben. Wohl deswegen ging ich während der paar Wochen in Finnland von Universität zu Universität – Helsinki, Tampere, Turku, Jyväskylä. Es war eigentlich meine erste Vortragstournee.

Dabei lernte ich eine Reihe interessanter Persönlichkeiten und junger Forscher kennen, die später zu Historikern von europäischem Format heranwuchsen, wie etwa Marjatta Hiettala, die sich als Städtehistorikerin öfters in Prag aufhielt und eng mit meiner ehemaligen Studentin und späteren Dozentin Luda Klusáková zusammenarbeitete. Im Anschluss an diese Vortragsserie erhielt ich die Mitteilung, dass ich zum Korrespondierenden Mitglied der Finnischen Akademie der Wissenschaften ernannt worden war. Das verpflichtete mich, eine Festrede für die Mitglieder der Akademie zu halten, wohl als erster tschechischer Historiker. Das war erfreulich und ermutigend, obzwar sich daraus keine Vorteile ergaben. Für einige Zeit wurden mir dann die Bücher finnischer Historiker zugeschickt, welche von der dortigen Akademie publiziert wurden, natürlich nur diejenigen, die in den Weltsprachen erschienen.

Die Kommunikationsstränge, mithilfe derer wir die Kontakte über den Eisernen Vorhang hinweg aufrechterhielten, sind schwer genau zu rekonstruieren. An anderer Stelle schrieb ich darüber, wie man in der BRD über mein Buch zur Krise des Feudalismus im 17. Jahrhundert erfuhr, das ich zusammen mit Josef Petráň veröffentlicht hatte. Keiner fragte nach unserer Zustimmung und das Buch erschien 1981 in deutscher Übersetzung. Dahinter stand wieder Gottfried Schramm. Josef Petráň erschrak dermaßen, dass er vorgab, nichts von der deutschen Ausgabe gewusst zu haben. Meiner Vermutung nach gab es keinen Grund zu Befürchtungen, da das tschechische Original in der Serie „Fragen der Geschichte" im Parteiverlag *Svoboda* erschien, mit dem die Deutschen offenbar in Kontakt standen. Möglicherweise gab es irgendwelche Honorare, aber die landeten wohl bei den Übersetzern, weil wir bis auf ein paar Belegexemplare nichts bekamen.

Bald nachdem das Buch erschienen war, erhielt ich von Schramm die Einladung zu einem Vortrag über die Krise des Feudalismus. Jemand übermittelte mir vorab die Frage, ob es aussichtsreich wäre, uns beide einzuladen. Ich kam zu der Überzeugung, dass ich meine Teilnahme als „Verteidigung" oder Präsentation des Buchs deklarieren sollte. Josef Petráň hingegen lehnte die Einladung ab, sei es wegen politischer Befürchtungen, sei es, weil ihm der Mut fehlte, auf Deutsch vorzutragen. Ich hatte meinerseits den Eindruck, dass nach zehn Jahren das Embargo allmählich in Vergessenheit geriet, das auf die Kontakte mit westdeutschen Kollegen aus den Institutionen für „Ostforschung" verhängt worden war. Die Reise wurde genehmigt, der Vortrag fand statt. Darüber hinaus bot die im Ausreisevisum gewährte Aufenthaltsfrist noch Spielraum für einen Vortrag, zu dem mich der mir bisher unbekannte Bielefelder Historiker Hans-Jürgen Puhle einlud, mit dem ich später – und eigentlich bis heute – freundschaftliche Beziehungen unterhielt bzw. pflege. So besuchte ich das damals entstehende neue Zentrum für Sozialgeschichte unter der Leitung von Hans-Ulrich Wehler und Jürgen Kocka. Der Vortrag war offenbar ein Erfolg, es kamen zahlreiche Studenten sowie Kollegen, aber zur Werbung für unser Buch trug dies verständlicherweise nur wenig bei.

Die Tschecho-Slowakisch-Polnische Historikerkommission

All das waren allerdings nur sehr geringfügige Möglichkeiten im Vergleich zu den Kontakten mit den Historikern und Studenten aus den Ländern des Sowjetblocks. In meinem Fall waren das schon seit dem Ende der fünfziger Jahre – neben deutschen (DDR-)Historikern mit einem Schwerpunkt auf der Frühen Neuzeit – vor allem polnische Historiker. Deswegen begrüßte ich auch, dass man mich in die Tschechoslowakisch-Polnische Historikerkommission aufnahm. Polen war, wie ich gegenüber meinen Studenten immer gerne betonte, eine Weltmacht auf dem Gebiet der Geschichtswissenschaft. Im Westen wurden polnische Bücher übersetzt, polnische Historiker wurden anerkannt und zu Vortragsaufenthalten eingeladen. Ich fühlte mich daher geehrt und erfreut, dass ich mit manchen von ihnen zusammenarbeiten und gleichzeitig mittels der polnischen Wissenschaft einen Beitrag zur wesentlicheren Präsenz unserer Historiker im Bereich der europäischen Wissenschaft leisten konnte.

Die Kommissionsarbeit an sich war nicht allzu anstrengend. Es handelte sich um alljährliche Treffen, bei denen ein bis zwei Tage lang unverbindlich über die wissenschaftlichen Beziehungen zwischen Tschechen, Slowaken und Polen, über gemeinsame Publikationen (von denen es nicht viele gab) und über weitere mögliche Aktivitäten diskutiert wurde. Für wichtiger hielt ich die thematischen Konferenzen, die im Rahmen der Kommission organisiert wurden und zu denen weitere Experten eingeladen wurden, vor allem aus der gastgebenden Universität. Manchmal gelang es den Polen sogar, Mittel für die Einladung von Gästen aus anderen Ländern zu beschaffen. Die Themenwahl dieser Konferenzen war Mitte der siebziger Jahre deutlich durch zwei Persönlichkeiten bestimmt: erstens Roman Heck, den Vorsitzenden auf polnischer Seite und Breslauer Professor für Frühe Neuzeit, zweitens Dušan Třeštík, wissenschaftlicher Sekretär und tschechischer Mediävist. Dank dieser Tatsache konnten politische Themen aus der Zeitgeschichte beinahe eliminiert werden, auch wenn Ludovít Holotík, Historiker für die Neueste Geschichte und politisch prominenter Slowake, der Vorsitzende auf tschechoslowakischer Seite war. Er ließ uns viel Spielraum, da er seine Tätigkeit in der Kommission für eine Formalität und Zeitverschwendung hielt. Ich schreibe hier „uns", weil es mir, Třeštík, Heck und dem Lodzer Historiker Andrzej Grabski am Herzen lag, diese Begegnungen sinnvoll zu gestalten, nicht als bloße Anlässe für Wissenschaftstourismus.

Nach den ersten unsicheren Anfängen entschlossen wir uns, vorerst eine Reihe von Konferenzen zu veranstalten, deren gemeinsames Thema der Charakter, die Rolle und die Quellen des Geschichtsbewusstseins in einzelnen Etappen der Geschichte unserer Nationen sein sollte. Es gab insgesamt mindestens drei solche Begegnungen – zum Mittelalter, zur Neuzeit und zur neuesten Geschichte, und es kamen dabei derart hochwertige Beiträge zusammen, dass Roman Heck entschied, einen Sammelband zu jeder Konferenz herauszugeben. Auch für die Polen stellte das nämlich ein neues Thema dar. Hier sei angemerkt, dass damals, im Gegensatz zu heute, die Tagungen seltener veranstaltet wurden und deren Organisation und die Teilnahme etwas Exzeptionelles bedeuteten – nicht bloße Routine, durch das Bedürfnis motiviert, den eigenen CV aufzubessern. Es gab eigentlich immer nur eine Handvoll Teilnehmer, höchstens zwanzig, dafür aber viel mehr Zeit für eine intensive Diskussion. Heutzutage würde man das wahrscheinlich als „Workshop" bezeichnen. Diese Konferenzen schienen aber nicht besonders viel Aufmerksamkeit bei unseren Historikern zu erregen, was ich schade fand.

Diese Idylle war aber nach wenigen Jahren vorbei. Nach Mitte der siebziger Jahre kam es zu einem Wechsel in der Kommissionsleitung und der neue tschechoslowakische Vorsitzende, Professor Hejl aus Brünn, sorgte für eine Neuorientierung der Kommission auf die Zeitgeschichte. Für mich gab es dort logischerweise keinen Platz mehr.

Zum ersten Mal in London

Ganz unerwartet erhielt ich irgendwann Ende 1983 eine Einladung der London School of Slavonic and East European Studies zu einer Konferenz über die Historiographie in den Ländern Osteuropas. Ich hätte ablehnen können, weil die Geschichte der Historiographie nicht zu meinen Schwerpunkten gehörte. Zudem misstraute ich meinem Englisch. Andererseits fand ich London sehr attraktiv, ich war nie dort gewesen, wusste aber bereits viel über die einladende Institution. Ich hatte übrigens früher in Prag Robert Pynsent kennengelernt, einen Bohemisten, der dort arbeitete. Ich antwortete also, dass ich gerne teilnehmen würde, aber nur einen Beitrag über die besondere Rolle der Geschichte in der tschechischen Nationalbewegung liefern könne, da ich kein Experte für die Historiographiegeschichte sei. Es kam eine positive Antwort, also verfasste ich ein Referat, ließ es auf eigene Kosten übersetzen und beantragte die Reisegenehmigung. Für die Reise wurde grünes Licht gegeben und ich brach nach London auf.

Es war eine kleinere Tagung mit dem traditionellen Format langer Referate. Außer Robert Pynsent kannte ich von den etwa dreißig Teilnehmern persönlich nur den ungarischen Historiker Péter Hanák, vom Namen her auch die Professoren Zbyněk Zeman und H. Gordon Skilling. Am ersten Tag wurden die Referate vorgetragen. Ich fand den Verlauf fade und ziemlich uninteressant – bis zu dem Moment, als Skilling sein Referat über die gegenwärtige tschechoslowakische Historiographie hielt. Im Unterschied zu anderen Referaten behandelte er nicht etwa die Forschungsleistungen der Historiker, sondern formulierte militant die These, dass die einzige seriöse tschechoslowakische Geschichtswissenschaft in der Emigration blühe, während die Historiker im Lande entweder verfolgt würden oder nicht publizieren dürften, allenfalls um die Geschichte im Dienst des Regimes zu manipulieren. Diese Behauptung regte mich ungeheuer auf. Ich fragte mich, warum sie mich als einen vermeintlich regimetreuen Fälscher überhaupt eingeladen hatten? Gewiss hätte ich das mit Schweigen übergehen können. Doch sagte ich mir, dass ich als der einzige anwesende Tscheche zu einem Kommentar verpflichtet war. Wenn ich mich nicht zu Wort gemeldet hätte, wäre das als selbstkritische Zustimmung verstanden worden.

Allerdings waren meine damaligen Englischkenntnisse nicht ausreichend, um zu improvisieren und aus dem Stegreif zu sprechen. Die Diskussion über die Referate stand aber auch erst für den zweiten Tag auf dem Programm und ich hatte deswegen Zeit, in Ruhe einen Beitrag zu verfassen, um ihn am nächsten Tag vorzulesen. Ich begann mit der Kritik, dass eine Diskussion über Politik nicht auf die Agenda einer wissenschaftlichen Konferenz gehöre. Zweitens gab ich für mich sowie für andere Prager Kollegen dem Gefühl der Betroffenheit über Skillings Pauschalurteil Ausdruck – als wären alle bei uns Lügner und Geschichtsfälscher. Zum Schluss bekundete ich meine Überzeugung, dass vor allem wir, die wir in der Tschechoslowakei lebten, Verantwortung für das künftige Schicksal unserer Geschichtswissenschaft trugen. Ich glaube, ich würde auch heute zu dieser Aussage stehen. Ich erinnere mich nicht an die Entgegnung von Gordon Skilling, wahrscheinlich konnte ich ihn vor lauter Aufregung nicht besonders gut verstehen. Danach meldeten sich noch zwei oder drei Teilnehmer mit irgendwelchen Sachfragen zu anderen Themen zu Wort. Ich wurde von einem Teilnehmer aus Südosteuropa unterstützt, besonders aber vom amerikanischen Professor tschechischer Herkunft Zeman, der betonte, dass in den letzten Jahren in der Tschechoslowakei tatsächlich hochwertige und objektive Arbeiten zur Geschichte entstanden waren, wofür er die von Otto Urban und Jan Havránek als Beispiele anführte.

Im Laufe des Nachmittags ließ mir Robert Pynsent eine handschriftliche Notiz zukommen, mit der er sich verabschiedete und entschuldigte; gerade erst habe er erfahren, dass er sofort nach Kent fahren müsse, weshalb wir uns abends nicht mehr treffen könnten. Den Zettel hob ich auf und kann ihn also wörtlich zitieren: „Es wird für Sie von Interesse sein, dass Skilling als allgemein anerkannter Nicht-Intelligenter gilt. Kováry sagte gestern Abend, dass er ihn schon 40 Jahre lang kennt, und schon vor diesen 40 Jahren war er ein Dummkopf. Machen Sie es gut. Ich hoffe, dass in Cambridge alles gut gelaufen ist. Ich hoffe, Sie bald wieder zu sehen." Die

Erwähnung von Cambridge bezog sich auf meine Verhandlungen mit dem Verlag wegen meines verloren gegangenen Manuskripts, worüber ich bereits berichtet habe. Nach der Konferenz sprach mich ein junger Mensch an und sagte halblaut zu mir, dass sich Professor Skilling bei mir entschuldige, er habe das nicht persönlich gemeint. Ich bedankte mich und hielt die ganze Sache für abgeschlossen. Nach einigen Jahren stellte sich aber heraus, dass das nicht der Fall war.

Die Teilnahme an der Konferenz hatte noch einen angenehmen Ausklang bei Erik Hobsbawm zu Hause, wohin Péter Hanák und ich zum Abendessen eingeladen wurden. Wir verbrachten mit ihm und seiner Frau einen netten Sommerabend im Garten seines Reihenhauses. Hobsbawm fragte nach dem Schicksal der Übersetzung meines Buchs und ich erzählte ihm von den Schwierigkeiten im Verlag. Er kommentierte das überhaupt nicht, machte nur eine abfällige Bemerkung über die Verlagslektoren. Erst später erfuhr ich, dass er doch irgendwie in Cambridge interveniert hatte. Ich fragte ihn, ob er einmal nach Prag kommen wolle, und er antwortete, dass er schon einmal abgesagt hätte. Seine Begründung war, dass er befürchtete, uns zu kompromittieren, da er wegen seiner Verurteilung der Invasion im August in der Tschechoslowakei als persona non grata gelte.

Wieder als „Agent" unterwegs

Mehrere Monate, nachdem es mir gelungen war, in Cambridge die nicht ganz legale Publikation meines Buches zu vereinbaren, bekam ich im Herbst 1984 eine Vorladung in irgendeine Auslandsabteilung des Innenministeriums. In der Vorladung stand „Reisepasskontrolle", tatsächlich war es ein Verhör. Am Anfang stand eine sehr freundlich formulierte Frage: Genosse Dozent, warum treffen Sie sich nicht mit den Dissidenten? Sie mögen sie doch. Was sollte man darauf antworten? Ich weiß nicht, was ich sagte, wahrscheinlich schaute ich nur ganz erstaunt. Bald wurde mir aber der Kontext klar, als der Genosse hinzufügte: Ich weiß, Sie meinen: „Wer darf, der kann nicht, wer kann, der darf nicht." Kurz zuvor war nämlich bei Radio Freies Europa eine Sendung über Zustände in der tschechischen Geschichtswissenschaft ausgestrahlt worden, in der ich neben ein paar anderen als einer der wenigen „seriösen" Historiker bezeichnet wurde. Als mir davon im Lehrstuhlsekretariat erzählt wurde, antwortete ich genau mit jenem improvisierten Bonmot, das der Genosse später bei dem Verhör zitierte. Woher kannte er das? Dann erinnerte ich mich daran, dass ich denselben Spruch noch in einem Telefonat mit einer Kollegin wiederholt hatte. War ich ihnen doch eine Telefonüberwachung wert? Zum Nachdenken wurde mir natürlich keine Zeit gelassen, stattdessen kam die Frage: Wen treffen Sie von den ehemaligen Kollegen, die weggehen mussten? Ich hatte erwartet, dass er nach dem ungenehmigt publizierten Buch fragen würde, also fühlte ich mich erleichtert und sagte ehrlich, dass ich niemanden treffe. Er erweiterte dann seine Frage auf entlassene Historiker im Allgemeinen und als ich auch das bestritt, modifizierte er seine Frage folgendermaßen: „Und wen kennen Sie denn?" Da fing ich an, zufällige Namen der Entlassenen zu nennen, aber das interessierte ihn anscheinend nicht im Geringsten. Er unterbrach mich mit einer anderen Frage: „Und im Ausland?" Ganz spontan erinnerte ich mich an Bedřich Loewenstein, aber ich wurde abermals schnell unterbrochen: „Das ist Ihr persönlicher Freund, nach ihm frage ich nicht." Dann sagte ich wieder ehrlich, dass ich weiß, dass Vilém Prečan und Ján Mlynárik im Ausland seien, das reichte ihm aber nicht. Ich erwähnte Milan Hauner – und der Genosse schien wach zu werden. Er wollte wissen, was ich über ihn wisse und ob wir in Kontakt stünden. Ich antwortete weiter nur halbwahr, dass ich mitbekommen hätte, dass er eine ordentliche Stelle an der Universität suche und dass wir keinen Kontakt hätten. Erst zu Hause wurde mir der Grund für dieses Interesse klar. Irgendwann im September waren meine alten Bekannten aus Freiburg in Prag zu Besuch gewesen – Professor Berndt Martin mit seiner Frau, die mit Milan Hauner befreundet waren. Sie hatten mir ein Buch über Cromwells Initiativen am Flottenbau mitgebracht. Zu Hause erreichten Sie mich aber nicht und hinterließen deswegen den Zettel, dass sie das Buch an Hauners Bruder übergeben würden, der in der Tschechoslowakischen Presseagentur arbeitete. Ich machte mich auf den Weg dorthin, nannte am Empfang meinen Namen und Herr Hauner kam die Treppe herunter, um mir das Buch zu übergeben. Am Empfang musste ich mich also nicht mal einschreiben. Wie konnte die Staatssicherheit von so einem Detail überhaupt erfahren?

Damit war das Gespräch allerdings nicht zu Ende. Der Genosse war recht gut informiert: „Nächstes Jahr findet in Stuttgart der Internationale Historikerkongress statt und Sie wurden von einer deutschen Stiftung eingeladen. Angeblich weigern Sie sich, die Einladung zu akzeptieren, aber wir haben nichts dagegen." Das brachte mich wieder zum Nachdenken. Ein paar Wochen zuvor hatte ich tatsächlich einen Brief von der Humboldtstiftung erhalten, in dem zwar nichts von einer Einladung stand, dafür aber das Angebot enthalten war, dass ich als ihr ehemaliger Stipendiat sämtliche kongressbezogenen Kosten für Stuttgart erstattet bekommen könne. Ich schwankte tatsächlich, ob ich das Angebot annehmen sollte, und gewiss sprach ich auch mit jemandem darüber. Und wieder die zwanghafte Frage, wie wissen sie denn all das? Was wissen sie über Cambridge? Am seltsamsten fand ich aber noch eine andere Information, mit der mich der Genosse konfrontierte. Als er mir zuredete, Kontakte mit den Dissidenten zu knüpfen, sagte er: „Aber da dürften Sie nicht so scharf auftreten wie auf der Konferenz in London." Das schockierte mich. Es ging ja um die erwähnte Konferenz zur Historiographie in Osteuropa, bei der ich mit Gordon Skilling polemisiert hatte. Dort war ich jedoch der einzige Teilnehmer aus der Tschechoslowakei gewesen! Wie konnten sie das wissen?

Und endlich kam wahrscheinlich der Hauptpunkt des ganzen Verhörs. Sie würden sich freuen, wenn ich nach der Rückkehr einen Bericht über den Kongress verfassen würde und vor allem darüber, mit welchen Emigranten ich mich traf.

Ganz verunsichert wagte ich nicht abzulehnen. An der Fakultät unterschrieben wir schließlich schon seit dem Anfang der Normalisierung bei der Ausreise in den „Westen" die Verpflichtung, alle Kontakte mit Emigranten sowie mit fremden Geheimdiensten zu melden.

Ich nahm also an dem Kongress teil und beteiligte mich an zwei, drei Diskussionen, weshalb in den Kongressprotokollen mein Name auftauchte. Ich mied aber den Kontakt mit der offiziellen tschechoslowakischen Delegation. Letztendlich bestand sie, bis auf ein paar Ausnahmen, aus lauter politisch nominierten Ignoranten. Was die Emigranten anging, sah ich nur Ján Mlynárik aus der Ferne und vermied jeglichen Kontakt. Das war übrigens gar nicht schwierig, weil er andere Sektionen besuchte als diejenigen, die mich interessierten. Nach meiner Rückkehr berichtete ich dem Genossen, dass ich Mlynárik durchaus gesehen hätte, er aber so getan habe, als würde er mich nicht kennen. Ich fügte ein paar, aus seiner Sicht komplett uninteressante, Informationen darüber hinzu, was ich in welcher Sektion gesagt hatte, sowie eine ernst gemeinte und fast wahre Passage darüber, wie schade es sei, dass wir die seriösen Historiker aus dem Westen, die an einer Zusammenarbeit interessiert sind, nicht treffen könnten.

Später gab es nur noch Einladungen in das Café im Hotel Europa, jedes Mal, wenn ich zum Vortrag in die BRD eingeladen wurde, bzw. nach der Rückkehr. Das geschah wohl zwei- oder dreimal. Diese Begegnungen schienen mir irgendwie rein formeller Natur zu sein, damit der Genosse seinen Vorgesetzten über etwas berichten konnte – unverbindliche Gespräche über die Verhältnisse in der BRD. Ich erinnere mich nicht daran, was ich ihm über die politischen Verhältnisse erzählte. Meine Informationen stammten gewöhnlich aus dem „Spiegel", den ich gelegentlich las, und ich denke, er fand das ziemlich uninteressant. Er fragte nie nach meinen tschechischen oder ausländischen Kollegen. Bald zeigte sich aber sein wirkliches Interesse. Er lud mich ein, als ich 1986 die Genehmigung zur Beteiligung an dem großen Projekt beantragte, das Jürgen Kocka in Bielefeld leitete. Es interessierte ihn weder das Projekt noch die Universität Bielefeld, vielmehr etwas ganz Anderes: Wenn ich mich schon mehrere Monate in Bielefeld aufhalten würde, könnte ich doch Vilém Prečan besuchen. Die Reisekosten würden mir voll erstattet. Er sagte, dass sie wüssten, dass mich Prečan gerne sehen würde. Ich lehnte das ab und er übte nochmal Druck aus. Das war der einzige Moment, wo er zu mir mit erhobener Stimme sprach. Als ich in dieser polemischen Situation gereizt fragte: „Und da denken Sie sich wirklich, dass ich für Sie die Kontakte ermitteln werde, die Prečan mit Prag hat?", da lachte der Genosse und antwortete: „Das wissen wir doch schon längst." Dann kam noch eine weitere Einladung ins Café, und sie erschienen diesmal zu zweit. Und immer wieder das Gleiche. Als ich nach dem tatsächlichen Zweck der Reise zu Prečan fragte, sagten sie, dass ich bei ihm einfach vorbeischauen und sagen solle: Hallo Vilda, wie geht's dir denn? Schließlich gab ich halbwegs nach und versprach, dass ich nicht auflegen würde, wenn mich Prečan von sich aus anrufen sollte. Es war mir klar, dass sie sich damit nicht begnügen würden, aber sie ließen mich vorläufig zumindest in Frieden.

Allerdings fügten die Genossen noch eine andere Forderung hinzu, die mir gruseliger vorkam. Sie behaupteten, dass ich schon längst im Blickfeld der deutschen Geheimdienste stehe, wofür ich nichts könne, weil ich nicht davon wisse, aber dass mir die Deutschen schon über jemanden anderen auf der Spur seien. Sie sagten nicht, wer diese Kontaktperson sein mochte. Aber es ging weiter: Möglicherweise würde sich der deutsche Geheimdienst während meines Aufenthalts in Bielefeld an mich wenden und in diesem Fall sollte ich darüber berichten. Damit hatte ich eigentlich kein Problem, schließlich war jeder, der in den Westen reisen wollte, schon seit den siebziger Jahren gegenüber der Fakultät dazu verpflichtet. Zweitens überlegte ich, dass, falls mich in der BRD tatsächlich jemand ansprechen sollte, ich mir eine Reaktion darauf vorbereiten konnte: „Ich kann mich also getrost mit Ihnen unterhalten, sie würden aber bestimmt wissen, dass ich dann darüber in Prag berichten musste." Allerdings war nach meiner Rückkehr keine Meldung fällig. Die ganze Geschichte fand ich zwar unangenehm, aber gleichzeitig völlig episodenhaft. Das Ergebnis war gleich null und rechtfertigte weder auch nur annähernd den Aufwand, den die Genossen getrieben hatten, noch die Zeitverschwendung, die sie mir dadurch beschert hatten. Ich erinnerte mich aber noch öfters daran, weshalb sich mir einige Sätze beinahe wörtlich ins Gedächtnis einprägten.

An der Schwelle der Anerkennung im Westen: Von einem Projekt zum anderen

Mein Buch wurde von dem Prestigeverlag Cambridge University Press 1985 publiziert, was ich für den Hauptgrund dafür hielt, dass ich von der anglophonen Historikerzunft zum ersten Mal wahrgenommen wurde. Ich wusste damals nicht, dass Hobsbawm etwa im Jahre 1973 in einem seiner Aufsätze meiner komparativen Studie über die Vorkämpfer der Nationalbewegungen viel Raum gewidmet und sie als bahnbrechend bezeichnet hatte. Bald nach 1986 erfuhr ich von zwei sehr positiven Rezensionen in der American Historical Review bzw. der English Historical Review, und es ist gut möglich, dass noch weitere erschienen, von denen ich damals nichts mitbekam.

In der zweiten Hälfte der achtziger Jahre kam es zur Liberalisierung unserer internationalen wissenschaftlichen Kontakte, vor allem dank der Tatsache, dass – zumindest an der Prager Philosophischen Fakultät – die Reisegenehmigungen deutlich lockerer gehandhabt wurden. Zunächst bekam ich das Angebot, an dem erwähnten Projekt von Professor Kocka in Bielefeld teilzunehmen. Dort lernte ich eine Reihe sehr interessanter Projektbeteiligter kennen – Frau und Herrn Iggers, den Schweden Bo Stråth, später bedeutender Professor am Europäischen Hochschulinstitut in Florenz, den Ethnologen Wolfgang Kaschuba, Professor Hartmut

Kaelble. Daneben waren auch Historiker aus Ungarn und Polen beteiligt. Professor Kocka betonte immer wieder gerne, dass es sich um das erste große Projekt handelte, das nicht „auf dem östlichen Auge blind ist", und lud auch die Historiker von jenseits des Eisernen Vorhangs ein. Letztendlich wohnte ich in dem Forschungszentrum Tür an Tür mit Hartmut Zwahr, einem renommierten Wirtschaftshistoriker aus Leipzig.

Der wissenschaftlichen Seite meines Aufenthaltes in Bielefeld widme ich mich an einer anderen Stelle dieses Textes, hier möchte ich aber gerne eine komische Episode erwähnen. Nach ein oder zwei Wochen in Bielefeld kam ein neuer Teilnehmer mittleren Alters hinzu, gutaussehend, den ich überhaupt nicht kannte. In der Diskussion meldete er sich gar nicht zu Wort, kam aber nach deren Ende zu mir und fragte mich leise, mit einem vorsichtigen Lächeln, ob und wann er mich treffen könne und ob ich vielleicht bei ihm in seinem Zimmer vorbeikommen würde. Ohne nach dem Grund zu fragen, antwortete ich, dass ich am Nachmittag erscheinen würde. Mir kam sofort jenes Gespräch in Prag in den Sinn, bei dem mir der Genosse eröffnet hatte, dass ich unbewusst im Blickfeld der deutschen Geheimdienste stehe. Ich sagte mir also, dass jetzt wohl der Augenblick gekommen sei und bereitete mich auf eventuelle Fragen vor. Was für eine Erleichterung, als sich herausstellte, dass der geheimnisvolle Mann Professor Kaelble war! Es war damals schon ein derart prominenter Historiker, dass er wahrscheinlich davon ausgehen musste, dass ich ihn auch kennen würde. Er wollte wissen, was ich von dem intellektuellen Reiseführer von Prag hielt, den Bedřich Loewenstein herausgegeben hatte. Weder jetzt noch später wurde ich in Bielefeld von irgendwelchen Agenten aufgesucht. Und Vilém Prečan meldete sich natürlich ebenfalls nicht.

Während ich noch in Bielefeld war, kontaktierte mich Professor Gale Stokes aus den USA, ein Südosteuropa-Spezialist, von dem ich bis dahin nichts gehört hatte. An meiner pädagogischen Tätigkeit interessiert, bot er mir eine einjährige Gastprofessur an der Rice University in Texas an. Ich sollte dabei die Problematik des Nationalismus behandeln. Zwecks einer ersten Kontaktaufnahme lud er mich zu einer Konferenz in Washington ein. Ich hielt es aber nicht für besonders realistisch, dass mir ein Jahresaufenthalt überhaupt genehmigt werden könnte und war mir auch meiner schwachen Englischkenntnisse bewusst. Überdies war es nicht möglich, meine kranke Mutter zurückzulassen, die damals meine alltägliche Hilfe brauchte. Ich lehnte das Angebot deswegen höflich ab, sagte aber die Teilnahme an der Konferenz im Jahr 1988 in Washington zu. Zusammen mit Ernest Gellner sollte ich eine Diskussion über das Buch von Roman Szporluk moderieren, welcher die Nationsvorstellungen des jungen Marx mit denen des liberalen Ökonomen Friederich List konfrontierte. Er kam dabei zu der ziemlich banalen Einsicht, dass die Geschichte nicht dem nationalen Nihilismus von Marx, sondern dem „Nationalismus" von List Recht gab.

Erst vor Ort erfuhr ich davon, dass am Tage nach dieser Diskussion eine weitere Begegnung anstand, die den gegenwärtigen Verhältnissen in den „östlichen" Ländern gewidmet sein sollte und an der auch Gordon Skilling und Jacques Rupnik teilnahmen – also eine sehr politische Angelegenheit. Nach den Erfahrungen mit Skilling wagte ich nicht, mich zu Wort zu melden. Ich befürchtete, dass, wenn ich die Verhältnisse bei uns kommentieren würde, wieder jemand aus dem Kreis von Skilling die Prager Staatssicherheit informieren würde, wie es nach der Londoner Konferenz von 1984 der Fall gewesen war. Andererseits wollte ich nicht zur Verteidigung eines nicht zu verteidigenden Regimes antreten. Zu diesem Treffen war auch die junge, heutzutage sehr bekannte bulgarische Historikerin Maria Todorova eingeladen. Sie entledigte sich der Aufgabe geschickter als ich und vermied die Politik, erzählte aber von den methodologischen Diskussionen unter den bulgarischen Historikern.

Bald danach erhielt ich eine Einladung zu einer Konferenz in Belfast, auf der Eric Hobsbawm seine Thesen über nationale Bewegungen und Nationalismus präsentierte. Diese Thesen bezogen sich auf die Konzeption seines in Arbeit befindlichen Buchs „Nations and Nationalism", das er 1989 vollendete. In seiner Präsentation sagte Hobsbawm, dass er mit seinem Buch an meine „Social Preconditions" anknüpfen wolle. Am Anfang seines Beitrags sagte er: „Während sich Hroch mit der Phase B beschäftigt, werde ich mich auf die Phase C der Nationalbewegungen konzentrieren." Das schätzte ich verständlicherweise sehr. Die Diskussion fand in einer kleinen Gruppe von ungefähr einem Dutzend Experten statt und war dementsprechend sehr lebendig und informell und für mich in mancher Hinsicht sehr bereichernd. Zudem lernte ich einige interessante Kollegen kennen. Dazu gehörte besonders Perry Anderson, Gründer der New Left Review, den ich vom Namen her seit den siebziger Jahren als Autor bemerkenswerter Bücher über die Anfänge des Feudalismus und den Übergang zum Kapitalismus kannte. Bei unserem persönlichen Treffen erzählte er mir darüber, wie eigentlich die Idee entstanden war, mein Buch für New Left Books zu übersetzen. Ich erfuhr, dass nicht Hobsbawm, wie ich die ganze Zeit gedacht hatte, sondern Perry Anderson den Anstoß für die Publikation meines Buchs in Cambridge gegeben hatte. Ich erläuterte wiederum, warum ich die Herausgabe bei New Left Books abgelehnt hatte. Ich hatte auch die Gelegenheit, John Breuilly zu treffen, damals noch Doktorand, der zu dieser Zeit seine hervorragende vergleichende Studie zum Verhältnis zwischen Nationalismus und Staat zu Ende brachte. Meine Arbeit kam bei ihm sehr gut an, er schrieb eine sehr positive Rezension darüber, wenngleich unsere Ansichten in mancher Hinsicht auseinandergingen. Wir verbrachten damals Stunden mit lebendigem Meinungsaustausch, was den Anfang unserer späteren Freundschaft markierte.

Am Ende der achtziger Jahre wurde ein umfassendes internationales Projekt ins Leben gerufen, das von der European Science Foundation mit Sitz in Straßburg finanziert wurde; es hatte den Titel „Comparative Studies on Governments and

Non-Dominant Ethnic Groups in Europe 1850–1945". Einer der Hauptinitiatoren war Gerhard Stourzh, ein österreichischer Historiker, der kurz zuvor einen Überbegriff für die Phänomene vorgeschlagen hatte, mit denen ich mich beschäftigte. Der Begriff „non-dominant ethnic groups" war, so denke ich, zutreffender als die Begriffe „unterdrückte" oder „kleine Völker", die ich bis dahin verwendet hatte. Das Projekt sollte sich also mit dem Verhältnis der „nicht-herrschenden ethnischen Gruppen" zur staatlichen Macht befassen und sollte als Vergleich angelegt werden. Es war das erste „europäische" Projekt, an dessen Umsetzung ich mich mit vollem Einsatz beteiligte und dabei seine Stärken und Schwächen kennenlernte.

Die Arbeit an dem Projekt, das für einen Zeitraum von fünf Jahren vorgesehen war, sollte in sechs Sektionen verlaufen. Ich wurde von den Initiatoren des Projekts zur Mitarbeit an einer Sektion, oder genauer gesagt an einer Arbeitsgruppe eingeladen, welche sich mit dem Anteil der Eliten an den Bewegungen der nichtherrschenden ethnischen Gruppen beschäftigte, de facto also mit der sozialen Basis dieser Bewegungen. Ich glaube, dass Jan Havránek, der Mitglied einer anderen Sektion war, und ich die einzigen Tschechoslowaken in der Projektgruppe waren. Die Arbeitsgruppen kamen zweimal jährlich in verschiedenen europäischen Städten zusammen; unsere Gruppe wurde von Professor Andreas Kappeler geleitet, einem in Deutschland tätigen Schweizer. Bis heute erinnere ich mich gerne an die Diskussionen im engen Expertenkreis, die für mich eine wunderbare intellektuelle Erfahrung darstellten. Das Projekt ging zeitlich über die Wende hinaus und wurde 1991 abgeschlossen, weshalb ich mich später bereits legal als vollwertiges Mitglied beteiligen durfte. Die Begegnungsorte wechselten jedes Mal, wobei die Städte leider eher aufgrund ihrer touristischen Attraktivität als nach ihrem Bezug zum Thema ausgewählt wurden. Im Westen kam schon damals der „Wissenschaftstourismus" in Gang – etwas, was mich damals verblüffte, heute aber leider als Normalität gilt.

Andreas Kappeler leitete unsere Arbeitsgruppe sehr aufopfernd und kompetent. Er trug wesentlich dazu bei, dass unsere Begegnungen tatsächlich Arbeitscharakter hatten und unsere Diskussionen systematisch und auf das Thema konzentriert waren. Freilich konnte er offenbar nicht verhindern, dass an einzelnen Sitzungen auch Personen teilnahmen, die keinen Hehl daraus machten, dass ihnen nur an dem Reisevergnügen gelegen war, nicht aber daran, einen Beitrag zur Endpublikation zu leisten. Diesem störenden Aspekt zum Trotz fand ich unsere Diskussionsrunden sehr produktiv. Wir gaben uns besondere Mühe, dass in dem Sammelband, der aus unserer Arbeit hervorging, die Ergebnisse der einzelnen Sitzungen sichtbar wurden. Möglicherweise deswegen war seine Struktur klarer und durchdachter als die der Sammelbände der anderen Arbeitsgruppen. Auch diese präsentierten jedoch wichtige Forschungsergebnisse. Ich hielt es aus diesem Grund für unverantwortlich, dass sich die Straßburger Stiftung gar nicht um die Veröffentlichung kümmerte, weswegen sie erst lange nach 1991 erschienen und wenig Aufmerksamkeit fanden. Als wäre die Stiftung nur daran interessiert gewesen, dass man ihr die Titel der einzelnen Bände vorlegte, damit sie belegen konnte, dass die erfolgreiche Umsetzung des „Projekts" den finanziellen Aufwand für die Workshops gerechtfertigt hatte. Als sei sie überhaupt nicht daran interessiert, dass die wissenschaftlichen Ergebnisse der Diskussionen überhaupt zur Kenntnis genommen oder gar rezipiert wurden. Ohnehin hätte ein geschickter Projektmanager die Veröffentlichung der sechs Sammelbände auch ohne die Veranstaltung der kostspieligen Workshops bewerkstelligen können. Das stellte für mich eine negative Erfahrung mit der Funktionsweise der „westlichen" Wissenschaft dar. Ich ahnte dabei nicht, dass dieses Modell der formellen Organisation und „Planung" der wissenschaftlichen Arbeit bald auch bei uns zur Regel werden sollte.

Ende der achtziger Jahre hatte ich Gelegenheit, mich an der Leitung eines ähnlichen, doch inhaltlich ziemlich andersartigen mehrjährigen Projektes zu beteiligen. Im Vergleich zu dem Straßburger Projekt war es bei Weitem nicht so groß dimensioniert und kostete dementsprechend auch nur einen Bruchteil dessen, war für mich aber erheblich angenehmer. Es handelte sich um eine Gegenüberstellung der deutschen und der tschechischen Sicht auf die moderne tschechische Geschichte. Es gab regelmäßige Arbeitstreffen, bei denen auch viele gute Ideen und Impulse entwickelt wurden, unter Beteiligung von bedeutenden Historikern. Allerdings stellte das Gesamtergebnis eine noch größere Enttäuschung dar. Die Idee war von Gottfried Schramm entwickelt worden, in Zusammenarbeit mit mir, Jiří Kořalka und seinem ehemaligen Assistenten Ralph Melville, der im Mainzer Institut für Europäische Geschichte tätig war. Ziel des Projekts war, die Bildung der tschechischen Nation als langen Prozess von der zweiten Hälfte des 18. Jahrhunderts bis zum Zweiten Weltkrieg zu beleuchten. Dies mag ziemlich banal klingen, der Weg dazu war aber originell. Deshalb unsere Regel, dass zu jedem besonderen Problem der tschechischen Geschichte sowohl ein deutscher als auch ein tschechischer Historiker Stellung nehmen sollte. Die Vorarbeiten zu dem Projekt begannen noch vor 1989, aber der Schwerpunkt unserer Arbeit ging über den zeitlichen Rahmen dieser Erinnerung hinaus, weswegen ich mich hier auf die externen Umstände des Ganzen beschränke.

Eingeschränkt durch die bescheidenen Bedingungen des späteren realen Sozialismus, fingen wir klein an. Bereits im Frühjahr 1990 konnte aber unsere Arbeitssitzung in Bad Homburg unter viel günstigeren Bedingungen stattfinden. Unter den Teilnehmern – also auch den Referenten – fanden sich mehrere bekannte Namen von Historikern beider Nationen. Es folgten weitere drei Treffen, aber nach 1992 ließ unser Engagement nach. Gleichzeitig zeigte sich der zentrale Mangel des Projekts: Weder am Anfang noch im Verlauf unserer Begegnungen wurde klargestellt, wie der Output der ganzen intellektuellen Anstrengungen aussehen sollte. Gottfried Schramm hatte die Absicht, aufgrund der Diskussionsergebnisse eine Art Synthese der Beziehungen zwischen Tschechen und Deutschen in Böhmen im 19. Jahrhundert zu verfassen, doch da überschätzte er seine Kräfte. Von dem Projekt blieben schließlich mehrere Dutzend Arbeitspapiere mit einzelnen Beiträgen (allerdings erst aus den Jahren 1990–92), welche ich in meinem Archiv aufgehoben habe. Im Nachlass des inzwischen verstorbenen Gottfried Schramm befindet sich wohl auch das halbfertige Manuskript eines Buchs mit dem Arbeitstitel Tschechen und Deutsche, das er, von all unseren Begegnungen ausgehend, schreiben und publizieren wollte, mit wesentlicher Unterstützung durch Jiří Kořalka.

All das waren zwar Aktivitäten, die mich um neue Denkanstöße bereicherten und mir die Gelegenheit gaben, die Kontakte zwischen der tschechischen und der westlichen Wissenschaft zu vertiefen. Oder besser gesagt, unsere europäischen Kollegen darauf hinzuweisen, dass auch hinter dem Eisernen Vorhang wissenschaftlich gearbeitet wurde und unsere Ergebnisse Beachtung verdienten. Für die weitere Entwicklung meiner eigenen Forschung aber war letztlich nur der Aufenthalt in Bielefeld von Bedeutung, über den ich im vorigen Kapitel berichtet habe. Ansonsten konnte ich in meinen Präsentationen und Veröffentlichungen im Rahmen der anderen Projekte vor allem die Ergebnisse meiner früheren Forschungen verwerten.

In den folgenden zehn Jahren stellte sich einerseits heraus, dass es sich in meinem Fall weder um ein kurzfristiges noch ein vergängliches Interesse handelte. Andererseits realisierte ich, dass einige meiner Ansätze aus den sechziger Jahren inzwischen veralteten und dass sich die Terminologie veränderte, die manchmal auch Einfluss auf die Inhalte hat. Ich fing also an, einige Fragestellungen und Ausgangsthesen zu überdenken und zu präzisieren – zuerst in meinen Konferenzbeiträgen, später auch in den Publikationen, die im Ausland wesentlich gefragter waren als bei uns. Das bestärkte mich in der Überzeugung, die ich bereits in der Zeit vor der Normalisierung hatte: Der Erfolg im Ausland bedeutete in meinen Augen nicht nur die persönliche Präsentation, sondern gleichzeitig, oder vor allem, war hier die Reife der tschechischen Wissenschaft repräsentiert, es war der Beleg dafür, dass sie durch die kommunistische Diktatur zwar deutlich beeinträchtigt, aber keinesfalls vernichtet worden war. Ich hatte den Eindruck, dass ich hiermit meinen Lebensauftrag erfüllte. Zu diesem Zeitpunkt fing aber schon das letzte Drittel meines Lebens an und ich ahnte damals gar nicht, dass es so lange dauern würde …

Schlusswort

Einer der möglichen Meilensteine, bei dem für einen Historiker die Vergangenheit, also die Geschichte im eigentlichen Sinn des Wortes endet, liegt dort, wo ein System abgelöst wird, wo es zu einer wesentlichen Transformation kommt, wo, alltagssprachlich gesagt, „man weiß, wie es ausging". Im Gegensatz dazu fängt die Gegenwart dort an, wo man noch nicht weiß, wie sich das durch die Transformation des Alten Entstandene weiter entwickeln wird. Deshalb erscheint das Geschehen, die „Ereignisse", im Abstand mehrerer Jahrzehnte, wenn ihre Konsequenzen bereits bekannt sind, anders als in der Zeit, in der man sie erlebte, ohne die Folgen zu kennen ...

Genau gesagt ging in meinem Leben mit dem Jahre 1990 die Vergangenheit zu Ende, an die wir uns erinnern, und gleichzeitig fing die Gegenwart an, die wir gemeinsam gestalten – oder zumindest zu gestalten glauben. Die Gegenwart stellt einen Raum dar, an dessen Gestalt wir mitwirken können – oder es zumindest glauben. Wir meinen, dass wir uns im Rahnen dieser Gegenwart entscheiden, uns gerade hier unserer Verantwortung bewusst sind und hier auch wertend urteilen können. All das stellt sich anders dar, wenn wir über vergangene Zeiten nachdenken. Angesichts der Tatsache, dass meine Erinnerungen an sich eine Erzählung über die Vergangenheit sind, gehe ich davon aus, dass ich mein Zeugnis über die definitiv vergangenen Zeiten auch mit der revolutionären Wende des Jahres 1989 abschließen sollte ...

Die sog. Samtene Revolution wurde letztlich, wie jede Revolution, zu einem Meilenstein, der nicht nur das System an sich veränderte. Sie veränderte gleichzeitig den Blickwinkel, aus dem alles, was davor passiert war, betrachtet wurde. Nachdem der Gordische Knoten durch revolutionäre Ereignisse durchgeschlagen worden war, wurden plötzlich unsere vorherigen Bemühungen, ihn zu lösen, aus einer ganz anderen Perspektive gesehen. Alles Vorherige wird anders wahrgenommen, genauso wie unsere damaligen Bemühungen, Ängste und Erwartungen. In diesem Buch versuchte ich zu vermitteln, wie ich das Geschehen um mich herum und meine Rolle in der damaligen Zeit wahrnahm – in einem System, dessen Zerfall niemand voraussah. Jetzt bietet sich die Chance, eine wertende Perspektive einzunehmen, als jemand, der sich rückblickend darüber Gedanken macht, wie er heutzutage über das damalige Geschehen sowie seine eigenen Entscheidungen urteilen würde. Heute – wenn man die Folgen und die langfristigen Wirkungen kennt, also weiß, „wie es ausging". Aber weiß man das wirklich? Eine solche Reflexion erfordert viel mehr Raum als ein Schlusswort. Sie wäre eigentlich das Thema für ein eigenes Buch.

So bleibt mir nichts anderes, als mich mit folgendem Fazit zu begnügen: Ich wollte möglichst viel von dem bewahren und übermitteln, dessen Zeuge ich im Laufe meines langen Lebens war, und was, aus meiner Sicht, nicht vollständig in Vergessenheit geraten sollte – sei es, weil es als pars pro toto für unseren Alltag in den damaligen Zeiten steht, oder weil es um winzige Momente geht, welche das Bild der Konflikte ergänzen, in denen gewichtige Entscheidungen fielen. Das sind Momente und die Situationen, die wahrscheinlich nicht quellenmäßig belegbar sind, sondern nur in meiner Erinnerung erhalten blieben.

Dieses Buch stellt also kein systematisches Werk dar, das sich an formale wissenschaftliche Prinzipien halten würde – wie einheitlicher Stil, Proportionalität, Quellenkritik und ausgewogener Inhalt. Ich bin mir der Tatsache bewusst, dass ich in den ersten Kapiteln eine Reihe von kleinen, eigentlich unbedeutenden Informationen über das Alltagsleben darbiete. Allerdings möchte ich das damit begründen, dass ich gerade das vermitteln wollte, was mir derart bedeutsam erschien, dass es sich in mein Gedächtnis einprägte. Im Gegensatz dazu blieben die privaten Erinnerungen im dritten Teil völlig am Rande, als banal und im Kontext jener Zeit unwichtig.

Ich habe mehrmals betont, dass ich erfassen wollte, wie ich die Veränderungen in meiner Zeit wahrnahm und beurteilte und wie ich meine Rolle darin verstand, auch die Motivation für meine Handlungen und Entscheidungen. Das war wohl nicht nur ein „legitimierendes Narrativ", wie es heute einige Kritiker nennen. Ich habe nicht versucht, meine Fehlentscheidungen und Irrtümer zu vertuschen. Auch habe ich nicht gezögert, auch die aus meiner Sicht erfolgreichen Versuche zu betonen, im Rahmen der gegebenen Bedingungen etwas Nützliches für mein Fach sowie für dessen Studium und die Studenten zu tun. Auch wenn das heute als naiv, als Kampf gegen Windmühlen erscheinen mag …

Manche jener Ausgangspunkte für Einschätzungen und Motivationen werden der heutigen, der jungen und vielleicht auch der mittleren Generation befremdlich vorkommen, und zwar nicht nur deswegen, weil sie heute in einer qualitativ unterschiedlichen, digitalen und ahistorischen Zeit leben, sondern auch aus einem anderen Grund. Sie wurden ihr ganzes Leben lang, als Schüler ebenso wie als Erwachsene, dazu erzogen, das Axiom (und letztlich auch die gesetzliche Norm) zu akzeptieren und zu internalisieren, dass das kommunistische Regime ein verbrecherisches System und den Inbegriff des Bösen darstellte – ein System, unter dem alle außer den Kommunisten gelitten haben. Im Gegensatz zu dieser heutigen offiziellen Doktrin betrachtete ich jenes vergangene kommunistische Regime in der bei uns umgesetzten Form – abgesehen von den tatsächlich verbrecherischen Jahren nach dem Februar 1948 – nicht als das Reich des Bösen, gegen welches jeder von uns damals die moralische Verpflichtung gehabt hätte zu kämpfen. Nach dem Motto: Wer das nicht tat, der hat „versagt". Aus meinen Erinnerungen ergibt sich, dass ich meine Zeit damals anders wahrnahm und dass ich meine Rolle darin auch heute (mit ganz wenigen Ausnahmen) nicht als Versagen beurteile. Ich vertrat zum Beispiel bestimmt nicht die Meinung, dass es die Hauptaufgabe der Philosophischen Fakultät und ihrer Lehrenden war, „gegen den Kommunismus zu kämpfen", wie heute einige postulieren, und zwar auch diejenigen, denen ein derartiger Kampf in jener kritischen Zeit durchaus fernlag. Im Unterschied zu ihnen möchte ich meine Biographie nicht umschreiben.

Von seiner Substanz und seinen Grundprinzipien her war dies kein diabolisches Regime. Es war ein Regime, dessen Protagonisten die edlen Ideen der sozialen Gerechtigkeit, der Gleichheit der Menschen und der zwischenmenschlichen Solidarität dazu missbrauchten, eine Diktatur zu errichten, welche den Psychopaten den Weg zur Macht bahnten, und dem Rest der Bürger zumutete, das schändliche, grausame und unmenschliche Handeln zu tolerieren und de facto indirekt zu unterstützen. So war es im Falle des sowjetischen Stalinismus oder zu Anfang der fünfziger Jahre bei uns. Die Stalinisierung der Nachkriegszeit verlief in den Satellitenstaaten während der folgenden Jahrzehnte ganz unterschiedlich. Zu bestimmten Zeiten und in bestimmten Situationen, die ich miterlebte, in der Tschechoslowakei, Ungarn und in Polen, öffnete sich die zähe Diktatur auch der Toleranz und der Freiheit. Daher vermutete ich aufgrund meiner Erfahrungen aus den sechziger Jahren irrtümlich, dass das Unterdrückerregime doch reformierbar sei und zu einer Synthese von bürgerlicher Freiheit mit sozialer Gerechtigkeit, Solidarität und Arbeitsethik fortentwickelt werden könnte. Als dieses Reformpotenzial von außen brutal zunichtegemacht wurde, verblieb nur noch die Überzeugung von der Notwendigkeit, im Lande zu bleiben und möglichst viel von der Toleranz und den Überresten der humanistischen Bildung zu retten, sowie sich zumindest um die Milderung der Auswirkungen der Fehlgriffe und des Unrechts zu bemühen. Möglicherweise standen dahinter Relikte eines tradierten, voraussichtigen Patriotismus, der sich aus dem Gefühl der Verantwortung für die künftige Gestalt der Nation und für das Schicksal unserer Kultur speiste. Dieses Gefühl zieht sich bereits seit der Vormärzzeit wie ein Faden durch unsere moderne tschechische Geschichte, ist aber für diejenigen, die das nicht miterlebt haben, nicht mehr nachvollziehbar.

Dieser Text lässt sich also aus verschiedenen Perspektiven lesen, je nach der Position des Lesers. Man kann darin eine Verteidigung der „Kollaboration" und eine „Rationalisierung des eigenen Versagens" sehen. Für andere mag es wiederum eine pragmatische Anleitung dazu geben, wie man der Wissenschaft, der Bildung sowie den Mitbürgern in Zeiten der Unterdrückung und des Unrechts etwas Gutes tun kann. Also die Verteidigung des Prinzips „eines Lebens für die Menschen" gegen das Prinzip „eines Lebens für die Wahrheit". Es können darin meine Irrtümer und meine Misserfolge auf dem heimischen Feld sichtbar werden, aber auch die teilweise positiven Resultate meiner Lehrtätigkeit oder die Erfolge der Forschungsergebnisse und Analysen historischer Prozesse. Diese internationale Anerkennung, die mir, oder genauer gesagt meinen Publikationen zuteilwurde, kann sowohl als erfolgreiche Repräsentation der tschechischen Wissenschaft und der tschechischen Bildung verstanden und betrachtet werden, als auch als Ergebnis des Strebens nach persönlichem „Ruhm".

Mein Leben bestand nicht nur aus Forschen und Unterrichten, ich erinnere mich auch an vielfältige Kämpfe um die Verbesserung der Arbeits- und Studienbedingungen. Nachdem „der Eiserne Vorhang gefallen war", fragte ich mich allerdings: Wozu all die Anstrengungen, das Schreiben, das Verhandeln, auch wenn es damals manchmal mit Erfolg gekrönt war? Und was ist davon geblieben? Diese Fragen stelle ich mir insbesondere in Bezug auf die Zeit der Normalisierung, nachdem die Hoffnungen des Prager Frühlings vereitelt waren. Hier beschränke ich mich auf drei Beispiele für die vielen Kämpfe, die mir damals bedeutsam schienen, die aber unter einer anderen Optik betrachtet werden, seitdem nach 1989 bekannt war, wie alles ausging …

Ich beginne mit dem Leben an der Philosophischen Fakultät und der Verantwortung für das Niveau der Ausbildung in unserem Fach. Die Bemühungen, die über den tschechischen Raum hinausgehende historische Perspektive, also die sog. allgemeine Geschichte in den Studienprogrammen zu erhalten, waren in der damaligen Zeit erfolgreich, scheinen inzwischen aber fast folgenlos geworden zu sein. Jede Hochschule konnte nach der Wende ihr Studienangebot im Namen, oder eher unter dem Vorwand, der akademischen Freiheit selbst bestimmen. Genauer gesagt, wurde es von den Lehrenden bestimmt, die sich das Leben oft nicht durch übermäßigen Aufwand komplizieren wollten. Das hatte im Falle der allgemeinen (also der europäischen) Geschichte deren Verschwinden zur Folge. Eine stille, quasi selbstverständliche Abschaffung, weil ja als unbestreitbar gilt, die Studieninhalte an die Interessen der Studenten sowie an die Möglichkeiten (und das intellektuelle Potential) der Lehrenden anzupassen. Das bedeutete, sich dem Provinzialismus anzupassen, der zur Mentalität einer kleinen Nation gehört. Die Lehre der allgemeinen Geschichte verschwand nur dort nicht, wo sie seit eh und je institutionell etabliert war, also an den drei alten Universitäten. Dieser Realität entspricht auch der Verfall dieser bedeutenden Perspektive der Lehre und die aussterbende wissenschaftliche Forschung. All das in einer Zeit, wo unser heuchlerischer Mainstream mit Europa und seinen „Werten" protzt.

Zweitens: Die Anstrengung, die wir in den siebziger Jahren darauf verwandten, dass die pädagogischen Fakultäten unsere anspruchsvollen Studienpläne akzeptierten, weil sie neu mit der Vorbereitung der Gymnasiallehrer beauftragt worden waren, führten damals zwar zum Erfolg, bekam jedoch nach 1990 paradoxerweise den Charakter einer „Don-Quijoterie". So traf die neue Leitung der Prager Philosophischen Fakultät Anfang der neunziger Jahre die Entscheidung, das Lehramtsstudium, also die Ausbildung künftiger Gymnasiallehrer, abzuschaffen. Anscheinend waren die Entscheidungsträger zu dem Fazit gelangt, dass es unter dem Niveau der ehrwürdigen Philosophischen Fakultät sei, sich zu etwas – aus ihrer Sicht – dermaßen Banalem und für akademische Wissenschaftler Unwürdigem herabzulassen. All das wurde auf einen Schlag zur Aufgabe der Pädagogischen Fakultäten. Ich weiß nicht, ob die Qualität sowie die Zahl derer, die an den Pädagogischen Fakultäten die Verantwortung dafür übernahmen, dieser Aufgabe gerecht wurden. Unter diesem Gesichtspunkt hatte es sich also gelohnt, dass unser Kampf für ein anspruchsvolles Studienprogramm an den Pädagogischen Fakultäten in den siebziger Jahren erfolgreich gewesen war und wenigstens zum Teil bis in die neunziger Jahre nachwirkte. Andererseits kann man leicht belegen, dass die Zahl der Dozenten, Professoren und Assistenten der Geschichtslehrstühle an der Prager Philosophischen Fakultät enorm anstieg, und zwar ungeachtet der Tatsache, dass ihr Arbeitspensum durch den Wegfall der „Belastungen" des Lehramtsstudiums sich merklich verringerte. Entspricht die Qualität der Lehre der Quantität der Dozenten?

Drittens: Unsere erfolgreichen Bemühungen, die Geschichte des Mittelalters und der frühen Neuzeit als gleichwertige Bestandteile des Studienprogramms Geschichte zu verankern, sind ebenfalls nur mehr bloße Erinnerung. Für die Studienprogramme gab es keine verbindlichen Vorgaben mehr. Der Anteil der politisch „entbehrlichen" Spezialisierungen, wie etwa Byzantinistik, europäisches Mittelalter oder ältere Wirtschaftsgeschichte wurde dem frei fluktuierenden Interesse der Studenten und zufälligen Umständen überlassen. Das historische Proseminar und die Einführung in das Geschichtsstudium wurden dem Stundenanteil nach um die Hälfte reduziert. Erfreulicherweise gibt es jetzt weder eine (kommunistische) ideologische Kontrolle der Studienprogramme noch eine Regulierung des Studiums im Namen einer „politisch-erzieherischen" Mission der Geschichte. Stattdessen kommt der finanzielle Druck in einem System der Mittelzuweisung, das abermals von der axiomatischen Vorstellung bestimmt wurde, dass die Geschichte doch vor allem der politischen Bildung diene und die „Erinnerung" einem vorgegebenen ideologischen Muster folgen solle. Während wir in den Zeiten des „realen Sozialismus" die Forderung seitens der führenden Parteiorgane recht erfolgreich hatten abwehren können, wonach die Studenten sich vor allem dem Studium der Zeitgeschichte widmen sollten, wurde heute der überproportionale Anteil der Zeitgeschichte am Studium sowie in der Forschung irgendwie doch zu einer Realität, die man als selbstverständlich hinnahm. Die Erwartung blieb jedoch gleich: eine erzieherische Rolle der Geschichte und der Historiker. Wie einfach ist es heute, Experte zu werden! Man muss sich nicht mit Paläographie auskennen, braucht keine Sprachkenntnisse, arbeitet mit gedruckten Quellen (womöglich nur in tschechischer Sprache), und wenn man sich an den stillschweigend etablierten ideologischen Mainstream hält und zudem vielleicht auch über die richtigen politischen Verbindungen verfügt, steht einer Karriere und der öffentlichen Anerkennung nichts mehr im Wege …

Andererseits kann man auch Kontinuitäten registrieren. Ich halte es für erfreulich, dass die Anteile an allgemeinem („enzyklopädischem") Wissen über die Vergangenheit – obwohl in dem reduzierten Format der Kurse – erhalten geblieben sind, insbesondere, dass die Übungen zu diesen Kursen und die Fachseminare im Master- und wohl auch im Bachelorstudium nicht abgeschafft wurden. Hoffentlich wird dieser Standard auch die jüngste Welle des primitiven Rufens nach einer Reduktion der „nutzlosen" Spezialisierungen und Kenntnisse überleben, etwa in Bezug auf die vormoderne Geschichte oder die ältere Wirtschafts- und Sozialgeschichte.

Mein persönliches Leben ist, genauso wie das Leben jedes anderen, durch eine Reihe von Weichenstellungen bestimmt worden, die teils „objektiv", von außen vorgegeben oder erzwungen waren, teils aber auf meinen eigenen Entscheidungen beruhten. Manchmal war es auch eine Kombination von beidem. Es waren Weichenstellungen, welche die Richtung des Lebenswegs ohne jegliche Rückkehrmöglichkeiten veränderten. Solche Momente gab es viele und sie führten gewöhnlich nicht in die ursprünglich vorausgesehenen Bahnen. Das begann mit den Mühen meiner Eltern, mich aufs Gymnasium zu schicken. Es ging mit der Immatrikulation an der Philosophischen Fakultät weiter, die meine eigene Entscheidung gewesen war, dann mit der Assistentenstelle, die ich nicht angestrebt hatte und über die ohne mich entschieden wurde, bis hin zu meiner persönlichen Entscheidung, mich lebenslang der allgemeinen Geschichte der Vormoderne zu widmen. Als glückliche Wahl erwies sich die Umorientierung auf die Forschung über die moderne Nationsbildung und besonders die Entscheidung zugunsten des komparativen Ansatzes. Eine Umorientierung, die mir internationale Anerkennung, u. a. die Ehrendoktorwürde der Martin-Luther-Universität Halle-Wittenberg einbrachte – explizit begründet als Würdigung meiner Verdienste um die Verbreitung komparativer Methoden. Eine weitere Weichenstellung war die Entscheidung, nicht zu emigrieren, sondern mich darum zu bemühen, meinem Land vor Ort nützlich zu sein.

Das Revolutionsjahr 1989/90 brachte für mich gleich mehrere Weichenstellungen. Die erste wies den Weg „nach oben" – zu meiner sehr kurzen Karriere als erster gewählter Direktor des Instituts für Weltgeschichte, die zweite bedeutete die Horizonterweiterung nach außen, zu mehrfachen Gastaufenthalten an ausländischen Universitäten, die dritte markierte den Weg „nach unten", als mir die Leitung der Philosophischen Fakultät im Jahr 2000 eine weitere Tätigkeit als Professor an der Fakultät versagte, ohne mir die (offensichtlich politischen) Gründe mitzuteilen, wodurch mir auch die Möglichkeit genommen wurde, mich zu verteidigen.

Während sich in meinem persönlichen Leben und bei meinen Bemühungen, Einfluss auf das Geschehen an der Fakultät sowie im Fach zu nehmen, die Erfolge und die Fehlschläge, die Momente der Freude und des enttäuschenden Misserfolgs relativ gleichmäßig abwechselten, war mein Leben als Lehrer und Forscher überwiegend befriedigend. Mit Genugtuung und manchmal wohl auch mit Stolz verfolge ich die beinahe täglichen Meldungen auf dem Server „Academia", dass jemand gerade eine der Arbeiten eines tschechischen Wissenschaftlers liest oder zitiert oder nach Informationen über ihn sucht. Einige meiner Publikationen werden bis heute genutzt und einige meiner Schlussfolgerungen werden für einen bleibenden

Beitrag zur historischen Erkenntnis gehalten, auch wenn sie im Laufe der fünfzig Jahre in einigen Aspekten bereits überholt sind.

Genauso erinnere ich mich gerne an die Zeit, die ich mit meinen Studenten – in den Seminaren, auf den Exkursionen und privat verbrachte. Ich hatte nie viele Studenten, angeblich weil ich zu hohe Ansprüche stellte, aber wahrscheinlich deshalb waren es meistens überdurchschnittliche und manchmal sogar herausragende Studentinnen und Studenten. Manche von ihnen zählen heute, schon vollständig aus eigener Kraft und eigener Begabung, zu den Historikern, welche auch im Ausland Anerkennung genießen. Das gilt allerdings vor allem für meine Studenten aus der Nachwendezeit. In den Normalisierungsjahrzehnten, an die ich hier erinnert habe, waren den beruflichen Chancen selbst der begabtesten Studenten politische Grenzen gesetzt. Unter diesen Umständen fanden einige von ihnen dennoch ihren Weg nach oben, die meisten jedoch nicht …

Im Vorwort erwähnte ich, dass ich mir mit diesen Erinnerungen nicht das ambitiöse Ziel gesetzt habe, irgendwelche bahnbrechend neuen Informationen und Enthüllungen über die Zeit zu bieten, die ich miterlebte. Es ging mir nicht in erster Reihe darum, darzulegen, was geschah, sondern wie ich meine Zeit verstand (oder missverstand). Und auch darum, wie ich die großen und die kleinen Ereignisse, deren Zeuge ich war, wahrnehmen und verstehen wollte – welche richtigen und irrigen Entscheidungen ich an den Kreuzwegen traf, an die mich das Leben führte. Allerdings konnte ich mich dabei nicht bloß an meine damaligen Standpunkte und Vermutungen halten und gleichzeitig davon absehen, wie ich selbst an diesem Geschehen beteiligt war, was ich manchmal sogar durchsetzen konnte, auch wenn es um geringfügige, scheinbar marginale Dinge ging. Es ist dabei unwichtig, dass das meiste von dem Wenigen, das ich positiv verändern oder beeinflussen konnte, mit dem Fall des alten Regimes bedeutungslos wurde. Ich war weder ein kämpferischer Gegner noch ein Verteidiger des alten Regimes. Mein Leben war das eines wehrlosen, sich den politischen Beschränkungen anpassenden Akademikers – und es war in dieser Hinsicht keineswegs eine Ausnahme. Doch gab es wohl eine Reihe von Momenten, welche auch für die damalige Zeit eher atypisch waren.

Meine Erinnerung daran, wie ich lebte und wie ich dachte, soll auch davon Zeugnis geben, wie meine Generation, oder eher ein Teil dieser Generation, mit dem Unterdrückerregime zurechtkam. Wir waren eine Generation, die zu jung war, um sich mit der Naziokkupation aktiv auseinanderzusetzen, sehr wohl aber in der Lage, sie als direkte physische Bedrohung der tschechischen Nation zu verstehen. Ebenso war diese Generation zu jung, als dass sie „den Siegreichen Februar" mit erkämpft hätte; vielmehr musste sie irgendwie mit dem Regime der Unfreiheit zurechtkommen und sich vielleicht auch damit abfinden. Es war ein Regime, dass sie weder erfunden noch enthusiastisch aufgebaut hatte, aber trotzdem damit leben musste. Diese Generation erlebte dann aber die Zeit, in der die Drohung der Verkrüppelung und der Vernichtung der nationalen Kultur und Bildung Wirklichkeit wurde.

Die meisten Intellektuellen dieser Generation hatten dabei ein Bewusstsein der Verantwortung für die eigene Nation als kultureller Wertegemeinschaft. Das war das uns alle verbindende Element – auch an den Punkten, wo unsere Meinungen ansonsten auseinandergingen. Das unterscheidet uns auch eindeutig von den nachfolgenden Generationen, insbesondere der gegenwärtigen. Ich wollte hier Zeugnis davon ablegen, dass unsere Generation nicht nur aus Helden und Bösewichten, aus Verfolgten und Verfolgern, aus Opfern und Tätern bestand, sondern auch oder vor allem aus einfachen, Irrtümern unterliegenden Menschen, die sich – jeder nach seinem eigenen Charakter und seinen Lebensumständen – darum bemühten, in möglichst großer Distanz zu dem politischen System zu leben, und darauf bedacht waren, ein Stück ehrlich erbrachter und nachhaltiger Arbeit zu hinterlassen.

Chronologische Liste der im Buch erwähnten Publikationen des Autors

Valdštejnova politika v severním Německu v letech 1629–1630 [Wallensteins Politik in Norddeutschland 1629–1630], in: *Sborník historický V*, 1957, S. 203–232.

Der Frankfurter Wachensturm und sein sozialer Charakter, in: *Aus 500 Jahren deutsch-tschechoslowakischer Geschichte*, 1958, S. 149–169.

Wallensteins Beziehungen zu den wendischen Hansestädten, in: *Hansische Studien*, 1961, S. 135–161.

K problematice formování buržoazního národa v Evropě [Ein Beitrag zu den Problemen der Formierung bürgerlicher Nationen in Europa], in: *Československý časopis historický IX*, 1961, S. 374–395.

Úvod do studia dějin novověku I. (mit J. Haubelt) [Einführung in die Geschichte der Neuzeit]. Praha 1963.

Obchod mezi východní a západní Evropou v období počátků kapitalismu [Die Handelsbeziehungen zwischen Ost- und Westeuropa zur Zeit des Frühkapitalismus], in: *Československý časopis historický XI*, 1963, S. 480–511.

Obchod a politika za třicetileté války [Handel und Politik zur Zeit des Dreissigjährigen Krieges], in: *Sborník historický XII*, 1964, S. 205–240.

Europiejska ekonomika i polityka XVII. wieku – kryzys czy regres? (mit J. Petráň) [Die europäische Wirtschaft und Politik im 17. Jahrhundert – Krisis oder Regress?], in: *Przeglad historyczny*, 1964, S. 1–18.

Oliver Cromwell, Praha 1968.

Die Vorkämpfer der nationalen Bewegung bei den kleinen Völkern Europas. Eine vergleichende Analyse der gesellschaftlichen Schichtung der patriotischen Gruppen, in: *Acta Universitatis Carolinae, Philosophica et Historica, Monographia XXIV*, 1968.

Die Rolle des zentraleuropäischen Handels im Ausgleich der Handelsbilanz zwischen Ost- und Westeuropa 1550–1650, in: Ingomar Bog (Hg.), *Der Außenhandel Ostmitteleuropas 1450–1650*, Köln/Wien 1971, S. 1–27.

Křižáci v Levantě (mit Věra Hrochová) [Die Kreuzfahrer in der Levante], Praha 1975.

17. století – věk krize feudální společnosti? (mit Josef Petráň), Praha, 1976 [deutsche Übersetzung: Das 17. Jahrhundert – Krise der Feudalgesellschaft? Hamburg 1981].

Handel und Politik im Ostseeraum während des Dreissigjährigen Krieges. Zur Rolle des Kaufmannkapitals in der aufkommenden Krise der Feudalgesellschaft, (*AUC, Phil. Et Hist., Monographia LXIV*), Praha 1976.

Literární zdroje českého historického povědomí v 19. století, [Die Belletristik als Faktor des tschechischen historischen Bewusstseins im 19. Jahrhundert], in: *Polska, czeska i slowacka świadomość historyczna XIX. wieku (vyd. Roman Heck)*, 1979, S. 57–73.

Buržoazní revoluce v Evropě, [Die bürgerlichen Revolutionen in Europa]. Praha 1981.

Metody historikovy práce [Die Methoden der historischen Forschung]. Praha 1983.

Social Preconditions of National Revival in Europe. A Comparative Analysis of the Social Composition of Patriotic Groups among the Smaller European Nations, translated by Ben Fowkes, Cambridge 1985, 2nd ed. New York 2000.

Ecclesia Militans. Die Inquisition im Zeitalter der Gegenreformation (mit Anna Skýbová), Leipzig 1985.

Evropská národní hnutí v 19. století [Die europäischen Nationalbewegungen im 19. Jahrhundert]. Praha 1985.

Úvod do studia dějepisu (Hg.) [Einführung in das Studium der Geschichte]. Praha 1985.

Příliš smělé sny [Die allzu kühnen Träume]. Praha 1986.

Příspěvek k poznání ideové a tematické skladby německého historického románu a povídky v 19. Století [Ein Beitrag zur Untersuchung der thematischen Struktur der deutschen historischen Belletristik im 19. Jahrhundert], in: *Acta Universitatis Carolinae, Philosophica et Historica, Studia Historica XXXIII*, 1988, S. 115–136.

Evropa v době Velké francouzské revoluce (mit Vlasta Kubišová) [Europa zur Zeit der Großen französischen Revolution]. Praha 1989.